ソウル・サバイバー

私を導いた13人の信仰者

フィリップ・ヤンシー［著］
山下章子［訳］

Philip Yancey
Soul Survivor
How Thirteen unlikely mentors helped my faith survive the church

いのちのことば社

Soul Survivor

published in agreement with the author,
Published by permission of Zondervan, Grand Rapids, Michigan

謝辞

本書の執筆において私の代理人キャスリン・ヘルマーズには、本来の仕事の域を超える働きをしてもらった。彼女の力なくして本書は世に出なかっただろう。私の構想を練り上げ、形をつくる助けをしてくれた。そして励ましと指示の両方をくれながら、一つ一つの段階ではっぱをかけてくれた。文章の構造、テーマの構成、表紙の選択、ジャケットのコピー、契約書の法律用語。出版に向けた手続きの各段階を気持ちよく進めてくれた。私は執筆中に見舞われる「精神不安」をあちこちで口にするが、キャスリンのおかげでそれは神経症のレベルまで和らぎ、束の間の健康ももたらされた。

ニューヨークのダブルデイ社の編集者エリック・メイジャーは、落ち着いてサポートしてくれた。その姿勢は、エリックがロンドンのホダー・アンド・スタウトン社にいたころ、ポール・ブランド博士と私の共著を出版した二十年前と変わらなかった。またアシスタントのメリッサ・ニコルソンは、図書館やインターネットで事実調査や確認にあたり、長時間コンピューター画面とにらめっこしてくれた。

本書で取り上げた人々のことを、私はジャーナリストとしてほかのところでも書いてきた。どの人についても扱う部分を大幅に拡大、もしくは変更し、より個人的な観点を加えた。とはいえ、以前の著作物で行った研究に大きく頼ったし、そこで使った言葉を用いることもあった。マーティン・ルーサー・キング・ジュニア、ロバート・コールズ博士、マハトマ・ガンジー、C・エベレット・クープ博士に関する記事は、「クリスチャニティー・トゥデイ」誌に書いたものであり、アニー・ディラード、フレデリック・ビュークナー、トルストイとドストエフスキー、遠藤周作についての記事は、「ブックス・アンド・カルチャー」に書いている。さらにG・K・チェスタトンについての考察を、『正統とは何か』(邦訳・春秋社、二〇〇九年)のある版の序文で書き、ポール・ブランド博士については『フォーエバー・フィースト』(*The forever Fest*)の前書きで、ヘンリ・ナウエンについては『ナウエンの思い出』(*Nouwen Then*)のある章で、ジョン・ダンについては『リアリティー・アンド・ザ・ビジョン』(*Reality and the Vision*)という共著で書いた。それからキング、ダン、遠藤とトルストイについての私の考えのいくつかは、『見えない神を捜し求めて』『この驚くべき恵み』『私の知らなかったイエス』(邦訳・いのちのことば社)の中にも書かれている。本書という新しい目的に適した文章や段落を、私はこれらの本の中に探した。それを許可してくれた各出版社の方々に感謝する次第である。

プロローグ

本書は私の心の中で、常に二〇〇一年九月十一日と結びついているだろう。出版社は、この本の発売日を同年九月二十日に決めており、その週にワシントン、ニューヨーク、中西部のあちこちのメディアで紹介する予定を組んでいた。広報担当スタッフがそのために精力的に動いていたが、旅行業界は言うまでもなく、メディア業界もテロの直後で混乱状態に陥っていた。多くのテレビやラジオ番組が放送中止になり、放送された番組でも本の紹介は無視され、話題は一点だけに集中した。

世界貿易センターの悲劇は、通常の仕事日の朝に兄がかけてきた電話で知った。「アメリカが攻撃されている。テレビをつけてみろ。」ほとんどの人と同じように、私もそれまでしていたことを止めて、非現実的な出来事を映し出すテレビにくぎ付けになった。

航空機が三機、行方不明になっていた。いや、四機――六機かもしれなかった。複数の航空機が国防総省に激突した。大統領が狙われていた。それから想像もできないようなことがテレビで生中継された。世界で最も大きな記念碑の二つが、私たちの目の前で黒煙の中に姿を消してしまったのだ。

十日後、マンハッタン南端部を越えてラガーディア空港に向かう航空路が再開し、私はその最初の飛行機に乗り込んでいた。パイロットがスピーカー越しに、枕と毛布を使って乗客を取り押さえる方法を教えていた。客室乗務員たちはいつになく表情が暗く、「永遠に私たちの心の中に」というメッセージを刻んだ、破壊された四機を模したピンをつけていた。

マンハッタン南端部は、悲しいまでにその地区らしさを失っていた。かつて世界で最も高いビルが二つあった場所は、ぱっくり穴が開き、まだ半マイルほどの高さの煙が立ち上っていた。風が吹くと、煙越しに大量のがれきの上を這いまわる、おもちゃのように小さい黄色いブルドーザーが見えた。一時間もすれば私もそこにいるだろう。救世軍の友人に、メディア出演の前にグラウンド・ゼロを訪れておくほうがよいと言われたからだ。

ラガーディア空港で乗ったタクシーの運転手は、エディーといった。グラウンド・ゼロに近い救世軍センターまで行ってほしいと告げると、よく知っている場所だという。エディーは若いプエルトリコ人で、頭をきれいに剃り、糊のきいたワイシャツとネクタイ、金のブレスレットとダイヤをちりばめた指輪という、非の打ちどころのない装いに身を包んでいた。英語は完璧なブルックリン訛りだった。

話をしながら「九月十一日は、どこにいたんですか？」と尋ねると、答えが返ってくるまで十秒はかかった。見知らぬ乗客に、そのときの話をしたものか思いあぐねていたに違いない。

「ヤンシーさん、私は世界貿易センターの真下に車を停めていたんですよ。」

「まさか！　話を聞かせてください。」

「空港でファイヤーストーンさんという人を乗せて、ミレニアム・ホテルで降ろしました。名前を憶えているのは、タイヤ会社の社長さんですかと聞いたら、笑いながら『いいえ』と言われたからです。この人はＷＴＣ（世界貿易センター）で会議の予定があり、私は彼を送るとそのまま車で待つことにしました。まさにこの車の中で、新聞を読みながら待っていたのです。飛行機が離陸準備をするときのような轟音が聞こえました。ラガーディア空港の近くに住んでいるので、そうした轟音を毎日聞いています。すると地面が揺れ、車が揺れ、爆発音が聞こえました。いったい何が起きたんだろう……。車の外に飛び出ると、そこいらじゅうで人々が走っていました。

車の脇に立っていると、数分後に二機目の飛行機がＷＴＣに突っ込みました。何ということでしょう。あんな火の玉、見たことがありませんでした。車に乗って、その場から避難すべきだとわかっていながら、動けませんでした。事故を目撃したとき、目をそらして車で走り去るべきだとわかっていてもできない、そんな感じです。

あんな騒音は聞いたことがないでしょう。どこもかしこもクラクションが鳴りっぱなしでした。警察、救急車、消防車のサイレンが近づいて来ました。すぐブルックリンにいる妻に電話をしました。『ここで大変なことが起きた。テレビをつけてニュースを見てくれ。俺はツインタワーの正面にいるが、無事だ。』

すると、人々が雪崩のように出て来ました。何千人もの人々です。叫んでいる人々、ハンカチで顔を覆っている人々、血まみれの人々。私はその人たちが走り去っていくのを見ながら、車の脇に立っていました。空を見ると、なんと、小さな染みがたくさん見えました――建物から飛び降りた人々でした。ワイシャツを着た男性。スカートのまくれ上がった女性。手をつないだカップル。上着をパラシュート代わりにしようとしている男性。人々は上を見て、落ちて来る体の着地場所を見きわめ、歩道に打ちつけられるその人たちを避けようとしていました。あの光景は一生忘れません。

書類やがれき、家具さえも、いろいろな物が、まるで猛吹雪のように至るところに飛んでいました。十四歳ぐらいの少年が体を二つに折り曲げ、歩道に横たわっていました。少年のもとに駆けつけると、声も出せずにポケットを指さしています。ポケットからぜんそく患者用の吸入薬を引っ張り出してあげると、その薬で少年の呼吸は楽になりました。そこに四十五分ほどいたと思います。はっきりとはわかりませんが、それぐらいの時間だったと、いま言われています。そして、一つ目のタワーが崩壊しました。年配の女性が一人、歩道に倒れていました。みな彼女の横を走りすぎて行きました。彼女を踏みつけたりするのでなく、ただ走りすぎて行ったのです。人の流れの間隙をぬって、その女性のところに行き、尋ねました。『奥さん、大丈夫ですか。車に水があります。お持ちしましょうか。』彼女は五十八階から降りて来たのだと言いました。私は、もう大丈夫ですよと声をかけました。

明らかに動転しているその女性を見て、お祈りしていいですかと聞きました。私はカトリックです。こんなときは祈るのがよいと思いました。女性は安堵したようでした。歩道にひざまずいて彼女の手を握っていたとき、信じられないほど大きな音が聞こえました。巨大なビルが崩れ落ちたのです。百十階建てのビルです。ヤンシーさん、信じてください。その女性の手を握ってひざまずいていたとき、何かが空から落ちてきたのです。コンピューターの一部か何かです。それが女性を直撃し、彼女は息絶えました。考えてもみてください――五十八階から逃げ出してきたのに、そんなふうにいのちを失うなんて。

後ろを見ると、真っ黒い煙が押し寄せて来ました。私は女性の手を離すと、走ってその場から逃げ出しました。泥棒と警官の追いかけっこのようでした。いくら速く走っても、黒煙は近づいて来ます。これではだめだと思い、ビルとビルの狭い隙間に身を隠し、煙が過ぎ去るのを待ちました。黒煙が襲って来ると、経験したことのない暗闇に包まれました。曇った夜でも、体の周りに空間があって息を吸うことができます。でも、この黒煙は何というか、固い物体のようでした。何も見えなかったし、息もできませんでした。実体を感じる暗闇に包まれていたのです。」

最終的に、エディーは自分の車まで戻る道を見つけたという。警察はすでにその地区を封鎖していたが、彼は愛車をマンハッタンの外に出したかった。車は火山灰のような煤《すす》に覆われていたので、エディーはワイシャツを脱ぐと、それでフロントガラスをきれいに拭いた。ドアを開け放ち、「この車で脱出したい人はいませんか」と叫んだ。見知らぬ者同士八人が乗り込み、マンハッタンの外に出られるいちばん近い橋を目指し、市長がすべての橋とトンネルの通行禁止命令を出す直前に、その橋を渡り終えた。

ようやく家に戻ったとき、あの攻撃から四時間が経っていた。家では、子ども二人が隅っこで体を寄せ合い、ヒステリックに泣くママを見ていた。夫から電話を受けた後、ブルックリンの窓から世界貿易センタービルが崩壊するのを見た妻は、夫はあの爆発と火事の中で死んでしまったと思い込んでいた。電話も不通になったので、妻が夫の声を聞いたのは四時間ぶりだった。

エディーの受けた衝撃も小さくなかった。テロの翌日、飛行機はまだ欠航していたが、人々は家に帰ろうと必死になっていた。ニューヨークからできるだけ遠くに行きたかった彼は、デトロイトまで客を送る仕事を引き受けた。まっすぐデトロイトまで客を運ぶと、車で二時間の仮眠をとり、それから十四時間かけてブルックリンに戻った。

エディーは言った。「すべてが変わってしまいましたよ、ヤンシーさん。私は毎晩弟の家に行っています。いっしょにテレビを見たり、子どもたちと遊んだり、ゲームをしたりしています。そんなこと、したことがありませんでした。家族とそんなふうに過ごすなんて。ミサも欠かしていません。もう以前と同じではいられません。」

＊　＊

救世軍センターの外に、大型トラックが停車していた。毛布、食料、衣類等の救援物資を、ワシントン州からニューヨークまで、陸路ではるばる運んで来たのである。救世軍がトラックを開けて物資を降ろすと、中に十二メートルほどの横断幕があった。救世軍のスタッフは横断幕を広げてトラックの車体にくくりつけた。幕は全面に無数のメッセージが書き込まれていた。私は十分ほどかけて、油性ペンやマーカーで手書きされているメッセージを読んだ。ほとんどが一行のメッセージだった。「みなさんを心に覚えています。」「私たちはみなさんと共にいます。」「みなさんを愛しています。」「みなさんは私たちの英雄です。」「みなさんは私たちの兄弟姉妹です。」ハートや天使など、仲間意識や希望を表す絵を描いている人々もいた。小学三年生の子どもたちが、ラッピングした手作りのクッキーを送っていた。

州兵の配置された検問所に行くと、同様のメッセージが書かれた横断幕を振るニューヨーカーたち——ニューヨーカーだ！——が道に並んでいた。「愛しています。」「あなたたちは英雄です。」「神の祝福がありますように。」「ありがとう。」あるチャプレンによると、テロが起きたばかりのころ、こうした通りでは深夜に群衆が十列になって、救援車がやって来るたびに声援を送っていたという。十日が過ぎても声援を送りに来る人々がいた。

私に同行した救世軍の士官はニューヨークの特務総監だった。航空機がツインタワーに激突したのは、就任して一か月になるかならないかのときだった。彼は三十六時間ぶっ通しで働いて四時間の睡眠をとると、四十時間働いて六時間の睡眠を、さらに四十時間働いて六時間眠った。それから、休みを一日とった。彼の助手は、私が乗せてもらっていた車の中で早いうちから神経を病み、回復は容易でないという。

数日後、救世軍は現金以外の救援物資を受け付けない方針を明らかにした。何千人ものニューヨーカーや、州外の人々から届けられた食料、衣類、備品等の寄付の保管場所がなくなったのである。救世軍センターのある街区は、助けになりたいボランティアたちの列が一日中途切れなかった。作家クリストファー・ド・ヴィンクの話では、ホームセンターまで車を走らせて七百ドル分のシャベルを購入し、ニューヨークに直接届けた夫婦が町にいたそうだ。ある友人からはこんな話も聞いた。シカゴの消防士たちが車に飛び乗り、東を目指し、時速百八キロで運転していたところをインディアナ州で捕まった。行き先を聞いた州警察官は、「では、時速九十キロを超えずに走ろう」と言って、オハイオ州境まで点滅灯を点けながら誘導してくれたという。

危機に対処するアメリカの力は驚くべきものだ。悲劇から二週間も経たずに、あちこちから救援の手が差し伸べられた。移動式キッチンやトイレ、テント、ベニヤ板をいっぱいに積んだ荷台、二十五階の高さのクレーン、冷凍車、発電機、ブルドーザーなどが、グラウンド・ゼロに続く通りにずらりと並んだ。グラウンド・ゼロが近づくと、私たちはバンから大型のゴルフカートに乗り換えた。ガスマスクをつけた兵士たちが放水してタイヤを消毒した――アスベストと戦う水、死者のいる場にはびこる細菌と戦う消毒剤だった。彼らは一人一人の身分証明をつぶさに調べると、手を振って通してくれた。

グラウンド・ゼロに着くと、景色が一変した。太陽光はもはやそびえ立つビル群に遮られることなく、もやを通してまっすぐ歩道に届いていた。がれきの反対側にある広場には、その地域が封鎖される前に、悼む人々が何百、何千というテディベアを供えていた。いっしょに置かれた花はすでに枯れ、ほこりまみれになっていた。行方不明者の写真、心を突き刺すような言葉が貼られている壁にたびたび出くわした。「お願い、マーシャ。姉さんに電話して。大好き!」「私たちは希望を捨てていません、ショーン。あなたはいつも私たちの心に生きています。」

新聞に載っている地図を調べておいたが、二次元に描かれたものに破壊の規模はとらえられない。八街区ほどにわたって建物が打ち捨てられ、窓ガラスは割れ、床を突き破った鋼の破片が道路から高く突き出ていた。ファックス機や電話機やコンピューターを備えていた無数のオフィスは空っぽで、がれきがあるばかりだった。九・一一。人々はそこにいて、キーを叩き、電話をかけ、仕事を始めようと一杯のコーヒーを手にしていた……。そして突然、世の終わりが来た。

その朝、市長が人命救助に見切りをつける決断をしていた。これ以上、生存者が見つかる見込みはないと判断したのである。もうバケツリレーも、注意深くがれきを手で取り除く作業もいらないのだ。巨大な重機が入っていた。周囲のビルから目測すると、がれきの山は十階から十二階ぐらいの高さがあった。ロッキー山脈の山肌を覆い尽くしていた雪が崩れ落ち、ふもとでコンクリートのような硬い塊となった様を見たことがあった。それでも、二百二十階分の床がつぶされてこれだけの山になったことが信じられなかった。その醜い山をブルドーザーが縦横に這い回っていた。桁を切断しようとする溶接機から、ときどき火花が散った。

グラウンド・ゼロを見ながら、カイロやマニラの外のごみの山を思った。大勢の貧しい人々が、ビニール袋、鉛筆、電話機の部品等の捨て置かれた宝を探し、ごみ溜めをかき分けながら生計を立てている。一方、世界で最も技術の進んだこの町で、異なる種類の軍隊が、最高の設備を使ってがれきをかき分け、宝を探していた。だがここで探していたのは人間のいる証拠であった。髪の毛や人体の一部である。捜索者たちはダンプカーに積む前にがれきをふるいにかけ、法医学の専門家たちがトラックの上で調べ、ブロンクスに着くと、別の人々が再び検査をした。

働く人々の顔をよく見ると、一様に陰鬱な面持ちだった。グラウンド・ゼロに微笑は一つも見えなかった。そのような場所で、微笑みなど浮かべられるはずもない。そこには死と破壊があるばかりだった。人間が人間になし得る最悪のことを後世に伝えるものだった。

＊　＊

その日の衝撃の一部は、一般市民がいつものように野球の最新情報をチェックしたり、株式市況を見たり、政治についてジョークを言ったりしていたそんなとき、ディズニーワールドに行く人たちが乗っているような罪もない飛行機が、むごたらしい悪をもたらすものに形を変えたことだった。だれも宣戦布告をしなかったし、警告を与えることもなかった。ふだんの生活が攻撃にさらされたのだ。

「すべてが変わってしまいました」と、私を乗せたエディーは言った。実際、ニューヨークは、九月十一日まで私の知っていたものとは違う場所だった。ニューヨークにいたことのある人みなに、この町に起きたある変化だけは伝えたい。九一一日マンハッタンにいて、私がクラクションの音を聞いたのは一度きりだったのだ。エディーは言った。「クラクションを鳴らされたり、割り込みをされたり、中指を立てられることに慣れっこでした。それが今ではみんな礼儀正しいから、どう振る舞ったものか、わからなくなりました。」

そのとき、その変化がいつまで続くだろうかと思った――ニューヨークに、この国に、私に。私たちは、ほとんどの人が一生涯無視していることに向き合わされた。だれもが死んでゆくということ、そして私たちの多くが、明らかにその事実を無視して、どうでもいいようなことで人生を満たしていることに。私たちもエディーのように学んだのである。子どもたちとゲームをすることは、残業代を稼ぐために遅くまで仕事をすることより重要かもしれないことを。私たちは知ったのである。気難しい皮肉屋で知られた町にすら、英雄が出現することを。ジェイ・レノのコメディーやメジャーリーグのスポーツは、楽しいかもしれないが、それらは時に場違いな忌まわしいものになることを。国を愛する気持ちばかりか、見知らぬ人たちを愛する思いさえ、いきなり込み上げてくることを。また、アメリカには欠点も多いが、存続させるだけの価値があること、守るだけの価値もあることを学んだ。そして、危機の時に人は自らの霊の源流に向かうことを。詩篇二三篇を引用する大統領、急ごしらえのチャペルに立ち寄る警官や消防士、恵みを与え、悲嘆にくれる人々を慰める救世軍のチャプレンたち。

私はとりたてて愛国心をもったことがない。海外に足を運ぶことがあまりに多く、合衆国の傲慢さや鈍感さを遠くから見てきたからだろう。アメリカでなく、カナダのパスポートを持って旅をする友人たちを羨ましく思うことがある。アメリカ人は軍人もオリンピック選手も、旅行者たちですら威張って歩いている。シドニー・オリンピックのとき、フィリピンにいた私は、あなたの国は金メダルをとったことがありますかと現地の人に尋ねると、彼はうなだれて言った。「一度だけ獲得できそうでした。」人口九千万の国が、一度も金メダルをとったことがなかったのである。一方アメリカ人は、水泳や陸上競技などで金メダルの半数はアメリカが取らないと怒りまくる。そしてアメリカの勝者たちは、オーストラリアの楽隊が米国国歌を演奏しているとき、不遜にも表彰台の上を気取って歩いていた。

九・一一が私の姿勢を変えた。議会で愛国歌「ゴッド・ブレス・アメリカ」が歌われるとき、バッキンガム宮殿の衛兵が米国国歌を演奏するとき、消防士たちが亡くなった仲間について感傷的な話をするとき、ユニオン・スクエアでバグパイプ奏者が「アメイジング・グレイス」を演奏するとき、何百人ものニューヨーカーがろうそくの明かりを両手で覆いながら、行方の知れない愛する人々の写真を手に呆然と歩いているとき、ジャーナリストのダン・ラザーが放送中に、よりによってコメディアンのデイヴィッド・レターマンに抱きしめられ、慰められなければならなかったとき、私は胸が詰まった。

自国への忠誠心と一体感が突然湧き上がってきた。そんなことははじめてだった。ジャーナリストで米公共ラジオ局（ＮＰＲ）のパーソナリティーも務めるスコット・サイモンが、九・一一後にＮＰＲの放送の中で、愛国主義は、合衆国が変わる必要はないと無批判に信じるものではない、と言った。神は、私たちがいろいろな点で変わる必要があることをご存じだ。私たちのアメリカへの愛は、必要な変化は世界のどこよりもアメリカで起きそうだという信念に依拠している。

自分の人生を思う。私は人種差別主義が合法だった米国南部、世間から隔絶された原理主義《ファンダメンタリズム》の環境で育った。今はそこから三千キロ以上離れた所で暮らしている。自分にとってきわめて重要なことについて、言葉を使い、深く思索しながら生活ができる、素晴らしい場所だ。報いがあり、本音で話すことができ、今より成長できる自由もある。世界中で、そうした類の進歩や流動性を認めている国は少ない。合衆国は、約束と可能性の土地であり続けている。

妻と私はもともと、九・一一の直後にイリノイ州の三組の夫婦とパウエル湖上の屋根付き船で休暇を過ごす予定だった。彼らの便がキャンセルされて、その予定が変わった。私たちは代わりにコロラドのテルライドで三日間過ごし、山歩きをした。その間、つけっぱなしのテレビから引き離され、醜悪だったり邪悪だったりするこの世界に同時に存在している良きものや、恵みを思い出す大切な機会を与えられた。これほど美しいアスペンの木は見たことがなかった。黄葉したアスペンが濃い常緑の山肌を上から下まで流れるように覆い、光の川のようにきらきら輝いていた。アスペンの森を歩き、金色の絨毯を踏み、そよ風に震えるかさかさという小さな音に耳を澄ませた。新雪が山脈を覆っていた。降り始めたばかりの純白の雪だ。三日後、大自然に身を置いて癒されてから、深いショックと追悼の中にいる社会に再び足を踏み入れた。

九・一一を境に、私たちの国はものの見方が大きく変わった。エディーの言葉を借りると、「すべてが変わってしまった」。少なくともしばらくのあいだ、あの出来事によって私たちは自分たちの土地、社会、自分たち自身を新しい仕方で見つめさせられた。プロスポーツはすべての試合を取りやめた。電波から喜劇が消えた。私たちはもはや自分たちを世界の頂点にいる幸運な少数者としてではなく、憎しみと恐怖に傷つきやすい人々として見ていた。三千人がいつものように仕事に出かけたのに家に帰って来なかった。その事実によって、自分たちが死んでしまうもろい存在であることに、だれもが気づかされた。次の何か月か、「ニューヨーク・タイムズ」紙が亡くなった人を一人残らず訃報欄に掲載した。歴史上のほとんどの人々が、死を意識しながら生きていたが、大半のアメリカ人はそうでなかった。私たちは今ようやく、死を意識に上らせながら暮らし始めた。

私にとって九・一一の出来事は、二つの恐ろしい問いを浮き彫りにした。私は何者か。そして、私はどんな人間になりたいか、である。それらは本質的にアメリカ人の疑問である。世界の多くと異なり、私たちには選択するという贅沢が許されている――それが重荷に転じる可能性があることを、私たちは発見している。アメリカ人は、親の決めた道を歩むことが少ない。私たちは自分で自分の生き方を決めなければならない。苦心して、アイデンティティーを作り上げなければならないのだ。九・一一のような出来事は、時間を圧縮し、気を紛らわすものを追い散らし、最も重要なことに焦点を絞ることで、そのプロセスを加速させる。

これら二つの問いによって、私はたましいの探究に多くの時間を割くことになった。遠い過去まで振り返り、未来にも思いを馳せた。この理由もあって、本書は私の心の中で常に九・一一と結びついているだろう。まさにそのプロセスの記録、私自身の霊の旅路の探究を書き終えたところだった。自分は何者かという問いに、最も影響を受けた十三人のフィルターを通してゆっくり答えを出すことのできる特権に私は恵まれた。この十三人を通して、自分がどのような人間になりたいかが、おぼろげながら見えてくる。

私は本書を書きながら、自分のこの体験をだれにでもしてほしいと強く思っている。本書の刊行以来、自分自身の探究や肉体やたましいのサバイバルを語る多くの読者から手紙をいただいた。私たちはこれらの問いかけをするとき、一人ではない——それもまた、二〇〇一年九月十一日が明らかにした真理である。

目次

第1章　教会で受けた虐待からの回復

空港の待合室や機内で居合わせた人と会話が始まることがある。やがて私が霊的なテーマで本を書いていることが知れると、相手は眉をつり上げ、身構え、教会にまつわる恐ろしい話をしばしば語り出す。てっきり私が教会を擁護するものと思っていたらしい。「それはひどい。私の話も聞いてくれますか」と言うと、きまって驚いた顔をするからだ。私は人生の大半を、教会で受けた傷の回復に費やしてきた。

私の人格が作られようとしていた一九六〇年代、通っていたジョージア州の教会はきわめて閉鎖的な世界観をもっていた。表に掲げられた看板には多角形の星が描かれ、教会の独自性を誇るさまざまな言葉を四方八方に放っていた。「新しい契約、血によって買い取られた、新生、前千年王国、ディスペンセーション主義、原理主義……。」二百名からなるこの小さな群れのみが神の真理を知っているのであり、この教会と考えの異なるものはみな確実に地獄に行こうとしているのだった。わが家は教会敷地内のトレーラーハウスで暮らしていたので、私の世界に境界線を引き、外の世界を見えないように覆い隠す雲から逃れることができなかった。

後になって、その教会が真理に嘘を混ぜ込んでいたことがわかってきた。たとえば、牧師は創世記のあいまいなくだりを引用しながら、有色人種は神に呪われていると、講壇からあからさまな人種差別の説教をした。「レストランでお盆を手にテーブルのあいだを、腰をふって巧みに通り抜けていく黒人のウェイターを見ればわかる。彼らは、召使いとしては使えるだろう。しかし、優れた指導者にはけっしてなれない。」そのような教養を身につけていた私がはじめて就いた仕事の夏期研修は、アトランタ近郊の有名な疾病予防管理センターで行われていた。そこで出会った上司は、ジェームズ・チェリー博士という黒人の生化学博士だった。どこかつじつまが合わなかった。

高校卒業後は、隣接州のバイブル・カレッジに進んだ。そこは通っていた教会より進んでおり、黒人学生を一人入学させていた。学校側は安全を期して、彼のルームメイトにプエルトリコ出身の学生をあてがった。この大学は規則を重んじていた。六十六頁分もの規則があり、私たち学生はそれを学び、遵守することを承諾しなければならなかった。教職員はご丁寧に、規則の原理を逐一聖書にたどって説明した。ある程度の柔軟さも見受けられた。男性の髪の長さや女性のスカートの丈の規定など、年ごとに変わる規則もあったからだ。最終学年のときに私は婚約したが、今妻となっている女性といっしょに過ごせたのは、午後五時四十分から七時までの夕食の時間帯に限られた。二人で手をつないでいるところを目撃されて「制限」を言い渡され、二週間、会うことも話すことも禁じられたことがあった。外のどこか広い世界にいる学生たちは、ベトナム反戦活動をしたり、アラバマ州セルマ近郊の橋の上で市民権を要求するデモ行進をしたり、ニューヨークのウッドストックに愛と平和を讃えようと集まったりしていた。その間、私たちは堕落しないよう己に打ち勝つことと、スカートや髪の毛の長さの測定に余念がなかった。

二千年紀に入って間もない二〇〇〇年の春、自分の人生を早回しで再現される経験をした。一日目。私はサウスカロライナ州で開かれた、「信仰と物理学」をテーマにした討論会に、パネリストの一人として参加していた。物理学の専門知識もないのにハーバード大学神学部の代表者たちと並んで選ばれたのは、信仰の問題について率直にものを書いているからだった。登壇者たちは科学側に偏っていた。ノーベル物理学賞の受賞者二人と、シカゴにあるフェルミ国立加速器研究所の核加速器所長もいたのである。

ノーベル賞受賞者の一人が、「自分は宗教の価値を認めない。宗教は有害で迷信的だと思う」と切り出し、こう続けた。「米国人の十パーセントがエイリアンに誘拐されたことがあると言い、五十パーセントが創造論を支持しており、五十パーセントが毎日星占いを読んでいる。大多数が神を信じているからといって、驚くことがあるだろうか。」その人は、厳格なユダヤ教徒として育てられたが、今では確固たる無神論者だという。

ほかの科学者たちは、宗教についてもう少し理解を示す言葉を使ったが、自分たちが観察、確証できるものに議論の対象を限定していた。信仰のほとんどの事柄が排除されていたわけである。順番が来ると、私は教会の犯した過ちを認め、形勢が逆転した現代において、立場が危うくなっているわれわれクリスチャンを火あぶりの刑にしないでいてくれることを科学者たちに感謝した。無神論の観点をあくまで正直に表明している、彼らのその姿勢にも感謝した。そして、天文学者であり、科学ライターであるチェト・レイモの文章を読んだ。レイモは、この宇宙が全くの偶然から生まれたと考えているが、宇宙がそうした偶然から生まれる可能性を計算している。

ビッグバン後の一秒間、宇宙の膨張速度が十万兆分の一でも違っていたら（一の後に〇が十五続く数である）、宇宙は即刻崩壊していたか、あまりにも急速な膨張により、星々も銀河も最初の物質から凝縮することはなかっただろう……。硬貨が空中に十の十五乗回投げられて、一度だけ横向きにならず、立って着地したのである。地球のすべての浜辺のすべての砂粒が宇宙だとしたら――つまり、私たちの知る物理学の法則に一致するような宇宙の寄せ集めであるなら――そして、その砂粒のたった一粒が知性をもつ生命体となることを許されたとしたら、そのたった一つの砂粒が、私たちの生息する宇宙なのである。

討論会の後、物理学と化学それぞれのノーベル賞受賞者たちが、思案する数人のクリスチャンと共に議論に加わった。物理学者の一人が、自らの友人でもあるレイモの先の引用を考えたいと言い、少しのあいだ考えを口に出しながら確認していった。「十の十五乗、十の十五……ええと、宇宙には十の二十二乗の星がある――そうだ、そのとおりだ。その可能性は正しいだろう。」その後、討論者たちは宗教の評価を始めた。確かに宗教は害をもたらしたが、宗教が成し遂げてきた善も考えてみよう。科学的方法そのものが、ユダヤ教やキリスト教から出てきたもので、両宗教は、理性をもつ創造主が作ったものとして世界を提示した。したがって、この世界は理解することができるし、実証を必要とするのである。教育、医学、民主主義、慈善事業や奴隷制廃止のような正義の問題も同様だった。無神論の物理学者は、自分たちが確かな倫理の基盤をもっていないこと、そして良心の呵責なしにナチや共産主義体制に仕えた同僚が多くいたことを率直に認めた。素晴らしい意見の交換が行われた。異なる宇宙観から、真の対話がもたらされためずらしい経験だった。

翌日、私と妻は早起きして車を百六十キロほど走らせ、バイブル・カレッジの第三十回同窓会に向かった。会場で、同窓生たちのこの三十年の歩みに耳を傾けた。人生で告白していなかった罪をついに告白すると、十年来の関節炎が癒されたと言った人がいた。また、磁石の上で眠ることが体にもたらす効用を話す人もいた。慢性疲労症候群を患う人々もいれば、深刻なうつを患う人たちもいた。娘を精神病院に入院させたばかりだという夫婦もいた。彼らはやつれていて、私は話を聞きながら悲しみと深い同情を覚えた。

不思議なことに、同窓生たちは自らの人生を語りながら、バイブル・カレッジで共に学んだ言葉を何度も口にしていた。「神は私に勝利を与えてくださる……私はすべてのことを、キリストを通して行うことができる……すべてが働いて益となる……私は勝利の道を歩いている。」私は眩暈《めまい》を覚えながら同窓会を後にした。懐疑的な科学者たちがこの会に同席していたら、どう反応しただろうという思いが頭から離れなかった。見た目の生活と、その上を覆っている霊的な生活に食い違いがあると指摘したことだろう。

翌日の日曜日も夫婦で早起きして、私の育った、あの多角形の星を掲げていた原理主義の教会の「埋葬」に出席するため、アトランタまで三百二十キロをドライブした。教会は、隣近所の顔ぶれが変わってゆく状況から逃れようとして移転したが、その後、再び近隣住民がアフリカ系アメリカ人ばかりになり、出席率は急落していた。私はその教会最後の礼拝にそっと入り込んだ。かつて来ていた人はどなたでもお越しください、再会の礼拝にしましょうと公告されていた。教会がその建物をアフリカ系アメリカ人の会衆に売却していたのは、何とも皮肉な結末だった。

昔の知り合いを何人か見つけたが、かつてのあの時代に戻ったかのようで心乱された。十代を共に過ごした友人たちは、お腹が出て頭がはげ、すっかり中年になっていた。同じ会衆を四十年にわたり牧会してきた牧師は、「信仰のために闘う」教会のモットーを強調した。「私は闘ってきました。闘い抜いたのです。」その姿は、記憶していたより小さく見え、背中もやや曲がり、燃えるようだった赤毛も白くなっていた。牧師は会衆から愛の贈り物として、ＧＭ社製の自家用車オールズモビルをもらったことを感謝した。「貧しい小牧師にはありがたい」と何度もくり返した。礼拝は予定より長引き、この教会を通してどのように神に出会ったか、次から次へと人々が立ち上がって証しした。その証しを聞きながら、この場にいない人々に思いを馳せた。ほとんどこの教会のせいで、神に背を向けてしまった私の兄のような人たちに。その議論好きなたましいを、今の私はあわれみをもって見ていたが、それは思春期の私からいのちと信仰を搾り取ったのである。この教会はもう私になんの力も及ぼしていなかった。その針に、もはや毒はなかった。しかし、何度も思い出した。この教会に反発して、キリスト教信仰を捨ててしまいそうになったことを。そして、信仰を捨て去った人々を心から気の毒に思った。

その週末、自分のこれまでの人生をコマ送りで見た。そして、自分はいまどこに属しているのだろうかと考えた。いま埋葬を手伝ったばかりのこの教会。そのカルト的精神を、はるか昔に私は拒絶した。だからといって、討論会の科学者たちの物質主義的な懐疑主義に同調することもできなかった。彼らは、恣意性という力に抗う非現実的な砂粒一つに賭けているのかもしれないが、私にはできない。おそらく福音主義のバイブル・カレッジが、神学的に最もしっくりくるのだろう。そこに、神への渇き、聖書への崇敬の念とイエスへの愛という共通点を見いだしているからだ。それなのに、バランスや健全さは見いださなかった。自分が保守的な者の中で最もリベラルな人間であるように感じることもあれば、リベラルな人間の中で最も保守的であるように感じることもある。過去の信仰と現在の霊的状態をどう結び合わせればよいのだろう。

＊　＊

多くの人に出会ってきたし、私と同じように過去の信仰生活から真実を掘り出そうとしてきた、より多くの人たちからも話を聞いた。修道女や司祭を見るたびに縮み上がってしまうカトリック教徒、コーヒーを飲むたびに罪の意識を覚えるセブンスデー・アドベンチストの信者、結婚指輪は世俗的な証拠だろうかと悩むメノナイト。教会を完全に拒絶して、クリスチャンは相手に恐怖心を抱かせるような存在で、もしかすると忌むべき人々ではないかと思っている人たちもいる。

ウォーカー・パーシーの『再来』（*The Second Coming*）に登場する人物の一人が、この姿勢をうまくとらえている。

　私はクリスチャンに囲まれている。概して好感のもてる人々で、他の人々と特に違っているわけではない――南部諸州、米国、西側世界のクリスチャンが、それ以外のすべての人間を合わせたより多くの人々を殺害してきたとしても。それでも、彼らが真理を手にしていない、とは言い切れない。しかし、クリスチャンが真理を手にしているなら、その真理を大切にして広く知らせるほど、彼らが不快な人々になるのはなぜだろう？　周りにクリスチャンがいなければ、人はクリスチャンになるかもしれない。千五百万人の南部バプテスト派の教会員の中で生活したことがあるだろうか。……不思議だ。福音が真実であるなら、なぜ喜んで耳を傾ける人がいないのだろう？

最後の疑問が強く響く。J・R・R・トールキンは、とても良いことがとても悪い人々に起こる事態を指して、「幸せな大団円」と言ったが、福音が「幸せな大団円」であるなら、それを良き知らせと受け取る人がこれほど少ないのはなぜだろう？

今ではこう思っている。私が物書きになったのは、若いころに教会で使われたり誤用されたりした言葉を正しく識別するためなのだ、と。「神は愛です。」そう聞いても、説教から受け取った神のイメージは、どちらかというと怒っていて、復讐しようとする暴君のようだった。私たちは歌った。「肌の赤い人も、黄色い人も、黒い人も、白い人も、神の目に尊い……。」だが、そうした肌の赤い人、黄色い人、黒い人の一人でも教会に入ってきたらどうなったことか。バイブル・カレッジの教授は主張した。「私たちは律法でなく、恵みの下に生きています。」ところが、私はそのふたつに大きな違いを見つけることができなかった。それ以来、良き知らせを見つけたいと渇望し続けている。福音の元の言葉を探し、聖書が神ご自身の性格を描くために、「愛」「恵み」「あわれみ」といった言葉を用いて、どんなことを意味しているかを発見したいのだ。それらの言葉の中に、私は真理を感じ取った。その真理は、勤勉さと技術をもって探し出されるに違いない。何層もの漆喰と絵の具の下にある、古代の礼拝堂のフレスコ画の傑作のように。

書くことに魅力を感じたのは、書くことで、もう一つの世界から一筋の光が射し込んだからだ。『アラバマ物語』（ハーパー・リー著、邦訳・暮らしの手帖社、一九八四年）のような穏やかな語り口の本に衝撃を受けた。この本は、友人や隣人たちのもっていたアパルトヘイトの考えを問いただしていた。さらに、『私のように黒い夜』（J・H・グリフィン著、邦訳・ブルースインターアクションズ、二〇〇六年）、『完訳　マルコムX自伝』（マルコムX著、邦訳・中公文庫、二〇〇二年）、マーティン・ルーサー・キングの『バーミンガム市刑務所からの手紙』を読んで、私の世界は砕け散った。薄く伸ばされた木材パルプを介して、ひとりの人間の心が、別の人間の心に深い感銘を与える力を感じた。物を書くことは、裂け目から浸透して、酸欠の箱に囚われた人々のたましいに酸素をもたらすことだと理解した。

特に大切にするようになったのが、書かれた言葉のもつ自由さを高めることだった。私が頻繁に通った教会の説教者たちは、大声で、楽器のように感情に訴えていた。しかし、一人自室で本のページをめくってゆくと、彼らとは異なる信仰の代表者、C・S・ルイス、G・K・チェスタトン、ジョン・ダンたちがいた。この人たちの静かな声が、時間を超越して私を説得した。律法だけでなく恵みを、さばきだけでなく愛を、情熱だけでなく理性をも知るクリスチャンがどこかで生きていた。作家になったのは、私自身が言葉の力と出合ったからであり、意味を捻じ曲げられ、損なわれてしまった言葉も再生され得るという希望を得たからだ。

それ以来、一貫して〝信仰の旅人〟の立場にしがみついてきた。それが私のすべてであるからだ。私には宗教上のしばりがない。牧師でも教師でもなく、信仰の旅人であり、探究の途上にいる多くの信徒の一人である。やむを得ず、そして本能的に、私は常に自分の信仰を問い、評価し直している。物理学者やバイブル・カレッジの同窓生、南部の原理主義者たちの中で過ごした混乱した週末から戻ったとき、あらためて自問した。「なぜ、今でもクリスチャンでいるのだろう。」これほど多くの歪曲や批判がある中で私のもとに届いた福音、良き知らせというより悪い知らせに聞こえる福音を、私に追求させ続けるものは何なのか。

物書きなら、だれでもテーマをもっている。くり返し嗅ぎまわり、後を追い、その源をつきとめようとしている足跡だ。私のテーマを定義するなら、教会に特有の害悪をある程度身に受けながらも、神の愛の腕に着地した人、というテーマになるだろう。そう、私には教会と神を拒絶した時期があった。いっときは解放のように感じた、逆の回心という経験だ。けれども最終的に、無神論者や教会からの難民ではなく、教会を擁護する者の一人になった。宗教の有害な影響から、信仰を私に取り戻させてくれたものは何なのか。

本書に紹介した人々が、その質問にじっくり答えてくれるだろう。ジャーナリストとして生きてきた三十年間に、あらゆる種類の人々に質問することができた。フラナリー・

オコナーの小説に出てくるような人々にも出会った。テレビ伝道師のジム・ベイカーには、その人気の絶頂期に取材した。ジムは豪勢なＰＴＬ（キリスト教番組）のテレビ・スタジオや、キリスト教テーマパークを作り、テーマパーク内のホテルに宿泊できる会員権を過剰販売し、自宅の犬小屋にはエアコンを付けた。しかし、彼はその後、私に語ったかつての言葉を公然と否定した。ラスベガスのショーガールからも話を聞いた。「胸を大きくしてもらう」ための手術中に、どのように神に出会ったか。麻酔にかかっているあいだに、人肉で作られたセミトラクター――「なにもかも肉でできていた。車の泥よけすらも」――が、積み込んだアメリカの若者たちを火の海に投げ捨てた夢を見たという。

そのような人々は面白い人たちかもしれないが、私はもっぱら避けてきた。今でも逃れようとしている自分の過去を強く思い出させられたからだ。ジャーナリストの道を歩み始めたころ、むしろ学ばせてもらえる人々、模範にできる人々を捜そうとした。こうはなりたくないと思う反面教師ばかりに囲まれて育ったので、目指すべきお手本が欲しかった。そして、そんな人々を見つけたのである。

ミラード・フラーという億万長者の起業家は、大企業の無意味な競争に幻滅し、急進的な牧師クラレンス・ジョーダンの挑発を受けて贅沢な暮らしを捨て、家を持てない人々のために家を建てるハビタット・フォー・ヒューマニティーを創設した。この組織は近年、十万軒目の建築祝いをしたところである。ジャック・マコンネルという敬虔な長老派の信徒は、結核を診断するタインテストを発明し、タイレノールやＭＲＩの開発に貢献し、退職後は、同じように引退した医師を募集して、貧しい人々のための無料診療所の職員をしている。デーム・シシリー・ソンダースは、「医療の仕事では、人々は医師の言うことだけを聞く」と権威筋が語るのを聞き、中年を過ぎてから医学部に入学した。彼女は実際に診療したことはなかったが、近代のホスピス運動に火をつけ、死にゆく人々のための新しいケアの仕方を紹介した。ギリアン・プランス卿は、ニューヨーク植物園の元園長であり、英国の王立キュー植物園の元園長だが、「経済植物学」という、名前に矛盾のある協会を作った。そこは、世界中の熱帯雨林の所有者たちに、収穫するものを選別したり、すべて刈り取るのでなく再植したりするほうが、売り上げを伸ばせることを証明している。私はこうした人々を個別に長く取材しながら、信仰に焚きつけられた一般市民が、正義とあわれみという大義を推し進めるときに果たし得る役割に、感銘を受けるようになった。

二世紀の神学者エイレナエオスは、「神の栄光とは、人間が活き活きと生きることである」と言った。悲しいかな、この表現は、多くの人が現代のクリスチャンに対して抱くイメージを反映させていない。正しいにしろ間違っているにしろ、人々はクリスチャンを支配的で、堅苦しく抑えつけられた人間と見ている――バイタリティーに満ちあふれている人間より、駄目ですよと首を横に振る人間に見えるのだ。だが私はジャーナリストとして、人生の隅々まで信仰によって実際に高められている人々にも出会ってきた。彼らは豊かな人生を送っており、そのような人々と共に時間を過ごし、自分自身のためにもそのいのちの源に触れ、それを世界に知らせたいと思ってきた。

本書に登場する人々は、私が学び、刺激を受けてきた人々の中から選んだ代表者たちである。出身地は北米ばかりでなく、日本、オランダ、ロシア、インド、イギリスにも及ぶ。正統派のクリスチャンばかりではない。たとえば、マハトマ・ガンジーはキリスト教信仰に反対した。それでも、全員がイエスと出会って永遠に変わった。半数の人々には実際に会って取材し、その中で生涯にわたる友情が育まれたこともあった。あとの半数は、彼らの残した著作を通して間接的に知っているばかりである。奇妙なことに、正統派のキリスト教から最も遠いガンジー、トルストイ、ドストエフスキー、遠藤周作が、私が考えたこともなかった角度から信仰に光を当てて、信仰の理解を最もよく助けてくれた。

物書きは、他の人々の人生の旨みを吸う寄生虫だ――私も、これらの十三人の非凡な人生から滋養を摂らせてもらったことを感謝している。歴史とこの地球を変える手助けをした人々もいれば、公共の場で奉仕せよという内なる召命に忠実に応えた人々もいる。そして幾人かは、家で原稿用紙を前にして、後世のために自らの人生と考えを熟考し、より分け、記録している。私も今、それと同じことをしている。彼らの遺産を他者に受け渡したいと思いながら、あたかも肖像画を展示した画廊にいるかのように、わが助言者《メンター》たちを紹介している。

これから読者諸氏が出会う十三人には、ある共通点がある。みな私に衝撃を与えたのだ。そのため、それぞれの章で、彼らが私の人生をどう変えたのか自問した。これら十三人との直接的・間接的な接触によって、私はどのように変わっただろう。この十三人は、次第に私の信仰を形づくる人々、私自身の「証人集団」になっていった。懐疑主義者や他宗教の代表者が集まった会議に招かれて、あなたの信仰を説明してくださいと言われたら、私はこの十三人といっしょにいたい。彼らを指さしてこう言えばいいのだ。「クリスチャンはけっして完全ではありませんが、全身が生き生きしている人々のはずです。この人たちはそんなふうに見えます。」十三人はそれぞれの分野の頂点にいるが、その理由の一つがその信仰であることは間違いない。

十三人への賛辞を書くことは私にとって健全な作業、喜びですらあったと言える。だれかを回心させるとか、教会を擁護あるいは批判する目的で、冒頭から議題を持ち出すようなことはしなかった。私の心から追い出すことができない、また追い出したくもない、この卓越した人々を読者に紹介したいだけなのだ。

アメリカの子ども向けテレビ番組の司会者フレッド・ロジャースが、話し始めるときにかならずしていることがある。「一分間沈黙してください。そして、今の自分があるのはどんな人々のおかげか考えてください」と聴衆に言うのである。あるとき、ホワイトハウスの栄えある集まりで、子どもの問題について語る時間を八分だけ与えられたときも、やはり彼は一分を沈黙に捧げた。「人々は、いつもその沈黙の時間を思い出します」と彼は言う。心に浮かぶのは、たいてい過去の人物だ。祖父母、小学校の先生、あるいは奇抜なおじさんやおばさん。ロジャースおじさんの質問を、沈黙の中で何分もじっくり考えた。本書がその答えである。これらの人々が、間違った場所に置かれた神の宝を、取り戻させてくれたのだ。

第2章　日が昇るまでの長い夜の旅

マーティン・ルーサー・キング・ジュニア

アトランタ近郊の高校を卒業したその日、大学の学費を稼ぐために側溝工事の仕事に就いて、そのままひと夏を過ごした。われらが作業班のメンバーは、四人の屈強な黒人とやせっぽちの若造すなわち私だった。白人の現場監督は、トラックから私たちを降ろすと近くの木陰に駐車し、煙草に火をつけて新聞のスポーツ欄を読み始めた。夜明けと共に仕事にとりかかったが、すでに蒸し暑い大気がたちこめていた。

私は勢いよく掘り始めた。とがったシャベルをリズミカルに地中に押し込み、金属のへりに足をのせて左右に動かし、ほぐれた土を数フィート先の泥山めがけて放り投げる。ジャッ、シュワッ、ジャッ、シュワッ。四人の黒人は私を囲み、この慌ただしい動きをあっけにとられて眺めていた。まるで私が新奇なスポーツを発明したかのように。やがて一人が言った。「おまえ、そんなやり方じゃ体がもたないぞ。休憩の前にまいっちまう。こうやるんだ。」そして、シャベルの刃を地中に押し込むと、その上に足をかけ、柄にもたれかかったまま煙草を一服した。一、二分後、私の作った泥山に平然と土を放り、シャベルを置くと、さらに煙草を吸った。あとの三人もそれにならった。

初日に、現場監督に印象づけようとやっきになっていた私は、彼らのペースと自分のペースのあいだに妥協点を見いだした。しかし、十時の水飲み休憩が来る前に、助言をくれた男の正しさを思い知った。私のTシャツは汗でぐしょぐしょになり、ジョージアの赤土の線が幾筋もついていた。両足の関節が痛んだ。何人ものプロレスラーが腕の上で飛び跳ねているようだった。背中が老人のように痛み、水を飲みにトラックまで体を屈めて歩いて行った。

みんなでトラックの後ろに列を作り、午前中熱い陽射しを浴び続けた金属容器から、順番に水を飲んだ。日なたに置かれていた水は、気温以上に熱くなっていた。水の入った缶のわきに吊るされた鎖に、使い古されたブリキのコップが一つかかっていて、男たちは代わる代わるそのコップで水を飲んでいた。突然、現場監督がバックミラーに映った私を見て言った。「おい、なにをやっている。こっちへ来い。」

言われるまま運転席まで行くと、親方が忌々しげに言った。「あんなもん飲むんじゃない。あれはニガーの水だ！　ほら、俺たちの水はこれだ。」そして、魔法瓶のふたを開けると、紙コップに冷たい水を注ぎ入れた。

＊　＊

私は一九四九年、ジョージア州アトランタに生まれた。最高裁が、人種差別を撤廃した学校に有利な判決を下す五年前であり、市民権法によって、どんな人種もレストランやホテルでサービスを受けられるようになる十五年前であり、米国議会がマイノリティーにも選挙権を保証する十六年前のことだ。当時、ガソリンスタンドには、「白人女性」「白人男性」「有色人種」用と、二つのトイレがあった。多くの美術館が、黒人の入館日を週に一日設け、それ以外の日には立ち入りを禁じた。アトランタのバスに乗ると、労働者やメイドたちはおとなしく後部座席に座り、白人の乗客に求められれば席を譲るよう法律で決まっていた。隣のアラバマ州では、黒人は前のドアから入って運転手に運賃を払うと、いったんバスを降りて後ろのドアまで歩いて行かなければならなかった。意地悪な運転手が後ろのドアを素早く閉めて、運賃を払った黒人の乗客を置き去りにすることもあった。

祖父は私たちに、祖父の祖父が多くの奴隷を抱えるプランテーションの所有者だったころの話をしてくれた。奴隷の多くが解放後に「ヤンシー」姓を名乗った。電話帳で、ファーストネームもヤンシーという名前の黒人を見つけようとしたこともあった。一九〇六年に人種暴動が起きたとき、祖父は十代で、街灯に吊るされた屍体を見たという。黒人が性的暴行を加えたとの噂が立ち、怒った白人が五十人ほどの黒人男性をリンチした事件である。父や叔父たちは、よく祖父に連れられて南部連合退役軍人ホームを訪ね、老人たちが南北戦争を指して言う「北部侵略の戦争」の思い出話に耳を傾けた（叔父の一人は、後に裁判所が人種差別撤廃を学校に強制すると、荷物をまとめてオーストラリアに移住した）。毎年クリスマスになると、家族で囲む食卓には野菜やマッシュポテト、ビスケット、ハムに七面鳥という祖母の作った南部料理が並んだ。そんなとき、祖父のトラック車体工場の黒人従業員たちが裏口のドアをノックする。やがてきまり悪そうに立っている彼らの手に、祖父はクリスマスボーナスとして銀貨を何ドルか落としてやるのだった。

私たちはアパルトヘイトの状況下に生きていた。アトランタには白人とほぼ同数の黒人がいたが、両者は違うレストランで食事をし、違う公園で遊び、違う学校や教会に通っていた。「犬・有色人種はお断り」と書かれた看板を見かけることがあった。黒人は法律上、陪審員をつとめたり、子どもたちを白人の公立学校に通わせたり、白人専用のトイレを使ったり、白人用モーテルで眠ったり、映画館の一階席に座ったり、白人用プールで泳いだりすることができなかった（マーティン・ルーサー・キング・ジュニアが自身の婚礼の夜を過ごしたのは、家族の友人が所有していた葬儀屋だった。アラバマ州のリゾート地を使えなかった黒人にとって、そこが公共の宿泊施設に最も近いものだったのだ）。一九五五年、ジョージア工科大学フットボールチームは、シュガーボウル（訳注＝ルイジアナ州ニューオリンズで毎年元旦に開かれる、歴史あるカレッジ・フットボールのボウル・ゲーム）の試合に招待されながら、州知事の命令で辞退した。対戦チームのピッツバーグの補欠に、黒人選手がいることを知事が知ったからだった。ある大学教授がミシシッピ大学に黒人としてはじめて入学しようとしたとき、当局は、由緒ある大学に入学したがるのは常軌を逸したニグロだろうとの根拠に基づき、精神病院行きの処分を下した。

私は子どものころ、自分たちを支配している制度に疑問をもたなかったが、それは疑問の声を上げる人が周りに一人もいなかったからだ。何しろ私たちの教会で最も有名だったのは、南部白人の英雄だったレスター・マドックスだった。彼はときどき教会にやって来て、男性たちの集会で話をした。高校を中退したマドックスは、「ピックリック」というフライドチキンレストランを所有し、連邦政府が自分の財産権剝奪《はくだつ》をもくろんでいると糾弾する広告を、毎週アトランタの新聞に出していた。黒人にも食事を出すよう政府がレストランに強要すると、新しい特権をためしに黒人のグループがやって来た。だが常連たちは斧の柄を、マドックスは三十二口径の拳銃を振り回して追い払った。その後、彼は抗議してレストランを閉め、より批判的な新聞広告を載せ、自由企業体制の死を記念して、高くそびえる博物館を開設した。行ってみると、黒布で覆われた棺に入った権利章典の写しの横を、われわれ入館者が会葬者のように列をなして通り過ぎるとき、葬送の音楽が静かに流れた。

マドックスの博物館には、ＫＫＫが公民権運動のデモ隊を殴るときに使ったような、つるはしの柄が土産物として売られていた。パパ用、ママ用、子ども用と三つのサイズがあり、私は新聞配達で稼いだお金で子ども用を買って、その警棒のような柄を洋服ダンスにしまっていた（マドックスは、一九六七年にジョージア州知事になった。二期目をつとめることはできなかったので副知事に選ばれ、その役職から一九七二年のアメリカ独立党の候補者リストに載り、アメリカ大統領候補として選挙運動を行った）。

私たちには黒人という見下げる対象、嘲笑し、優越感を得られる存在があった。私の家族は、家賃が上がる一、二年ごとに引っ越しをした。公営住宅に住むこともあれば、トレーラーハウス用の駐車場に住むこともあった。社会的に見て「下層白人」だったかもしれない。それでも、私たちは白人だった。

歴史家たちは南部の一九五〇年代や六〇年代を振り返って、社会の変化が起こる機が熟した時期だったと断言している。だが、それは見方による。私の家族、友人、隣人そして教会員たちにとって、あの時代は熟してなどいなかった。自分たちは包囲されていると見ていた。自分たちの生き方すべてが、外部の扇動者たちに脅かされていると思っていたのである。

ジョン・F・ケネディ大統領が凶弾に倒れました、という校長の声が校内放送で流されたとき、私の高校には立ち上がって歓声を上げた学生たちがいた。ケネディが公民権の法制化を提案し、連邦法務官を送ってミシシッピ大学に初の黒人学生ジェームズ・メレディスの入学を認めさせようとしたとき、ケネディはこの快適な人種差別主義の飛び地にとって耐えがたい脅威になった。それ以前は、アイゼンハワーやニクソンといった共和党員が公民権の敵だった。民主党員は、南部の「ディキシークラット」〔訳注＝公民権綱領に反対して民主党を脱退した人々〕に恩義を感じていた。彼らは議席の四分の三を支配し、審議を引き延ばし、上院での法案通過を妨害していた。だがホワイトハウスに、ケネディという南部の敵がいた。

私の高校名は、南軍の将軍ジョン・B・ゴードンにちなんでつけられていた。一九六六年にその高校を卒業するまで、校内に足を踏み入れた黒人の学生は一人もいなかった。複数の黒人の家族が近くに越して来たが、周囲の白人たちはストーン・マウンテン〔訳注＝南北戦争の南軍の司令官・将軍三人のレリーフが岩肌に掘られている〕のある東を目指して逃げ出した。あえて子どもたちを、私たちの学校に入学させる黒人の親はいなかった。金属鋲つきの靴をはいた喧嘩が大好きな、マルコムという角刈りの小柄な少年がいた。彼が一人で黒人の子どもたちを追い払っていると、当時私たちはみな思っていたし、今も私はそうだったと思っている。KKKの幹部グランド・ドラゴンの甥と目されていたマルコムは、この高校で最初の黒人学生は霊柩車で帰宅することになるだろうと言っていた。

KKKは、神秘的ともいえるほどの拘束力をもっていた。私はKKKについてレポートを書いた。それは見えない軍隊で、南部におけるキリスト教の純粋さを守るための最後の防衛線だと教えられていた。子どものころ、KKKのドラゴンとかウィザードなどの大物の葬列を見たことがある。道を渡ろうとしたら葬列にぶつかって、全部通り過ぎるまで待たなければならなかった。車が何十台、何百台と目の前を通過したが、運転している人物は例外なく白や深紅の絹のような長衣を着て、とんがり頭の目出し帽をかぶっていた。その日は暑く、ドライバーたちの日焼けした肘が車の窓から鋭角に突き出ていた。だれなのだろう？　これら古代ケルト宗教の祭司たちの生まれ変わりは。それは、角のガソリンスタンドの従業員、教会の執事、私の叔父、だれであってもおかしくなかった。確かなことは、だれにもわからなかった。翌日の「アトランタ・ジャーナル」紙は、葬列が八キロほどに及んだと報じていた。

広場で開かれた七月四日の大会も憶えている。スポンサーたちが有名人を連れて来ていた。アラバマ州知事ジョージ・ウォレスや超保守的なジョン・バーチ協会のナショナルオフィサー、そしてアラバマ州のレスター・マドックスだ。講演者たちが、州の権利を踏みにじっているとワシントンを攻撃すると、私たちは抗議の小さな旗を振りながら歓声を上げた。二十人の黒人男性のグループが、驚くべき勇気を見せて、その集会に参加するのでなく、ただスタンドで人目を引く黒い群れとなって座り、見守っていた。

だれが合図をしたかわからなかったが、「ディキシー」の威勢のよい演奏が終わるや、フードをかぶったKKKのメンバーらが群衆の中から立ち上がり、どっとベンチを降りて、黒人男性の群れを取り囲んだ。黒人たちは身を寄せ合い、必死の思いであたりを見回したが、逃げ道はなかった。ついに取り乱した黒人の何人かが、レーシングカーから観客を守るための九メートル以上あるフェンスを上り始めると、KKKのメンバーらが競って捕まえようとした。衆目を集めながら、登壇者の持つマイクは沈黙し、KKKのメンバーらが、罠から餌食を取り除くかのように、フェンスにしがみつく肉体を引きはがそうとしていた。彼らは、黒人たちを拳やレスター・マドックスが売っていたような柄で殴り始めた。しばらくすると、警官たちがゆっくり人波をかきわけてやって来て、KKKを制した。

四十年近く経ったが、今でもあのときの声をからした群衆の抗議の叫び、犠牲者たちの嘆願、その体に食い込むＫＫＫのメンバーらの拳の音が耳によみがえる。そして大いに恥じながら、少年時代に感じたスリルを思い出す――それは、はじめて経験した暴徒の本能だ。あの場面展開を見ながら感じた、恐怖とないまぜになったスリルを。

今日、私は恥、良心の呵責、そして悔い改めを感じる。自分の中にあったまぎれもない人種差別の完全なる支配を、神が打ち破るには何年も要した。私たちの中で、より見えづらい形の人種差別から解放されている者がいるだろうか。そして今、私はその罪を、最も有害な影響を社会に与えるかもしれない、きわめて有毒なものと考えている。専門家たちは米国郊外の最下層について議論するとき、麻薬、価値観の変化、社会構造に組み込まれた貧困と核家族の崩壊に非難の矛先を順繰りに向ける。時おり、不思議に思うのだ。そうした問題のすべては、根底にある原因がもたらした結果ではないか。人種差別という何世紀にもわたる、われわれの罪のせいではないのか、と。

＊　＊

レスター・マドックスが、「わが国の敵」とレッテルを貼ったアトランタ市民マーティン・ルーサー・キング・ジュニアの伝記を何冊か読みながら、こうした子どものころからの人種差別の記憶が一気によみがえってきた。キング牧師の時代を綴った、長く痛烈な記事が立て続けにピューリッツァー賞を受賞した。一九八七年にデイビッド・ギャロウの『十字架を背負って』(*Bearing the Cross*)が、一九八九年にテイラー・ブランチの『海の水を分ける――キング牧師のいた時代一九五四－六三年』(*Parting the Waters*)がそれぞれ受賞している。ギャロウの本は七二三ページ、ブランチの本は一〇〇四ページあり、二冊を読みふけりながら、かなり似ている奇妙な感覚、既視感《デジャヴュ》のような感覚を経験した。

セルマ、モントゴメリー、アルバニー、アトランタ、バーミンガム、セントオーガスティン、ジャクソンというなじみの場所で起きた話を読んでいったが、その見慣れた景色が一変していた。これらの地名を歴史家たちは、勇敢な道徳上の闘いが行われた場として挙げており、私も今ではそのように見ている。だが、一九六〇年代に南部で過ごしていた少年時代、それらの土地は包囲されている場所だった。北部から渡って来た学生やラビや牧師といったトラブルメーカーたちが連邦政府に守られながら、私たちのテリトリーに侵入していた。そして、いずれの町でもデモ隊の指導者は、私たちの社会にとって最大の危険人物、私と同じアトランタ出身の人間で、「アトランタ・ジャーナル」紙が「正義の名のもとに暴動を扇動している」と常に批判している人物だった。教会の人々はキング牧師をマーティン・ルシファー・クーン(悪魔大王マーティン)と、特別な名で呼んでいた。キングがキリストの福音を私物化していることに、私たちは何より苛立った。それでも彼は按手礼を受けた牧師だった。そして、私のいた原理主義の教会ですら、キングの父親の誠実さは認めなければならなかった。キング牧師の父親は、エベネゼル・バプテスト教会で尊敬を集めている牧師だった。もちろん私たちには、その認識上の不協和音を解決する、こんな方法があった。若いほうのキングは筋金入りの共産党員、牧師のふりをしているだけのマルクス主義の工作員だ、と言ったのである（フルシチョフは若いころ四福音書をそらんじていたし、スターリンは神学校に通っていたのではなかったか）。アラバマ州知事のジョージ・ウォレスはＦＢＩの情報を引用し、合衆国のだれよりも共産党運動の組織に関わっているといって、キングを非難した。

私たちは言った。キングの父親は息子を正しく育てたが、北部のリベラルなクローザー神学校が、その心を汚染した。何らかの福音に従ったとするなら、キングは社会的福音に従ったのだ（当時、キングの願書を受けつけた保守的な神学校があったことを、私たちは決して問わなかった）。そして、キングの色恋沙汰が表面化すると、彼の件は落着した。マーティン・ルーサー・キング・ジュニアは目立ちたがり屋であって、クリスチャンではなかった、と。

最近出ているキングの伝記は、こうした批判を余すところなく詳細に扱っている。噂の出どころの大半がＦＢＩ捜査官による漏洩だ。キングに個人的な恨みをもつＪ・エドガー・フーバーが、ロバート・ケネディの許可を得て、キングとその仲間に盗聴器を仕掛けたのである。ジョン・ケネディ大統領は、共産党員とのつながりが疑われる親しい助言者二人との接触を絶てと、キングに直接命じた。キングは共産党に共感したことはなかったが、民主的な資本主義下の不正に疲れることはあった。信頼していた助言者の何人かが何年も前に共産党に入ったのは事実だが、キングにはさまざまな政治的立場をとる友人がいた。彼には、公民権運動にどれほど熱心に取り組もうとしているかを基準に人々を見分ける傾向があり、その尺度からすると、左翼のほうが南部の聖職者よりはるかに意欲的だったのである。

キングの時代、さまざまな人種や業界団体と気安く交流する白人に、FBIが疑いの目を向けていた。そうした人々は、共産党に入る可能性があるからだった。FBIの描いた人物像に合致したのがクリスチャンでなく、共産党員だったのは残念だ。全般的に見て、米国南部のクリスチャンのほうが正義に敵対するものであり、海外では本物の共産党の報道機関が「キリスト教国アメリカ」における人種差別主義の話を告げ知らせていた。

ほかの嫌疑についてては、キングは女性関係で告発されているが、それは歴史的な事実であった。FBIは、キング牧師の宿泊したホテルの部屋で多くの出来事を録音しており、情報公開法によって歴史家たちは実際の盗聴記録を調べることができる。ラルフ・アルバニーは、キングが死の前夜まで情事を重ねていたことを暴露した。あるＦＢＩ捜査官（後のＦＢＩ副長官ウィリアム・サリバン）は、自殺を迫る書簡を録音テープと共にキングに送り付けた。「おまえは終わった。逃げ道は一つしかない。その汚らわしい異常な欺瞞が国民に暴露される前に、おまえは死ぬしかない。」

女性関係のほかに、キングは剽窃《ひょうせつ》でも告発されている。大学院の卒業論文、自身の書いたもの、時には演説に、他の出典から多くの文章を無断で使用した。率直に言って、私には剽窃よりもキングが始終やらかしていた性的失敗のほうが理解しやすい。散文の名手であった彼に、なぜ他人の文章を盗む必要があったのだろう？

プレッシャーがあらゆる方向から容赦なくキングを苛んでいた。ＦＢＩからも人種差別主義者からも、いのちを脅かされていた。家では爆弾が爆発し、毎週のように南部の黒人教会は火をつけられた。キングを手伝う者たちは脅迫され、殴られ、投獄され、いのちを落とす者もいた。彼の結成した南部キリスト教指導者会議は、給金の支払いにも事欠くことがしばしばで、最も有能だった資金調達係は、ケネディ大統領から解雇されたアドバイザーの一人だった。「アトランタ・ジャーナル」から「ニューヨーク・タイムズ」まで、新聞各紙はキングの方法論を非難した。全米有色人種地位向上協会（ＮＡＡＣＰ）はキングを過激だと批判し、学生非暴力調整委員会（ＳＮＣＣ）は弱腰だと非難した。十を超える都市の学生デモ隊が、いっしょに刑務所に入ってほしいとキングに嘆願した。ミシシッピで活動している人たちは、ここで共にいのちをかけてほしいと言った。焦点を合わすべきは投票権だろうか、それとも人種差別をするレストランだろうか。違反すべきは、どの不正な法律だろう。裁判所命令の無視はどうだろう。公民権一本で行くべきだろうか、それとも貧困にまで焦点を広げるべきか。ベトナム戦争はどうすべきか。

今の私には、キングが人生で直面し続けたプレッシャーがよくわかる。彼の失敗は、そうしたプレッシャーのせいにほかならない。その道徳上の弱点は、キングのメッセージを回避したい者に、またとない言い訳を提供している。そうした弱点ゆえに、クリスチャンの中には今でもキングの信仰の真価を割り引いて考える人々がいる（こうしたクリスチャンは、ヘブル人への手紙一一章に書かれている、並外れた信仰の持ち主のリストを読み返してはどうだろう。ノア、アブラハム、ヤコブ、ラハブ、サムソンとダビデといった道徳上の逸脱者の名が書かれている）。私はキングを退けていた時期もあったが、今では彼の中心にキリスト教信仰を感じることなしには、その人生の一こまも、演説の一部も読むことはできない。キングの説教テープのコレクションを持っているが、聞くたびに、比類なく雄弁に語られた、その福音に基づくメッセージの絶対的な力に圧倒される。

デイビッド・ギャロウの書いたキングの伝記は、牧師になって間もないころに神の召命を受ける場面を柱としている。「それは彼の人生で最も重要な夜だった。今後、再び大きなプレッシャーに襲われるたびに、この夜を思い返すだろう。」 ローザ・パークスが、バスの後部（黒人専用席）に移動しないという勇敢な決断をしてから、キングはアラバマ州モントゴメリーで公民権運動の指導者に担ぎ上げられていった。黒人コミュニティーは、バスのボイコットを先導する新しい組織を作り、妥協の末、そのリーダーに町の新任牧師だったキングを推挙した。キングは「男というより少年」のような二十六歳だった。説教者の父親から受け継いだ宗教を信じ、中産階級に育ったキングは、大きな改革運動の先頭に立つ資格が自分にあるとは思えなかった。

この運動の指導者としてキングの名前が宣言されると、KKKの脅しが始まった。KKKばかりでなかった——間もなくキングは、時速四〇キロのところを四八キロで運転しただけで逮捕され、モントゴメリー市刑務所に収容される。解放された翌日の夜、キングははじめて刑務所で過ごした経験に震えながら、これ以上耐えられるだろうかと台所で考えていた。辞めるべきだろうか。真夜中だった。動揺していた。そして、怖くてたまらなかった。数分前に電話が鳴った。「ニガー、俺たちはおまえの仕業にうんざりしている。三日以内にこの町から出て行かなければ、おまえの脳みそも家ごと吹っ飛ばしてやる。」

キングは手つかずのコーヒーカップを見つめて座っていた。そして、どうやってここから抜け出そうかと考えた。指導者の役目をひそかに譲り、計画していた学者としての落ち着いた人生に戻るにはどうすればよいか。隣の部屋では妻のコレットがすでに寝息をたてており、その傍らには生まれたばかりの娘ヨランダがいた。そのときのことを、キングは説教の中で次のように述懐している。

そして、私は娘のことを考えていた。この子が今にも奪われるかもしれない。その事実を考えながら台所にいた。そして、献身的に尽くしてくれている忠実な妻のことを考えた。妻はそこで寝息を立てている……。これ以上耐えられないと思った。私は弱かった……。そのとき、私にとって宗教が本物にならなければいけないこと、そして自分自身で神を知らなければならないことに気がついた。そしてコーヒーカップの前で頭を垂れた。けっして忘れないだろう。……祈りを捧げ、その夜は声に出して祈った。私は言った。「主よ、私はここで正しいことをしようとしています。自分が正しいと思っています。私たちが表明している大義は正しいと思います。しかし主よ、今自分が弱いことを告白しなければなりません。私はひるんでいます。勇気を失いかけています。」……その瞬間、内なる声のこんな語りかけが聞こえた気がした。「マーティン・ルーサー、義のために立て、公義のために立て、真理のために立ち上がれ。見よ、わたしはあなたと共にいる、世の終わりまで。」……私は闘いを続けなさい、と語るイエスの声を聴いた。イエスはけっして私から離れないと約束した。一人にしない。絶対一人にしない。絶対一人にはしないのだ、と。イエスはけっして私から離れないと約束した。けっして一人にはしない、と。

（一九六七年八月二十七日、シカゴにおける説教「なんじ愚か者よ」から）

三夜が過ぎて、予告どおりにキングの家の玄関先で爆弾が破裂し、家の中は煙とガラスの破片だらけになったが、だれ一人けがをしなかった。キングは事態を落ち着いて受けとめた。「幾晩か前の宗教体験が、この事態に立ち向かう力を与えてくれていました。」

ギャロウは、台所のテーブルで起きたあの「訪れ」を最も重要な出来事とみなし、くり返しそこに戻りながらキング牧師の伝記を書いている。キングが生涯の重大な瞬間に、その思い出から力を引き出していたからだ。キングにとって、それは信仰の堅固な基礎、特別な仕事のために神から受けた油注ぎになった。その生涯の記事を読みながら、そしてキングがあの夜に言及している多くの箇所を読みながら、私は、彼の受け取ったメッセージのシンプルさに心を打たれている。「わたしはあなたと共にいる。」この言葉が伝えているのは、聖書の根底を流れているテーマ、すなわちインマヌエル（「神が私たちとともにおられる」）、神の臨在だ。その後の十三年間にキングは別の宗教体験もしたし、危機にも度々遭遇したが、あの夜の台所での出来事に匹敵するものは一つもなかった。この一言で十分だったのだ。

＊　＊

一方、私たち南部の保守的な地域の人間は、マーティン・ルーサー・キング・ジュニアを異なる宗教レンズで見ていた。私は思春期に、二つの教会に通った。最初の教会は千人を超える規模のバプテスト教会で、「友好的な人々の集う、聖書を愛する教会」という特徴を誇りにしていた。そして礼拝堂の後ろに、壁を覆うほど大きな世界地図が貼ってあり、百五人の宣教師を支える祈りのカードが留められていた。その教会は、有名な福音派の説教者たちが集まる主要な場所の一つだった。私はそこで聖書を学んだ。南部バプテスト連盟にゆるやかに加盟している教会だった。南部バプテスト連盟は、一八四五年、「奴隷所有者は宣教師としてふさわしくない」との北部の奴隷制廃止論者による決定に南部人が抗議して離脱し、独自に作った教派だ。けれども私たちにすれば、その南部バプテスト連盟さえリベラルすぎた。だからこそ、ゆるやかな加盟にとどまったのだ。南部バプテスト連盟の中には煙草を吸う人々もおり、この連盟は猛反対を受けながらも、最近の公民権法制化を支持したのだった。

一九六〇年代に、黒人学生がアトランタの教会の人種差別を撤廃しようとしたとき、私たちの執事会は黒人の「トラブルメーカー」が現れないよう、入り口を交代でパトロールする警備団を動員した。公民権を支持するデモ隊がやって来た場合に渡すよう、執事らが印刷したカードの一枚を、私は今でも持っている。

> あなたたちの動機が神の教えとは異なっていると信じるので、私たちは歓迎できません。どうかこの敷地からすみやかに出て行ってください。聖書は、「人々が兄弟であることと、神が父であること」を教えていません。神はすべてのものの創造主ですが、生まれ変わった人々だけの父です。救い主イエス・キリストを知りたいと真剣に望む人がいれば、私たちは喜んで神の言葉を個人的に教えます。
>
> （牧師と執事の一致した声明、一九六〇年八月）

ブラウン対教育委員会裁判〔訳注＝一九五四年、米国最高裁は、公立学校で黒人と白人の分離を定めた州法を違憲とする判決を下した〕の判決後、私たちの教会は白人の避難所として、黒人学生の入学禁止を明言する私立学校を作った。幼稚園が黒人の聖書学教授の娘の入園を拒否するると、数人の教会員が抗議して教会を離れたが、ほとんどの教会員はその決定を是認した。一年後、教会委員会は、黒人の通うカーバー聖書学院の学生を教会員として受け入れない決断を下した（その学生トニー・エバンスは、テキサス州ダラスを本拠地とする傑出した牧師、説教者になった）。

次に私の通った教会は、より小さく、より原理主義的で、より露骨な人種差別主義だった（私が「埋葬」に出席した教会だ）。私はそこで、人種差別主義の神学的基盤を学んだ。牧師はこう教えた。ヘブル語のハムは「黒人を燃やした」という意味で、ノアの息子ハムをニグロ人種の父とし、ノアはハムを呪い、身分の低いしもべとして生きる人生をあてがった（創世九章）。黒人がウェイターや召使いとしてあれほど優れている理由を牧師の口から聞いたのが、このときだった。牧師は講壇で、テーブルをよけるように腰をまわして見せた。頭上に食べ物を載せたお盆があるかのような滑稽な動作を見て、私たちは笑った。牧師は言った。「黒人のウェイターがその仕事に優れているのは、ハムが呪われて神からその仕事に就く運命を授けられたからだ。」　その呪いがハムでなく、ノアの孫息子カナンに宣告されたことを指摘する人はいなかった。

同じころ、ミシシッピ州の「バプテスト・レコード」紙がこんな論説記事を載せた。神は白人に黒人を支配させた。それは、「知性の平均が〝愚か〟の境界線上にある人種」は、明らかに「いかなる神の祝福も失っている」からだ、と。そうした人種差別主義者の教義を疑問視する人がいれば、牧師は異人種間の結婚や人種混交というカードを切った。ノアの時代、神はこうした罪を見て世界を滅ぼそうとされたと考える人々がいた。「娘が家に黒人のボーイフレンドを連れて来たら嬉しいでしょうか。」この質問一つが、人種に関するあらゆる議論を沈黙させた。

そのような歪められた神学は、今でも白人至上主義をスポンサーとするネットサイトに書かれている。もはやそれに賛同する人はずっと少ないが、その主な理由の一つは、――とりわけ私にとって――マーティン・ルーサー・キング・ジュニアの果たした預言者のような役割だ。ラインホルド・ニーバーが「ささいな罪」と呼んだ、福音のより幅広い要求に歯向かう罪から教会を目覚めさせるには、キングのように気高い精神をもつ人物が必要だった。

キングの姿から、「預言者」という言葉が心に浮かぶのは、旧約聖書に登場する人々のように、まっすぐな道徳的な訴えを通して国全体を変革しようとしたからだ。聖書の預言者たちの情熱と激しさに、私は長いこと魅了されてきた。彼らのほとんどが、十代の私のような頑固で偏見にまみれた、つむじ曲がりの聴衆に向かい合っていたからだ。どのような道徳的なやり方で、人は国全体を動かすことができるのだろう。預言者たちを研究して気づくのは、彼らが例外なく、二種類の手法を用いたということだ。

まず、神が今要求していることを短期の視点で見せる。旧約聖書において、これはたいていシンプルな、神に忠実な行為を勧める言葉であった。神殿を再建しなさい。結婚生活を聖いものにしなさい。貧しい人々を助けなさい。偶像を破壊し、神を第一にしなさい。

ところが預言者たちは、そこで終わりにしなかった。人々の最も深い疑問に答える遠景も見せたのである。これほど多くの苦しみに遭いながら、神が私たちを愛しているとどうして信じることができるのか。世界が悪の陰謀に支配されているように見えるとき、どうして正義の神を信じることができるのか。預言者たちはそのような疑問に、神がだれであるかを聴衆に思い出させることによって、そして輝く未来の義の王国を描くことによって答えたのである。

マーティン・ルーサー・キング・ジュニアも預言者の伝統にふさわしく、その二種類の手法を用いた。彼にとって短期の視点が何よりも要求すること、それは非暴力だった。キングはマハトマ・ガンジーの没年に神学校に入学し、国家変革の方法について合衆国のクリスチャンでなく、ガンジーから学んだ。キングに言わせると、ガンジーは「歴史上、個人間の単なるやりとりを超える、イエスの愛の倫理を生きたはじめての人物」だった。希望と愛と非暴力。ガンジーは、このイエスの高尚な原理を中心に、運動を組織する方法を探し当てていた。

キングはガンジーのように、山上の説教を積極行動主義の教科書と考えていた。

ぼくが牧師としてモントゴメリーにでかけたときは、ぼくがやがて非暴力的抵抗を用いるべき危機にまきこまれようとは思ってもみなかった。ぼくは、自分で抗議運動に着手しもしなかったし、これを示唆もしなかった。ぼくは、たんにスポークスマンとして人々の要求にこたえただけにすぎなかったのだ。抗議運動が開始されたとき、ぼくは、意識するとしないとをとわず、愛についての荘厳な教えをふくむ山上の垂訓と、非暴力的抵抗に関するガンジーの方法を思いださないわけにはゆかなかった。

（『自由への大いなる歩み――非暴力で闘った黒人たち』岩波書店、二〇〇二年）

一九五九年、キングは妻とともにインドを訪れ、非暴力革命の直接的な衝撃をその目で見て、こう報告している。「インドを後にするとき、自由を求めて闘う虐げられた人々の最強の武器として、非暴力の抵抗があることを、それまでになく確信していた。」ネブカドネツァルの法律に従わなかったダニエルと、その三人の友人も模範として考えた。ローマ帝国の不正な法律に従うより、飢えたライオンと対峙した初期のクリスチャンを仰いだ。

「不正の法律を破る人は、正々堂々と、愛をもって、そして懲罰を受けることもいとわずに、行わなければならない」と、後に語っている。

公民権運動は、非暴力哲学を試す多くの機会をキングに与えた。ニューヨークで錯乱した女に刺され、凶器の切っ先が大動脈の約二・五センチ手前に達した。バーミンガムでは白人の男が講壇に突進し、両拳でキングを連打した（「彼に触れるな！」キングは、その男を取り囲んだ自分の支持者たちに向かって叫んだ。「私たちは彼のために祈らなければならない」）。南部の保安官たちは、キングに手錠をかけて囚人護送車に引っ立てながら、嬉々としてこの有名な敵対者に暴力をふるった。保安官たちはキングのデモ隊を警棒で殴り、警察犬をけしかけ、高圧砲水でデモ参加者のあばら骨を砕き、その体を路上に殴り倒した。

半世紀経って、非暴力の姿勢を保ち続けることがキングにとってどれほど苦しく困難であったかを、見落としているかもしれない。警棒で頭を何十回も叩かれ、看守の家畜用のつき棒からも衝撃をくらい、苦しみを受けながら何一つ進展しなければ、だれでもおとなしく服従するだけでよいのか疑い始めるだろう。多くの黒人がこの問題でキングを見捨てた。学生たち、特にアラバマやミシシッピでフリーダム・ライド（自由のための乗車運動）を決行した勇猛な英雄たちは、仲間が次々に殺害されると徐々にブラック・パワー

〔訳注＝黒人が人種の誇りと社会的平等を求めて起こした急進的な政治的、文化的運動〕の用いる言葉に吸い寄せられていった。学生非暴力調整委員会は、その名前と裏腹に暴動を起こすようになり、キングを「神に取って代わった男」と呼んで嘲笑した。シカゴでは、ブラック・パワーの提唱者たちがキングをやじって大規模集会のステージから退場させた。

ロサンゼルスやシカゴやニューヨークのハーレムなどで暴動が起きると、キングは町から町へ移動して人々の興奮を沈め、デモ行進者たちに、非道徳な手段によって人々の善悪の基準を変えられないことを思い出させようとした。彼はその原理を、山上の説教から学んでいた。そして、ほとんどの演説でそのメッセージをくり返した。キングは言った。

「キリスト教は、私たちの背負う十字架が、私たちのかぶる冠に先立っているといつでも主張してきた。クリスチャンは、どんな困難や苦しみや緊迫した状況に陥っても、その十字架を負わなければならない。十字架が私たちにその痕を残し、私たちを贖い、苦しみを通してはじめて訪れる、より優れた道に導くまで。」

キングが非暴力にしがみついたのは、ただ愛に基づく運動によって、虐げられている人々は虐げている人々と同じ行動をとらずにいられると、深く信じていたからだ。彼は白人の心を変革したかった。しかし、その過程で自分が自由に向かって導いている黒人の心を硬くさせてはならない。キングは信じていた。非暴力を貫けば、「黒人も、他のだれかに暴力をふるわないですむだろう」と。

一九六四年にノーベル平和賞を受賞したとき、キングはあらためて山上の説教から学んだ原理に言及した。「何年も過ぎ去って、私たちの生きているこの素晴らしい時代に真理のまばゆい光が当たるとき、男も女も知るだろう。そして、子どもたちは教えられるだろう。私たちがより素晴らしい土地、より素晴らしい人々、より上品な文明を手にしていることを。これら神の謙虚な子どもたちが、喜んで『義のために苦しもう』としたのだから。」

歴史家たちは、キングがシカゴの敏腕市長リチャード・J・デイリーと対峙したときの緊迫した場面を伝えている。公民権運動の支持者たちは裏切られたと感じていた。彼らは、市長がボイコット運動の終結と引き換えに、警察の護衛付きでシカゴ市内を行進する許可を与えたものと思っていた。しかし、デイリー市長は、許可を与える一方で、これ以上のデモ行進を禁じる裁判所命令を獲得して公民権運動の活動家たちをだましていたのである。キングは彼らしく、怒号の飛び交う集会でも沈黙したまま座っていて、他の人々が意見を言うままにさせていた。雰囲気はとげとげしく、集会は敵意の中で決裂しそうだった。やがてキングが口を開いた。見物人の一人はその様子を、「威厳に満ち、穏やかで、注意深く、落ち着いた雄弁さがあった」と表現した。

あなたがデモにうんざりしているなら、私だってデモに疲れている。私は殺害の脅迫に疲れている。私は生きたい。殉教者にはなりたくない。そしてやり抜けるだろうかと疑うことがある。私は叩かれることに疲れている、殴られることに疲れている、投獄されることに疲れている。しかし重要なのは、私がどれだけ疲れているかではない。私たちをデモ行進に向かわせる状況を取り除くことが重要なのだ。

さあ紳士諸君、私たちの手持ちが少ないことはご存じだ。私たちにはお金があまりない。十分な教育も受けていないし、政治的権力もない。持っているのは肉体だけだ。あなたたちは「デモ行進をするな」という言葉で、私たちの唯一の持ち物を放棄しろと言っている。

（『十字架を背負って』）

キングの演説で集会の雰囲気が変わり、最終的にデイリー市長と新しい合意を結ぶことができた。

＊　＊

キングは、「私たちが持っているのは肉体だけだ」と言った。それが公民権運動に待望の勝利をもたらすことになった。高校時代、ケネディ大統領暗殺のニュースに歓声を上げた学生たちは、テレビ画面に映し出された、南部の保安官や警察犬や放水砲を向けられたキングの姿にも歓声を上げた。そうすることで、キングの戦略に直接的な役割を演じていたことにまったく気づいていなかった。キングはあえて効果的な人や場面を探していた。ブル・コナー保安官のような人々、対立、おとなしく投獄される人、殴打など暴力行為のある場面を探していたのである。人種差別主義という悪が醜悪の極みをあらわにしたとき、無頓着だった国民がはじめて、自分が掲げている大義に団結する、とキングは考えていたからだ。

その目標は見事に達成された。私の住んでいたディカーブ郡のある判事は、キングに手錠ばかりか足や腕にも枷《かせ》をはめて出廷させようとした。判事は、キングがジョージア州でなくアラバマ州で登録された車を運転していたことを理由に、国道で四か月の過酷な道路工事にあたる刑を科した。ヒューストンの陪審員は、覆面警官にマリファナを一本与えた黒学生非暴力調整委員会の活動家に三十年の禁固刑を言い渡した。ミシシッピ裁判所は、黒人の有権者登録を求める活動家の家や教会が銃撃により破壊されたり、ＫＫＫに爆破されたりしたとき、「暴動を扇動した」と言って活動家たちを投獄した。爆弾が、バーミンガムの教会の日曜学校に来ていた四人の少女のいのちを奪った。

「私はこれをしなければならない。私自身をさらけ出して、この憎しみを人目にさらすために。」右のこめかみに石を投げつけられ、地面に倒れたキングは言った。家族は、その知恵を不思議に思うことがあった。キングの父親は、息子がバーミンガムでまた別件で逮捕されたとき、こう言った。「おまえはこの非暴力を私から受け継いだのではないね。ママからに違いない。」

むき出しになった悪を冷静に見つめさせることで、キングは道徳的な怒りという国民の応答を引き出そうとしていた——当時は私も友人たちも、この「道徳的な怒り」という概念が理解できなかった。多くの歴史家たちがある事件を指さして、この運動がついに公民権という大義に決定的多数の支持を得た瞬間だという。それはアラバマ州セルマ郊外の橋の上で起きた。保安官ジム・クラークが非武装の黒人デモ行進者たちを、警官たちに攻撃させたときである。騎馬警官たちは馬に拍車をかけてデモの群衆に飛び込み、警棒を激しく振り回し、黒人の頭を砕き、彼らの体を地面に押しつけた。見物している白人たちが叫んだり歓声を上げたりしている中、警官たちはパニックに陥った群衆に催涙ガスを放った。大半のアメリカ人がその場面を目にしたのは、ＡＢＣテレビが日曜日の映画「ニュルンベルク裁判」の映像に、ニュースを割り込ませたときだった。視聴者の目に映ったアラバマの映像は、それまで見ていたナチス・ドイツの凶行に恐ろしいほど似ていた。八日後、リンドン・ジョンソン大統領は合衆国議会に一九六五年の投票権法を提出した。

「私たちが持っているのは肉体だけだ」とキングは言った。その嘆願に対し、セルマやジャクソンやアルバニーやシセロの当局から一度も聞かれなかったのは、こんな言葉だ。「キング博士。あなたは正しい。私たちは人種差別主義者です。そしてこれら差別的な法律は不正であり、憲法に違反しており、聖書的でなく、完全に間違っています。申し訳ありませんでした。私たちは悔い改め、最初からやり直します。」そんな言葉は、ただの一度も返ってこなかった。私のような偏見をもつ人間の硬い道徳の殻を突き破るには、キングの預言的な言葉以上のもの、セルマや、その他あらゆる場所に集まったデモ行進者たちの肉体が必要だった。メンフィスで凶弾に倒れたキング自身の肉体が必要だった。マーティン・ルーサー・キング・ジュニアは過ちも多く犯したが、一つ正しいことをした。いかなる困難や危険も顧みず、目の前で起きていることに対して非暴力の抵抗を貫いた。彼は殴り返さなかった。他の人々が復讐を求めたところで、愛と赦しを求めた。

キングは『バーミンガム市刑務所からの手紙』の中に、赦そうとする努力を書き記した。それは、新聞の余白やトイレットペーパーに走り書きされた驚くべき文書であり、友人たちが独房から密かに持ち出したものである。刑務所の外では、南部の牧師たちがキングを共産主義者と呼んで非難し、暴徒たちが「ニガーを吊るせ」と叫び、警官たちは丸腰の支持者たちを威嚇していた。そのような状況にあって、キングは自身の敵を赦すのに必要な霊的鍛錬を積むため、数日間、断食しなければならなかった。キングは言った。「私たちが人々を愛するのは、彼らのことが好きだからではありません。彼らのやり方が私たちに訴えるからでもありません。彼らに神の輝きの片鱗が見えるからでもありません。神がその人を愛しておられる。だから、私たちはだれのことをも愛するのです。」

しかし、公民権運動の活動家たちに必要だったのは、いかなるときも愛と非暴力をもって立ち向かいなさいという諭しだけではなかった。自分たちの受けている虐待が最終的な勝利に貢献するという長期的な視点に立つ信仰が必要だった。すでに大義の正しさを確信していた彼らは、自分たちの視点を、絶望的な長い失敗の連続を超えるものに引き上げる何かを求めていた。今、公民権運動を振り返るとき、私たちはそれを勝利に向かうゆるぎない潮のうねりと見ている。しかし当時、権力構造と毎日衝突し、警官、判事、そしてＦＢＩからも絶えず脅迫を受けていた活動家たちは、勝利を確信してなどいなかった。彼らが野卑な南部の刑務所で幾夜過ごしたか、私たちは忘れている。現在はひたすら暗く、未来はいっそう暗澹としていたのである。

そのように勇気をくじかれていた群衆に向かって、キングは、正義の神の手中にある世界というビジョンを差し出した。一九六一年、キングは、紀元前五〇〇年の旧約聖書の預言者たちと同じ役割を演じていた。神の民の視線を永遠の事柄に向けさせていた。早い段階で、学生たちはすでに不安で落ち着きを失っていた。以下は、キングがそうした学生たちに語った言葉である。

われらはかならず打ち勝つという確信させるものが、この学生運動にはある。勝利を得る前に、傷つけられる者もいるだろうが、われらはかならず打ち勝つ。友愛という勝利が手に入る前に、肉体の死に直面する人々もいるかもしれないが、われらはかならず打ち勝つ。勝利が得られる前に、友愛を信じているというだけで、ある人々は仕事を失い、ある人々は共産主義者やアカ呼ばわりされるだろう。正義のために立ち上がっただけで、危険な扇動者として追放される人々もいるだろう。だが、われらは勝利するだろう。それがこの運動の基盤だ。私は言いたい。この宇宙には、「永遠に生きる嘘はない」と言うカーライルを正しいと確信させるものがある。われらは勝利するだろう。この宇宙には、地に砕け散った真実も再び立ち上がるというウィリアム・カレン・ブライアントを正しいと確信させるものがあるからだ。われらは勝利する。この宇宙には、真実は永遠に処刑台の上に、不正は永遠の玉座にあるというジェームズ・ラッセル・ローウェルを正しいと確信させるものがある。今もなお、その死刑台は未来を揺るがし、知られざるほの暗き背後では、その影の中で立っている神がおられる。見守り続けておられる神が。

（「ニューヨーカー」一九八七年四月六日）

キングにとって長期的な視点とは、事態がいつどんなふうに見えようと、神が支配しておられることを思い出すことだった。後にセルマを出発した有名な行進がついに州都モントゴメリーに達したとき、キングは、かつて南部連合国の議事堂であった建物、今でも反旗が翻っている建物の階段から、傷つき弱りはてた行進者たちに語った。

あなたがたは今日、こう尋ねているでしょう。「あとどれくらいかかるのだろう。」私は今日の午後、皆さんにこう言うためにやって来ました。どれほど困難であっても、どれほど虚しさを感じていても、それは長く続きません。地面に押し潰された真実は、再び立ち上がるからです。

あとどれくらい？　それほど先ではありません。永遠に生きる嘘はないのだから。

あとどれくらい？　それほど先ではありません。あなたは蒔いたものを収穫するからです。

あとどれくらい？　それほど先ではありません。道徳的宇宙の弧は長く伸びているけれども、正義に向かっているからです。

あとどれくらい？　それほど先ではありません。私の目が主の到来の栄光を見たからです。怒りのブドウが貯蔵されているところから、極上のワインを踏みつけながら、主は敏速で恐ろしい剣から破滅の雷光を放たれました。その真実は進み続けています。

主は決して退却することのない進軍のラッパの音を響き渡らせました。神のさばきの座の前で人の心を高揚させています。おお、私のたましいよ、ただちに神に答えたまえ。私の両足よ、歓喜で踏み鳴らせ。私たちの神が行進を進めておられるのです。

（「ニューヨーカー」一九八七年四月六日）


ほかにすがるもののなかったとき、こうした演説が公民権運動を希望で満たした。ある七十二歳のボランティア女性はキングの演説を聞いて、疲れた笑みを浮かべながらこう言った。「私の足は疲れていますが、たましいは安らかです。」

個人的な犠牲があろうとも、成功しているとか報われていると感じられるか否かにもかかわらず、預言者は私たちに日々の従順な行為を要求している。そして、こうも思い起こさせる。影に立ち、見守り続けている神にとって、どんな苦しみも、どんな落胆も最終的なものではないことを。これらのメッセージと力の両方を伝える預言者だけが、世界を変革するのかもしれない。マーティン・ルーサー・キング・ジュニアがこの世にいたあいだ、その隣人であった私は彼の言葉に耳を傾けなかった。彼の欠点に飛びついて攻撃し、自分自身の罪をなかなか認めようとしなかった。だが、キングは自らの肉体を標的として差し出すことはあっても、けっして武器にはせず、目の前で起きていることにあくまで非暴力の精神で向き合い、はるか先を見据えて自らの夢であった平和と正義と愛の新しい王国の夢を差し出した。そうすることでキングは、いちばん弟子になりそうになかった私の預言者になったのだった。

＊　＊

そのような抗争を数多く生み出した公民権法案成立から十年後の一九七四年、私は南部の抵抗運動の中心であったミシシッピをはじめて訪れた。私は南部から離れ、過去を葬り去ろうとしていた。シカゴに暮らしていたときは、社会問題に進歩的な立場をとる若者向けキリスト教雑誌「キャンパスライフ」の編集者だった。キング牧師のような人々のおかげで、自分の教会のような南部の白人教会が、善でなく悪を頑固に擁護していたことを知った。私はしばらく教会でなく神を非難していたが、旧約聖書の預言書やイエスの話を読んで、ようやく神は常に虐げられているものの側に、そして正義の側に立っていたことを確信した。物書きとして償いをしようと誓った。

人種間、とりわけ故郷の街アトランタに住む人種間同士の関係が回復しつつあると聞いていたが、少年時代からどれほど変化したものか半信半疑だった。ジョン・パーキンスの招きに応じて、ジャクソンから五〇キロほど離れた南のメンデンホールという人口三千人の小さな町を訪れて確かめることにした。

黒人牧師パーキンスは、公民権運動の最悪の悪夢の中を生き抜いた人だった。ミシシッピの公民権運動の現場で主要な人々をほとんど知っていた。穏やかな語り口の、ハーバード大学哲学専攻の学生ロバート・モーゼス。彼はキングの運動を手伝った最初の一人で、ミシシッピにおける学生非暴力調整委員会の有権者登録運動のリーダーになった。殴られても、投獄されても、爆弾や銃の攻撃を受けても落ち着きを崩さず、伝説的とも言える存在となった。フラニー・ルー・ヘイマーは、「歌の上手な女性」であり、読み書きのできない綿花摘みの二十人きょうだいの中で育った。彼女は、ミシシッピ州サンフラワー郡で黒人投票者として登録したため、地元の保安官から無意味に殴られ、そのけががもとで亡くなったが、亡くなる前にミシシッピから別の代表団を率いて一九六四年の民主党大会に参加した。NAACP（全米有色人種地位向上協会）の地方連絡員メドガー・エバース。彼はキングを最初にミシシッピに招待した人で、自宅前で、走って迎えに出て来た妻と娘たちの目の前で暗殺者の凶弾に倒れた。

　そのミシシッピで過ごした州、ジョン・パーキンスからこうした話やほかにも多くの話を聞いた。パーキンス宅の居間にある折り畳み式ソファで休んだが、ほとんど眠れなかった。パーキンスが、夜遅く床に就き、夜明け前に起きて聖書を読み、台所のテーブルに積まれている新聞や雑誌を熟読するからだ。それでも、食卓でコーヒーを飲みながら、綿花畑を車で走り抜けながら、あるいは通りの先のオフィスで、語る時間もたくさんあった。少年時代の話を聞いた。お兄さんが映画館で有色人種用の入り口で並んでいたとき、騒がしかったという理由で警官に射殺された夜のこと、勉強に打ち込んだこと、軍隊で働いた時期があったこと、ミシシッピには二度と戻らないと誓ったことなどを。

　パーキンスはその誓いをしばらく守ったが、広いロサンゼルスで労働組合員として成果を出すようになったころ、「白人の宗教」と思い込んでいたキリスト教にまさかの回心をして、労働組合の仕事から離れていった。ミシシッピに置き去りにした不遇な隣人たちのことを頭から追い出すことができず、戻りなさいという神の呼びかけを感じるようになった。一九六〇年六月のことだ。

　そのころのミシシッピでは、パーキンスの属していた福音派の牧師はほとんどが福音の説教に集中し、人間の必要についてはソーシャルワーカーや政府機関任せにしていた。パーキンスは教会と聖書学院をつくり、「カルバリの声」というラジオ番組の放送を開始した。しかし、イエスが高らかに命じた、より大きな使命をも受け入れた。

貧しい人に良い知らせを伝えるため、
主はわたしに油を注ぎ、
わたしを遣わされた。
捕らわれ人には解放を、
目の見えない人には目の開かれることを告げ、
虐げられている人々を自由の身とし、
主の恵みの年を告げるために。
（ルカ四・一八〜一九）

それを自らの使命としたパーキンスは、地方の診療所、生協、職業訓練センター、メンデンホールの若者向けレクリエーションセンター、個別指導プログラム、学校、住宅計画に着手した。線路の反対側に未舗装の道路があったが、まもなくその数平方メートル分が、シンプソン郡の貧しい黒人家庭のための活気あるサービスセンターになった。パーキンスは休むことなく国のあちこちに出向き、白人の福音派のクリスチャンたちに財政支援を求めた。彼は、「泊まらせてもらった数百の家庭で人種差別を撤廃したのは、私がはじめてだろう」と言う。また、メンデンホールでの各働きの任期を全うしてほしいと、ボランティアの看護師、医師、教師たちに懇願した。その刺激的な生い立ちと、その率直に語るスタイルと正義に向かって献身する姿から、パーキンスは国中の福音派の人々からも、地元の権威者たちからも注目された。

ミシシッピに住む白人は、社会福祉事業は嫌がらなかったが、着実に流入して来る北部の人間を不快な思いで見ていた。パーキンスが有権者登録運動の指揮を執るようになると、不快感が特に強まった。当時、シンプソン郡は人口の四割が黒人であったにもかかわらず、有権者登録されている黒人は五十人にすぎなかった。こうした割合は典型的だった。多くの法的障壁に阻まれ、ミシシッピの黒人四十五万人のうち、登録されていたのは、たった七千人だった。有権者には投票税を納める義務があったが、ほとんどの黒人にとって、それはあまりにも高額だった。黒人たちは、白人だけの郡の登録係を満足させるために、ミシシッピ憲法の難解な部分を解釈しなければならなかった。連邦裁判所がこうした障壁の撤廃に向けて動き出すと、州は新しい障壁をつくりあげた。登録申込者の名前と住所を地元新聞に載せろという要求だ（ＫＫＫや雇用主、近隣の白人が嫌がらせをするのに好都合だった）。

パーキンスと支援者たちは地道な活動を続け、最終的に二千三百人の有権者がシンプソン郡で登録した。だが、パーキンスが警察の暴虐に抗議してメンデンホールの繁華街で不買運動を指導した際に騒動が起きた。一九七〇年二月の街頭デモの後、白人スタッフのダグ・ヒューマーとツーガルー大学出身の十九人の黒人学生抗議者がミシシッピ・ハイウェイパトロールに止められ、ブランドン市の刑務所に入れられた。そこには悪名高い保安官がいた。ヒューマーから連絡を受けたパーキンスは、急いでブランドンに車を走らせ、そのまま敵の罠にはめられた。

十二人のハイウェイパトロールと地元警官が、パーキンスとヒューマーを懲らしめようとした。一人が叫んだ。「ここからシンプソン郡じゃない。ランキン郡だ。『生意気なニガー』のあしらいはお手のものだ。」彼らはパーキンスを蹴ったり、拳で殴ったりし始めた。頭を、肝臓を、股間を、そして足を踏みつけた。パーキンスは意識を失った。血だまりの中で目を覚ますと、頭の傷口に密造酒をかけられ、再び殴られた。自分の血をモップで拭き取らされもした。鼻にねじ込んだフォークを、血が流れるまで動かされた。喉にも同じことをされた。そして警官たちはパーキンスを、未成年の非行行為に加担したかどで逮捕した。指紋をとるあいだ、警官の一人がパーキンスの頭に銃を突きつけ引き金を引いた。空の弾倉がカチッと音を立て、残酷なジョークに全員が笑い声をあげた。そして、パーキンスは再び意識を失うまで殴られた。

パーキンスはその夜をもちこたえたが、医者たちは、けがを負った彼の胃の三分の二を取り除かなければならなかった。回復までの十八か月、彼は、ミシシッピに帰れという神からの召しを考え直していた。自分はメンデンホールの人々に、本当に良き知らせをもたらしていただろうか。黒人住民がより多くの機会を手にしていることは間違いないが、パーキンスの努力は白人の態度を硬化させていた。かつてなく和解が遠のいて見えた。回復に向かうあいだ、マルコムX、ラップ・ブラウン、エルドリッジ・クリーバーの本を読んだ。三人とも福音とその和解のメッセージをあきらめていた。しかし、パーキンス自身の働きは、あわれみ深い白人支援者たちを引きつけていたのだった。ダグ・ヒューマーも、ブランドンの刑務所でパーキンスと全く同じ扱いを受けた。キング牧師の本を読み、遠くドイツから助けにやって来たアル・エシンガー。アフリカに戻らず、メンデンホールの医療センターで働いた宣教師であり看護師のベラ・シュワルツ。

「間違いなく、そのときが私の最も深刻な信仰の危機でした。」パーキンスは、シンプソン郡とランキン郡に戻る道を運転しながら私に語った。事件から四年が過ぎていた。悪名高い刑務所と裁判所の横を通った。「あれほど教えてきた、暴力によるのでなくキリストの愛の中でのみ、私や世界に希望があることを、ほんとうにそう信じているかどうか決断するときでした。憎しみがいかに自分を破壊するものか、わかり始めていました。最終的に、神は悪をもって悪に立ち向かうのでなく、悪には善を返すことを望んでいるというキング博士の意見に同意せざるを得ませんでした。イエスは言いました。『あなたの敵を愛しなさい。』　そして、私はそれを実行する決断をしました。深淵で神秘的な真理です。イエスの愛の概念は憎しみを圧倒します。生きているあいだにそれを見ることはないかもしれません。でも、私はそれが真実であることを知っています。

あのベッドの上で、傷や手術の跡だらけで、神はそれを私の中で真実としました。私は希望の輸血を受けたのです。あきらめることはできませんでした。メンデンホールでスタートを切ったばかりでした。」

その危機的瞬間に、パーキンスは「憎しみと苦々しさは、恐怖という病をけっして癒すことがない。癒しをもたらすのは愛だけである。憎しみはいのちを麻痺させるが、愛は解放する。憎しみはいのちを混乱させるが、愛は調和させる。憎しみはいのちを暗闇で覆うが、愛は明るく照らす」というキングの言葉を信じるようになった。

その後何十年かにわたり、パーキンスは、メンデンホールで学んだことをもとに、転居先のロサンゼルスで地域開発を目的とする全国的な組織を作り、ミシシッピに戻って、人種間の和解を目指す運動の最前線に立った。殺人罪で服役したＫＫＫのスパイで、服役中に回心して現在ワシントンＤＣの多人種教会の牧師をしているトーマス・タランツといっしょに現れることがある。

＊　＊

一九七四年にメンデンホールをはじめて訪れたとき、この町に入った私を歓迎したのはこんな看板だった。「白人が団結し、ユダヤ人や共産主義者ら人種が入り混じった者を打ち負かす。」 私はジョン・パーキンスに、人種差別の実例を見たいと言った。「あなたの話を書けば、今はすべてが変わったと人々は言うでしょう。公民権法案は十年前のことです。まだ、あからさまな差別はありますか」と私は言った。

パーキンスは少し考えてから、突然顔を輝かせて言った。「そうだ。リボルビング・テーブルレストランの人種差別を撤廃しに行こう！」 私たちは自動で回転する円卓テーるで有名な上品なレストランに車で向かった。巨大なテーブルの真ん中でゆっくり回転する円卓テーブル盤に、黒豆、かぼちゃ、キャベツ、サツマイモ、鶏肉や肉団子など、南部人の好物を盛った大皿が載っている。席に着くと、白人の客は一斉に私たちをにらみつけ、合図を決めていたかのように立ち上がって小さめのテーブルに移って行った。次の一時間、パーキンスと私以外にレストランで口を開いた者はいなかった。警棒で叩かれないか、肩越しをちらちら見ながら落ち着かない気持ちで食事をした。支払いのときに、「美味しかったですよ」と言っても、ウェイトレスはそれに答えず、目も合わせずに代金を受け取った。パーキンスが生まれてからずっと経験してきた敵意が、ほんの少しだけわかった。

二か月後、ジョン・パーキンスについて書いた私の記事が出ると、勤務先のキリスト教組織のミシシッピ支部は、過去の悪い記憶を掻き立てた私の解雇を決めた。彼らは言った。「状況は変わった。なぜ過去を掘り返すのか。」

本当に、なぜだろう。私がミシシッピを訪れてから三十年近くが過ぎ、公民権の偉大な勝利は半世紀近く道標になっている。私たちは新しい世紀に生きている。新しい千年紀にすら生きていて、実際、多くが変わった。今やミシシッピの黒人客はどこでも好きなところで食事ができるし、どの冷水器から飲むことも、どのモーテルで休むこともできる。奴隷解放宣言からまる一世紀を待ったにせよ、マーティン・ルーサー・キング・ジュニア、メドガー・エバース、ボブ・モーゼス、ジョン・パーキンスその他多くの人々が闘い、少なくとも法律上は勝利した。ジョージア、アーカンソー、テキサスの進歩的南部人が大統領になった。黒人は、めったに望まないが、行きたければ白人教会に行くことができる。こうしたすべての夢が、たった四十年前のマーティン・ルーサー・キング・ジュニアには絶対に手に入れられないもののように見えた。公民権運動を、重大な変化のしるしとして、国家は毎年立ち止まり、生前は大きな論争の的だったキングその人を、国全体を休日にしてまでほめ讃える。彼は、ほめ讃えられる唯一のアフリカ系アメリカ人であり、唯一の牧師であり、実際唯一のアメリカ人である。

勝利がたやすく手に入ることはない。事実、生前のキングの手に勝利がもたらされたことは、ほとんどなかった。一九六三年、キングにとって気にかかるライバルだった全米有色人種地位向上協会のロイ・ウィルキンスが、「あなたの手法はアルバニーやバーミンガムで人種差別撤廃の勝利を一つもあげなかった」といってキング牧師をからかった。「マーティン、あなたの努力で何らかの人種差別を撤廃していたら、私に教えてくれたまえ。」

キングはこう答えた。「これまでに私は、何人かの心の中の人種差別を撤廃してきただけだと思います。」究極の勝利は、人の心で得られなければならないことを知っていたのである。法律は、白人が黒人にリンチを加えることは防げるだろうが、人種の異なる人々にお互いを赦し、愛するよう仕向けることはできないだろう。裁判所でなく、人間の心こそが彼にとって真の戦場だった。キングに心を変えられた者の一人として、私は同意しなければならないだろう。

キングは銃ではなく、恵みによって闘うという洗練された戦術を開発した。暴力には非暴力で、憎しみには愛で対抗した。キングの仲間アンドリュー・ヤングは、「黒人の肉体と白人のたましい」を救おうとした不穏な日々だったと振り返っている。キングによると、真のゴールは白人を打ち負かすことではなく、「抑圧者たちの中に恥の感覚を目覚めさせ、優越感という誤った感覚に挑むことだった……。目的は和解である。目的は贖いである。目的は愛される共同体の創造である」。それこそ、マーティン・ルーサー・キング・ジュニアが、私のような生まれながらの人種差別主義者の中にまで起こしたものである。

人種差別主義は道徳的にも社会的にも好ましくない影響を及ぼしていたが、それでもどうにか国民は団結し、最終的にあらゆる人種の人々が、アメリカが民主的な方向に舵を切る流れに加わった。南部も例外ではなかった。数年後、アトランタにアフリカ系アメリカ人市長が何人も誕生した。公民権運動指導者アンドリュー・ヤングもその一人だ。アラバマ州セルマにも、あの悪名高い大行進以来在職していた市長を二〇〇〇年に破った黒人市長がいる。そして「人種分離は永遠に！」と叫んでいた老ジョージ・ウォレスが、車椅子に乗ってアラバマの黒人指導者たちの前に姿を現し、過去の行為を謝罪した。アラバマ全土に放映されるテレビでも謝罪をくり返した。ウォレスは、キングが運動を開始したモントゴメリーのバプテスト教会にも出向いて謝罪したが、赦すためにやって来た指導者の中には、コレッタ・スコット・キング、ジェシー・ジャクソン、そして殺害されたメドガー・エバースの兄弟の姿もあった。

一九九五年、南部バプテスト連盟は、奴隷制の問題をめぐって設立されてから百四十年を経て、長期にわたった人種差別主義を支持してきたことを正式に悔い改めた（アビシニア・バプテスト教会の牧師は言った。「私たちは、一九六三年にマーティン・ルーサー・キングの『バーミンガム市刑務所からの手紙』にようやく応えている。三十二年も謝罪が遅れたことは遺憾である」）。

私が子どものころ通っていた大きなバプテスト教会ですら、悔い改めるようになった。数年前に礼拝に出たとき、広々とした会堂に寂しく散らばる数百人の礼拝者を見てショックを受けた。昔は千五百人もの会衆でいっぱいだったのだ。その教会は呪われているように見えた。子どものころの同級生だった牧師は、やがて一計を案じた。悔い改めの礼拝という一風変わった礼拝を行うことにしたのである。礼拝に先立って、その牧師はトニー・エバンスと、疎遠にしていた聖書学の教授とに赦しを請う手紙を書いた。そして、アフリカ系アメリカ人の指導者たちの前で、公然と、痛みをもって、その教会によって行われてきた人種差別の罪を数え上げた。牧師は悔い改め、彼らの赦しを受け取った。礼拝後、会衆の重荷が解かれたかに見えたが、教会を救うには不十分だった。数年後、白人会衆は郊外に引っ越して行き、今では「信仰の翼」という元気いっぱいのアフリカ系アメリカ人会衆が教会の建物にあふれ、再びその窓を震わせている。

南部を見て、「キリストにとりつかれている」と言う人々がいる。「人種にとりつかれている」とも言えるかもしれない。白人も黒人も、当時育った私たちにはみな傷跡が残っている。ジョン・パーキンスやボブ・モーゼスのように、肉体に傷を受けた黒人がいる。私たち白人にはたましいに傷跡がある。南部を出て三十年になるが、私はその記憶と共に生きている。犠牲者の遺体を背中に負わされた中世の殺人者たちのように、国全体に傷跡がある。キングの切望した「愛される共同体」らしきものを作り上げた人がいるだろうか。

アトランタにあるキングの古い教会、エベネゼル・バプテスト教会を訪れたとき、新しい目で、私のような偏見にまみれた者たちと闘う強さを与えた黒人コミュニティーの中心にあるものを見て、涙があふれた。私は当時、教会の外でジョークをとばし、噂を広め、悪の体制の維持に手を貸していた。教会内部では、そしていっときは教会内部でのみ、黒人コミュニティーは気高く耐え忍んでいた。偏狭さで曇っていた私の目には、神の国が働いているのが見えなかった。

キングは亡くなる数年前、自らの犯した過ちについて問われ、こう答えている。「そうですね、私の犯した最も根深い過ちは、自分たちの大義は正義だから、南部の白人牧師たちもクリスチャンとしての良心に迫られれば、立ち上がって支援してくれるものと信じていたことです。白人牧師たちは私たちの大義を、白人の権力者にまでもっていくだろうと思っていました。もちろん、私は結局罰せられ、失望しました。私たちの運動が広がるにつれ、そして直接的な訴えが白人牧師たちに届くにつれ、ほとんどの牧師は手をこまねいて——反対の態度に出た人々もいたのです。」

保守派の「クリスチャニティ・トゥデイ」誌に、マーティン・ルーサー・キング・ジュニアへの追悼文を書いたことがある。私はここで書いた同じ言葉を使って、彼を預言者と呼んだ。多くの読者から反響を得たが、支持する人々もあれば、怒っている人々もいた。考え抜いて書かれたであろう手紙のうち二通は、学長たちからであり、一人は私の母校ホイートン大学の学長、もう一人はやはり私の通っていたバイブル・カレッジの学長からだった。二人とも「どうしてキングを預言者などと呼べるのか」と問うていた。偉大なる道徳の指導者だし、社会変革を行った重要人物には違いない。だが、剽窃者であり女癖の悪かった人間が、なぜキリスト教預言者になれるのか。こうした明らかな欠点をもつ男性に預言者というレッテルを貼ることに、両者とも非難の声を上げていた。

私は、聖書の時代に神が用いた、欠点をもつ幾人かの指導者に言及しながら、二人に詳しい返事を書いた。ソロモンが良い例だ。私たちは彼の箴言をほめ讃えるが、その生き方は讃えない。実際、この欠点のある書き手のメッセージが無価値とされるなら、私たちはみな危険にさらされる。私はキングの力強い説教も引用して、彼が支援者たちに求めた厳しい誓約書に言及した。イエスの教えを毎日思い巡らし、日々祈り、愛をもって歩き、語ることに熱心に取り組みますという誓約書である。そして、皮肉な事態に衝撃を受けた。私は記事のタイトルを「人種差別主義者の告白」としていたが、受け取った手紙のほとんどが、私自身の誤りではなく、キングの誤りに焦点を当てていたのである。彼らはどうして、キングの神を語る権利を問題視しながら、過去に汚点をもつ私のそれを問わなかったのだろう。

マーティン・ルーサー・キング・ジュニアを神の器とみなすことを非難しているクリスチャンの多くは、キングを敵視していた教会で今でも平気で礼拝している。そこは、キングの理想に反対し、直接的であれ間接的であれ、キングが自身の肉体をもって闘った人種差別主義という罪を永続させた教会だ。私たちはキングの目の塵を見ながら、自分たちの目の梁を見ていなかった。

過去の罪以上に私の心から離れないことがある。自分は今日、どんな罪が見えていないか、である。前世紀、国民の良心を目覚めさせるには、マーティン・ルーサー・キング・ジュニアの偉大さが必要だった。この新しい世紀において、キングがいのちがけで闘った、正義と平和と愛に基づく愛される共同体の実現を妨げているものは何だろう。教会は今日、どんな問題を頑なに間違ってとらえているだろうか。キングがよく口にしていたように、どこかにある不正義は、どこにでもある正義への脅威なのである。

時おり、欠点をもつ偉大な指導者の上に愛と力が降りてきて、私たちを説得し導いてゆく。結局、私に届いたのはキングの博愛主義でもなければ、その非暴力での抵抗というガンジーの手本でもなく、彼自身が犠牲になったことでもなかった。それらに刺激を受けたかもしれないが、ようやく自分の目の中の梁に気づき、キングの主張していたメッセージに注意を向けざるを得なくさせたものは、彼の土台であったキリスト教の福音だった。彼がイエスの言葉を引用し続けたので、私は否応なく聞いた。教会はイエスの言葉を常に正しくとらえているわけではない。そして、その目が開かれるには何世紀も、何千年もかかるかもしれない。しかし、教会が福音を正しくとらえるとき、神ご自身の愛と赦しが生ける水のように流れ出す。残念ながら私がその流れを味わう前に、キングはこの世を去っていた。

だれとも同じように、私も長生きしたい。長寿にはそれなりの意味がある。だが、今の私はそのことにあまり関心がない。私はただ神のご意志を行いたい。そして神は私に山を登ることをゆるされた。私は見渡して、約束の地を見た。あなたがたと共にそこへ行くことはできないかもしれないが、今夜、私たちは共にその約束の地に行き着くことを知ってもらいたい。

だから私はこんなに幸せだ。何も心配していない。だれのことも恐れていない。

「私の目は到来する主の栄光を見ました。」


（『キング牧師最後の演説』より、暗殺前夜、メンフィスにて）

第3章　海辺の遺物

G・K・チェスタトン

大学生のときに将来の職業を聞かれていたら、「クリスチャンの物書き」になる選択肢など思いつきもしなかっただろう。そのころの私だったら、通っていた教会が人種等について教えていた嘘を数え上げ、その息苦しい律法主義を嘲笑していたはずだ。福音主義の人のことを、十分な収入といくぶん広い心をもつ、さほど表情が険しくない原理主義者きどりで、社会的に発育不全の人間と考えていたことだろう。母校バイブル・カレッジで、高校教師ほどの知識ももたずに科学や哲学を教えていた休暇中の宣教師たちについて聞かれれば、当時の私は不満を垂れていたと思う。バイブル・カレッジは、知的好奇心を奨励するどころか罰しがちだった。ある教師は謙虚さを教えるためだといって、私にわざと低い成績をつけた。「聖霊に対する最大の障壁は高尚な教養だ。」その教師は学生たちに常にこう警告していた。

しかしそのバイブル・カレッジで、私はC・S・ルイスやG・K・チェスタトンの著作に出合ったのである。精神を縛るのでなく解放するクリスチャン、洗練された趣味と他者を卑しめない謙遜を併せもつクリスチャン、そして何よりも、抑圧でなく喜びの源として神と歩む人生を経験しているクリスチャンが、この広い海を隔てたどこかに存在している。そうした希望の火を灯してくれたのだ。ルイスはオックスフォードの名士、チェスタトンはロンドンのフリート街に暮らすジャーナリストだった。私はイギリスの書店からぼろぼろの古本を注文し、彼らの著作を読み漁った。ルイス自身、第一次世界大戦中に入院先の病院でチェスタトンの著作と出合った後に、こう書いている。「強固な無神論者でいたい若者にとって、チェスタトンの著作ほど危険なものはない。」

混乱と疑いの海にいた私を、彼らの言葉が信仰の命綱となって支えてくれた。物書きになったのは、自分の人生で言葉の力を実感したことが大きい。時代も海も越えて、癒しと希望という変容を優しく静かにもたらし得る言葉の力を知ったのである。完全に信仰に戻るまでには、さらに長い時間がかかったが、人生をより良いものにする信仰を教えてくれる模範がいた。マーティン・ルーサー・キング・ジュニアが私の信仰の道徳的な琴線に触れたとすると、チェスタトンとC・S・ルイスは美学的な琴線に触れたのだった。

イエスは放蕩息子の話の中で、この息子が家に戻った動機を詳しく述べていない。この弟は突然良心の呵責に襲われたわけでもなければ、自分が侮辱した父親への愛があふれ出たわけでもなかった。むしろ浅ましい自堕落な生活に飽き飽きして、自分勝手な理由で家に戻ったのだ。見たところ、絶望して神に近づくか、切望して神のもとへ行くか、神にとってはどうでもいいようだ。「どうして戻ったのだろう？」私は自問する。

私の兄は放蕩息子の役割をよりドラマチックに演じ、すべてを捨て去ったらどうなるか、身をもって示してくれた。制限の多かった躾《しつけ》の枷を打ち砕くべく、兄は激しく自由を求め、服を着替えるかのようにさまざまな世界観を試していった。ペンテコステ運動、無神論的実存主義、仏教、ニューエイジの霊性、トマス学派の合理主義。一九六〇年代のフラワーチルドレンに加わって髪を長く伸ばし、トンボ眼鏡をかけ、コミューンと呼ばれた共同体で暮らし、セックスや麻薬を試した。しばらくは喜びに満ちあふれた新生活を綴る手紙が届いていた。しかし、徐々に暗い面が忍び寄ってきた。ＬＳＤの過剰摂取による幻覚体験に陥った兄を刑務所から保釈させなければならなかった。兄は家族、親戚全員と関係が破綻し、結婚、離婚をくり返した。深夜に自殺をほのめかす電話を何度かかけてきた。兄を見ながら、一見自由と見えるものは深刻な束縛を、満たされない心の叫びを隠していることを知った。兄はだれよりも音楽の才能に恵まれていたが、コンサートのステージでピアノを弾くのでなく、ピアノ調律師で終わった。信仰の代替物をもたずに信仰を捨て去る、その行為のもつ破壊力を私は目の当たりにした。

一方、私はジャーナリストという職業のおかげで、本書で取り上げたような、神との関係が人生を狭《せば》めるのでなく、むしろ広げられることを証明している人々を調べることができ、明るい気持ちになった。私は、教会と神を区別する、終生続く作業を開始した。少年時代にひどく傷つけられた教会から抜け出してはいたが、ジャーナリストの批判的な目を通してイエスを注意深く見始めると、独善性、人種差別主義、偏狭さ、偽善といった、私をあれほど混乱させた性質の数々に対してイエス自身が闘っていたこと、そしておそらく、人々のそのような性質によってイエスが処刑に追いやられたことがわかった。イエスというお方によって現された神を知り、自分が多くの意味で変わる必要があることを理解した。悔い改める必要さえもあったのだ。偽善や人種差別主義や独善性を身につけてしまった私自身が、無数の罪を犯していたからだ。私の強情さに眉をひそめるいかめしい裁判官というより、私の健康を守るために生活習慣を指導してくれる医者としての神を思い描き始めた。

* *

G・K・チェスタトンは昂然と断言した。「私は、われこそはヨーロッパを発見した最初の人間と信じこんだ。私は自己一流の異端を建立しようと努めていたのだが、仕上げの一筆をおいた時、何とこれが、まさに正統にほかならぬことに気がついたというわけである。」私はチェスタトンに導かれたこともあり、遠回りの旅の果てに同じような場所にたどり着いた。

絶海の孤島に取り残されるとしたら、どんな本を持って行きたいですかと尋ねられたとき、チェスタトンは一瞬だけ口をつぐんでから答えた。「もちろん、『実用的な造船指南書』です。」私は、聖書以外の本を一冊持って行けるなら、チェスタトン自身の霊の自伝、『正統とは何か』（邦訳・春秋社、一九九五年〔新装版〕）を選ぶ可能性が高い。あんな手ごわそうなタイトルの本をよくも手に取る人がいるものだと思うが、ある日、私も手に取ったのである。そして、私の信仰はそのときから変わってしまった。『正統とは何か』によって、私の信仰に新鮮さと新しい霊の冒険が入り込んだ。チェスタトンという百二十七キロ（二十ストーン〔一ストーンは十四ポンド〕）の注意散漫なビクトリア朝のジャーナリストのたどった旅と、私自身の旅のあいだに奇妙な類似性を見いだしたのだ。

チェスタトンは「偉大な作品を残さなかった偉大な人物」と呼ばれることがあるが、それは彼の選んだ仕事の呪いかもしれない。チェスタトンは生涯の大半を週刊新聞の編集者として過ごし、些末なものから重要な話題まで約四千の随筆を書いた。彼の生きた一九世紀後半から二〇世紀前半は、近代主義、共産主義、ファシズム、平和主義、決定論、ダーウィニズム、優生学といった運動の台頭した時代である。チェスタトンはその一つ一つを概観しながら、それらの強い力を問い直す唯一のものとしてキリスト教を考え、どんどんキリスト教のほうへ押し出されていった。最終的にキリスト教信仰を受け入れたが、単に文明（社会）の防波堤としてではなく、世界についての最も深い真理の表明として、そうしたのだった。プロテスタントが多数派の国で、公然とローマ・カトリックの洗礼を受けた。

思想家としてのチェスタトンの歩みは遅かった。九歳になってもほとんど字が読めず、両親は息子の知能について脳の専門家に相談した。美術学校を退学し、大学には行かなかった。しかし並外れた記憶力の持ち主で、晩年にはかつて読んだり批評したりした一万冊の小説のあらすじをすべて語ることができた。小説を五冊、短編を二百著した。その中には、「ブラウン神父」が主人公の探偵小説シリーズも含まれている。戯曲、詩、バラードも手がけ、ロバート・ブラウニングやチャールズ・ディケンズの伝記を書いた。英国史も書いている。そして、アッシジのフランシスコ、トマス・アクィナス、イエス自身の生涯にも取り組んだ。猛烈な速さで執筆し、多くの事実を誤認し、それでもチェスタトンが取り上げるテーマには、舌鋒鋭い批評家たちも称賛せずにいられなかったほどの眼識と熱意と機知があふれていた。

チェスタトンはたびたびヨーロッパを旅し、大西洋を越えて合衆国に足を伸ばすこともあった（『アメリカで見たもの』〔*What I saw in America*〕の着想を得た）が、たいていは自宅にいて、幅広く本を読み、頭に浮かんだすべてのことを書き綴った。その偉大なるもじゃもじゃ頭の中では、陽気な冒険が起きていた。だが、彼は人々に測り知れない影響を与えてきた。マハトマ・ガンジーは、インド独立についてチェスタトンから多くのアイディアを得た。マイケル・コリンズのアイルランド独立運動に、彼の小説がひらめきを与えた。そして、C・S・ルイスはチェスタトンを霊の父として頼りにした。

私がチェスタトンを発見したのは、彼がこの世を去って三十年以上が過ぎてからだった。チェスタトンは、死にかけていた私の信仰を生き返らせてくれた。その受けた影響をあらためて考えたときにわかるのは、彼が私の中に、長い間抑えつけられていた喜びの感覚を目覚めさせてくれたことである。

アルベルト・アインシュタインが、この世で最も重大な質問をしたことがある。「宇宙は優しい場所だろうか。」子どものころも思春期も、私が受け取っていたのは、よく言っても矛盾したメッセージというものだった。私は、アルコール依存症の親をもつ子どものように、話すな、信じるな、感じるなという感情が死んだ反応を示していた。兄は自由を求めて外の世界へ旅立ったが、私は内に向かい、自分を操るもの、苦痛を引き起こすもの何であれ、他者とつながる道を一つずつ封印していった。サルトルやカミュのような小説を読んだ。彼らの描く主人公たちは、ただその経験をするために自分の手を刺したり、だれかをビーチで殺したりした。特にニーチェを読んだ。彼は苦しみに動じない超人を描いていた。私は笑わず、そして泣かなくなった。良い匂いにも悪い臭いにも、美しさにも醜さにも、愛にも憎しみにも取り合わず、反応しなくなった。苦痛を克服しているか試そうと、二段ベッドのメタルフレームに腕を叩きつけて折るという倒錯的な実験もした。

今になってみれば、その当時はわからなかったことがわかる。私は愛に対して堅固な石の要塞を築いていたのである。自分は愛されない人間だと思っていたからだ。精神病院のようなものだと思っていたバイブル・カレッジ。この最も意外な場所で、心の要塞が崩れ始めた。周りはみな宗教に慰めを見いだすと言ったが、私は音楽に慰めを見いだした。深夜に寮をこっそり抜け出すと、チャペルに忍び込んで二・七メートルのグランドピアノを弾いた。抜群の音楽的才能に恵まれた兄の陰に隠れていたため、人前で弾いたことはなかったが、モーツァルト、ショパン、ベートーベン、シューベルトを初見で何とか弾くことができた。そんなふうに、自分の無秩序な世界にいくらかの秩序を押しつけながら、多くの夜を過ごした。私は何かを創り上げていた。弾いている音楽がだれもいない暗いチャペルに反響するとき、図らずも美を感じていた。

そして、恋に落ちた。ジャネットと私はあらゆる不純な理由でいっしょにいた。大学の抑圧的な雰囲気について、よく文句を言い合って過ごしたからだ。だが結局、愛という宇宙における最強の力が勝利した。自分の欠点でなく、長所を洗いざらい指摘してくれる人に出会った。希望が湧き上がった。世界を征服し、全世界を彼女の足元にひれ伏せさせたいと思った。彼女の誕生日のためにベートーベンのソナタ『悲愴』を練習し、私の最初の聴衆になってくれますかと震えながら尋ねた。それは新しい人生への捧げものであり、それをもたらしてくれた彼女への捧げものだった。

「無神論者にとって最悪の瞬間は、心から感謝しているのに、感謝する相手のいないときである」とチェスタトンは書き、またこうも述べている。「歓喜は、異教徒の時代にも広く人に知られたものではなかったが、キリスト教徒にとっても巨大な秘密である。」最悪の瞬間も、長く封印されていた裂け目に新鮮な空気をはたきこんだ喜びの最初の兆しも、私はよく知っている。大いなる喜びには、不死の知らせが入っている。私は突然、生きたくなった。永遠に生きたいとまで思った。

自然のことも忘れるわけにはいかない。子どものころ、自然は私の逃げ場だった。住んでいたのは、教会敷地内に停めていた縦十四・六メートル×横三・六メートルのアルミのトレーラーハウスだった。家の中には平和より緊張が満ちていたが、近くの森に行って、リスの巣や蜂の群れ、変てこな甲虫でいっぱいの朽ちた丸太、トンボや小さなカエルの鳴き声が聞こえる沼地の探検ができた。蝶々やカブトムシや亀を集め、疾病予防管理センターで蚊やダニの研究をして過ごした夏もあった。

バイブル・カレッジ在学中も卒業後も、自然は、立ち止まって耳を澄まそうが澄ますまいが、シンフォニーを奏でて私を感動させた。宇宙が優しいかどうか、はっきりとはわからなくても、無限の美しさを湛《たた》えていると判断することはできる。いま住んでいるコロラドの最高峰に登れば、やせた土壌一面に小さい可憐な花が咲き乱れていることだろう。だれかがそこに行き合わせようが行き合わせまいが、気づかれることもなくきれいに咲いている。グレート・バリア・リーフでダイビングをすると、サンゴ礁や熱帯魚に出会うが、その色もデザインも、世界中のどんな美術館に展示されている作品もかなわない素晴らしさである。貝の散らばる海底や、太古の動物の宝石のような分泌物は言うまでもない。

ブラジルのイグアスの滝の真ん中に立ったときのことだ。熱帯の華麗な蝶々が抽象画のような模様の羽を広げ、湿り気をなめようとして私の両腕にとまった。アラスカの海岸で身をかがめていたとき、銀色の三日月のようなシロイルカの小さな群れが、その姿を深緑の海水にきらきら反射させていた。ケニアでバオバブの木の下に座ると、日没の雲の下をキリンが悠然と駆けていたり、五十万頭のヌーが一列になって草原を行進していたりした。北極圏の北で、雄のジャコウ牛が群れ集まって輪をつくっているのを見た。その姿は、母親やその子牛たち（冬季に生まれるとマイナス五十度の温度低下に適応しなければならない）を守ろうとする入植者の幌馬車のようだった。暑い教室に座って、神の性質の定義を神学教授たちが淡々と話すのに耳を傾けたこともある——全知、偏在、全能……。この美しい世界を造られたお方が、そのような抽象概念にまとめられるものだろうか。私たちは存在の最も明白な事実からスタートするべきではないだろうか。どのような人に対しても責任をもつお方は、情熱的な比類なき芸術家であり、そのお方の傍らではあらゆる人間の業績も創造性も、子どもの遊びのように小さく見えてしまう。

三人の科学者と討論会で同席したことは前に述べた。三人のうち二人はノーベル賞受賞者であり、無神論者だと公言していた。科学でなく宗教は、少なくとも二つの疑問に答えを提供している。次のことには同意した。私たちは世界を非常に違ったふうに見ていたが、①なぜ何もないのでなく、何かがあるのか（あるいはスティーブン・ホーキングに言わせると、なぜ宇宙は「わざわざ存在している」のか）。そして、②なぜ存在しているものはこれほど美しく、秩序だっているのか。旧約聖書が自然の素晴らしさを讃えた最初の古代文学であったことは偶然でない。著者たちは、そこに創造主の手仕事を見ていたからだ。

「なるほど。だが、宇宙は優しいだろうか。」もう一人の科学者、ナチュラリストのロレン・アイズリーは、長い人生で最も意義深いことを学んだという出来事を語っている。海辺で突然の暴風雨に見舞われたアイズリーは、大きな流木の下に避難した。そこに、おそらく生後十週ぐらいだろう、まだ人間を恐れていない小さな子ぎつねがいた。数分もすると、子ぎつねはアイズリーと楽しくひっぱりっこゲームを始めた。アイズリーが鳥の骨の端っこを口にくわえ、子ぎつねがその反対側を引っ張った。アイズリーはある教えを学んだという。宇宙の中心で、神は微笑んでいる、と。

現在コロラドに住んでいる私も、狐たちとの出会いを経験している。山峡の巣の中で三匹の子狐が生まれたとき、私は現代版聖フランシスコになって彼らの友だちになろうとした。巣の近くにクッションを置いて座り、そこで本や記事を書いた。まもなく子狐たちは私に馴れた（最初、気づいてもらおうとして「やあ！」と声をかけると、狐らは雷に打たれたように飛び上がった）。警戒した金色の目で物問いたげに私をのぞき込み、少しでも音がすると耳をぴくっと動かし、傷一つない赤い毛皮は陽射しを受けてつやつやと輝いていた。最終的に三匹は私の後について来るようになり、ハメルンの笛吹男になった気分だった。私が立ち止まると彼らも立ち止まり、岩陰や繁みに隠れた。私が走ると彼らも走った。ピクニックランチをとろうとして腰を下ろすと私を取り囲み、食べる様子を眺めていた。

夏の日々が過ぎていった。自宅の車寄せに立ってヒュッと口笛を吹くと、三匹のいかした子狐たちが命令に反応して、山峡を飛び跳ねてやって来た。狐たちは野草の隙間から、蝶々を猫のように狙ったり、狡猾なリスたちをたどたどしく追いかけたりした。わが家の芝生にかかるスプリンクラーの水しぶきを、あっちへこっちへよけた。後ろ足で立ち、鳥の水浴び場で水をなめた――薄氷に映った自分たちの顔を見て、驚いて後ろにジャンプしたこともあった。テニスボールを投げると一匹が追いかけて走り出し、後の二匹も必死に後を追った。

ひと夏中、私には三匹の仲間がいた。庭の雑草を抜くとき、草刈りをするとき、ハンモックで手紙を読むとき、彼らは私にくっついて来た。ウッドデッキで昼食を食べれば、階段を上がって私のところにやって来た。外で書き物をしていると、しばらく私のことを観察してから、先っぽの白い尻尾で目を覆い、丸まって眠っていた。異なる種のあいだにまだ恐れが生じていなかった、エデンの園の時代に戻ったような興奮を感じたし、子羊がライオンと共に伏し、狐が物書きと丸くなって眠る天国を一瞬先取りして見たような興奮を覚えた。アイズリーのように、私も宇宙の中心には微笑みがあることを知った。シモーヌ・ヴェイユは言った。「世界の美は、物質を通して私たちのもとへやって来るキリストの優しい微笑みである。」この損なわれた星の上では、それをたまに垣間見るだけだが、それによってあらゆる神学書を重ね合わせたのと同じくらいのリアリティーが明らかにされる。

鈍い痛みのように私の心を執拗に苦しめていた絶望の単調さを、音楽と恋愛と特に自然が次第に和らげてくれた。創造主から疎外された堕落した人間性にとって、絶望はふつうの症状だと理解するようになった。私はどうにかして、もう一度創造主とつながる必要があった。

チェスタトンは、聖フランシスコに注意を向けさせていた。聖フランシスコは、「ブラザー・サン」と「シスター・ムーン」から己の正しい状態を知り、たんぽぽのような最も謙虚な雑草に、褪せることのない美を見たのである。私たちの状態と神のそれをチェスタトンが対照させているくだりは、記憶に残るものである。

「神はおそらく、どこまでも歓喜して繰り返す力を持っている。きっと神様は太陽に向かって言っておられるにちがいない――『もう一度やろう。』そして毎晩月に向かって、『もう一度やろう』と言っておられるのにちがいない。ヒナ菊がどれもこれもみなそっくり同じなのは、必然の自然装置のせいではないかもしれぬ。そうではなくて、神様が一つ一つのヒナ菊をいちいち手作りなさっていて、しかも決して飽きずに作りつづけていらっしゃるのかもしれぬのである。神様は子供のように永遠の欲望を持っておられるのではあるまいか。われわれは罪を犯し、だから老年を知っている。けれどもわれらが父は、われわれよりも若く、幼くいらっしゃるのだ。」

（『正統とは何か』）

自然のおかげで、私たちの中に子どものような欲望が取り戻されつつある。

＊　＊

それでも私は聖フランシスコではないし、アッシジの聖人と異なり、自然の中に矛盾したメッセージを見いだし続けている。孵化するときに、卵を産みつけられた草を文字どおり貪り食って外に出るタマバエの中に、どのような創造主が垣間見えるのか。また、目が見えず飛ぶこともできなくて、一生涯をアシナガバチの内臓に寄生し、それを食べながら生きるハエから創造主の何がわかるのか。そして、無防備に泳ぐ人の尿道に入り込み、鋭いとげを伸ばして、手術で取り除かないかぎり鎮静化できない激痛を起こすアマゾンの小さな人食いナマズ、カンディルはどうか。私の愛しい狐たちですら、わが家の裏庭でリスを捕まえる様子を八回目撃した。その悲鳴と血なまぐさい出来事は、容易に忘れることができなかった。昨日は、盛りのついたオスのエルクがうなり声をあげ、放尿し、汗をかきながら角を低くして、目に入った他のオスどもにぶつかっていくのを見た。恋愛のもつ魅力的なイメージとはほど遠い。

ここでもチェスタトンは有用なガイドだった。「自然はわれらの母ではなくて、自然はわれらの姉妹だということである。」彼は『正統とは何か』の中でこう喝破して、汎神論と現代の宇宙宗教に反論した。神は自然界も人間も創造した。そして、芸術家ならだれでもするように、自身から切り離して作り、それから自由にする。「いわば神は、一篇の詩というよりも、むしろ一篇の戯曲を書いたのだ。書かれた戯曲は完璧だったが、しかし実際の上演は当然人間の俳優や演出家に任せねばならぬ。そして俳優や演出家は、この完璧な戯曲を実に無茶苦茶にしてしまったのである。」

チェスタトンはこの世界を、一種の宇宙の難破状態と見た。意味を探し求める人は、深い眠りから目覚め、散らばっている宝物を発見しようとする船乗りのようだ。ほとんど忘れ去られた文明から、金貨、コンパス、きれいな服など残骸を一つ一つ摘み上げ、その意味を探り当てようとする。堕落した人間も、そのような状態にある。自然界、美、愛、喜びといった地球上の良きものは、なお本来の目的の痕跡をとどめているが、記憶喪失によって私たちの中の神のイメージはすっかり損なわれている。

『正統とは何か』の後も、チェスタトンの作品を数多く読んだ（彼は百冊以上の本を著し、大部分の作品を秘書に口述筆記させ、初稿にほとんど変更を加えなかったことを知って、作家の私は何週間も落ち込んだ）。私はその当時、痛みの問題について本を書いていたが、その暗いテーマをチェスタトンがフィクションで扱っているものに多くの洞察を見いだした。『木曜日の男』（邦訳・東京創元社〔原題・*The Man Who Was Thursday: A Nightmare*〕）がそれだ。作風の違いを考えると驚かされるが、『正統とは何か』と同年に書かれている。チェスタトンは、後にこう言っている。絶望、悪、人生の意味と格闘し、ノイローゼになりかけていた。そこから抜け出したとき、そのような世界の陰鬱さのただなかで、楽天主義の論証を見つけたという。そしてヨブ記の研究が、これら二冊の本に結実した。思いがけない展開にあふれた弁証論の本、そしてスパイ小説と「一つの悪夢」の組み合わせと言い表すのが最もふさわしい本である。

『木曜日の男』の中でチェスタトンは、苦しみと自由意志という測り知れない神秘の重要性を薄めていない。むしろ、それらを信仰の本質を問う議論に変容させている。つまり、自然の中に見えるのが神の背中だけのとき、良きものがほんの少ししかないような最悪の場合でも、宇宙は信仰をもつ理由を差し出している。神自身がヨブに向かって語った言葉の中で、指さしたのは自然の優しさではなく、カバやワニ、雷の嵐、吹雪、雌ライオンと山羊、野生の牡牛とダチョウなど、自然のもつ荒々しさだった。少なくとも自然は、神が神秘的で測り知れないお方、崇拝に値する、「全くの他者」であることを暴露している。私たちは、手がかりを現実に秘められたものに限定してきたかもしれないが、それらはなんと驚くべき手がかりだろう。「たとえ、その最も原初的な限界にまで還元された存在にすぎなくても、それは胸が震えるほど素晴らしいものだった。無と比べれば、どんなものでも荘厳だった。」チェスタトンは後にこう証しした。彼の人生においても、自然と恋愛は恵みの調べを声高に響かせていた。

チェスタトンにとっても私にとっても、神の謎は、神なしに示された答え以上に満足を与えるものだった。この世界に良きものがあることを、私も信じるようになった。そのことは、最初は音楽、恋愛、自然の中で明らかにされた。それらは難破船の遺物であり、暗闇に覆われている現実のもつ本質を知らせる明るい手がかりだった。神はヨブの疑問にさらに多くの疑問で答えていた。存在の真実は、私たちの理解をはるかに超えたところにある、と言わんばかりに。私たちは、神が本来創造したかたちの面影、そして自由と共に残されている。神と共に歩む人生に賭けるか、それとも神に反抗して歩む人生に賭けるか。私たちはいつだって、それを選ぶ自由と共に残されている。

チェスタトンは、純粋な感謝の心という自身の答えを短い詩で表現した。

また一日が終わる
この一日、私には目があり、耳があり、手があり
大いなる世界の中にいた。
そして　また明日という一日が始まる。
なぜ　二日も生きることがゆるされているのだろう。

＊　＊

チェスタトンは痛みの問題に加えて、痛みの反対である楽しみの問題にも魅了されていたようだ。驚きや喜びは、セックス、子どもの誕生、戯曲、芸術の創造という人間の基本的な行為に魔法のような次元を与えるが、物質主義はそれらを説明するには浅薄すぎると考えた。

なぜセックスは楽しいのだろう。生殖に楽しみなどなくてよいはずだ。生物の中には、二つに分離するだけという生殖もあるし、人間でさえ楽しみなど含まれない人工授精とい

う方法を使っている。なぜ食べることは楽しいのだろう。植物や下等動物は、味蕾で味わうという贅沢なしに必要な栄養を摂取している。なぜ色彩があるのだろう。色を感知せずとも問題なく生活できている人もいる。それならば、それ以外の私たちが複雑な視覚をもっているのは、なぜだろう。

痛みの問題について書いた何冊目かの自分の本を読んだ後、「喜びの問題」をテーマにした本を見たこともなかったことに気づき、あっと思った。人はなぜ喜びを経験するのかという問題を考え、当惑して頭をかしげる哲学者にもお目にかかったことがない。しかし、それはきわめて大きな問題だ――無神論者にとっては、クリスチャンにとっての痛みの問題に匹敵するほどの哲学的な問題だ。喜びという問題について、クリスチャンのほうが答えを出しやすい。神は善良で愛にあふれた方なので、被造物たちにも喜びや自分自身の充足感を経験してほしいと思われるのは当然だろう。クリスチャンはその前提から始めて、苦しみの起源を説明する方法をあれこれ探そうとする。だが無神論者たちも同様に、説明するべきではないだろうか。でたらめで無意味な世界に存在する喜びの根源を。

チェスタトンは長い遍歴のあと、信仰に戻った。キリスト教だけが、喜びという神秘を解明する手がかりを提供していたからだ。

私が心の底で感じていたことは、まず第一に、この世界はそれ自体では説明がつかないということである。……第二に、この魔法には何らかの意味、何らかの意図があるはずだと私は感じ始めたのである。そして、もし意味があり、意図があるならば、当然誰かがその意味を与え、誰かがその意図をもっているのにちがいない、その誰かが必ず存在するにちがいないと考え出したのだ。この世界には、芸術作品と同じように、その背後に誰かの人格が存在している。……第三。私はこの意図が、その古来のパターンそのままで実に美しいと思った。たとえば怪獣というような欠陥があるとしてもである。第四。この人格にたいして正しく感謝するには、謙遜と抑制という形式によって感謝するしかない。ビールやブドウ酒を神に感謝するには、あまり飲みすぎぬように慎むに如くはない。……さて、最後に、これがいちばん奇妙な点だが、私の心に忍び込んだ漠然としてしかも広漠たる印象があったのだ。この世にあるあらゆる善は、何か原初の破滅から救い出され、聖なるものとして伝えられてきた遺品ではあるまいかという印象だった。（ロビンソン）クルーソーが便なるものを難破船から救い出したように、人間は善なるものを救い出したのである。

（『正統とは何か』）

喜びはどこから来るのだろう。他のものを詳しく調べてから、チェスタトンは、キリスト教だけが、世界における喜びの存在を合理的に説明するという結論に落ち着いた。喜びの瞬間は、難破船から岸に流れついた残骸、長い時間が延長された楽園の破片だ。私たちはこれらの残骸をそっと握って感謝し、慎んで使わなければならない。当然のようにつかんではならないのだ。

チェスタトンが見たように、性的乱交はセックスの過大評価というより、むしろ過小評価なのである。

一度しか結婚できぬと不平を言うのは、一度しか生まれられぬと不平を言うのと同じことだった。問題の重大さに比べれば、いかにも不釣合なケチな不平というものだった。性にたいして大々的な感受性のある印ではなくて、性にたいして奇妙に感受性を欠いている証拠であった。……一夫多妻制は性を本当に成就できない男のすることだ。ただぼんやりしていてうっかり梨を五つもちぎった男と同じことだ。

（『正統とは何か』）

通っていた教会が楽しみの危険性を大声で強調していたため、私は明るいメッセージをすっかり聞き逃していた。しかし、チェスタトンに導かれて、セックス、金銭、権力、感覚のもたらす快楽を、神からの良き贈り物と考えるようになった。毎日曜日、ラジオやテレビをつければ、アメリカの街角に「蔓延している」麻薬、性的放縦、貪欲や犯罪を非難する説教者の声が聞こえてくる。神からの良き贈り物の明らかな乱用を見て、ただ非難するよりも、良き贈り物が本当はどこから来ているのか、そしてなぜ良きものであるかを世界に行動で示すべきかもしれない。喜びを宗教の敵として描き出せれば、それが悪の最大の勝利かもしれない。宗教は本来、喜びの源を説明するものなのだ。私たちの楽しむあらゆる良きものは、この世界に惜しみなく贈り物を与えた創造主の発明である。

もちろん神と疎遠になった世界では、良きものも爆発物のように慎重を期して扱わなければならない。私たちはエデンの汚れのない無垢な状態を失ってしまい、良きものでも乱用してしまう危険性がある。食事を過食に、愛を情欲にすることで、私たちは喜びを下さったお方を見失ってしまう。古代の人々は良きものを偶像に変えた。私たち現代人は、それらを依存症と呼ぶ。どちらにせよ、しもべであることをやめる者が独裁者になる――それこそが、兄や、兄のフラワーチルドレンの友人たちの中に働いているのを、私がまざまざと見た原理である。

チェスタトンは言った。「私はこの言葉の正しい意味においてふつうである。それはつまり、秩序を受け入れるということだ。創造主と創造物、創造物に感謝するという常識、永遠に良き贈り物であるいのちと愛、それらを正しく制御する法則としての結婚と騎士道精神を。」彼の影響を受けて、私もより「ふつう」になる必要を理解した。私は信仰を、口を堅く閉ざし、霊的規律を厳格に実行するものとして、喜びが漏れていく禁欲生活と合理主義の混合として考えていた。神とのつながりからあふれんばかりに流れ出る、豊かなもの。チェスタトンは、その豊かなものへの切望を私の中に回復した。神は私たちに喜びをもたらすあらゆるものを考え出されたのだ。

＊　＊

「人は無数の天使にひれ伏しているが、頼りにできる天使は一人だけである」とチェスタトンは言った。そして最終的に、彼はあれほど説得力をもって主張したバランスを取ることができず、過剰にやりすぎて堕落した。心ここにあらずの状態で梨を五個もぐ傾向にあったばかりでなく――実際に食べたのである。体重が常に百二十七キロから百九十二キロのあいだにあり、不健康でもあり、兵役に就けなかった。そのため第一次世界大戦では、愛国者にぞんざいな態度をとった。ロンドンの町なかでチェスタトンを見張っていて憤慨した年配の女性が、「なぜ最前線にいないのですか」と問いつめると、彼は冷淡にこう答えた。「奥さま、こちらのほうへ少し回り込んでいただければ、私が前線にいることがわかるでしょうに。」

　チェスタトンはその特徴ある体型のせいで、ロンドンの風刺漫画家たちに人気があった。手慣れた風刺漫画家なら、何本かの線だけで特徴をとらえることができた。チェスタトンは横から見ると巨大な大文字のＰに見えた。変わり者の多くが、ＳＦ映画などに登場する典型的なうっかり者の博士のようだが、チェスタトンもその一人だった。ノータイで、値札が付いたままの靴をはいて結婚式に現れた。アイディアが浮かぶと素早くメモを取り、その場で使える紙なら壁紙でも使った。道の真ん中で、周りを気にせずメモを取っていたこともあった。妻にこんな電報を打ったこともあった。「いまハーボロー・マーケットにいるが、本当はどこにいるはずだっただろう。」　妻はこう返信した。「家。」

　チェスタトンは、当時の不可知論者や懐疑主義者らとの公開討論会にいそいそと参加した。最も有名だったのが、ジョージ・バーナード・ショーとの論戦だ――当時は、信仰を議題とする討論会をすれば講堂が満杯になった。チェスタトンはたいてい遅れて来て、鼻眼鏡越しに乱雑な紙の切れ端をのぞき、聴衆を楽しませた神経質なしぐさでポケットをまさぐり、自分のジョークに高い声で心から笑った。聴衆を自分の側に惹きつけて魅了し、自分をやりこめた論敵を近くのパブに招いて祝うのがおきまりだった。「ショーは、ミロのビーナスのようだ。すべてが称賛に値する。」 彼は友人のために愛情をこめて乾杯した。論敵の一人だったコスモ・ハミルトンは、自らの経験を次のように描いた。

チェスタトンの歓声を聞くこと……私を侮辱して、体を折り曲げて苦し気に大笑いしている彼を見ること、その強烈で雌クジャクのような歓喜の声。それを聞いて大笑いする、衝撃を受けた聴衆。チェスタトンのスポーツマン精神が彼らに与えた影響を見ること……それは、神々のための光景であり音であった。……そして私は、この辞書に囲まれたやんちゃ坊主、哲学的なピーターパン、このユーモラスなジョンソン博士、この親切で堂々たるケルビブ、着実に成長してきたこの深遠な学生であり聡明な達人……への尊敬と称賛を胸に、その部屋を後にした。それは怪物のようで、巨人のようで、驚くべきもので、恐ろしく味わい深かった。このようなものはかつてなされたことがなかったし、これからも再び見られたり、聞かれたり、感じられたりすることもないだろう。

チェスタトンの時代、冷静なモダニストたちは過去を解釈し、未来への希望を与える新しい統一理論を探し求めていた。歴史を階級間の闘争と考えていたジョージ・バーナード・ショーは、社会主義者のユートピア理論の修正を提唱した。H・G・ウェルズは、過去を成長と啓蒙に向かう進化による前進と解釈した（二〇世紀はその後、この見解に反論し続けた）。ジグムント・フロイトは、無意識の抑圧と拘束から自由な人間性というビジョンを掲げた。だが皮肉なことに、これら三人の進歩主義者たちはみな厳めしい顔つきをしていた。彼らは眉をひそめ、憑《と》りつかれたような暗い瞳で、楽観的な未来像を説いて聞かせた。一方、チェスタトンはきらきらした目とピンク色に輝く顔、それと不釣り合いな金色の口髭を蓄え、口から紫煙を吐き出しつつ、原罪や最後の審判など復古調の概念を朗らかに弁護した。チェスタトンは本能的に感じていたようだ。敬虔で「教養ある見下す人たち」であふれた社会に、厳格な預言者が突破口を開くことはまれであることを。彼が好んだのは、道化師の役割だった。

チェスタトンは、「厳しく、冷たく、薄っぺらな人々」を信用するなと言ったが、それがこの陽気で太った弁証家を私がこれほど好きになった理由かもしれない。今日の教会では冷静さが良しとされてきた。福音主義の人々は真面目な市民であり、ほとんどの人から隣人として評価されているが、いっしょに過ごしたいとはあまり思われていない。仏頂面の神学者たちは、「信仰の義務」を講義する。整った髪（染めていることが多い）のテレビ伝道師たちは、自信ありげに反キリストの名前をあげ、世界の終わりを予言し、そのときまでどのように豊かで健康的な生活を送ればよいか告げている。宗教右派は道徳の再生を要求し、ふつうのクリスチャンに、信仰を何より証明するものとして自制、勤勉、業績を指し示している。福音は、不品行な人々にのみ、良き知らせとして聞こえるものだ。己の善良さを指摘することに熱心なクリスチャンは、この根本的な事実を無視している、と言えるだろうか？

崩壊した家庭で育った人が、両親やきょうだいの犯した過ちを赦すように、私も教会を赦さなければならなかった。元気あふれる楽観主義者G・K・チェスタトンは、その過程でも助けになった。「キリスト教の理想は、不十分であるとわかるほど、まだ試されてもいない。難しいものであることがわかって、試されていないのだ。」彼は言った。本物の問いとは、「キリスト教は良いものだと主張しているにもかかわらず、なぜこれほど悪いものなのか」ではなく、むしろ、「人類は善良であると主張しているにもかかわらず、なぜこれほど不品行なのか」である。チェスタトンは、教会が福音伝道に大失敗した過去を認めるのにやぶさかでなかった。そして、こうも言っている。キリスト教の利益となる最も有力な議論の一つは、クリスチャンの失敗だ。クリスチャンは失敗したことによって、堕落と原罪についての聖書の教えを立証している。世界が誤った方向に進めば、教会のこの基本的教義の正しさが証明される。

「ザ・タイムズ」が、「この世界の何が間違っているのか」というトピックでエッセイを書くよう多くの作家たちに依頼したとき、チェスタトンの送った返事はだれよりも短かったが、かなり的を射ている。

拝啓
私が間違っています。
敬具
G・K・チェスタトン

このような理由から、人々が抑圧的な教会環境で育った恐ろしい話を語るとき、私は教会の行為を擁護する必要を感じない。私が子どものころ通っていた教会は、そして、現在通っている教会や将来通う教会も、達成することのできない理想に向かって奮闘している欠点だらけの人間の集まりだ。私たちはこの人生で、目指す理想に届かないことを認めている。人間の作るほとんどの機関が否認しようとすることを、教会は認めるのだ。私もチェスタトンと共に、世界の間違っている部分とは「私たち」であると認める人々に加わらなければならなかった。たとえば、子ども時代の教会を見下す私の教養人臭い態度は、逆の形の厳しいさばきを見せたのではなかっただろうか。信仰が資格や物差しのように見えるとき、私たちはパリサイ人と運命を共にしており、恵みは静かに去ってしまう。

＊　＊

最終的に、私は謙虚な放蕩者として、苦痛と反逆のうちに逃げ出したその教会に戻ったのである。

そして私たちの探検のすべての目的とは
出発点に到着すること
そして、その場所をはじめて知ることなのだ。
——T・S・エリオット

今日の私たちは、チェスタトンのような人を用いればいいだろう。文化と信仰がいっそう離れて漂ってしまったこの時代、彼の聡明さ、楽しませるスタイル、そして何よりもその寛容で喜びにあふれた精神を用いればいい。現代のように社会が二極化すると、大きく分断された両者が怒鳴り合っているようだ。時おり、マーティン・ルーサー・キング・ジユニアのような力と雄弁さをもつ預言者が現れ、両者に向かって同時に語りかける。だがチェスタトンの手法は違っていた。吊り橋の真ん中まで歩いて行くと、一騎打ちの戦士らに大声で挑み、両者を大笑いさせたのである。

癖の強さはあったにしても、近年のだれにもまさる機知、良きユーモアと純粋な知性をもってキリスト教信仰をどうにか推し進めた。最後の砦を守ろうとする騎士の熱意をもって、人間であれ印刷物であれ、神と受肉から離れて世界を解釈しようとするもの相手に闘った。

チェスタトン自身は言った。現代という時代の特徴は、新しい種類の預言者を呼び求める悲しさである。それは、自分たちが死にゆく者であることを人々に思い出させる古い預言者のようではなく、自分たちがすでに死んでいることを思い出させるような預言者だと。大いなる胴回りと大いなる陽気さを兼ね備えた預言者は、その役割を見事に果たした。

T・S・エリオットはこう考えた。「思うに、彼はその時代のだれよりも多くのことをした。……現代世界に重要な少数派の存在を維持することを。」チェスタトンは私にも同じことをしてくれたのだ。信仰が再び渇いていくように感じるとき、私はいつも本棚からG・K・チェスタトンの本を手に取る。すると、また冒険が始まるのだ。

第4章　幸福への回り道

ポール・ブランド博士

大学生だった一九六〇年代最後の四年間、アメリカのすべてが音を立てて崩れているように見えた。ベトナム戦争は国家の理想を裏切り、明らかにされた環境資源の乱用は勤勉という建国の倫理を疑わせ、若者の反体制文化《カウンターカルチャー》はビジネスやメディアの空虚な物質主義を暴いた。これらはその後お馴染みのありふれた問題になったが、六〇年代は、世界観を形成しつつあった若者たちに消えることのない深い爪痕を残した。

思えばその後、私の心は大部分が怒りと孤独、絶望に支配されていた。優秀な友人たちが社会に見切りをつけ、ＬＳＤやメスカリンといった幻覚剤を使う新しい道を模索し始めた。ベトナムのジャングルから戻って来なかった友人たちもいた。私はホロコーストやソ連の強制収容所の実態を伝える記事や、陰気な実存主義者の小説を一冊また一冊と読み進めた。そのような偏見の目で教会を見ると、主に教会の偽善と外部世界とのちぐはぐさが見えた。G・K・チェスタトンのような人々が私を神のもとに連れ戻してくれていたが、それでも神と教会を区別すること、そして安定した個人の信仰を育むことは難しかった。さまざまな疑問が渦巻いていた。キリスト教の雑誌を編集しながらも、『痛むとき神はどこにいるか』（邦訳・『痛むキリスト者とともに』いのちのことば社、一九九六年）、『クリスチャン生活の不幸な秘密』（*Unhappy secrets of the christian life*）、『神に失望したとき』（邦訳・いのちのことば社、一九九六年）等のタイトルをつけた本を書き、自らの信仰との闘いを外の世界に投げかけていた。

そのどっちつかずの時期を切り抜けることができたのは、ポール・ブランド博士と共著を手がけたおかげだと今にしてわかる。地球規模の問題や人生と神について、何百時間も博士を質問攻めにした。インドやイギリスを訪れたときは、患者であった人々や同僚たちに取材しながら、博士の生涯をたどった（手術室の看護師たちは、外科医の性格をだれよりも鋭く見抜いていた）。私は六キロを超える初期の巨大な〝ノート〟型コンピューターを誇らしげに携え、ブランド博士につきっきりで取材し、わだちの多いインドの田舎道をジープが飛び跳ねているときも、ロンドンの地下鉄で静かに揺られているときも、キーボードから指を離さずタイプし続けた。

ブランド博士のことをはじめて知ったのは、『痛むキリスト者とともに』を執筆しているときだった。図書館にこもって痛みの問題を扱った書籍を読んでいたとき、ある医療用品店で棚を片づけていた妻が、「痛みという贈り物」という興味深いエッセイを見つけたのである。タイトルそのものが暗示していたブランド博士の手法には、私をチェスタトンに強く惹きつけたものと同様の、逆説的なものが感じられた。楽しみと痛みについて、博士はそれまで出会っただれとも異なる概念をもっていた。私は、痛みを取り除きたいと必死に願う多くの人々を取材してきた。ところがブランド博士は、数百万ドルを費やして、患者のために痛みのシステムを「作ろうとしている」と語っていたのである。

ブランド博士のことをさらに調べ、博士の知り合いとも話をして大いなる興味を抱いた私は、いきなりシカゴから電話をかけて取材を申し込んだ。博士はいささか困惑して答えた。「かなり忙しいのですが、会議と診察の合間なら時間がとれると思います。それでよければ来てください。」

博士とは、米国本土唯一のハンセン病病院で対面した。私は飛行機でニューオーリンズに着くと、レンタカーでミシシッピ川の土手沿いを二時間走った。古いプランテーション、海鮮レストラン、かすかに光る新しい石油化学工場を通り過ぎた。工場の排出する汚染物質で目がひりひり痛んだ。田舎町カービルに続く道が見えてきた。それからさらに細い道を走って、国立ハンセン病病院と研究センターに到着した。

ルイジアナ当局は、人口集中地域から離れた場所にこの病院を作った（ハンセン病病院の建設案がもち出されたとき、この病気に関する風説の影響で、「わが家の裏庭は嫌」という感情が高まっていた）。たくさんの樫の樹の下に広がるコロニアル様式の建物で、カービルは、映画のセットとして作られたフィリピンのプランテーションを思わせた。松葉杖や車椅子の患者が、本館につながる二階建てのアーチ状の歩道をゆっくり進んでゆく。病院の三方は、ゴルフコースと野球場、野菜畑が囲み、職員用住宅が点在している。西側に堂々たるミシシッピ川が流れているが、高さ六メートルの土手がその姿を隠している。私は車のドアを開け、デルタの湿った霧の中に足を踏み入れた。

訪問する前に、ブランド博士が医学会で博している名声は知っていた。イギリスとアメリカの主な医療センターの責任者の立場をオファーされていること、世界的に優れた講師として認められていること、博士の名を冠した手の形成外科手術があること、栄えあるアルバート・ラスカー医学研究賞、エリザベス二世からの大英帝国上級勲爵士の称号を授与されていること、マハトマ・ガンジー基金に貢献した唯一の西洋人として選ばれたこと。だが、私が通された博士のオフィスは、その名誉を微塵も感じさせない、こじんまりとした部屋だった。医学誌、写真スライド、未返信の文書の山が、醜いお役所グリーンの事務机を埋め尽くし、古めかしいエアコンが無免許運転のバイクのような騒音を立てていた。

やがて平均身長に満たない、痩せた男性がぎこちなく部屋に入って来た。白髪交じりの髪の毛で眉毛は濃く、笑うと顔に深いしわが刻まれた。廊下に聞こえる米国南部訛りと大違いのイギリス訛りで、白衣についた血液の染みを詫び、人間以外で唯一のハンセン菌保菌者アルマジロを解剖していたのです、と言った。

最初の取材は一週間続いた。ブランド博士の回診に付き添い、音を立てて走る電動車椅子やサイドカー付き自転車をよけて廊下の壁にぴったり沿って歩いた。博士が炎症や潰瘍の生じていない患者の手足を見ながら、傷の原因をつきとめようとして探偵のように質問する様子を診察室の中で見ていた。その合間を見て、博士のオフィスで少し話をしたが、海外から電話が入り中断することもあった。ベネズエラやインドやトルコの外科医から難しい処置について助言を求められ、博士は電話越しの雑音に負けじと声を張り上げて答えていた。

夜になると病院敷地内の木造バンガローで、ブランド博士やマーガレット夫人といっしょにカレーライスを食べた。夫人は尊敬を集める眼科医だった。ブランド博士は食事が終わると、トレードマークの裸足をスツールに載せてくつろいだ。私はテープレコーダーを回し、ハンセン病学、神学、世界的な飢餓から土壌保全まで多岐にわたる議論を録音した。私のもち出す話題の一つ一つについて博士は深く考えた。方々に旅をしているため、その展望は真にグローバルだった。博士は、人生をイギリスとインドとアメリカでほぼ三分の一ずつ過ごしていた。インタビューの合間に、熟したイチジクの選別方法（蝶々が何度か止まっているイチジクを見る）、神経細胞を刺激して痛みを和らげるには硬いヘアブラシで皮膚をどうなでればよいか、そして、マンゴー・ミルクセーキの作り方などを教えてくれた。

ブランド博士と私は奇妙なコンビだった。私はアート・ガーファンクルのような豊かな縮れ毛をもつ二十代半ばの若造で、ブランド博士は正統なイギリス人らしい慎みをもつ威厳ある銀髪の外科医だった。私はジャーナリストという職業柄、さまざまな人々に取材してきた。俳優やミュージシャン、政治家、成功した企業幹部、オリンピック選手やプロスポーツ選手、ノーベル賞受賞者やピューリッツァー賞受賞者たちだ。けれども、ブランド博士のもつ何かが、これまでの取材相手よりも一段と私を惹きつけた。はじめて本物の謙虚さに出会ったのかもしれなかった。

ブランド博士は、アメリカでの生活に適応しきれていなかった。テレビやポピュラー音楽が子どもたちに与える影響を案じていた。日常的な贅沢に対して神経質になり、インドの村の、地べたに近い簡素な暮らしを思い焦がれた。夜はレストランに行きましょうと誘っても、お客の皿の食べ残しをそぎ落とす様を見るに耐えないと言った。博士は、大統領も王も多くの有名人も知っていたが、彼らの話を出すことはまれで、一人一人のハンセン病患者を思い出すほうを好んだ。自分の失敗をあけすけに打ち明け、成功については仲間がどれほど貢献したかを語った。毎日早起きして聖書を研究し、祈っていた。謙遜と感謝が自然ににじみ出し、いっしょにいると、自分にはそうした性質が欠けていると、暗然とした思いをかみしめた。

私の知る講演者や著述家のほとんどが、同じ話をくり返し語っていた。一つの考えを焼き直してさまざまな本を書き、異なる人々に向かって同じ内容の講演を行うのだ。それに比べてポール・ブランド博士は、知的にも霊的にも私の知るだれより深い人だったが、病院のチャペルで、数人のハンセン病患者に向かって語りかけることが多かった。博士のたっての希望で、私はカービルで過ごした週、水曜日の夕拝に出席した。正確に思い起こせば、私を含む五人の聖歌隊と八人の聴衆だった。マーガレット・ブランド夫人はこう懇願して私を聖歌隊員に任命した。「もう長いこと聖歌隊に男性がいないのです。ポールは説教をするので聖歌隊に入れません。あなたが私たちといっしょに歌ってくれなくっちゃ。」私の穏やかな抗議に取り合ってはくれなかった。「馬鹿をおっしゃい。礼拝に来る人たちの半分は、ハンセン病の治療に使う薬のせいで耳が聞こえません。でもゲストの聖歌隊員がいたら、特別なおもてなしになります。あなたを見ているだけであの人たちは嬉しいでしょう。」 その寄せ集め集団に向かって、ブランド博士はウェストミンスター寺院で行われる説教にも匹敵するほどの説教をした。その説教のために何時間も瞑想し、祈っていたことは明らかだった。のどかな米国南部のチャペルに集まった、半分は耳の聞こえない名もない人々というちっぽけな会衆であることなど、問題ではなかった。博士は礼拝として、二人、三人が神の名のもとに集まるとき、神がそこにおられることを心から信じる者として語っていた。

その週の後半、ブランド博士は少し恥ずかしそうに、本の執筆を考えたことがあったのですと打ち明けた。数年前にインドのベロールにある医大で講義をしたとき、他学部の教職員たちが、その講義を原稿に起こして出版するよう働きかけたのだという。原稿を書いてみたものの九十ページにしかならず、一冊の本にすることはできなかった。原稿はそのまま二十年放っておかれた。ぜひその原稿を探してくださいとお願いすると、博士は食器棚や机の引き出しをまさぐり、インドのチャペルで行った講義の、ひどく汚れたカーボン紙のコピーを見つけた。その晩、私は真夜中過ぎても眠らずに原稿を読み、人体に関する博士の驚くべき深い考えに触れた。泊まっていたのは、南北戦争前の様式でしつらえた病院のゲストルームで、天井の扇風機が回るたびに、薄い半透明のカーボン紙の原稿が部屋中にまき散った。何度も原稿を集めて並べ直したのは、金を掘り当てたと確信したからだった。翌日、ブランド博士に言った。共著にすれば、この九十ページは立派に二冊の本になりますよ、と。

それからしばらくすると、私たちは三冊目の『痛みという贈り物』（*The gift of pain*）の執筆に着手していた。ブランド博士の人生をたどって十年を過ごした。サミュエル・ジョンソンという偉大な人物にくっついて、その唇から漏れ出る知恵の言葉を逐一忠実に記録したジェームズ・ボズウェルになったような気分もしばしば味わった。あるとき、ブランド博士の娘ポーリンから「父の人生と思想の幸せな寄せ集め」にいくらか秩序をもたらしてくれてありがとう、と言われた。彼女の父親は、私の人生の不幸な寄せ集めにいくらか秩序をもたらしてくれたのだが、彼女はそれを知る由もなかった。時間が経って、その人がどれほどの影響を自分にもたらしてくれたかを見て、真の友かどうかがわかる。ブランド博士とはじめて出会った一九七五年の自分と今の自分を比べると、自分の中に強烈な変化が起きたことがわかる。ブランド博士が私の中に多くの変化を起こしたのである。

ポール・ブランド博士は善良かつ偉大な人物であり、私は博士と共に過ごした時間を永遠に感謝する。自分の未熟な信仰について書く自信はなくても、博士の信仰について書くことには絶対的な自信があった。ジャーナリストの批判的な目で、神との関係からあらゆる面で強められている人物を観察しながら、私の信仰は育っていった。私は博士を、実際の生きた模範として知るようになった。カービルで患者たちといるとき、インドの村にいるとき、夫として父親として、医学会議やキリスト教の集会の講演者として、その行動を見ることができた。

臨床の現場から引退すると、ブランド博士はシアトルのピュージェット湾を見下ろす小屋に移り住んだ。それが、博士がはじめて購入した家だった。国際キリスト者医科歯科学会の会長として任期を何期か全うし、世界保健機関（ＷＨＯ）の顧問を務め、八十代に突入しても世界中で講義をし続けた。年月が経つと、私たちの役割は否応なく逆転した。ワープロはどれを使うとよいか、原稿はどうまとめればよいか、出版社とどう付き合えばよいかといった事柄について、私が助言を求められるようになった。トルコに行く途中で博士は脳卒中に襲われ、ロンドンでは軽い心臓発作を起こした（深刻な心臓発作を起こした妻を心配したせいだった）。しばらく博士の会話は著しく不明瞭になり、名前や出来事もすぐに思い出せなくなった。私たちの話題は、加齢と死すべき運命に移行した。

私も人生のさまざまな段階を通り、今ではじめて出会ったときのブランド博士の年齢に近づいている。細くとも力強い博士の体が私の前で道を指し示している。幼いころに父親を亡くした私は、それまで得られなかった多くのものを、大人になってブランド博士から与えられた。ものの見方、霊、そして理想について進路を定めるのをだれよりも助けてくれた。自然界や環境問題を、私は博士の目を通して見ていることが多い。理論で聞いていたクリスチャンの生活が、現実に機能するという確信も博士から得た。現代社会に生きて、謙遜を失うことなく成功し、犠牲的に他者に仕え、しかも喜びと満足をもって生きることは実際に可能である。今日にいたるまで、私は疑うたびに、ポール・ブランド博士と過ごした日々を振り返っている。

＊　＊

アインシュタインは問うた。宇宙は優しい場所だろうか、と。科学者の彼は、広大な宇宙空間に答えを探し求めた。崩壊した家庭や教会で傷を受けて生きてきた人であれば、その質問のより個人的な側面を知っている。一人の叔父が、もしかすると牧師が、幼い子どもに性的虐待を加える。母親がお酒を飲んで暴れる。六歳のきょうだいが白血病にかかる。そのような環境に育った人には、消え去ることのない疑問がある。世界は優しい場所だろうか。人は信頼できるだろうか。神は信頼できるだろうか。

私のたましいを苦しめるこうした根本にある疑問を認めるために、自分の幼少期をあらためて考える必要はない。サルトルの『嘔吐』やカミュの『ペスト』、ヴィーゼルの『夜』などを読んでいた青年期の私は楽観主義になるはずがなかった。その後気がつくと、地球上で最もぞんざいに扱われた人々の中で人生の大半を捧げた人物と共に働いていた。思いがけないことに、ブランド博士は私の疑問を増すどころか、その疑問に答える何かを指し示した。

博士は医学界で名声を博していたが、それは主としてこの世界最古の最も恐れられていた病の研究の草分け的存在だったからだ。彼はカービルの病院に来る前に、インドのベロールの大きな医科大学病院の院長だった。そして、カリギリにハンセン病研修センターを設立した。ハンセン病は貧しい人々ばかりを苦しめる。治療を受けずに放っておかれた人は顔が変形し、視力を失い、手足を失い、人々を怖がらせる。恐怖した人々は患者を虐待したり、いじめたりする。インドなどでハンセン病患者は社会からはじき出され、カースト制度の外に位置する不可触民とされ、二重に見捨てられることも多い。

中世において、ハンセン病患者は町の城壁の外で暮らし、警告用の鈴を身に着けていた。現代のインドにも四百万人のハンセン病患者がおり、この病の症状が出ている人は家庭や村から追い出され——文字どおり、靴で蹴り出され——、物乞いの生活を送る。ブランド博士の患者であった人々に取材したとき、信じがたいような人間の残酷さが語られた。もし苦痛や絶望する正当な権利があるとしたら、こうした不幸な人々のために働く人のものに違いない。ところが、私を最も感動させたポール・ブランド博士の特徴は、そのゆるぎない感謝の心だった。博士にとって、この宇宙は確かに優しい場所なのである。

はじめて交わした会話を覚えている。それは私がなぜかカセットレコーダーの「録音」ボタンを押し忘れたからだ。その夜、録音できていないことに気づいた私は、ミシシッピ川をフェリーで海鮮レストランに向かい、博士との会話を必死に思い出そうとしていた。ありったけの疑問を書いたリストを持っていたが、博士の答えがあまりにも感動的だったので、ほぼ正確に思い出して書くことができた。片手は赤く輝く甲殻類のかごに突っ込み、もう片方の手で、思い出したすべてを書き出していった――ときどきノートにバターを垂らしながら。

善良な神が、どうしてこのように汚れた世界の存在を許すことができるのか。ブランド博士は私の不満に一つ一つ答えてくれた。病気だって？　二万四千種あるバクテリアのうち、数百以外は健全で無害なことを私は知っていただろうか。バクテリアの助けなしに植物は酸素を作り出せないし、動物も食物を消化できないだろう。それどころか、バクテリアはあらゆる生き物の半分を形成している。こうした必要な有機物と病の媒体のほとんどは、ちょっとした突然変異で違っているだけなのだ。

先天的な障碍についてはどうか。博士は一人の健康な子どもが生まれるまでの複雑な生化学を語り始めた。最大の驚きは、先天的な障碍が起こることではなく、先天的な障碍が起こらないほうが圧倒的に多いことである。誤りのない世界が造られていても、何十億もの変数をもつヒトゲノムは送信エラーを起こさないだろうか。確かな物理法則が支配するこの世界でも、そのような誤りのないシステムを思い描ける科学者はいないだろう。

ブランド博士は言った。「創造主の立場で考えてみることが役に立ちました。カービルで、私の工学チームがそれをしたのです。私たちは数年間、もはや痛みを感じることができないハンセン病患者たちの手を守る方法を探りながら、人間の手を研究しました。人間の手が工学的にどれほど完璧であったか！　私の本棚には、怪我した手の手術法を書いた外科の教科書がぎっしり詰まっています。腱や筋肉、関節を整えなおすさまざまな方法、骨の一部を機械の関節と置き換える方法――何千という外科的処置です。しかし、ふつうの手を改善するような処置は一つも知りません。たとえば、人工関節に置き換えるときに用いられる最良の素材は、摩擦係数が人体の関節の五分の一ですが、こうした代替物の寿命はほんの数年です。技術はおしなべて、標準から外れているものを矯正します。百本ある手の中の一本の手が、神の設計したとおりに機能しない。何千もの手の手術をすると、アイザック・ニュートンに同意せずにはいられません。『ほかにどんな証拠がなくても、私は親指一本を見て、神の存在を確信するだろう。』」

私のしつこい反論に、ブランド博士は逐一答えてくれた。そして、自然界は最悪のときでも、念入りに設計された証拠を示していると言葉を続けた。美術館のツアーガイドのように、けがをした後で裂けた筋肉の繊維が「重なり合った櫛の歯のように」再び結合するさまを目を輝かせて描写した。「それから、動脈管を知っていますか。胎児期に肺動脈と大動脈をつなぐ血管で、胎児は肺呼吸をしていないため、血液を肺ではなく、発達している四肢に直接送ります。分娩の瞬間、赤ん坊はもう呼吸をしているため、すべての血液がいきなり肺を通って酸素を受け取らねばなりません。弁がカーテンのように降りて血流の方向を転換し、筋肉によって動脈管は収縮します。役割を終えると、徐々に体の残りの部分に吸収されます。このほんの一瞬の適応がなければ、赤ん坊は子宮の外で生き延びることができないでしょう。」

その会話は、ブランド博士の講じた多くの解剖学授業の最初のものだった。三十年前に医学部で学んだ知識を思い出す能力にはもちろん舌を巻いたが、何かそれ以外のものが際立っていた。それは子どものような熱意、神の素晴らしい創造物を喜び、興奮する心だった。博士の話を聞きながら、私のチェスタトン的な不思議の感覚が呼び覚まされた。私は創造物の中の欠陥と見えるものに注意を向けていた。だが、そうした欠陥のために日がな一日働いているこの医者には、感謝の姿勢、畏敬の念まであった。その姿勢は、自然が身近だった子ども時代に由来することを、後に知るようになった。

＊　＊

ブランド博士は、インドの辺鄙な丘陵地で暮らす宣教師夫妻の息子として、熱帯の果樹や蝶々、鳥やその他の動物のいる世界で育った。芸術家肌の母親は、その美しさを絵画でとらえようとした。父親のジェシーは独学の自然主義者で、自然のいたるところに創造主の指紋を見いだしていた。そびえたつシロアリの山に息子を連れて行っては、協働するシロアリ社会の素晴らしさを説明した。「一万本の足がいっしょに働いているんだ。たった一つの脳みそに命令されているかのようにね。みんな忙しそうにしているが、女王さまだけは別だよ。ソーセージのように大きくて丸い体で、卵を産みながら何にもお構いなしに横たわっている。」父親はじょうご形をした蟻地獄の巣や、ハタオリドリの巣、木の枝にぶら下がっている蜂の巣に群がる蜂を指さした。ポールはジャックフルーツの木に作ったツリーハウスで学校の勉強をして、夜は蛍を入れたランプの揺らめく光で勉強することもあった。

ポール・ブランドが楽園に別れを告げたのは、教育を受けるために九歳で渡英したときだった。家族からも自宅からも遠く離れた少年は五年後、父親が黒水熱で亡くなったと知らせる電報を受け取った。まもなく船便で手紙が届いた。死の何週間も前に父親が投函したもので、ポールにとっては形見も同然だった。父ジェシー・ブランドは、自宅の周囲の丘稜を描いて言った。「神は私たちにこの世界を楽しんでほしいと思っておられる。自然の多様な生活を楽しむのに、植物学や動物学や生物学の知識は必要ない。ただ観察しなさい。そして、思い出しなさい。そして、比べなさい。常に感謝と礼拝をもって神のほうを向いていなさい。神は、おまえを宇宙の中でも地球のように魅力的な一角に置いてくださったのだから。」

ジェシー・ブランドの息子はその助言を守り、それを今日まで続けている。オリンピック半島をハイキングしているときも、ルイジアナの沼地で鳥を追いかけているときも、医学生たちにこれから扱う肉体の神秘について講義をしているときも。ポール博士は、はじめはインドの丘稜地帯で、それから後は人体の研究を通して、自然界に神の痕跡が隠れていること、またそこで見つけた神が善良であることを理解するようになった。それは、信頼することを教えてくれた人から送られた、私が必要としていたメッセージだった。

ブランド博士の仕事の中心には、痛みの存在という被造物にとって何よりも深刻な問題があったのかもしれない。『痛むとき神はどこにいるか』という本を書いていた私に、博士は、苦痛のない世界という別世界を考えさせてくれた。損なわれた顔、失明、手指・足指・手足の喪失など、ハンセン病のもたらす恐ろしい結果を掲げ、そのすべてが苦痛がないことの副作用であることを指摘し、痛みには大きな価値があると断言した。インドの若き医師であったブランド博士は、ハンセン病のもたらす被害は、神経の末端が破壊されることによるという医学上の画期的な発見をしていた。痛覚を失った人々は、割れた工具の刃を握ったり、きつい靴をはいたりする単純な行為のせいで体を損なうのである。床ずれから感染症が起きても、痛んだ部分に警告する痛みの信号が送られない。それによる被害を、私は博士の診療所で直接目にした。

「私は痛みを神に感謝します。」ブランド博士は心からそう言い切った。「ハンセン病患者たちに私があげられる、これ以上の贈り物は考えられません。」さらに人体を保護している痛みのシステムの複雑さを説明した。足の裏が痛みを感じるには、鋭い針をぐっと押しつける必要があるが、目の角膜はその一千分の一の圧力でも感じ取る。角膜の表面が細いまつ毛や微量のほこりで擦られれば、反射的に瞬きをする。腸は切られたり焼かれたりしても痛みを感じない――内臓がふつうは遭遇しない危険だが。しかし、腸は膨張すると、激しい腹痛という緊急の痛み信号を発する。

博士は続けて言った。「私たち医者は医学部を出てから、失礼な形で気づかされることがあります。人体の素晴らしさを研究した後で、私は突然、デパートの苦情係のような立場に投げ出されました。見事に機能している肝臓や肺の素晴らしさを言うために、診察室にやって来る人は一人もいませんでした。みんな、どこかが正常に機能していないと不満を言いに来ていました。後になってようやくわかったのは、不平の対象こそが、人々をいちばん助けてくれるということでした。ほとんどの人が痛みを敵視しています。しかし、私の患者たちが証明しているように、痛みがあればこそ肉体を脅かすものに注意を向けざるを得なくなります。それなくしては心臓発作、卒中、虫垂破裂、胃潰瘍も、すべてが何の警告もなしに生じることでしょう。痛みによる警告なしに、医者に行く人がいるでしょうか。

患者たちが訴えてくる病気の症状は、肉体の癒しが起きていることを表していることに気づきました。実際、苛立ちやうんざりしている水泡、たこ、腫れ、熱、くしゃみ、咳、嘔吐、そして特に痛みといった肉体の反応は、いずれも健康に向かっていることを証明しています。通常は敵と考えられている、これらすべての症状の中に感謝すべき理由を見つけることができるのです。」

私はしばしば、聖書の劇的な場面に頭を悩ませてきた。罪もなく苦しむ人の典型であるヨブが、苦しみについて不平を述べながら神と対峙する。神がそれに答えた言葉は、大自然、野生を祝福した名文の一つと言われてきた。しかし、痛みそのものの問題について、神は直接的な答えを出さず、ただヨブにこう挑むばかりだった。創造主であるわたしが、おまえの目に見える、これほど素晴らしい世界を生み出したとすれば、おまえは自分に理解できないことでもわたしを信頼できないだろうか。

ブランド博士の言葉に耳を傾けながら、自分が病んだ患者のように神に近づいていたことを理解した――あたかも、創造主が苦情処理係をしているかのように。悲劇や病気や不正義に苦しんでいたが、その間ずっと、この世界で私を囲んでいる多くの良きものを無視していたのだ。不思議に思った。欠陥が見えていても、自然界の素晴らしさに熱狂するチェスタトンの思いを、自分はもち続けることができるだろうか。賛美と嘆きが互いを押しやるのではなく、詩篇の記者たちのように同時に賛美し、嘆くことができるようになるだろうか。

ブランド博士は感謝と信頼という二つの精神で、この同じ葛藤に応えた――素晴らしいと思うものに感謝し、そう思えないものについても信頼する。私は、チェスタトンが世界を贈り物として受け取る「ふつうの」人を描いたことを思い出した。贈り物としての世界に対する正しい応答は、感謝なのだ。驚いたことに、神が信頼に足るお方であることへのブランド博士の信仰は、インドのハンセン病患者という、感謝を最も感じなさそうな人々の治療にあたっていたときに、むしろ深まった。シンプルなあわれみと治療でその体に触れることにより、最も低いところに置かれた人々が変わっていくのを見たからである。

ブランド博士と働き、彼について世界中を回るようになって、生涯をかけて人間の傷の癒しにあたっている献身的なクリスチャンをほかにも多く見てきた。たとえばインドでは、クリスチャンを自称する人は人口の三パーセントに満たないが、医療行為の五分の一近くがクリスチャンの医師や看護師たちによって行われており、その多くがベロールにあったブランド博士の古い病院で研修を受けていた。いっしょに車であちこちの村を訪ねたが、彼らは熱帯の感染症を治療し、骨を治し、簡単な手術をタマリンドの木の下などしばしば戸外で行っていた。ヒンドゥー教徒にもイスラム教徒にも、シーク教徒、ジャイナ教徒、ゾロアスター教徒、共産主義者にも同じように奉仕していた。イエス・キリストのことを一度も聞いたことがないかもしれないインドの農夫が、「クリスチャン」と聞いて最初に思い浮かべるのが、無料で治療してくれる、月に一度村にやって来る病院や医療バンであっても不思議はない。

こうした人々が、低賃金で福利厚生もないような悪条件で奉仕するのを見ながら、彼らの取り組み方と自分自身のそれとのあいだに明確な差を見た。私はシカゴの自宅で椅子に座り、この世界の問題について神に答えを求める本を書いていた。彼らはキリストの愛を具体的に表すべく最前線で活動していた。この人たちにもブランド一家と同じように、個人的な充足と幸せすら見て取れた。かつて取材した多くの有名人には見られなかったものだ。

「痛むとき神はどこにいるか」という私の疑問に対する答えの一部は、それに関連した「痛むとき教会はどこにいるか」という疑問であることを知った。ユダヤ人の神学者アブラハム・ヘッシェルが書いたように、「正義とあわれみの神は、なぜ悪がはびこるのを許されるのか。この最も重要な問題は、神の正義とあわれみを広げるために、人間は神をどのように助けるべきなのかという問題と結びついている」。インドのハンセン病患者たちは、ポールとマーガレット・ブランドのような医療者に優しく触れられて、カーストは宿命でなく、病気も運命でないことを知った。そのように優しく触れられたとき、多くの患者が、神ご自身の愛に触れたとはじめて実感するのである。

＊　＊

私はブランド博士と、その神への奉仕を非常に尊敬しているが、博士がアッシジのフランシスコやマザー・テレサのような「聖人」でないことに安堵もしていた。私には、もっと自然体で関わることのできる身近な模範が必要だった。

ポール・ブランドはマザー・テレサに助言を求め、ガンジーの弟子たちとの委員会で働き、インドの伝統的な「聖人たち」の知り合いも幾人かいた。しかし、彼自身の生活では物質的なことと神秘的なこと、預言者のような役割と日々の奉仕とのバランスをとる中庸を選んだ。ベロールの病院の古い知人たちは、彼の霊的な深みと犠牲精神ばかりでなく、いたずらやマーマレード、マンゴーやスピード運転が大好きだったことも覚えている。バランス感覚などなくて当然だった一九六〇年代から抜け出たころの私には、現代社会のただなかで、修道院や隠遁者の庵でないところで、均衡のとれた生活を送っている模範が必要だった。

ブランド博士は、現代文明に直面するストレスと闘ってきたが、それにも屈しなかった。反体制文化《カウンターカルチャー》という言葉が使われるようになるずっと前に、反体制文化《カウンターカルチャー》のライフスタイルで生きていた。インドでは、外国人医師に通常認められていた高額な診察料でなく、インド人と同じ額を受け取ることにこだわった。ブランド家の人々は質素な食事をとるのがふつうで、主に自家製のパンと家庭菜園で育てた有機野菜を食べていた。つぎはぎもできない破れなど、ブランド博士は洋服を捨てる理由をいくつか認めるが、おしゃれでないから、というのは決して理由にならなかった。自宅やオフィスの家具は、よく言っても、慎ましやかなものである。博士はあらゆる浪費に反対し、産業革命のもたらした進歩のすべてが突然消滅しても自分が涙することはない、と認めている。野外に近いインドの村の生活のほうが好きなのだ。

それでいて、現代テクノロジーのもたらした道具も使っていた。博士が音頭を取り、ベロールの埃っぽい街にあった病院は、南西アジアで最も新しく洗練された施設に成長した。後にブランド博士はアメリカのカービルにやって来たが、それは当地の研究センターが、世界中の何百万というハンセン病患者の治療に必要な技術支援を提供したからだった。やがて一九八〇年代にパソコンが導入されると、博士は少年のように熱狂して初代のＩＢＭを一台購入した。電子顕微鏡やサーモグラム、ジェット機を感謝して使う。テクノロジーを用いた道具も、破壊的に使うのでなく賢く使えば、人間の思いやりという高尚な目的に役立つと考えていた。

ブランド博士との会話はしばしば脱線し、ライフスタイルの疑問に行き着いた。博士がインド、イギリス、アメリカで暮らした経験から、独自の考えをもっていたからだ。最貧国と最も豊かな国の両方で暮らした経験があった。欧米諸国の豊かさは、いのちとりになるほどの誘惑を提供しているとの認識をもっている。途方もない富の格差が欧米諸国とそれ以外の地域を隔てる溝を広げ、貧困と正義を求める叫び声を聞いても、私たちの感覚は麻痺している。

ライフスタイルについて生涯、問題意識をもち続けた原因は、博士のインドで送った少年期にある。ポールの母親は夫が黒水熱で亡くなると、いにしえの聖人のような生き方をした。わずかな給金で暮らし、五つの山にまたがる村落の人々に、霊肉の癒しをもたらすために余生を捧げた。外見に無頓着で、家に鏡も置かないほどだった。仔馬に乗って危険な旅を続け、落馬して脳震盪や裂傷を負ってもやめなかった。熱帯病に体を蝕まれても、周囲の人々の病気やけがの治療に力を注いだ。「ブランドばあちゃん」は、感情を爆発させてポールを困惑させることがあった。たとえばベロールで正式な晩餐の席にいたら、恐ろしさのあまりこう尋ねるかもしれない。「今ごろ、山で飢え死にしそうになっている人がいるのに、どうしてこんな贅沢な食事ができるの!」九十五歳で他界したが、その葬式には何千人もの村人が何キロも歩いてやって来て、夫の建てたチャペルに横たわる彼女を讃えた。

ポールは、愛は人から人に直接伝えることしかできないという不朽の教えを両親から学んだ。両親は後世に残る施設を何も残さなかった。唯一、二人が残したのは、何千もの人々に一生涯消えることなく刻まれた、健康、衛生、農業、キリスト教の福音の教えだった。ブランドばあちゃんはたった一人で、何世紀もしつこくギニア虫感染に悩まされていた広範な地域をなくした。村人たちの信頼は厚く、幼虫が繁殖する井戸の周りに石壁を作るときも、彼らはばあちゃんの指示に従った。政府の計画は役に立たなかった。

しかし息子のポール・ブランドは、厳正な医学によって永続的な影響を与えた。彼はベロールで、冷凍庫内のスペースをめぐって妻のマーガレットと喧嘩した。家のランプの下で外科手術を実習するため、解剖用の遺体の手を保存したかったのだ。ハンセン病の症状の病理が、彼には長いこと不思議だった。病原菌はどの細胞を、なぜ攻撃するのか。その答えは、ポールの最も重要な医学上の発見なのだが、検死の最中にやってきた。彼は、ハンセン病の病原菌は神経組織だけを攻撃すると結論した。その理論の証明にはさらに何年もの研究が必要とされ、各患者のけがの原因を正しく突きとめなければならなかった。その研究結果は、ハンセン病や世界中の麻痺性の病の治療に多大なる影響を及ぼした。千五百万人のハンセン病患者に希望が生まれた。正しい手当てをすれば、足指や手指や視力を失うことがないという希望だ。後にポール博士は同じ原理を、糖尿病患者の感覚を失った足にも適用し、ある推計によると、合衆国だけで毎年七万人が手や足の指の切断を免れた。

ブランド博士は、マザー・テレサがコルカタに開いたハンセン病診療所で、マザーに助言を求めたとき、こう言われたという。「ハンセン病などの治療薬はありますが、望まれていないという最大の問題を薬は治療しません。私のシスターたちが与えたいと思っているのは、それなのです。」

会話の中でブランド博士は、ハンセン病患者だけに献身するキリスト教の宣教団がある理由に思いを巡らせた。彼がインドで従事した仕事の多くが、米国のハンセン病宣教団の姉妹機関であるイギリスのハンセン病宣教団から基金提供を受けていた。博士は言った。

「関節炎宣教団や糖尿病宣教団は聞いたことがありません。その理由は、何世紀もハンセン病につきまとってきた信じがたい汚名に関係していると思います。ハンセン病患者のために働くには、あわれみという自然の本能以上のものが必要です。一種の超自然的な呼びかけが必要なのです。ハワイのハンセン病患者たちに伝道し、その後、自身も同じ病にかかったダミアン神父のような人々は、どのような苦しみをもっている人も捨てられてはならないと信じていました。病人を、望まれない人々を、愛されない人々をケアすることは、教会の役目でした。」

ブランド博士と共に本を書きながらハンセン病の歴史を学ぶことによって、社会的汚名をものともせず、醜い症状の奥にあるものを見てハンセン病患者たちに伝道した聖人のような人々を私は知るようになった。この病気が中世ヨーロッパを襲ったとき、ハンセン病の守護聖人ラザロに献身した修道女たちが患者のための家を作った。これら勇気ある女性たちは、傷に包帯を巻いたり着替えを手伝ったりしただけだった。しかし、検疫病院と呼ばれたこうした家は、患者を隔離してその生活条件を向上させた。そのことが、ヨーロッパにおけるこの病の呪縛の打破につながったのかもしれない。一九世紀から二〇世紀、世界中に散らばったキリスト教の宣教師たちはハンセン病患者のための共同体を作り、ハンセン病治療における主な科学的な前進のほとんどがこの宣教師たちによってもたらされた。カービル病院（政府の費用削減政策によって最近閉鎖された）の歴史も、世界規模のハンセン病治療の典型だ。最初の患者七人は、ニューオーリンズから追い出された人々だった。当局は彼らを石炭運搬船に乗せ、ミシシッピ川を上らせた。一九世紀の法律は、どのような形であれ、ハンセン病患者が公共の交通機関で移動することを禁じていたからだ。上陸したのは、ルイジアナ州が密かに手に入れた、遺棄され荒廃したプランテーションだった。まだ奴隷小屋がいくつか建っていて、ほとんどがネズミ、コウモリ、蛇の住みかになっていた。七人の患者は「ルイジアナ・ハンセン病ホーム」に入居したが、州はその働き手を見つけるのに苦労し、やがてカトリック修道院である愛徳姉妹会が奉仕者として手を挙げた。修道女たちは「ホワイトキャップ」の名で呼ばれ、初期の働きを多く担った。日の出の二時間前に起きて祈り、米国南部の暑さの中、糊のきいた白い制服を着て沼地の水を抜き、道路をならし、新しいハンセン病病院のために建物の修理をした。私がブランド博士をカービルに訪ねたときも、彼女たちの後継者が奉仕していた。

博士は、宗教のるつぼインドで、他宗教が痛みの問題にどのように答えているかに注目した。仏教徒は苦しみを静かに受け入れるよう教えていた。それは、ノイローゼに陥りがちな私たち西側の人間が学ぶべき姿勢だろう。ヒンドゥー教徒とイスラム教徒は、苦しみを運命論で考えていた。ヒンドゥー教徒にとって苦しみは前世の罪の結果であり、イスラム教徒にとって、それはアラーのご意思である。対照的にキリスト教は、伝統的にイエスが示した逆説で答えてきた。私たちは周囲に苦しみや不正義があっても、神の善良さを信頼しなければならないが、地上に生きているあいだ、苦しみを和らげる最大限のことをする。ポール・ブランド博士は、その応答の生きた実例を私に見せてくれたのである。

＊　＊

晩年の博士は、医学の非人間化について語ってほしいという要請を多くの医学部から受けていた。今日では先端技術医療、医療保障、専門性に特化した医療が増え、それらが医療分野を志す最も優秀な学生の才能をつぶしてしまっている。ブランド博士は、医師としての自身の仕事を導く理念を、次のように表明している。「どんな人間にも見られる最も貴重な所有物とは、その人のたましいです——その人の生きようとする意志、その人の尊厳、人格です。技術的には、私たち医師の関心は、腱、骨、神経末端にあるかもしれませんが、けっして治療している相手を見失ってはいけません。」

博士との会話は幅広い話題に及ぶが、最後はどうしても個々人の話、ブランド博士の患者たちの話に戻ってゆく。博士の患者たちは忘れられた人々、その病気のせいで家族や村から追放された人々であることが多い。医療者は肉体の損傷の多くを治療することができるし、触れてもらうという人間の最も基本的な必要を満たすこともできる。しかし、患者のたましいのために、損なわれた自己イメージのためには、何ができるだろう。

ブランド博士から、こうした患者やその家族、そしてカリギリのハンセン病病院で彼らが受けた特別な治療の話を、一度に何時間も聞いた。私は、この整形外科医が何十年も前に治療した患者たちのことを熟知していることに驚き、患者たちの話をしながらとめどなく流れるその涙にいっそう驚いた。博士が患者たちに与えたと同じくらい大きな印象を、患者たちも博士に与えたことは明らかだった。

ハンセン病の進行を抑えるスルホン剤を使うには一日に数ペニーあれば足りる。この病を見過ごされて症状が進行した患者の健康を回復するには何千ドルもかかるし、熟練の専門家たちによる大変な苦労も必要だ。ブランド博士はまず、硬直した鷲手《わしで》〔訳注＝関節が曲がり、手が鷲の手のような状態になる〕の治療にとりかかった。腱と筋肉の位置を変える実験をくり返し、完全な動きを回復する理想的な組み合わせを発見した。手術とリハビリは何か月も、時には何年も続く。博士は同様の処置を足にも適用し、患者の体に生じた変形を矯正しようとした。痛みの感覚がないと、体重や圧力のかけ方がわからないまま長年歩き続け、そのため体が変形するのである。

手足が回復したハンセン病患者には、生計をたてる力が与えられた。だが、恐ろしい病の傷跡をもつ従業員をだれが雇うだろう。最初の患者たちは博士のもとに戻り、手術前の状態に戻し、目に見える変形を利用する物乞いという職業に戻らせてくれ、と取り乱しながら言った。ブランド夫妻は、そうした見た目を修復するために働いた。歯茎と上唇のあいだから、鼻の中に皮膚と湿った膜を伸ばし、骨を移植して内側から新しい鼻の構造を作るようになった。失明を防ぐために目をしばたたかせる力の回復にも努めた。健康な人であれば、小さな痛覚細胞が一分間に数回の瞬きを促すが、ハンセン病患者の痛覚細胞は鈍化して目が乾き、失明につながるのだ。マーガレットは、咀嚼するときに使われる頬の下の筋肉に穴をあけ、それを上瞼にくっつけた。ガムを一日中噛んでいれば瞼も同時に上下に動いて目が潤い、失明を防ぐことができた。やがてブランド夫妻は、眉毛を失った患者たちの顔に新しい眉毛をつけた。額の皮膚の下にあって、神経と血液の供給に関わらない部分に穴をあけ、それを目の上方に縫いつけたのだ。最初の患者たちは新しい眉毛を誇らしげに、それが太くなるまで伸ばしていた。

この手の込んだ医療ケアは「名もない人々」、ほとんどが物乞いをして生計を立てていたハンセン病患者たちのために行われた。その多くは、病院に到着したとき、人間に見えなかった。肩を丸め、他の人々が近づいて来ると縮こまり、目から光が失せていた。カリギリのスタッフから何か月も丁寧な治療を受け、その目に光が取り戻された。患者たちは何年ものあいだ、人々から恐れられ、しりぞけられてきた。カリギリでは、看護師も医師も患者の手を取り、話しかけた。スタッフは不快感を抱くことも恐れることもなく、新しい患者の話に耳を傾け、彼らに触れるという魔法を使った。一年ほどして、このラザロのような患者たちは病院から外に出て、誇らしげに商売を学びに行った。

振り返ると、ブランド博士にとって、患者たちとたどったリハビリの一過程は、最終的に医学に対する博士の姿勢全体を問うものだった。医師たちはどこかで、もしかすると医学部で、傲慢とも思われるような態度を身に着けているかもしれない。「いいときに来ましたね。任せてください。私ならあなたを救えるでしょう。」カリギリで働き、その傲慢さがはぎ取られた。ハンセン病患者を「救う」ことなどだれにもできないだろう。スタッフは病を抑えることはできるし、損傷もいくらか修復できるだろう。だが結局、どのハンセン病患者も家に帰って、勝ち目のない闘いの中で、新しい人生を創り上げなければならなかった。ブランド博士は、自分がいちばんするべきことは医学部で学ばなかったことだと思うようになった。壊れたたましいに尊厳を取り戻す仕事のパートナーとして、患者の中に入ることだ。彼は言う。「私たちは病気でなく、人を治療しています。それがリハビリテーションの真意なのです。」

西洋の多くの社会がその根底にあった、一人の人間のたましいの価値を信じる姿勢から離れている。私たちは歴史を、階級、政党、人種、社会学的分類などにより、人間の集団として見がちである。お互いにレッテルを貼り、そうしたレッテルに基づいて行動を説明し、価値を考える。長期間ブランド博士のもとで過ごして、自分が人間のもつ大きな問題を数学的モデルの中で見ていたことに気がついた。GNP比率、平均年収、死亡率、人口一千人あたりの医師数。だが、愛は数学的ではない。世界の貧しい人々や助けを必要としている人々に等しく当てはまる、可能なかぎりの善を正確に計算することはできない。できるのは、神の愛の対象者として、一人、また一人、そしてまた一人を見つけ出すことだけである。

私は人間性と向き合う問題と闘っていた。しかし、個々人を愛することを学んでいなかった。神の似姿に造られた人々を愛することを学んでいなかったのだ。インドのハンセン病病院が、人間の無限の価値について、どこよりも学べるとは思わないだろうが、そこでこの教訓を学ばずにはいられない。

＊　＊

一九九〇年にポール・ブランド博士と最後にインドを訪れたとき、博士が少年時代を過ごしたというコリ・マライ山脈の家を見せてもらった。ジープは、七十本ものジグザグの山道が続く険しい幹線道路を上って行った（ほとんどのカーブに、こんなラベルが貼ってあった。38/70, 39/70, 40/70）。バイクが一台通り過ぎた。ドライバーの背中にしがみついている後部座席の女性のサリーが、旗のようになびいていた。ヘアピンカーブで博士の思い出が呼び覚まされた。「当時は幹線道路がありませんでした。子どものころは、ポーターのかつぐキャンバス地の乗り物に乗っていたのです。ポーターは竹の棒に帆布をぶら下げ、肩にかついでいました。歩けるようになると、ポーターのそばをよちよち歩いたものです。それから、よくヒルを探しました。ヒルは薮から飛んで来てポーターの足にくっつくと、血を吸って膨らみました。」

しかし今回の旅で私たちが心配したのは、ヒルでなくラジエーターの過熱だった。ようやく平らな道になり、高い台地を曲がると、眼下に絶景が広がった。青々と茂る美しい水田、地平線の上に水色の曲線をくっきり描いている遠くの丘陵地帯。それから、アスファルトの道が終わり、道は小さな谷に急降下した。砂利から泥道に変わり、ユーカリの木の並びに沿って走る一対のわだちが見えた。わだちを走った三十分間、ひとっ子一人見なかった。道に迷ったのではないかと、運転手を疑い始めた。

突然、ジープが小さな丘の頂上に到着し、私たちは驚くべき光景を目にした。百五十人の人々が道沿いに待っていた——四時間も待っていてくれたことがわかった。彼らは私たちの車を取り囲むと、手のひらを合わせてインドの伝統的なお辞儀をしてくれた。熱帯の鳥のようにカラフルな、鮮やかな絹のサリーを身にまとった女性たちが、私たちの首に花のレイをかけてくれた。そして、何枚も重ねたバナナの葉に盛られたご馳走のところに誘導してくれた。食事の後、だれもがポール・ブランド博士の父親が建てた泥壁のチャペルに押し寄せ、讃美歌、追悼、儀式の踊りという一時間におよぶプログラムでもてなしてくれた。

記憶に残るのは、ある女性がポールの母親について語ったスピーチだ。「丘の部族は中絶を行いません。彼らは望まない赤ん坊を道のわきに置き去りにして捨てていました。ブランドばあちゃんは、こうした子どもたちを引き取ると、世話をして健康を回復させ、育て、教育も授けようとしました。私も、こうした望まれず死ぬまで放っておかれたはずの子どもでした。そんな子どもが数十人もいましたが、ばあちゃんは孤児院というより、養子縁組センターのようにその子たちを扱いました。みんな彼女を『丘のお母さん』と呼んでいました。勉強がよくできた私に、ばあちゃんは学費を工面して、きちんとした学校に通わせてくれました。おかげで修士号をとることができました。今、マドラス大学で看護学を教えています。今日は、ブランド夫妻が私や他の多くの人々のためにしてくれたことをほめ讃えるために、数百キロの道をやって来ました。」

　ブランド博士は短いスピーチをして涙をぬぐうと、両親の残した遺産を見せるために私を外に連れ出した。父親が自らの手で建てた木造の家を指さした。シロアリ除けにさかさまにしたフライパンが支柱にかぶせてあった。学校と共に診療所もまだ機能していた。博士の両親は、この丘陵地帯だけで診療所を九つも作ったのである。大工仕事の店もあった。丘の至る所に植えられていた柑橘類の果樹は、ブランドばあちゃんの大好きな農業プロジェクトの一つだった。彼女の夫ジェシーは桑の木、バナナ、サトウキビ、コーヒー、タピオカの農園を六つも作っていた。ポールは、父親が七十年前に植えて以来、ジャカランダの木々がどれくらい生長したかしるしをつけていた。落ちたラベンダーの花が地面を覆っていた。そこを後にするとき、彼の育ったバンガローを少し下ったところにある両親の墓に案内された。「二人の亡骸はそこにありますが、そのたましいは生き続けています。あたりを見回してください。」

　ポールは、宣教師であった両親とは異なる人生を選択し、整形外科医になった。彼の遺産を見るために、私は元患者だった人々のもとを訪れた。ナモという男性は、ブランド博士の写真を二十年も壁に飾っていた。写真にはこう書かれていた。「彼の中にあるたましいが、私の中で生きますように。」ナモがその話をしたとき、私には、世話になった外科医に感じている愛情が手に取るようにわかった。

ナモは大学四年で中退しなければならなかった。ハンセン病とわかる斑点が皮膚に現れ、手が縮まって鷲手のようになったのだ。大学からも村からも、ついには家族からも拒絶され、南インドのハンセン病病院に入院した。そこでは、若い医師が実験的な手の手術を試していた。インドには四百万ものハンセン病患者が、世界中には千五百万の患者がいた。しかしブランド博士は、患者たちの奇形を治療しようとした唯一の整形外科医だった。

ナモは、その不遇の日々をこう思い起こした。「私は自分の状態に怒りがいっぱいで、口を利くこともできませんでした。つっかえながらブランド博士に、『両手がもう役に立たなくなっています。まもなく両足もそうなるでしょう』と言いました。私の心配を聞いて、博士は手足を切断することもできたはずです。」ナモは手で、手首を切り落とすしぐさをした。「とにかく、博士は私を実験台にしようと思えば、そうできたのです。」

幸い、ナモの見立ては間違っていた。薬が病気の進行を止めたのである。そして五年にわたる一連の苛酷な外科手術を終えると、両手も両足も使えるようになった。理学療法の訓練を受け、ほかのハンセン病患者のために働くようになり、全インド医科大学の理学療法チーフにまで上りつめた。

その日、私は小型版ガンジーと言えそうな、もう一人の元患者サダンを訪ねた。やせっぽちで禿げていて分厚い眼鏡をかけ、足を組んでベッドの端に座っていた。小さなアパートにつながるドアは開け放しで、小鳥が飛びながら出入りしていた。階段には、疥癬にかかった犬が寝そべっていた。サダンは両足を見せてくれた。足の指がなくなって、つるつるした丸いかたまりになっていた。「ブランド夫妻に出会ったときはもう手遅れでした。でも、二人は私が歩けるような靴をくれました。」

歌うような高い声で、サダンは過去に被った痛々しい、拒絶された話をしてくれた。学校で彼をからかった同級生たち、公共バスから無理やり投げ下ろしたドライバー、教育を受け、才能があったのに雇ってくれなかった雇用主たち、ぞんざいに彼を拒絶した病院。

サダンは言った。「ここではハンセン病の治療をしていません。ベロールに着いたとき、ブランド家のベランダで一夜を過ごしました。ほかに行き場がなかったからです。当時、ハンセン病の人を治療したという話は聞いたことがありませんでした。今でも思い出すのは、ブランド博士が感染して血が流れている私の足を、両手で包んでくれたときのことです。私は多くの医者にかかってきました。私の手足を、離れたところから調べた医者も何人かいました。ポールとマーガレット博士は、私に触れたはじめての医療者でした。人間に触れられることがどのようなものか、忘れかけていました。さらにいっそう感動したのは、二人が私をその晩自宅に泊めてくれたことです。当時は医療者たちですら、ハンセン病に恐怖を抱いていたのに。」

そしてサダンは、ブランド夫妻の行った、一連の込み入った医療処置を数え上げた――腱の移植、神経の剝離、つま先の切断と水晶体の混濁の除去。二人は腱を指に移植して、サダンが再び文字を書けるようにした。そして今では彼は、五十三か所の移動診療所を通して、無料でハンセン病のケアをするプログラムの会計係をしている。彼は三十分語り続けた。過去の人生は、人間の苦しみのカタログだった。そして、汚名は今日まで続いている。つい最近、彼は娘の結婚式を、ひとり車の中から遠く眺めていた。自分がいることで、招待客を煩わせることを恐れたからだ。

イギリス行きの飛行機に乗るために出発する直前、ブランド夫妻とサダンの自宅で最後のお茶をすすっていたとき、サダンがこんな驚くべきことを言った。「それでも私は、この病気を得て幸せだと言わなければなりません。」

「幸せなのですか？」私は信じられない思いで尋ねた。

「そうです。」サダンは答えた。「ハンセン病にかからなければ、私はこの社会で富と高い地位を追い求める、ふつうの家庭をもつふつうの男だったと思います。ポール博士やマーガレット博士のような素晴らしい人々に巡り合っていなかったはずです。そして、彼らの中に住まう神を知ることもなかったでしょう。」

＊　＊

二日後、私たちがイギリスで受けた歓迎は、インドでの素晴らしい歓迎とは大きく違っていた。そこでも、やはりブランド博士と私は、過去の足取りをたどり直そうとした。宣教師だった両親が休暇を過ごした祖先伝来の家を訪れた。彼の母親は裕福な家庭の出身で、ロンドンの高級住宅地にあった家は、軽く百万ポンドの価値があった。その上流階級の現所有者が、外で私たちが家を見つめているのに気づいて出て来た。そして、ブランド博士は彼女を部屋から部屋へ案内し、その家の六年前の様子を語った。

その午後、私たちは病院の屋上に立っていた。そこは専門医学実習生として、博士がドイツ軍の爆撃のあいだ火災監視をした場所だった。首に花輪をかけてくれる人もいなければ、讃美歌を歌って証しをする人もいなかった。病院の警備員や職員にとって、ブランド博士は仕事の邪魔になる混乱した老人だった。オフィスは移動し、翼廊は壊され、セキュリティーの手続きが行われていた。医学の道を歩み始めた当時のブランド博士は、もう過去の遺物のように思えた。私たちはユニバーシティ・カレッジ・ホスピタルで、以前の学部の同僚たちのことを尋ねて受付から受付へと足を運んでいた。「どなたですって？　お名前の綴りを教えてくれますか」と、きまって聞かれた。ようやく暗くなった廊下で、ブランド博士の恩師たちの写真が並んでいるのを見つけた――クリスチャン・バーナードやC・エベレット・クープのように当時有名だった博士たちだ。

私も、ポール・ブランド博士がロンドンにとどまっていたら、どのようなキャリアを積んでいただろうかと思った。社会から見捨てられたハンセン病患者たちの中で、辺鄙なインドの村で働きながらも、彼は世界的な名声を手にしていた。設備の整った研究室で研究を担っていたら、どれほどの名誉を手にしていたことだろう。ノーベル医学賞だろうか。しかし、だからといってどうなのか。彼の写真も、暗い廊下に並ぶ博士たちの写真に加わることだろう。埃がたまって黄ばみ始めた写真に。そして、医学の教科書の脚注に名前も載るだろう。だが、医学年鑑に名前はあまり長く掲載されない。ブランド博士が若いころに大発見ともてはやされた処置の大半は、顕微鏡外科の技術によってすでに時代遅れになっている。対照的に、インドで宣教する外科医としての博士の仕事は実を結び続けている。ナモやサダンや彼らのような何百人もの人々の変えられた人生の中に。

インドとイギリスで日数をあけずに経験した出会いは、名声のはかなさと、他者への奉仕に生涯を捧げる永続性を対比する一種のたとえ話になった。インド、イギリス、ジョージア州クラークストン。どこで生きるにせよ、私たちの価値を真に測るものとは、履歴書や自分の残す遺産ではなく、私たちが他者に受け渡すたましいにかかっている。「だれでも自分のいのちを見つけるものは失い、わたしのために自分のいのちを失うものは、それを見つけるでしょう」と、イエスは福音書の中で最もよくくり返されたたとえの中で言った。仕事のキャリアは、どれもその報酬を提供している。しかし、ナモやサダンの家でブランド博士とゆっくり過ごし、イングランド王立外科医師会の殿堂を歩き回ってから、私はどちらの報酬が真に長く続くか疑わなくなった。

私との最後の会話の中で、ブランド博士は述懐した。「辺鄙な場所で医療に従事したので、あまり稼いできませんでした。でも、外科医としての生涯を振り返ると、かつては患者であった多くの友人たちが、富がもたらすものにまさる喜びを与えてくれています。最初に会ったとき、彼らは苦しみ、恐れていました。彼らの医師として、私は苦しみを分ち合いました。今では私は老人になりましたが、なお続く人生の道を輝かせてくれているのは、彼らの愛と感謝です。不思議なことです。最も大きな苦しみのあるところで働く私たちが、驚いて振り返り、喜びのリアリティーをそこで発見したことを知るのですから。」それからイエスの別の言葉を引用した。

「幸いなるかな、世の苦痛を負うものたち。彼らは最終的にそれを回避した人々より多くの幸せを知るであろう。」

(J・B・フィリップス訳)

第5章　子どもの人生と宇宙への猛攻

ロバート・コールズ

一九七〇年代に「キャンパス・ライフ」誌の編集者をしていたころ、机の上にはいつも二百冊を超える雑誌が所狭しと置かれていた。机の面が見えるよう雑誌を積み上げて高い斜塔のようなものを作り、週末はそれらのページをめくって過ごしていた。

雑誌の約半数が、キリスト教組織を代表する宣教団、教派、青年会、大学、カウンセリング協会や科学協会などのものだった。あとの半分は世俗的なもので、売店でふつうに置かれている雑誌だった。この二種類の雑誌のあいだに立ちはだかる大きな隔たりは驚きだった。ニューヨークの編集者なら、保守的な中部地域のどこかに今でも霊的なリバイバルを体験した三千万か四千万のクリスチャン（ボーンアゲイン・クリスチャン）がいると聞いていたはずだが、実際にその人たちと会った編集者が一人でもいただろうか。いくらいると言われていても、ボーンアゲイン・クリスチャンなどいないかもしれないのだ。一方でクリスチャンは、破壊に向かう世俗のヒューマニストたちに対する自衛策として、学校、書店、テレビ・ラジオ局、そしてクリスチャンのタウンページに広告を掲載しているキリスト教ビジネスに至るまで、反体制社会の建設に忙しかった。

雑誌の山にうずまって過ごしていたある午後、短い記事の最後にあったロバート・コールズという名前に目が留まった。「あなたはなぜ、まだ神を、十字架の約束を、信じているのか」というタイトル記事を、よりによって「ハーパーズ・マガジン」誌に載せていた。ニューヨークの一流誌に場違いのような個人の信仰の記事を書いて、あの大きな隔たりを渡ってのけるとは、どんな人物だろう。コールズの署名記事を、きわめて場違いなところで見つけることは多々あった。フランス人カトリック作家ジョルジュ・ベルナノスの批評を書評誌「ニューヨークタイムズ・ブックレビュー」に、キエルケゴールとパスカルの議論を医学誌「ニューイングランド・ジャーナル・オブ・メディシン」に、ドロシー・デイとそのカトリック労働者運動への追悼を政治雑誌「ザ・ニューリパブリック」に、フラナリー・オコナーの批評を米国医師会雑誌「ジャーナル・オブ・ジ・アメリカン・メディシン・アソシエーション」の中で見つけるようなものだ。

世俗出版界は信仰の問題を取り上げた記事を偏見をもって扱っている、と大多数のクリスチャンが嘆いていた。しかし、彼らの知らなかったロバート・コールズが、キリスト教の視点から、書きたいことを書きたいところに気後れせずに書いていた。私は彼を、橋を架ける人、知るべき人々を教えてくれるに違いない思慮深い書き手と考えるようになった。そして、私を導く「真の牧師」の一人になった。コールズ教授は、ハーバードの一世代の学生たちに、キリスト教が現代世界で信頼に値する選択肢であることを示し、著作物を通して私にもそれを教えてくれた。

「タイム」誌は一九七二年の特集で、コールズを「現代の米国で最も影響力のある精神科医」と呼んだ。しかし、いつ精神科の診療をしていたのか疑問に思った。ハーバード大学医学大学院で教えていたといっても、彼が教えていたのは「超越の文学」だった。霊性について扱った、お気に入りの小説を彼はそう呼んでいた。コールズは興味の対象が幅広いようで、新しいことに興味をもつたびに、それについて本を書いた。たとえば急進的な神父ダニエル・ベリガンとの対話、小説家ウォーカー・パーシーの文学に関する批評、ジェームズ・アジーやジョージ・エリオット批評。エリク・エリクソン、アンナ・フロイト、シモーヌ・ヴェイユやドロシー・デイの伝記、『フラナリー・オコナーの南部』(*Flannery O'Connor's South*)、貧しい人々との対話集、そして公民権活動家や白人労働者、イヌイットや裕福な子どもたちとの対話集——全部で六十冊以上になり、優に一千を超える記事を書いている。

コールズの最も著名な作品は、数百万語に達した大作『危機を生きぬく子どもたち』(*Chirdren of Crisis*)シリーズ全五巻で、一九七三年にピューリッツァー賞を受賞している。後にマッカーサー基金「ジーニアス賞」の受賞により非課税の奨励金も獲得し、研究と執筆にいっそう打ち込める環境が整った。一九九九年に七十歳を迎えたときもまだ続々と本を出版しており、その業績を評価したクリントン大統領からアメリカ最高の市民栄誉、自由のメダルを贈られた。

＊　＊

コールズの経歴を追っていくうち、観察者症候群という、物書きという職業のもつ特異な性質が理解できるようになった。執筆とは孤独な作業である。物書きは、時には外部の世界より現実のように見える自分だけが住む人工の現実を作り出している。病的な行為と呼びたいくらいだ。引きこもって集中的に執筆作業に取り組んだ後は、現実に入り直すとでも言うべき経験をしなければならない。人との触れ合いにつきものの、ふつうの会話や日常の些細な取り決めを忘れてしまっているからだ。私は言葉や考えを混ぜ合わせる作業をしてきた。それは難しいことかもしれないが、生きている人々とのやりとりに比べれば、はるかにコントロールされており、秩序正しい。だから私たち物書きは引っ込みがちだ。

引きこもって、人生にきちんと参加することなく、人生を観察してしまう。

　私の場合はジャーナリストなので、ふつうの物書きに比べれば多くの事件に出遭う生活を送っている。ソマリアやロシアやチリ、ミャンマーなどに足を運ぶ。もちろん、いつだって執筆の材料を集めるためだ。それでも、観察者症候群はなくならない。飢餓の危機が最高潮に高まっていたソマリアの難民キャンプを訪れたときのことだ。砂漠のキャンプに三万人が急ごしらえのテントで暮らし、毎日、五十人の赤ちゃんが亡くなっていた。これほど無力感を味わったことはなかった。看護師たちは点滴をつけ、医師たちは抗生物質を与え、チャプレンたちは遺体を埋葬していた。一方、空路一万キロ以上を飛んでやって来たジャーナリストの私は、脇に立ってメモをとったり写真を撮ったりしていた。自分の役割が代理にすぎないこと、自分の存在が取るに足らないものであることを徹底的に思い知らされた。

　結局、代行というのが物書きの仕事である。だれもがソマリアの難民キャンプを訪れることはできないが、私が仕事をすれば、読者は難民キャンプの様子がある程度わかるし、力になりたいとも思うかもしれない。ミシシッピのジョン・パーキンスやインドのポール・ブランド博士を訪ねて、ほんの数日か数週間彼らの生活に入り込むだけでも、私は鍵穴をあけ、人々が知らずに終わっていたかもしれない世界をのぞき込めるようにしている。

トマス・マートンが、『罪深い傍観者の憶測』（*Conjectures of a Guilty Bystander*）という絶妙なタイトルの著書の中で、修道院から近くの町まで出かけたときの話をしている。

ルイビルの商店街の真ん中、四番街とウォールナット通りがぶつかる角で、自分がその人たちみんなを愛していること、彼らは私のものであり、私も彼らのものであること、全く見知らぬ者同士であっても互いに疎遠でないことを突然理解して、胸がいっぱいになった。……「世界の外」（にいる修道士たち）も他のだれとも同じ世界にいること、爆弾のある世界、人種間の憎しみがある世界、テクノロジーの世界、マスメディア、大企業、革命、それやこれやのある世界にいることを。

その奇妙な瞬間が、マートンに突然のひらめきをもたらした。彼はさらにこう続けた。人種の壁がなくなること、人生の驚き、どんな人も尊くかけがえのないことなどが、孤独によって明瞭に理解できるようになる。それは片隅で観察している人だけに可能であり、世界にどっぷり入り込んでいる人にはできないようだ。「みなさんは太陽のように輝きながら歩き回っているのですよ、と伝えることはできない。」

実際、不可能なのだ。それでも並外れた技術をもつ作家がふつうの生活の詳細を反映させると、その輝きのなにがしかを読者に届くことがごくまれに、そしてしばしばある。ロバート・コールズはそれを私にしてくれた。その癖の強い、正統でないスタイルで、観察者と参加者のあいだにある障壁を壊し、他者の人生に入り込み、それから孤独に引きこもり、私たちみんなのためにそれらを映し出したのである。

コールズはハーバードの出身だが、象牙の塔にこもる学者タイプではなかった。ごく珍しい実地調査を行い、子どもたちを追ってあちこち出かけ、彼らの家の床に座り、いくつか質問をし、信頼を勝ち得た。そして、そうした子どもたちといっしょにバスに乗って学校に通った。サイズも合わなければクッションもないベンチシートに座り、前の座席の錆びた手すりを握りしめて行き帰りのバスに揺られた。画用紙とクレヨンを引っ張り出しては絵を描いてくれと子どもたちに頼んだので、「クレヨンマン」と呼ばれるようになった。子どもたちの描く絵は言葉以上のものを明らかにした。ある幼い黒人の少女は、自分より背の高い白人たちを描いた。手や足の指が正確な形に描かれ、指の数も正しかったが、自分を描いた絵には目も耳も、場合によっては腕もなかった。

どういうわけか、ロバート・コールズはいつもうってつけの場所に置かれた。彼は、若いころはただ幸運だっただけだと言う。学部の授業で文学への愛が生まれた。医師であり著述家であったウィリアム・カルロス・ウィリアムズをテーマに論文を書いたことで、ウィリアムズ本人に会うことができ、それで医学を志すようになった。研修医時代に物理学者エンリコ・フェルミを治療して話ができた。ドロシー・デイやカトリック労働者共同体で時間を過ごすようになった。心理療法士のアンナ・フロイトやエリク・エリクソンと親しくなった。神学者ラインホルド・ニーバーとパウル・ティリッヒのもとで研究し、マーティン・ルーサー・キング・ジュニアと公民権運動に関わるようになったこと。それらはすべて、運が味方したせいだと言う。

だが、名声を得てから後の決断は、幸運に恵まれたせいではない。コールズは世界の紛争地域に入ることをあえて選んだ。アパルトヘイト時代の南アフリカでは黒人居住区ソウェトに潜り込み、ボストンに人種隔離バスがあった騒々しい時代には怒れる白人の家庭を訪ね、北部アイルランドではプロテスタントとカトリック双方が発する呪いの言葉に耳を傾け、リオデジャネイロの貧民街やポーランドの反体制派の地下室に暮らす家族を取材した。

コールズは、フローベールの『ボヴァリー夫人』の言葉を好んで引用する。「人間の言葉は壊れたやかんのようだ。星を溶かすような音楽を作りたいと切望しながら、熊が踊るような武骨なリズムを踏んでいる。」　彼が世界中の子どもたちから集めた言葉は武骨なリズムを刻むこともあれば、星を溶かすこともある。子どもは自分なりに、人間を古来から混乱させてきた深遠な疑問に対処している。はじめてコールズに会ったとき、私は主に哲学者や神学者の言葉を引用しながら、痛みの問題について本を書いていた。だがこの精神科医の取材中に、この問題に関するはるかに素朴で、はるかに心を打つ表現を発見した。

「(リオデジャネイロの丘にそびえ立つ巨大な彫像の)イエスを見上げるとき、この方は何を考えているのだろうと思う。」若きマルガリータは、住んでいるファベーラ〔訳注＝スラム〕からしみじみと言う。血まじりの咳が出る病気の母親が、裕福な人々が遊ぶコパカバーナのホテルで働いている。もやの上に浮かぶイエスは、ファベーラも贅沢なホテルも丘の上から見ているはずだ。大きな車を運転し、大きな家に暮らす神父たちのことも見ているはずだ。それなのに、なぜ何も言わないのだろう?

あるいはコールズの自宅に近いマサチューセッツに戻れば、九歳のユダヤ人少年が神義論と格闘している。家の客であった弁護士が、強制収容所で腕に彫った入れ墨の数字を見せながら、ヒトラーが戦争に勝利しそうになったとき、神を信じるのをやめたと言った。九歳の少年はそのときから神を信じるべきか悩み続けている。

神は決して介入しないと思う。それが私たちのヘブル語の教師の言うことだ。神は何かをやめさせようとも、始めようともしない。どうして神はそこに座ってヒトラーを止めなかったのか、わからない！　ユダヤ人が神の民であるなら、神は私たちを失ったに違いない。私は父に尋ねた。「それならユダヤ人が強制収容所で全員死んでいたら、神は叫んだの？」　父はわからないと言った。父には神が叫ぶのか、微笑むのかわからないし、神が何をするかもわからない。

大きな目で見れば、それはコールズをはじめて取材したとき言われたように、ポリオが猛威をふるっていたころ小児科病棟で働いた研修期間に彼自身が聞いたものと、同じ疑問である。彼は十一歳のトニーに会話を記録してもいいか尋ねた。驚くほど情熱的に答えが返ってきた。「ぼくのしゃべる言葉を全部記録してください。明日には死んでいるかもしれないから、ぼくがいなくなった後にぼくの言葉が残る最後のチャンスでしょう！」　録音機能は旧式で、彼を包む「鉄の肺」〔訳注＝ドラム缶状の人工呼吸器〕が脈打つ音越しにトニーの言葉を聞き取ることは難しかった。「ポリオが流行していると聞いたとき、言いました。『かわいそうに。だれかが病気になる。』　自分は病気にならないと思っている！人はそんなふうに考えるんだ。だれかほかの人がなる、と。それなのに、このぼくがかかった。ぼくが『だれかほかの人』なんだ……。きみたちもこうした出来事に巻き込まれてみれば、どんな気持ちを味わうかわかるだろう！　刑務所のように――独房であちこちに歩けないし、この機械が働かなければ呼吸もできない！　これがぼくの質問だ。いいとも、神さま。ぼくはこんな目に遭うだけのことを何かしたはずです。何をしたか、教えてください！」

ケンブリッジにあるコールズのオフィスに近い美術館に、晩年のゴーギャンがタヒチで描いた巨大な三部作がかかっている。彼の芸術の集大成だ。ゴーギャンは伝えたかったことを三つの疑問にして絵の上にフランス語で走り書きしていた。「我々はどこから来たのか。我々は何者か。我々はどこへ行くのか。」　芸術家にとって究極の自己表現だ。哲学者たちはそのような意味の問いをずいぶん前に捨て去ってしまった。科学者たちは、満足を与えられない答えを提供している。現代の大学はそうした問いをすっかり避けている。現代の学会で、おそらくロバート・コールズという医師一人が流れに逆らって、問いと答えの両方を指し示している――皮肉にも、子どもたちの声を通して。明らかに飢えは今もある。彼の授業は長くハーバードで最も人気のある選択科目であり、立ち見用の教室が六百人もの学生でいっぱいだった。

コールズは生涯、偶像破壊と矛盾という独自の道を少しずつ前進してきた。精神科医の彼はフロイトの幻影を暴き、殉教者たち、聖フランシスコ、シモーヌ・ヴェイユ、ヘブル人預言者たちという「情緒不安定な」人々をほめ讃えた。学者なのに専門用語を軽蔑し、子どもたちとの会話を話し言葉で記し、称賛された。このハーバード大学教授はスクールバスに乗り、スラム街の学校で生徒たちと胡坐《あぐら》をかいて地べたに座った。医学を行うには気難しすぎる医者であり、文学を教えることになった。堕胎賛成を支持し、同性愛者支援の立場をとる大統領に称賛されたコールズは、リベラルな文化の象徴だった。しかし、そのコールズは妊娠中絶（「神への侮辱」）にも、同性愛者解放運動にも強く反対した。

コールズは個人の信仰を弁証するとき、パスカルを引用している。「自然は懐疑主義者を論破し、理性は教条主義者を論破する。」クレヨンマンによる見事な総括だ。

＊＊

ロバート・コールズ自身が認めているように、彼の人生は一連のつながりを見てはじめて理解ができる。父親はイングランドの出身で、先祖の半分がユダヤ人、もう半分がカトリックだった。父親はマサチューセッツ工科大学で学んだ物理学者で、宗教に関するあらゆる問題を懐疑的な目で見ていた。「天国とは何だ。見せてみろ！」聖霊に言及する人がいれば、いったいそれは何なのだと百万回でも尋ねるだろう。対照的に、アイオワ出身の聖公会の母親は宗教的で神秘的とも言えた。彼女が二人の息子を教会に連れて行っているあいだ、父親は車の中で新聞を読んで待っていた。彼女は聖書や祈禱書に詳しく、いろいろな言葉を引用して息子たちに聞かせた。

コールズは思春期に入ると、父親の頑固な現実主義と、母親の温かい敬虔さの二方向から引っ張られているような思いがした。神について何を信じるべきかわからなかった。父親と母親はしかし、文学を愛する点で一致していた。二人は息子たちにジョージ・エリオットを読み聞かせ、トルストイやディケンズへの愛を心に刻み込んだ。道徳の問題になると、コールズは抽象的な概念より物語を通して考えるようになった。両親の宗教は異なっていたが、二人とも具体的な方法であわれみを表現していた。母親は時間をさいて貧しい人々のやって来る診療所や炊き出しをしている場所を訪れたり、がんを患う子どもたちの世話をしたりした。父親は貧しい人々や、病院や老人ホームのお年寄りを見舞っていた。

学校での成績が良かったコールズはハーバード大学に進学し、イギリス文学を専攻する。そこで医師と詩人という二つの仕事をもつウィリアム・カルロス・ウィリアムズに魅せられる。医療を通して人を助け、物を書きながら医療の経験について考えるという二つの仕事の組み合わせが、若きコールズには魅力的だった。ウィリアムズに大きな影響を受け、彼は医学の世界に入る決意をする。

コールズは医学部の勉強をどうにか終えたが、悩みが増えていった。患者と話す時間を長くとりすぎ、研究所で働く時間が少なすぎた。遺体の解剖のような仕事に嫌悪感を抱き、赤ん坊の泣き叫ぶ声を聞くと冷静に注射を打てなかった。子どもの首の血管から採血するよう求められ、文字どおり後ずさりしたこともあった。仕事に忙殺される医療現場に疲れ果て、星や樹木をぼんやり見つめるようになった。トマス・マートンの詩を読んで、ケンタッキーにあるマートンのトラピスト修道院に引きこもり、静かに瞑想していた期間もあった。ハーバードに戻って文学を研究するべきだろうか。アフリカのアルベルト・シュバイツァーの病院でボランティアとして働くべきだろうか。教師たちは、もう一度医学界で生きていくことを考えるよう精神分析学を勧めた。

分析学は意外な方法で役立った。コールズは精神医学の知識が無きに等しく、フロイトすら読んだことがなかった。それでも、人々と話をして医療を実践するという考えは魅力的で、精神科医を志した。研修を終えたとき、コールズは答えより疑問を多く抱えていた。「病気」になる人々がいる一方、同じように困難を抱えながら十分健康な人々もいることが不思議だった。医師という職業のもつ傲慢さにも悩んだ。指導教授たちは人の行動を説明するとき、大雑把に分類する傾向にあった。だがコールズには、どんな人も測り知れないほど複雑で神秘的に思えた。ウィリアムズ医師の往診と、別世界のスラム街に暮らす人々にこの医師が表した尊敬の念を思い出した。患者たちがあふれるように語りだす話を聞いていると、コールズは人々の人生を尊重することが「治療」と同じくらい重要であるように思えた。

精神医学を研究しながらも、彼はますます小説家に魅了されていった。パウル・ティリッヒが、医師から小説家に転身したウォーカー・パーシーを薦めてくれた。コールズはパーシーの小説をむさぼり読み、その作品の中に、医学書より正確な人間性の描写を見いだした。いろいろな作家の作品を読むうちに、ヒョードル・ドストエフスキーのような作家が、自分の知るどの精神科医にもまさって、人間のたましいを深く洞察していることに衝撃を受けた。

コールズは、専門家が机を挟んで患者の話を聞き、適切な治療を選ぶというこれまでの精神医学のあり方を疑い始めた。患者の一族や家や文化や経済的地位を理解するには、彼らの生活に入り込む必要があった。観察者と観察される側とのあいだ、医師と患者とのあいだに橋を架ける必要があった。後に表現したように、コールズには「患者たちの生活の『隠れた性質』を生き生きとさせる」必要があった。彼らの夢、信仰や偏見、くだけたジョークや気軽な意見もそこにあった。ドロシー・デイがかつて彼に語ったように、「私の頭の中には大いなる考えがありますが、だれかとテーブル越しに話をし、その人の人生に起きたことをすべて聞くと、その考えはたいてい崩れます」。

要するにコールズが学んだのは、積極的に耳を傾けることだった。どの人生にも独自の神秘、その人ならではの語られるべき話がある。その話を見つけ、それを「翻訳」して他の人々に伝えようと思った。その手法は、伝統からかけ離れたものだった。フロイトは、「人生の意味」を問い始める人はすでに病気であると言った。だがロバート・コールズには、それ以外に尋ねるものがなかったのであろう。

＊　＊

一九六〇年代はじめ、コールズの人生に二つの重要な瞬間が訪れた。そのときはいつもの仕事をいきなり邪魔するただの「事件」に見えたが、今となっては、コールズを永遠に変えた特別な出来事である。

当時、コールズはミシシッピ州ビロクシの空軍基地で、精神科病棟の責任者をしていた。ある日曜日の午後、コールズはメキシコ湾岸沿いを自転車で走っていた。角を曲がると喧嘩をしている声が聞こえた。やれやれと頭を振って、こんな天気のいい春の日にだれが喧嘩などしているのかと、自転車を停めて見物した。

人種間の小競り合いが起きていた。白人専用ビーチで泳ごうとしている数人の黒人を、白人集団が取り囲んでいた。二つのグループが怒鳴り合っていた。一人の白人の男が黒人女性の眼鏡を踏みつけ、彼女の時計も壊した。雰囲気が険しさを増し、コールズはいまにも暴力沙汰になるのではないかと恐れた。彼は、自宅から千六百キロも離れたところにいる、やせっぽちの怯えるアメリカ人だった。あらゆる道徳的な怒りを抑えつけ、再び自転車にまたがって走り去った。

その夜、基地の病院で夜勤にあたっていたコールズは、二人の警官がビーチで発生した事件の話をしているのを聞いた。彼らは穏やかで礼儀正しく、コールズの尊敬する友人たちだった。しかしその夜、二人はどすを利かせた口調でしゃべっていた。「あれほど周りの目がなかったら、奴らは今ごろ死んでいただろうな。」一人が言うと、もう一人がつぶやいた。「この次やったら、あの世行きさ。」

コールズは黙っていたが、南部に生きるというドラマに自分が抗い難く呑み込まれているのを感じた。あの黒人たちはどのような道徳の主義から、何の変哲もないミシシッピの海岸で、いのちがけで海に入る初の黒人になろうとしたのだろうか？　そして、どのような力が、物腰の柔らかい二人の白人の目に、あのような憎しみを呼び起こしたのだろうか？　そうした疑問を、コールズは心の奥にしまい込んだ。

他方、コールズの私生活はさまよっていた。空軍に入ったときは、サンフランシスコ、ハワイ、日本など道楽のかぎりを尽くせる魅惑的な場所を希望していた。だが、任地のミシシッピでは軍隊のやり方に違和感を覚えることが多かった。コールズは大酒を飲み、うつの発作と何度も闘った。不機嫌で引きこもることが多く、精神分析するよりされるべき人物に見えた。悩んだ彼は、ニューオーリンズで見つけた精神科医の診察を予約し、ミシシッピの基地からニューオーリンズの優雅な地区まで毎週白のポルシェを高速で走らせた。

ところがある日、下層階級の暮らすジャンティーイの工業地域を抜けようとしたところで、トラブルに見舞われた。人種間騒動があって、州警官が主要道路を封鎖していたのだ。コールズは、騒ぎの起きていた小学校に車を走らせた。そこで最初に見たのは、小さな六歳の黒人の少女ルビー・ブリッジスだった。ルビーはフランツ小学校に通う初の黒人の子どもで、ほかの生徒たちはみな抗議して学校を休んでいた。連邦法務官たちに連れられて（市警や州警察は彼女を守ろうとしなかった）ルビーは、汚い言葉を浴びせたり、脅したり拳を振り上げたりする白人の群れの真ん中を歩かなければならなかった。コールズが尋ねると、彼女は毎日この難所を通り抜け、だれもいない学校で一日中教室に一人で座っていると言った。

この勇敢な少女を見てコールズは、幼い子どもにストレスの与える影響を研究するのに、この子がうってつけの主題になると思いついた。少女の家族の信頼を得るのに、少し時間がかかったが、それは彼らの家にはじめて白人が入ったからだった。それでもルビーは、協力に同意した。おしゃべりが尽きると、コールズはルビーに絵を描かせた。

その後の数か月に驚くべきことが起きた。ロバート・コールズ博士は、ハーバード、コロンビア、そしてシカゴ大学の威信を背に、小児科医で精神科医という専門家として、ルビーのところを訪れていた。ニューオーリンズのスラムに暮らす教育を受けていない、恵まれない黒人の子どもを治療するために来ていたのだ。ところが時間が経つにつれ、彼は役割が逆転し始めたと感じるようになった。生徒はルビーでなくコールズであり、ルビーがコールズに倫理学の上級課程を教えていたのである。

夜になると、似たような状況に置かれたらどうするか、コールズは妻のジェーンと話し合った。ハーバード・クラブの建物の正面に、こん棒を振り回す怒った男や女たちの一団がずらりと並んで、行く手を阻んだら？　自分ならどうするだろう。もちろん警察を呼ぶだろう。しかしニューオーリンズでは、警察がルビーに味方しなかったので、連邦保安官が来ていた――基地で聞いた警官の友人たちの会話を思い出した。自分だったら弁護士を呼んで、裁判所命令を出してもらうだろう。だがルビーの家族に弁護士の知り合いはいないし、弁護士を雇う経済力もなかった。自分だったら、ともかく心理病理学の言葉で相手の行動をうまく説明して暴徒の群れを突破し、彼らについて恩着せがましい記事を書くかもしれない。けれども、ルビーはそんな言葉を知らなかった。彼女は読み書きを学んでいるところだった。

そのような困難な状況下で、ルビー・ブリッジスはどうしただろう？　彼女は祈ったのである。ひとりで、恐れに負けないように。敵のためにも、神が彼らを赦してくださるよう祈ったのだ。「イエスは十字架上でそう祈りました」とルビーは言った。まるでそうすれば問題が解決するかのように。「彼らをお赦しください。彼らは自分のしていることがわからないのです。」

同じような反対に遭いながら、別の学校に通っていた六歳の黒人の少女がほかにも三人いた。コールズはその子らとも、週に二度会うようになった。特に、テシーという少女とその祖母と仲良くなった。祖母は毎朝八時に、連邦保安官たちにこんな挨拶をしていた。「孫が学校に行けることは、全能の神からの贈り物です！」　それから幼いテシーを彼らに託した。ベルトにリボルバーを装着したダークスーツの男たちに挟まれて、テシーはランチボックスを持って学校に通った。罵倒する群衆と向かい合って二か月後、テシーは家にいたほうがいいかもしれないと、それとなく言った。祖母はこんなふうに言い聞かせた。「いいかい、孫よ。おまえはこの世界の役に立って、善良な神を助けなければならない！　神が私たちをここに置いておられる――そして神が私たちに、神を助けるよう呼んでおられる……。おまえはあのマクドノー学校の生徒です。そしてだれもが、あのあわれな人々ですらそれを知る日が来るでしょう。あの貧しい人々ですら――主よ、私は彼らのために祈ります――あそこでおまえに向かって怒鳴り散らしている、あのあわれな、ほんとうにあわれな人々ですらも。おまえも神の民の一人です。神は御手をおまえの上に置かれた。神はおまえを呼んでおられる。神の名によって仕えよと呼んでおられる！」

道徳の発達というコールズの研究では、道徳の発達を示す図表のてっぺんに、敵に対する途方もない愛が記されていて、それはイエスやガンジー、数少ない尊い聖人たちのような人々が勝ち得るレベルのものであった。まさか六歳の少女やその「スラム街に住む」家族によって、そのような哲学が毎日生きて実行されているとは予想もしていなかった。

小説家ウォーカー・パーシーは『再来』のある登場人物について、「彼の成績は全部Aだったが、ふつうの生活には落第していた」と言った。ロバート・コールズ博士は、自分もそうではないかと思い始めた。

＊　＊

コールズのある著作から――

私たち一家は昨年、ニュージャージーの小さな教会に行きました。……赤ん坊も含め、子どもたち全員をその教会に連れて行ったのです。ジャクソン牧師がいましたが、その名前は忘れられません。牧師は「静粛に」と言うと、この国に生きる幸いを語りました。ここはキリスト教の国で、「無神論者」の国ではないからだと言いました。どの国が「無神論者」の国か忘れましたが、牧師は他の国々のことを語り続けました。すると夫が怒り出したのです。何か神経に触ったのでしょう。立ち上がって叫び出したのです。そして、ジャクソン牧師のところへ行くと、黙れ、二度としゃべるなと言いました――私たち移民に向かってしゃべるな、と。夫は牧師に、どこだか知らないが自分の教会に帰れと言いました。そして、「俺たちをほっといてくれ。そこに突っ立って、自分は素晴らしい人間でおまえたちに恵みを施しているんだというような顔をするな」と言うと、ひどいことをしました。赤ん坊のアニーを抱えて牧師の目の前につきつけ、牧師に向かって叫び、怒鳴り、吠えたのです。そんなふうにする人など見たこともありませんでした。夫の口にした正確な言葉は覚えていませんが、夫は牧師にこう言いました。ここにいるのは俺たちの小さなアニーで、この子は医者にかかったことがない。この子が病気なのは自分も妻もわかっている。この子は食べるとすぐに吐いてしまい、発作で痙攣するからだ。この子は死んでしまうのではないかと恐れているが、この状態から解放されるのだから神に感謝する。俺たちには金がない。アニーのためのお金も、他の子どもたちや俺たち夫婦のためのお金もないのだ、と。

それから夫は牧師よりも高くアニーを持ち上げ、なぜアニーのために祈ってやらないのか、そして農場の雇い主たちが俺たち移民に与えた仕打ちのゆえに罰せられるように、と言ったのです。牧師が答えなかったのは、怖かったからでしょう。それから夫は、神が他の人々のためにあれほど手厚いケアをしておきながら、自分たちを無視していることについて、神に向かってさらに叫び始めました。……そして、アニーを十字架のすぐそばまで、ありったけの高さに持ち上げると、神に言いました。神はこの牧師たちに、神の言葉を語らせるべきではない。神ご自身が俺たちのところへやって来て、ご覧になるべきなのだ。「説教者たち」を神に代わって語らせるべきではない、と。夫は終始、牧師のことを「説教者たち」と呼んだのでした。

(『移民、小作人、山国の人々』)

名門大学の学位と医師免許を鞄に詰めてマサチューセッツの家に戻ると、ロバート・コールズは、その後四十年変えなかった独特な働き方を開始した。ルビーやテシーのような子どもたちとの出会いに刺激を受けたコールズは、隣近所、トレーラーハウス、南部の郊外に広がる農園を訪ね始めた。学校教師の妻ジェーンと共によく遊び場で過ごし、教室を訪れ、親や子どもたちに、あなたたちの暮らしを教えてくださいと言った。

最初のインタビューがぎこちなく気まずいものになったのは、その家族から警戒されたからだ。最初のうちは訪問先で、コールズ夫妻はグラス一杯の水も出してもらえないことが幾度もあった。黒人の知り合いは言った。「白人は一度もここに来たことがない。何かを奪い取る用件以外ではね。」はじめのうちコールズは聞き役に徹していた。しばらくしてからメモを取った。信頼を得たと思ってから、テープレコーダーを引っ張り出した。徐々に家族全体が、引用したあの小作人の妻のように、口を開いた。

コールズは、いつも観察者と参加者を明確に区別できなかったし、区別しようともしなかった。アトランタで十代の黒人十人による、町の公立学校の差別撤廃に向けたはじめての取り組みを研究していたとき、ジェームズ・フォアマンとストークリー・カーマイケルを中心とする学生非暴力調整委員会（ＳＮＣＣ）の話を耳にしたコールズは、医師・精神科医として役立ちたいと申し出て、学生たちに取材許可を求めた。しかし、彼らはその申し出をはねつけた。がっかりしたコールズは、その大義を助けるために何かできることはないかと尋ねた。ジム・フォアマンは答えた。「そうだね、ここを掃除しといてくれないかな！」

その後の数週間から数か月、最終的に一年、コールズは住み込みの管理人として床をはき、掃除機をかけ、ほこりを払い、皿を洗い、便器を磨いた。下働きをしながら、自分の知る黒人の両親の半数が、フルタイムで同様の仕事をしていることを理解した。学生たちは悔しく思いながらも、そんなコールズを尊敬し信頼するようになった。コールズは学生たちの話を立ち聞きし、非暴力運動が最もふるわなかった時期にこの運動に加わった。SNCCのミシシッピにあるフリーダム・ハウスが爆撃されると刑務所にも入った。フリーダム・ハウスの住人たちは、当時のカフカのような論理で平和を妨害したといって逮捕された。一九六四年、コールズは間際になって予定を変更し、三人の公民権活動家と共にミシシッピの有権者登録に向かった。その後、この三人は東のダムで殺害され埋められているのが発見された。

こうした経験をもつ人々から、言葉が滝のようにあふれ出した。コールズと妻は、テープの記録を編集し、それらを一貫性のあるものに直し、何を学んだか結論を引き出した。南部人についての書物『危機を生きぬく子どもたち――勇気と恐怖の研究』は続き物の第一巻となり、ほかに移民、小作人、山地の人々を扱ったもの（第二巻）、アパラチア山脈の人々と北部の町の貧しい人々を扱ったもの（第三巻）、イヌイット、チカーノ（メキシコ系アメリカ人）、ネイティブ・アメリカンを扱ったもの（第四巻）、そして裕福な子どもたち（第五巻）がある。子どもたちとの実際の会話を何より信頼し、独特の代弁者になろうとした。半分はスタッズ・ターケルのように聞いたままを記し、もう半分はブルーノ・

ベッテルハイムのように聞いた話の解釈をしたのである。文学への愛と科学教育を結び合わせる方法を、コールズはついに見つけたのだった。

ふつうの人々と働くことによって、コールズは二度目の教育を受けた。人々を社会学上の分類の構成員としてではなく、個人として知るようになったのである。中産階級の人々の住む郊外や恵まれた学校では会うことのなかった、内に強さを秘めた多くの「恵まれない」人々に出会った。たとえば南部の農場から農場へトラックで運ばれ、夜は納屋や鳥小屋に閉じ込められ、骨が折れる仕事をたった時給一ドルで行う出稼ぎ労働者だ。彼らの忍耐力は、どこから来るのだろう。行動主義者コールズは、そうした貧しい人々はその境遇によってボロボロにされてしまうか、一生涯つらい思いをするはずだと教えられていた。ところが、ブランド博士がインドで治療していたハンセン病患者たちにもよく似て、アメリカの貧しい人々もまた、時に説明できない超越さと恵みを見せたのだ。

コールズの書物には、恵みによって元気づけられ、生活のみじめさをどうにか乗り越えようとする人々の話が多く書かれている。彼らがあまりにも頻繁に神の話をするので、コールズも貧しい人々といっしょに教会に通い始めた。きっちり一時間、いくらか知的な経験をする厳粛な教会に慣れていたコールズは、ゆるやかさと激しい感情むきだしの礼拝にはじめは恐怖を覚えた。礼拝のあいだ座って歌に耳を傾け、牧師と会衆を冷静な目で見つめ、貧しい者の宗教に心理社会的な力が作用する兆候がないかを注意していた。
移民や貧しい黒人、そして貧しい白人労働者たちまで、教会で深く変えられる様子を何度も目撃した。何か大きな力が礼拝で解き放たれたと認めざるを得なかった。医学部で学んだ専門用語では簡単に説明できない何かが起きていた。疲れ切った人々が新しくされ、抑圧された痛み、そして憎しみがいくらか和らいでいた。目にしたものを説明するカテゴリーが、コールズの受けた教育にはなかった。

でも、試してみよう。それとなく指摘してみよう。聖霊という、力を得た霊のことを、たぶんこんなふうに言えるのだ。聖霊が活発になり、たましいの震えるような出来事が起こることを、私のような人間がたまたま見て、聞いて、感じたのだ。それはまさしく事件だ。何かが起こる。礼拝者たちは聖霊にすっかり満たされたように感じる。もはや聖霊について話すだけの人間ではないような気がする。聖霊という言葉を使うだけの人間ではないように感じるのだ。むしろ、ついに出発した人、ついに何かを「行う」ために出発した人のように感じる。どこかに「行く」とすら言おう。田舎の教会で人は感動し、我を忘れる。人は高揚し、奮い立たされ、腕と手足を使い、体を曲げ、真っすぐにし、ひねり、回って、そしてそう、ついにそこに行き着くのだ。

（『移民、小作人、山地の人々』）

貧しい人々は、人生の不公平に対する答えをもっていなかった。たまたまの生まれが、苦しみと貧困の連鎖を彼らに運命づけたのだろうか。彼らには、そのような疑問をじっくり考える時間も暇もなかった。しかし、その生活の中にある力の源を問われれば、その多くはイエスを指さした。彼らにとって宗教は単なる支えでなく、むしろ人生を鼓舞する源だった。彼らはイエスの中に、そして十字架のイメージに、神が自分たちの苦しみを知っていることを確信づける希望の光を見つけていた。ファニー・ルー・ヘイマーがミシシッピの綿花畑で、そして後に刑務所で歌っていたように、「おお、主よ、あなたは私の気持ちをご存じです」。

ある女性が自分の状態を、次のようにキェルケゴールふうの言葉で表現した。

私の意志が重要なのではない。神の意志が重要なのだ。神が私にこんなふうに苦しんでほしいと思われるなら、神には神の理由があると思う。あなたがここに置かれているのは、神への信頼を証明するためだ。だれかに百万ドルを差し出されて、これでお子さんたちと好きなだけ食べてくださいと言われたら、私は神のことを考えるのをやめて、自分のことしか考えなくなるに違いない。そして、自分がのっぴきならない立場に追い込まれたことを知り、百万ドルに飛びついてしまってよいものか気に病むだろう。気に病む自分であってほしい。イエスを思い出す自分でありたい。イエスは、神でなく自分のことに思いを至らすことがないよう警告した。神は私たちに多くを求めた。

（『移民、小作人、山地の人々』）

コールズは、神が地上に来られるときに選んだ、その暮らし向きを考えた。彼の母親がよく思い起こさせたように、医者や弁護士や大学教授としてでなく、農民や漁師と付き合う大工となることを選ばれた。アニーの父親の言葉を借りると、神は小作人をされたのだ。

「ご自身でやって来て、ご覧になった。」

「私たちの頭の中には、イエス・キリストの心がある。」ある移民の農夫がインタビューで言った。そのとき、コールズは医者らしく、その男は酔っ払いか、頭がおかしいか、一時的な精神錯乱状態か、頭が鈍いのではないかと考えていた。後にイエス・キリストの生涯を見て、その心をじっくり考えた。イエスが逃亡し、放浪し、苦しみ、嘲笑され、疎外され、孤独で、自己卑下の「心」をもって人となられたことを思ったとき、あの農夫の語った言葉の深遠な真理を理解することができた。ある少女がイエスのことを、こんなふうに言った。「神さまは地球に来なくてもよかったのよね。」

コールズは貧しい人々の中にいたとき、貧困を美化したり、貧しい人々を黙らせるための慰めとして宗教を考えたりする罠に陥らないよう心がけた。議員に働きかけ、社会計画や貧困との闘いを支持するリベラルな雑誌に執筆した。それでも、共に生活した人々に見られた信仰生活のリアリティーを否定することはできなかった。だが、宗教が貧しい人々に及ぼす影響について彼が書いたものを、書評家たちは礼儀正しく黙殺した。人々はコールズの実地研究と貧困の経験の素晴らしい描写をほめ讃えたし、その文章を引用することも多かった。しかし、宗教という領域は無視し続けた。コールズには、宗教は貧しい人々にとって最も重要なものであるように見えた。

学校では、宗教は民衆の「阿片」であり、道徳や政治への憤りを鈍化させるものだと教えていたが、コールズはそれを、貧しい人々と実際に接触することがほとんどない無宗教の社会科学者たちが唱えている神話だと考えるようになった。南アフリカであれ、ブラジル、北アイルランド、アメリカであれ、彼の訪ねた貧しい人々の中で、憤りや怒りは信仰によって鈍くなるより、むしろ鋭いものになっていることのほうが多かった。彼はユダヤの預言者やイエスの宣言を読み直した。そして、そのメッセージがラテンアメリカや南アフリカの黒人、そしてアメリカ南部で公民権運動を指導した情熱的な牧師たちにとって、

（教派を超えた）霊の拠りどころとなっている様を実際に目にした。

アラバマ州バーミンガム出身のある若い白人のデモ参加者が一九六五年にコールズに言ったように、「自分がなぜ人種差別にノーと言うのかわからない。私も白人の南部人にすぎないし、人種差別撤廃を愛するようには育てられなかった。しかし、イエス・キリストを愛するように育てられた。そして、この町の警察が人々に犬を放つのを見たとき、イエスならどうしただろうと自問した──それが、私がこの最前線に来た理由のすべてです」。

＊＊

長年ロバート・コールズの書いたものを読み、吸収するうちに、私にある効果がもたらされた。コールズは取材する人々自身に語らせるが、その声を読んでも何も感じない読者もいる。しかし、そうした人々の声によって目隠しが外され、私は過去を見つめることができるようになった。

コールズが人々の話を聞いて過ごした場所の中には、私が少年時代を過ごした場所も入っていた。彼が、アラバマの公立学校での差別撤廃を求めた十代の黒人十人にカウンセリングをしていたとき、私はその隣のデカルブ郡の高校に通っていた。ＫＫＫの勢力が強い地域だったので、黒人学生はあえて肌の色という障壁を壊そうとはしなかった。

教会は、ジェームズ・フォアマン、ストークリー・カーマイケルやSNCCのボランティアを外部からの扇動家としてあからさまに非難していた。彼らは共産党の工作員が革命を扇動するために送った人間なのだと聞かされていた。何年も後になって、コールズの目を通して私は彼らの真の姿を見た。その多くが信仰によって突き動かされた理想主義的な若者たちで、掲げる目標にも組織の名前にも「非暴力」の言葉を入れた人々だった。兵士のような訓練を受けていたが、その戦術は、ガンジーやキング牧師によって確立された非暴力によるものだった。フリーダム・ライダーズ〔訳注＝バスの待合室、座席が人種によって区切られていた当時、人種差別撤廃を求めて長距離バスで移動した黒人、白人の若者たち〕の中には、十代も何人かいたが、アラバマとミシシッピのバス待合室に人種差別撤廃を実現しようと、信じがたい勇気をもってバスに乗り込んだ。白人暴徒が瓶やブロックや鉄パイプを手に停留所で待ち受けていた。バスは暴徒を通り越して次のバス停に向かうことがあったが、バスが停まってライダーズが降り、丸腰で暴力に直面することもあった。そして、流血する頭と折れたあばら骨に間に合わせのもので包帯をすると、再びバスに乗って旅を続けた――やがて高速道路脇に仕掛けられた爆弾でバスは大破した。

コールズの本の中で、公民権運動の活動家ばかりでなく、偏見をもった白人労働者、子どものころ私の周りにいたような人々にも出会った。私は彼らから逃げよう、彼らよりも上に行こうとした。彼らと関係を断ち、忘れ去ろうとした。そしてある意味で、それに成功したのである。大学で学位をいくつかとり、シカゴに引っ越したのだ。コールズの集めたいろいろな声を聞くと、子ども時代に周りにいた人々が目の前によみがえってくる。特に思い出されるのが、住んでいたトレーラーハウス用の駐車場にいた隣人たちだ。わが家に逃げて来た友人のニール。泥酔した父親がビール瓶を手に彼の母親を追いかけた。ニールの母親は車をロックしてクラクションを鳴らし、助けを呼び求めていた。だが父親が車の窓を打ち砕いた。脂ぎったポニーテールのプロレスラー、ジプシー・ジョーのような男。高速道路沿いに洒落たトレーラー用の駐車場を持っていて、毎週アトランタの繁華街でやらせとはいえ、危険な試合に出ていた。十二歳だった私の遊び仲間たちは、森で煙草を吸い、隣の下水処理場の周りで戦争ごっこをしていた。飲みすぎて死んだ男のトレーラーに押し入ったこともある。男は駐車場一帯に死臭が広がるまで一週間も放置されていた。

ロバート・コールズの本に出てくるのは、そうした人々だ。彼に連れ戻された自分の記憶を見てわかったことがある。古い原理主義は、無知よりも地位や財産を崇拝する俗物根性に動かされていたが、私はその古い原理主義を、新種の原理主義に置き換えていたにすぎなかったのだ。子ども時代に過ごした教会の罪や失敗を、私はどれほどのんきに指摘していることだろう。そして、やはりそこで見つけた善良さをじっくりと考えることがいかに少ないことだろう。かつて私は黒人を見下していた。今では人種差別主義者を見下している。かつて裕福な人々を避けていた。今では貧しい人々を避けている。歴史の多くが両極性に傾いている。貧しい人々と豊かな人々、白人と黒人、カトリックとプロテスタント、イスラム教徒とヒンドゥー教徒、イスラエル人とアラブ人。コールズは両陣営にある尊厳を、ただ彼らに語ってもらうことで、またその複雑さを残したまま個々の人間を描写して調べようとした。独創的とも言える手法だった。

コールズは、マーティン・ルーサー・キング・ジュニアがＳＮＣＣの事務所で「この運動を推し進めている兄弟姉妹」に即興で語った説教の話をしている。ボランティアは残忍な反対に遭って疲れの色を濃くしており、有権者登録をしたり人種隔離法の廃絶を目指したりと必死の努力をしても、勝利を収めることは少なかった。キングは学生たちの陥ろうとしている誘惑を感じ取った。それは、自分たちが受けてきたのと同じ敵意を反対者たちに向けたいという誘惑、敵対したいという誘惑だった。

私たちにとって最大の危機は、対立する者たちと同じことをしようとする誘惑です。罵倒されると自分たちも相手を罵倒します。私たちが「レッドネック（無学な白人労働者）」とか「クラッカー（米国南部の貧しい白人）」と呼ばれることはないかもしれません。それらは白人に対する社会学的もしくは心理学的かぶせ板、つまり注釈かもしれません。しかし、それでも呼び名です——「無知」や「洗脳された」や「まぬけ」、「ヒステリー」や「貧しい白人」や「憎しみにかられる」という。あなたたちは、こうした分類を支持する多くの証拠を見せてくれるでしょう。しかし、それはそれとして考えることを、つまり単なる分類として考えることをお勧めします。そして、思い出してください。人種差別主義者と呼ばれる多くの人々の人生には、他のことも進行していることを。この人やあの人、ここやあそこに立っている人は別かもしれません。隣人や家族に優しく、職場では周りを助ける良い人かもしれません。

おわかりだと思いますが、私が言おうとしているのは、敵対している人々をステレオタイプでくくって終わろうとしてはいけない、ということです。たとえ彼らが私たちをステレオタイプに当てはめて考えていても、です。そして、私たちは何者ですか。私たちが敵対する人々からされている、私たちを一つの分類の中に入れようとすることを、自分たちまで行うのはやめましょう。邪悪な者たちに歯向かう美徳ある人々、悪意ある、偏見をもつ人々に対抗するまともな人々、無知な人々に対抗する教養ある人々。まだまだ言葉を続けられることがおわかりでしょう。そして危険があります。「私たち」や「彼ら」という見方が定着し、敵対している相手に仲間入りする危機に陥りつつあるのです。私は最近、それを非常に懸念しています。

（『奉仕への召命』〔*The Call of Service*〕）

キングの言葉、そして、それへのコールズの返答を読んで理解したのは、コールズ自身が私にとって、まさにその誘惑にスポットライトを当てたからだった。私は知識があり、正しく考えることができる教養人で、文化を観察する人間になっていた――コールズが生涯闘った危険な立場、パリサイ人の危険な立ち位置だ。私には、イエスの福音のもつ階級打破の真理を再発見する必要があった。実直で成功した兄よりも、放蕩息子により強く訴えかける福音だ。私は思考ばかりでなく、心にも変化を起こす必要があった。キング牧師が、自分を傷つけた人々を赦そうとしたように、私も自分を傷つけた教会を赦す必要があった。そうしなければ、恵みでなく律法の、和解でなく分断の福音と共に残されるだろう。コールズはその実地研究において図らずも、私自身の隠れた必要を暴いた過激なイエスの姿を明るみに出した。

コールズは、フロリダの移民労働者と過ごしてからボストンに帰る途上での出来事を思い起こしている。数か月のあいだ、彼は気配りと思いやりのお手本のような人間だった。移民の掘っ立て小屋に入り、友情を勝ち得、尊敬の念をもって人々に接し、言葉を引き出し、医師として助言もした。ところが州境を越え、ジョージアの道路脇のカフェに寄って軽食をとったとき、コーヒーのお替わりを注ぐのに手間取ったウェイトレスを怒鳴りつけていた。あっという間に特権階級の人間に戻っていたのである。もうじき、ガレージにBMWが待つケンブリッジの黄色い邸宅に戻るのだ。

私もコールズと同じ一握りの特権階級に属している。この文を読んでいる人もみな一握りの特権階級だ。世界中の人間の中で、読書する能力と時間、本を買う資金をもっている人はごくわずかであるからだ。私たち「特権をもつ人々」は、受け取った恵みの管理人としてどのように行動すればよいのだろう。コールズが言うには、まず、考えもなく自分たちと異なる他者に軽々しく貼りつけているラベルをはぎ取ることだ。弱者へのあわれみを育むコミュニティーを探すのもいい。特権は、そうした本能を抑えようとする。謙遜と感謝と畏敬の念をもつことから始めるのもいい。そして、より大きな贈り物である愛を下さいと絶えず祈るのだ。

心底軽蔑する人のいない生活を考えることが、多くの人にとってどれほど困難なものかがわかってきた。単に憎んでいるだれかをだましているように感じる、ということではなく、自分の嫌なところを直視せざるを得なくなるということだ。レッドネックと呼ばれる人々がいる。その人たちに心を寄せる。彼らは持ち物があってもわずかで、憎しみがなお頼りになる持ち物で、実際彼らの役に立っている。私の心には、豊かな暮らしを営み十分な教育を受けた人々へのあわれみは乏しい。彼らの意見は嫌味で、賢く合理化されているし、自分たちの目的にかなうよう政治や道徳まで正当化するからだ。だれも「彼ら」のことを考えない。ＫＫＫのメンバーたちが彼らの身代わりだ。いつか私たちはみな知るだろう。人種、宗教、類型、地域、主なる神の人間性の部分を追い求めれば――主の心に切り込んで、私たち自身が激しく血を流していることに。

（『シモーヌ・ヴェイユ入門』）

権利を剥奪された集団をテーマにした『危機を生きぬく子どもたち』の四巻まで書いた後、コールズは最終巻『特権をもつ人々・アメリカの金持ち』（*The Privileged Ones: The Well-off and the Rich in America*）の執筆に着手した。貧しい人々の暮らしに飛び込む中で完成した取材スタイルを使ったが、裕福な人々に取材するほうが難しかった。彼らの生活の内面は、猜疑心という障壁に阻まれて見えなかったのだ。

コールズは十五年にわたり、貧しい人々から「金持ち」の話を聞いた。特権をもつ人々、祝福された人々、テーブルに食べ物があり、呼べば医者が駆けつけ、教育を受け、車を何台か所有し、マイホームを持つ人々の話を聞いたのである。しかしそのような快適さが、何を生み出しただろう。裕福な人々のほうが幸福だっただろうか。より平安だろうか。より感謝しているだろうか。精神科医コールズは、人間の性質のもつ逆説に再び出合っていた。かつて教えられた、行動主義者の整った型を否定するような逆説であり、トルストイやディケンズのような小説家たちがかくも見事に探究した逆説だ。コールズは、貧しい人々の心に敗北や絶望があるものと思っていた。確かにそういう人々もいたが、強さと希望と勇気をもつ人々にも出会っていた。裕福な人々の心は満たされていると思っていたが、見つけたのは退屈、疎外感、退廃だった。

コールズは『特権をもつ人々』というタイトルでこの皮肉を、あるジャーナリストに次のように説明した。

人生には不安、苦痛、恐れがつきもので、神ご自身の人生がそのようなものだった、という世界観がある。神は絶えざる不安、苦痛そして恐れのもとに生き、最後はありふれた犯罪者の一人として十字架に架けられ、殺されたという世界観だ。さて、そのような存在をとても重要なもの、いわば模範としてとらえるなら、中産階級家庭の出身者には、目標と教えられてきたような「成功者」になることが難しくなる。道徳的に矛盾するのだ。

（『奇留者』〔*Sojourners*〕）

コールズが話を聞いた一九六〇年代の公民権運動の活動家の多くが、そうした中産階級家庭の出身だった。彼らの両親は、まともな仕事に就いて一人前になれとしつこく諭した。心配する母親の祈りにこう応じた若者がいた。「イエスが母の祈りを聞いたら、何と言うだろう！　母に返事を書き、イエスが一度でも『まともな仕事』に就いたことがあったか、あるいは『自分を見つけた』ことがあるか尋ねてみたい。方々巡り歩いていた説教者イエスは、有力者からことごとく嫌われ、十字架に架けられた。」

貧しい人々や抑圧された人々の中で過ごしながら、コールズは彼らの生活が預言者やイエス自身の生活によく似ていることに驚いた。だから彼らは宗教に慰めを見いだしたのかもしれないし、洗練された書評家たちが意図的に黙殺した理由もそこにあったのかもしれない。中産階級の教会は優しくて、穏やかで、感じが良く、礼拝の運びは予想がつき、コントロールされている。コールズ自身、特権をもつ少数派の産物であり、自分が過激な福音の力に抵抗していることを不思議に思い始めた。正義と公平さについて聖書が教えていることと、貪欲さ、競争、地位によって特徴づけられる、特権をもつ人々が送りがちな生活との食い違いを見逃すことができなかった。裕福な人々への福音のメッセージとは何だったたろう。コールズに向けられた福音のメッセージとは何だったのか。コールズは、特権をもつ人々の心を探りながら、己の心を探っていることに気がついた。そして、自分の中に同じ問題を起こす多くの傾向を見つけて恥じ入った。

快適な生活を送る人々は、あわれむ気持ちに乏しい傾向があった。人類全般を愛しても、特定の一人を愛することが少ないのだ。コールズはあわれみを示していただろうか。ハーバードの学部生時代、履修していた倫理学でAばかりとっていたのに、寮のメイドを身分の低い召使い扱いしていたことを思い出し、心が痛んだ。

傲慢はどうだろう？　医者である彼は毎日誘惑と闘っていた。彼は専門家であり、恵まれない人々を助けに来た癒し人だった。プライドはどうか？　その真の動機は学位を得たい、報酬がほしい、たくさんの本を書きたいという思いにすぎなかったのか。自己中心さはどうか？　彼は寛大だったが、そうなれるほど贅沢な暮らしをしていたのだ。何かに依存しないと生きていけないという状態に陥ったことがなかった。けれども、貧しい人々の多くが毎日そうした状態に置かれている。

コールズは、その第五巻でこうした事柄を熟考した。彼自身がシリーズの中で出色の出来栄えと思っている本だが、書評家からは、ほぼ見過ごされている。最終的に、最も危険な誘惑とは、豊かさだと考えるようになった。豊かさは仇にもなる。コールズはそう結論した。恵まれた境遇は思いやりを失わせ、支え合う人間関係を奪い取り、野心を増大させる。

守られた環境から抜け出し、良心の呼びかけに応えようとした裕福な子どもたちは、他者の脅威になった。コールズは、フロリダの富裕家庭出身の子どもに取材した。十歳でイエスの教えに出会った少年だった。学校でイエスの言葉をいくつか復唱し始めた――金持ちが天国に入ることがどれほど難しいか、そして貧しい人々は神の国を受け継ぐだろうことを。その疑問は両親にとって、教師にとって、家庭医にとって、とげになった。最終的に、両親は彼を教会に連れて行かなくなり、彼の「問題」を治療するために心理セラピーの受診を申し込んだ。

コールズは出会った裕福な人々と貧しい人々を振り返って、その皮肉に衝撃を受けた。貧しい人々が呪われているのは真実だった。黒肺塵病にかかった炭鉱夫の治療をしたことがあったし、父親が十字架の前に抱き上げたアニーのような（彼女は三歳で死亡した）、いたいけな栄養失調の子どもたちもいた。しかし不思議だが、否定しようがない仕方で、貧しい人々は祝福もされていた。どのような理由であれ、勇気や愛や進んで神に頼る性質があったからだ。皮肉である。善良なヒューマニストたちが、生涯をかけて恵まれない人々の状態を改善しようと働いている。だが、何のためだろう。彼らの生活レベルを上の階級まで上げて、退屈、疎外、退廃を経験させるためだろうか。
『危機を生きぬく子どもたち』の最終巻が出版されたとき、ロバート・コールズが行き着いたのは、新しい場所でなく、とても古い場所だった。何千キロも旅をして、膨大な量のテープを録音し、百万言を書いたが、そのすべてが山上の説教を指し示していた。貧しい人々が不思議にも祝福されていること、そして、裕福な人々が危機にさらされて生きていることを彼は発見していた。最も重要なことは、人生の境遇という外側からではなく、内側から生じること、個々の男女や子どもの心の中から出てくることを学んでいた。「罪責複合」「性格異常」「刺激への反応」等の心理学の用語で頭をいっぱいにして研究を始めていた。しかし、研究の成果を語った言葉は、「良心」や「罪」や「自由意志」といった古臭い言葉だった。

結局、それで何をしようとしたのだろう。コールズはあえて貧困を讃えない。実地研究から、貧困をほめそやすことの愚かさを知ったからだ。かといって、富を称賛しようともしなかった。最も大切なことから気持ちをそらしたり、妨害したりするものとして、富を考えるようになっていた。霊的な事柄を生涯の中心としていたすぐれた男性や女性に着目するようになったのは、そのときだった。社会科学者ロバート・コールズ博士は、ハーバードで霊性の文学の教師という新しい役割が始まっても、勤勉に仕事を続けた。

＊　＊

私は何年も間接的に影響を受けた後に、ロバート・コールズに直接取材を申し込むと、快諾してくれた。研究室の近くに油でぎらついたスプーンを出すレストランがあり、邪魔が入ることもないから、そこで会いたいと言う。それで私たちはハンバーガー・ショップ（バートリーズ・フェイマス・ハンバーガーズ）で会った。店はハーバードの学生たちのたまり場で、ハリウッドのセットのように飾られていた。木製の看板、ビニール張りの赤い椅子、黒板にチョークで走り書きしたメニュー、壁にぶらさがっている壊れたバイオリン。そこいら中にポスターが貼られている。「出涸らしのコーヒーに文句を言わないでくれ──きみもいつか出涸らしになる」と警告しているポスターがある。四十年前のポスターは、俳優だったロナルド・レーガンが、クリスマスに友だちに贈ってくれと言いながら、煙草の箱にサインをしている。

コールズ自身は、見たところハーバードの優秀な教授というより学生だ。しわの寄った青いコットンシャツとカーキ色のズボン姿で現れ、クランベリー色のバックパックを左肩にかけている。中背で痩せ型、日に焼けたしわのある顔で、髪の毛は一日中掻き上げているみたいにくしゃくしゃだ。北東部らしい口調で話し、少しでもユーモアを感じると大声で笑う。

いつもアイスティー一杯だけの昼食をとってから、大学の中庭から一ブロックだけ離れた研究所に戻る。歴史的な煉瓦造りの建物の一角に、広々とした研究室を大学から与えられている。壁の銘板には、フランクリン・ルーズベルトがこの部屋を一九〇〇年から一九〇四年まで使っていたと書かれている。壁には記念すべきコレクションもかかっている。シモーヌ・ヴェイユのポスター、ボンヘッファーとウォーカー・パーシー、ドロシー・デイ、エリク・エリクソン、ジェームズ・アジーの写真。静かでよく整えられた隠れ家のような研究室で、実地研究を計画したり、ハーバードの関係校で行う講義の準備をしたりするコールズの基地である。

コールズは、ハーバードだけでなくデューク大学でも教えているが、どの大学でも専門分野を教えていない。小児医療、幼児精神医学、社会学、取材テクニックですら教えていない。教えているのは、大作家やキリスト教の思想家たちのことである。彼の読書リストに入っているのはトルストイ、ドストエフスキー、パスカル、ヴェイユ、マートン、十字架の聖ヨハネ、ディケンズ、フラナリー・オコナー、エミリー・ディキンソン、ロバート・フロスト、トマス・ア・ケンピス、アビラのテレサ、キェルケゴール、ベルナノス、シローネ、アジー、ウィリアム・カルロス・ウィリアムズ、オーウェル、ジョージ・エリオットー、そして、コールズの長年の友人ウォーカー・パーシーである。このリストから、コールズは専攻の必要に合わせた文学講座を用意する。「キリスト教思想」を教える大学の講座、医学部向けの「文学と医学」講座、ビジネススクール向けの「フィクションを介した道徳的そして社会的問い」講座、そしてロースクール向けの「ディケンズと法律」に関する講座。

医師で社会科学者であった人を、何が熱狂的な文学ファンに変えたのか。コールズはこう答えている。「トルストイのような人間は、二〇世紀の社会科学領域全体にまさる心理学を知っていました。死に至るいくつかの段階に関することが、今すべて明らかになっている――『イワン・イリッチの死』を読めばいい。そこにすべてが書かれている。そして『アンナ・カレーニナ』以降、結婚の問題という分野に知恵を加えた人がいただろうか。それになんてことだ、ディケンズ。ディケンズが人間の本質を知っていたとは！　私は、ただこれらの小説を教えながら、医学部、法学部、ビジネススクールにおける悪魔の仕業をなきものにしようとし、一か所からまた別のところへと歩き回っているようなものだ。」

なぜ招かれるのか？　「わかりません。おそらく偶像崇拝のようなものでしょう。パンフレットに載っている名前、そんな類のことでしょう。本質をつかんでいる学生たちもいます。彼らの話を聞けば、読んだものに感動したことがわかります。でも、ここでは難しい。『世俗的ヒューマニズム』の砦ですから！

でも、文学には心を虜にする力があります。フラナリー・オコナーは、『秘義と習俗』という素晴らしい随筆を書き、そのタイトルだけであらゆる社会科学を突き抜けています。小説は個々の人間の秘義と習俗に尊敬の念を払います。このばからしい専門用語と凝りすぎた理論一切の代わりに――私たちがしょっちゅう専門家たちから得ている死んだ言語とばからしい単純化の代わりに、それを学ぼうではありませんか。小説家は理論に興味もなければ、自分たちの脳みそを神のような尊大な器官にすることにも興味がありません。彼らは複雑さ、皮肉、あいまいさ、逆説を呼び起こし、描写します。それぞれの人間は、それやこれらのカテゴリーに含まれ得る何かではなく、別々の無限の神秘であることを発見し、認めるのです。」

ロバート・コールズが、日に焼けたソファにもたれかかっている。日の光があふれるように流れ込み、カーテンがそよ風に揺れている。しかし、彼はハーバードの授業のどれかで、聖書朗読台の後ろの講壇から――お望みなら説教壇から――見下ろしたらどうだろう。彼はいま、すべてを手にしている。最高の成績と血筋とブランドもののジョギングウェアをもつ学生たち、履歴書と委員会の予約と、経済や人間行動や宇宙のすべてを説明する完全な理論をもつ学部の同僚たち。そして、彼自身だ――コールズは、己の人生に燃料を供給してきた偶像崇拝とプライド、自己依存を指摘しながら、自分自身に戻り続ける。

学生たちは彼を英雄にしようとする。コールズが移民の農夫たちと過ごした年月をほめ讃える。「でも、一日の終わりはどうなるか。」彼は学生たちに授業で思い出させる。「彼らは掘っ立て小屋やトレーラーに戻り、私はホテルにチェックインする。もちろん罪意識をもって。そして、たぶんそうするべきなのだ。罪意識という恐怖をもつ人たちが、イエスに言う言葉が想像できる。『ねえ、きみ、気楽にさ！　パンの必要なあの人たちのことで悩むなよ。なぜ刑務所を訪問しているのかな？　心配事でもあるの？　ガリラヤにきみが話のできる精神科医がいるはずだよ。』」

コールズは自身の失敗や弱点を多く語る。ハーバードのような場所に執拗に追いかけて来るプライドと傲慢の罪を食い止めるべきだと感じている。「だれでも問題を解決するか、疑問を黙らせる方法を見つけたがっています。学生たちはあれやこれや証明していますが、町を出て、問題のある状況で生きている人々と話をしようとしません。その人たちのために、あれこれ証明しているのに。

私たちもパリサイ人のように、自分たちには非がない、自分たちは義であると証明したい。しかし、イエスや預言者たちは疑問を掲げています。あなたは殺人を犯していないが、憎んでいないか。姦淫を犯していないが、情欲はどうか。私たちは『貧しい人々の問題』を分析したがりますが、一人の貧しい人のために何をしているでしょう? 私は『ミシシッピの問題』を学べるのではないかと期待して、危機のときにミシシッピに行きました。そして、私たちすべての中にとても小さなミシシッピが存在していることを学びました。とても小さなマサチューセッツ、南アフリカ、北アイルランドもあることを学んだのです。」

ロバート・コールズは静かに疑問を掲げ続けようとしている。ハーバードの学生たちに。彼の著書を買うことのない、より広範な聴衆に。彼のことを雑誌や新聞で読む何百万もの人々に。「ワシントン・ポスト」の一面記事で、記者に語っている。「私は確かに宗教に熱狂している。年を重ねてこの人生の目的を考えるとき、ほかに何ができるかね。」そして、コールズの経歴のゆえに、人々は立ち止まって、しっかり耳を傾けなければならない。

コールズの助手フィリップ・ピュラスキーが同じ記者に語った。「さまざまな意味で、ボブ(コールズのこと)は牧師のようなものだ。人々の人生に対する影響という点で、ハーバードで最も影響力のある教師かもしれない。」コールズがその場にいたら、ピュラスキーにそのような聖人伝を語らせておかなかったことだろう。プライドと現代の偶像崇拝の危険性を、鼻にかかった口調で痛罵したことだろう。しかし書類棚には、「ハーバード在学中、コールズ先生だけが、人生の最も重要な問題について考えなさいと言ってくれました」、卒業生たちからの、こんなふうに書かれた手紙がしまわれていた。

コールズは、キェルケゴールを好んで引用する。「キェルケゴールは言った。ヘーゲルは人生におけるすべてを説明したが、ありふれた一日をどう生きるかについては語らなかった、と。」何よりもそれが、ロバート・コールズが医学部の学生に精神医学を教えず、ビジネス専攻の学生に文学を教える理由である。「私たちには、すべてを説明するシステムがある。しかし、どう生きるかを説明するシステムはない。また、地上のだれでも当てはめられるカテゴリーがある。しかし、たった一人の人間を説明できる人がいるだろうか。」

ロバート・コールズは、たった一人の人間を説明できるだろうか。人の話に耳を傾け、取材する経験を積んだ後で、人間について何を学んだのだろう。彼はその本質を抽出して、壮大なその趣旨をまとめることができるのだろうか。しばらく考えて、コールズは机の上の聖書を指し示す。「私が人間の性質について発見したことは、イザヤ、エレミヤ、アモスのようなユダヤ人預言者たち、伝道者の書、そしてイエスと彼の触れた人々の人生から学ぶことと、いかなる点でも矛盾しません。人間の行動を研究した結果、私に言えることはどれも、旧新約聖書を生きた人たちの補足にすぎないのです。

耐え難い日々のストレスに直面して、立ち直る力、気高さすらもって応える人々を知りました。快適で贅沢とも言える環境に生きているのに、全く失われているように見える人々もいました。だれでもその両方をもっています。そして、それが聖書の主張ではないでしょうか。聖書は希望と悲運、可能性と裏切の両方を見せている。その話の中で、神のお気に入りの人間が破滅に至るほどの誘惑を受けたり、身分の低い無名の人が救いとは言わないまでも希望をもたらされたりすることがあります。私が信じるのは、それらの物語が、私たち一人一人の一部であることです。私たちは綱渡りのロープの上を歩いています。一方に深い悲しみや信仰の喪失があり、もう一方に尊大さと自画自賛があって、そのあいだをよろよろと歩いているのです。どちらも行き着く先は罪です。

評論家の中には、私が人間の性質について古い話をくり返していると批判する人々がいます。人間は善と悪、光と闇、破滅に向かう可能性と贖いに向かう可能性が入り混じっているのだ、と。彼らは新しい理論が欲しいのでしょう。でも私の研究は、人間について聖書が語ってきたことの正しさを証明するだけなのです。

一流校に通ってプライドの罪に誘惑されている医学生に、イエスがしてくださったように、自身と隣人について考えさせることができれば、私はここで何らかの役に立ったと言えるでしょう。少し大げさな言い方かもしれませんが、イエスはフラナリー・オコナーの物語を通して、その医学生に出会うこともよしとされるのではないかと思います。そんなふうにして、私はこの大学に聖書の伝統を運んでいます。この大学には聖書の伝統があり、教師としてそれを求めることは特権であるからです。」

毎年度、文学の授業のはじめに、コールズは小説家ジェームズ・アジーを引用する。「真っ先にルカの福音書を読みたいが、ここでそうしても、うまくいかないでしょう。だからそれと同じメッセージに出会える偉大な文学に向かいます。たとえば、アジーからのこの引用です。」そうコールズは言う。

それぞれの人のすべて、その人の経験、そして今後経験すること。肉体と精神において、これらすべてのものは、彼自身の異なる表現であり、根本は一つであり、同一である。そして、これらのものの一つも、これらの人々の一人も、コピーされることはないし、置き換えられることもないし、全く同じ人が前にいたこともない。しかし、それぞれの人は新しく、伝えようがないほど繊細な人生で、呼吸するたびに傷つき、傷つきやすくて死にそうだ。しばらく守られることもなく、宇宙の途方もない猛攻に耐えている。

ロバート・コールズが今まで語ってきたのは、人間に内在する尊厳、私たちすべての中に生きている神の似姿、黒人でも白人でも、教養があっても字が読めなくても、金持ちでも貧乏でも、健康でも病人でも、死すべきものを不死にする輝きだ。最初はそれを信じようとしなかった。だが、子どもたちが彼にそれを語ったのだった。そして作家たちも、彼自身の研究もそれを確証した。いまコールズは、それを私たちに語ろうとしている。

神の顔をなんとか表現しようと苦心している子どもを見ていると、ドロシー・デイが主催し、貧しい人々に無料でスープを提供する奉仕活動に参加したときのことを思いだす。あるとき、あばれ回る酔っぱらいと数人がかりで格闘しなければならないことがあった。その男は五〇歳くらいで、灰色の髪を長くたらし、ひげもじゃで右の頰に大きな切り傷があった。歯はほとんどなく、目が血走っていた。ドロシー・デイは私たちにこう言ったのである。

「この男がぜったい神様じゃないという証拠はないのです。私たちがどのように扱うか見るためにここにやってきたのかもしれません。だから彼を賓客としてもてなし、これ以上美しいものはないという気持ちで彼の顔を見ることにしましょう。」

(『子どもの神秘生活——生と死、神・宇宙をめぐる証言』工作舎、一九九七年)

第6章　恵みを追い求めて
レフ・トルストイとフョードル・ドストエフスキー

私が信仰について抱いている最も深い疑いは、一つの疑問に集約できる。「信仰はなぜ機能しないのか」である。世界中を旅すると、キリスト教はいろいろな領域で文化に貢献している。教育、科学、医学、人権、芸術、慈善事業――これらはみなキリスト教を源泉として力強く発展しているもので、私が訪れた非キリスト教国ではその発展が見られない国もある。以前、敬虔なイスラム教徒やヒンドゥー教徒と話したときに指摘されたのは、キリスト教が最も広まっていた時代にヨーロッパを悩ませた多くの戦争や、今日キリスト教の西欧諸国で目立つ犯罪、退廃、家族の崩壊だ。反論のしようがない。

どんな宗教であれ、真面目な信仰者で、イエスを評価しない人には出会ったことがない。だが、教会についてはどうだろう。友人のユダヤ人が言った。「イエスは素晴らしい福音を説いた。私たちユダヤ人はイエスのゆえに称賛されている。しかし、イエスが約束した神の王国を見せてくれ。歴史を見ろ。特にクリスチャンたちがユダヤ人を迫害した歴史を。これが本当に贖われた世界に見えるだろうか。」　ユダヤ人は世界を見て問う。なぜメシアはまだ来ていないのか、と。メシアはすでに来たと信じているクリスチャンは不思議に思う。なぜ今でも悪がはびこっているのか、と。

レフ・トルストイは自身の霊の自伝『告白』の中で、クリスチャンは他宗教の人々に対してより、同じクリスチャンに対しての扱いがひどいと述べている。トルストイは、カトリック、プロテスタント、ロシア正教の古儀式派、そして再洗礼派の運動家たちと親しくなったが、ロシア正教会からこう教えられた。「『これらの人々はだまされている。彼らに生きる強さを与えたのは悪魔の誘惑だ。そして、真理はロシア正教の手の中にある。』それを聞いて私は理解した。ロシア正教以外の信仰をもつ人々を異端視している、と――カトリックや他の教会が、ロシア正教の人々を異端者と考えているように。」

自分の知るクリスチャン一人一人を考えると、信仰によって目を疑うほど善いほうに変わった人もいれば、かなり悪いほうに変わった人もいる。寛大で親切で人を赦すクリスチャンと同じくらい、高慢で意地悪で人をさばくクリスチャンもいる。私自身の経験では、熱心に努力して最も篤い信仰者は、時に最も魅力に乏しい人物だ。イエスの時代のパリサイ人のように、彼らも競争にとらわれて、義人でなく独善的な人間になり下がっている。政治家たちは、最も意地の悪い手紙をよこすのは、聖書を引用し、自分は神を代弁していると主張する人々だと言うが、私にはよくわかる。わが家の郵便受けに届く手紙にも、同じパターンが見られるからだ。福音の理想と、福音を伝える人々の実際の姿との食い違いを、どう解決すればよいのだろう。

今日のティーンエージャーたちは「WWJD」と刻まれたブレスレットをつけて、「イエスならどうするだろう（What Would Jesus Do?）」という心を騒がせる質問を思い起こすようにしている。この問いが最初に登場したのは、チャールズ・シェルドンの小説『みあしのあと――主イエスならどうなさるか？』（邦訳・新教出版社、二〇〇八年）だ。この本に書かれているのは、イエスがとるような行動をしようと真剣に誓い、導きを求めてマタイの福音書五章から七章をめくる、教会に通うふつうの人々の話である。マーケティング担当者たちがWWJDの潜在的な需要に気づいていなかった一九六〇年代、私は十代だった。シェルドンの本を読み、その問いを毎日自分にぶつけていた。気がおかしくなりかけた。人に請われるまま何でも与えれば、すぐにお金がなくなってしまう。怒りに任せて兄を馬鹿呼ばわりすれば、地獄の業火に焼かれる危険に陥るだろう。隣人のヌード雑誌を盗み見したら、目を取り出さなければいけないのか。放課後にバス停で襲いかかってくる奴らがいても、身を守るために殴り返してはいけないのだろうか。そのようにやってはみたが、結局、鼻血を出して家に帰るのに嫌けがさした。

私の育った教会に完璧な女性がいた。少なくとも彼女はそう主張していた。十二年間、一度も罪を犯していないのだと言った。子どもながら自分の罪を十分自覚していた私は、その完璧さに驚嘆した。彼女の誠実さを疑ったことは一度もなかった。完璧な人は嘘などつかないからだ。礼拝のあいだ、彼女の秘密を知りたいと思いながら、ときどき憧れのまなざしで見つめていた。しかし、今はあの女性をあわれみながら思い出している。使徒ヨハネはもっと率直な言い方をしている。「もし自分には罪がないと言うなら、私たちは自分自身を欺いており、私たちのうちに真理はありません」（Iヨハネ一・八）。この女性は、はっきり目に見える罪は避けていたかもしれないが、イエスが最も大切な教えと言った、心と思いと知性を尽くして神を愛せよ、という命令に常に従ってはいなかったのだと思う。あのうぬぼれた傲慢な姿勢は、おそらく彼女がプライドという罪の犠牲者になっていたことを暴露していた。

山上の説教が最も顕著だが、新約聖書は崇高な道徳の理想を述べている。求める者だれにでも与えなさい、あなたの敵を愛しなさい、情欲を抱くな、憎むな、常に赦しなさい、迫害を喜びなさい。だが、その理想は、現実の人間のおぞましい実態にぶつかるとかならずや打ち砕かれる。クリスチャンの犯す失敗について、私は不安な思いを抱え続けてきた。ジャーナリストとして、著名な霊的指導者たちの輝かしい一面と欠点を間近で見てきたが、彼らの欠点は、大小にかかわらず公衆の面前にさらされることが少ない。そして、ほかでもなく自分自身について書こうとすれば、自分も霊的規律を実行するより、それについて書くほうがずっとうまいことにすぐ気づく。私たちは、決して得られない理想に向かって努力するよう求められているのだろうか。

霊的に不安な状態を自分にもたらした、こうした認識上の不協和音にどう対処すればよいのか、わからなかった。考え方の糸口を見つけたのは、一九世紀ロシアの二大文豪の著作に出合ったときである。キリスト教の理想と現実間にある葛藤を、ある部分はトルストイ（一八二八～一九一〇年）に、ある部分はドストエフスキー（一八二一～一八八一年）によって、理解するようになった。

マルコム・マゲリッジは一九七〇年代はじめに、まだ共産主義の支配下にあったソ連の知的エリートの中で霊のリバイバルが起きていると聞いて驚いた。イギリスで亡命生活を送るロシアの反体制派の人からは、ソ連の著名な作家や芸術家や音楽家はみな霊的な問題を探究していると聞いた。マゲリッジは書いている。「どうしてそんなことが起きたのかと、彼に尋ねた。市民の上に、反宗教の洗脳という途方もない仕事がなされ、おまけに福音書も含めたあらゆるキリスト教文学が不在だったのに。その答えは記憶に残るものだった。現代のキリスト教信仰を最も完璧に伝えているトルストイとドストエフスキーの作品を、当局が発禁処分にし忘れたからです、と言ったのだ。」

ちょうどそのころ、私はクリスチャンに囲まれた西側に暮らし、宗教文学にどっぷりつかっていながら、実はそのほとんどを理解できずにいた。この二人のロシア人作家は、間違ってもバランスが取れているとか、健全な心の持ち主だと言われることがないだろうが、彼らのおかげで私はバランス感覚を取り戻すことができた。ロバート・コールズが、心理学の教師たちより作家たちのほうが、人間の行動を理解していることに気づいたように、私も二人の文豪が神学理解においても多くの神学者にまさっていることに気がついた。思慮深いクリスチャン、またどんな宗教の信者でも、かならず悩む問題がある。あるべき人生と、ありのままの人生との大きな格差、信仰の理論とその実践とのあいだに横たわる途方もないギャップという問題だ。この問題に自分なりの決着をつけようとしていた信仰の旅路のきわめて重要な段階で、二人の文豪は道先案内となり、助けてくれたのである。

* *

文学史上、人生の本質を描くレフ・トルストイの力は抜きん出ていた。ヴァージニア・

ウルフは次のように語っている。

何一つ彼から逃れられないらしい。何一つ彼に記録されないものはない。……どの小枝も、どの羽根もレフ・トルストイという磁石にくっつくのだ。彼は子どものガウンの青や赤に気がつく。馬が尾を振る様子。咳をする音。縫い付けられたポケットに両手を入れようとしている男。そして、トルストイの誤りのない目は、咳や縫い付けられたポケットのいたずらについて伝えながら、性格の中に隠れているものに言及している。そのことゆえに、その人の愛し方や政治見解やたましいの不死ばかりでなく、くしゃみをしたりむせたりする仕方によっても私たちはトルストイの描く人々を知るのである。私たちは、望遠鏡を持って山頂から見ているような気になるのだ。すべてが驚くほど明晰で非常にはっきりとしているのだ。

とあるトルストイの伝記作家が言った。『戦争と平和』を閉じて「現実生活」に戻ったとき、トルストイの作品よりも色あせ真実味も薄い何かに向かって行く感じがした、と。私も全く同じ経験をした。自分から地球半周分と一世紀近くも距離のあるこの作家の小説に入り込むと、世界が生き生きとした。トルストイは春を描くとき、宗教の恍惚感を描くときと変わらぬ、あふれんばかりの生気と意義を込めて、溶けかかったツンドラから顔を出すちっぽけな花の不思議を描いた。そうしながら、どのように自らを超えていくのかを教えてくれた。

青年期まで過ごした南部の原理主義に閉じ込められていた生活を振り返ると、自分が自己愛性障碍を患っていたのかもしれないと思う（思春期はみなそうだろうか）。教会や家族という閉じられた窓越しに世界を見ていた私には、他者の身になって考え、田舎のアラバマの小作人やアメリカのポーランド移民の立場を理解する力などありはしなかった。まして一九世紀のロシア貴族や農民の見解などわかるはずもなかった。トルストイがカーテンを開け放った。未知の世界に招き入れてくれたのだ。特に、貧しい人々への思いやりを私の心に引き起こした。

トルストイが作品を書いていたとき、ロシアには五千万人の農奴がいた。人口の約半分が主人に所有されている実質的な奴隷として生きていた。トルストイは先祖から相続した屋敷で暮らし、そこで本を書いたが、何百人もの農奴も相続した。こうした「人々」の数は、賭博の賭け金の代わりに失ったり取り戻したりするたびに激しく上下した。大方の地主と違って、トルストイは農民たちのあいだに入り、彼らと知り合いになった。最終的に、農民たちの生活のほうが自分のような貴族の暮らしより、はるかに豊かで面白いと思うようになった。

仕事の形が際限なく変化し、危険がつきものの海や地下で働く生活。移動、雇人、監督官、仲間、他宗教の人間や他国籍の人々との交わり。自然や野獣との格闘、家畜とのつきあい、森やステップ、草原、庭、果樹園での仕事……このすべてが、こうしたことに興味がなく宗教的自覚もない私たちの目には単調に見える。私たちの人生の小さな楽しみや些細な心配事に比べれば――労働する人生でも生産する人生でもなく、他者が生産したものを消費し、破壊する人生。自分たちの生きている時代と自分の属する階級の人々が経験した感情は、とても重要で変化に富むと思っている。だが現実は、同じ階級の人々がもつ感情のほぼすべてが、プライド、性欲、そして人生の疲れという、どうでもいいような三つの単純な感情だ。これら三つの感情が、その自然の成り行きで、富裕階級の芸術にとってほとんど唯一の主要な問題を形づくっている。

（『芸術とは何か』）

農民たちのふつうの生活と、自分のように裕福な人々の放縦な生活との違いがトルストイを蝕み始め、書く力を麻痺させていった。農奴たちは人生や仕事の意味も、苦しみを耐え忍ぶ術も、死という場所も知っているように見えた。トルストイにとっては、そのすべてが不可解な謎だった。こうした謎の答えを探し求めて、トルストイはブッダ、ショーペンハウアー、イエスの哲学を研究したが、何の救いも見いだせなかった。最終的に、考え方でなく、生き方が間違っていることが最も重要な問題だという結論に至った。トルストイは、自分の下で働く労働者の背中にくっついている寄生虫であって、本物の生を生きているとは言えなかった。彼は書いている。「痛ましい思いが心にのしかかっていた。神を捜し求める思いというほかない。それは恐怖感であり、孤児の気持ち、知らない土地で経験する孤立感、そして、だれかが助けてくれるかもしれないという希望だった。」

神を捜し求める思いは募り、トルストイは芸術家としての使命に背を向け、ひたすら重要な問いへの答えを探究した。人生の黄金期を宗教的思索に捧げ、さらなる傑作を待ちわびる文芸批評家や読者を狼狽させた。作家として、そして信仰の旅人として、ありのままの世界とあるべき世界との矛盾と闘った。霊の日記を何百ページも綴り、道徳的な色合いが強い美学を発展させ（『芸術とは何か』）、自身の信仰を詳説する著作を何冊も書いた。

トルストイには世界を描写する独特の力があった。まるで硬い土壌を鋤《すき》が掘り起こすところを最初に目撃した人間であるかのように、あるいは凍結した川で氷が割れる音を聞いたはじめての人間であるかのように描写した。福音書についても、心底真剣に受け取ろうとしたはじめての人間であるかのように行動した。イエスの率直な命令を読むと、それを実行に移そうとした。イエスは若い裕福な役人に言った。「あなたが持っているものをすべて売り払い、貧しい人たちに分けてやりなさい。そうすれば、あなたは天に宝を持つことになります」（ルカ一八・二二）。それを読んだトルストイは農奴たちを解放し、著作権を譲り、広大な屋敷を処分し始めた。ふつうの人々と同じようになるために、農民の服を着、自分で作った靴を履き、農作業をするようになった。

執筆した小説とは異なり、トルストイの霊的な著作は、至るところで議論を掻き立てた。たとえば、マハトマ・ガンジーは、トルストイの行動に心動かされ、彼の『神の国はあなたがたの中にある』が、非暴力、質素、意図的な貧困という自らの原理を導くインスピレーションの泉となった、と述べた。トルストイの生きた時代、理想主義者、革命家、自称聖人や無政府主義者たちは、正義と人間の尊厳についてトルストイの力強い言葉を聞きたくて、彼の屋敷に列をなして押し寄せた。しかし、トルストイの高い理想に刺激を受けたガンジーのような人もいれば、自分で説いた理想を実現できず惨めに終わったトルストイの有様に嫌悪感を抱いた読者もいた。トルストイは、福音書の中で出合ったものに激しく惹きつけられたが、それを実現できず、最後は疲れ果てた。

＊　＊

トルストイは、クリスチャンならだれでもある程度感じている葛藤に苦しめられた。それは、青年期の私を苦しめた葛藤だ。信仰について書くとき、その信仰のとおりに生きようとするとき、理想と現実の対立が悪霊のようにつきまとっていた。小説家のジョン・アップダイクは、次のような意見を述べて、トルストイの十三巻から成る日記のもつ別の側面を明らかにしている。「一途な道徳主義と自分を責め続ける修道士の庵室に、トルストイの芸術の光はほとんど射し込まない。」

トルストイは、正直であろう、生活を改めようと努力したが、家族は終わりのない問題に苦しめられた。軍の若き将校時代、複数の愛人をもち、売春宿に頻繁に通い、酔っぱらいの乱痴気騒ぎに加わり、一度ならず性病にもかかった。トルストイは、こうした災難を律儀に日記に綴っていた。結婚式の四日前、十八歳の上品な少女であった婚約者にそのおぞましい記録を無理やり読ませ、彼女の心に生涯癒えることのない傷を残した。

「彼のキスを受けながら、いつも『彼が愛した女性はほかにもいた』と思うのです。」ソニア・トルストイは自身の日記に書いている。軍時代の放蕩は赦せても、屋敷で働いていた農婦アクシーニャとの情事は赦せなかった。アクシーニャの息子を見るたびに、夫と似ているところが目についた。やがて夫が本の印税を放棄するつもりだと告げたとき、彼女は、「子や孫には黒パンで十分だ」と言う夫が変人たちに財産を与えようとしていると嘆いた。彼が財産に無頓着だったせいで家計は破綻した。印税を放棄したため、相続もできず困窮した。トルストイがきよらかさに向かう歩みと考えたものは、ソニアにとって愚行であり、家族への虐待だった。

トルストイの日記を読むと、たびたび完全主義を目指して突き進んでいた過去の自分がよみがえる。日記には、トルストイと家族の軋轢も多く記されているが、自分自身と闘った記録のほうが多い。完璧への希求心から新しい規則を考案した。狩猟、煙草、アルコール、肉食をやめた。ピアノ、家具、馬車など不必要なものはすべて売り払うか手離すことにした。そして、役人から物乞いまで、だれでも同等に扱うことにした。意志を強めるための規則を考えた。それは、高尚な感情を育てて卑しい感情を取り除くものであり、意志よりも愛の感情を優先させるという規則だった。

しかし、その規則を守るのに必要な自制は身につかなかった。ピアノと家具は手離すことができなかった。屋敷は自分ではなく妻名義にして住み続け、一流の召使いに野菜だけを使った食事を作らせていた。トルストイは何度か公然と純潔を誓い（イエスはそれを命じていなかっただろうか？）、寝室を夫婦別にした。だが、その誓いも長くは守れなかった。恥ずかしいことに、ソニアの十六回におよぶ妊娠が世間に知れたのだ。妻が「ふつうの」生き方を求めるので、霊の充足が妨げられると日記に書いた。そして性欲に負けると、こんなコメントを付け加えた。「犯罪に手を染めた後のように嫌な気分だった。」ソニアは彼の生前、その日記につねに苦しめられた。

そんなトルストイも偉大な善行を成し遂げたこともあった。地域が疫病に襲われたとき、二年かけて救援隊を組織し、間に合わせの病院を立ち上げて困窮した人々の世話をした。皇帝によって一万二千人も迫害されたドゥホボール派という再洗礼派のグループがあったが、トルストイは執筆を長く中断した後、彼らのために七十一歳で最後の小説『復活』を書き上げ、その印税をすべて、彼らのカナダ移住のために捧げたのである。また、山上の説教から直接とられたトルストイの非暴力哲学は、彼の死後もガンジーやマーティン・ルーサー・キング・ジュニアのような思想上の継承者たちの心に長らく影響を与え続けた。

しかし、きよらかさを渇望するトルストイの思いは常に失望に終わった。自分の説いたことを実行できなかったのである。トルストイの妻はそれをうまく表現している（明らかに偏見をもった説明の中で）。

彼には本物の温かさのかけらもありません。彼の優しさは心からのものではなく、ただ自分の原則から来ているのです。伝記には、自分がいかに労働者たちを手伝って水の入ったバケツを運んだかが書かれるでしょうが、妻に休息を与えたためしがなかったことなど、だれ一人知るはずもありません。この三十二年間、わが子に一杯の水を与えることもなければ、五分でも子どもたちの枕元にいて、働きづめの私を少しでも休ませてやろうという心遣いなどなかったことを、だれも知らないのです。

（ソニアの日記）

「トルストイが語った愛はどこにあるの？」激しいののしりあいの後、彼女は問いつめた。「彼の無抵抗？　彼のキリスト教？」ソニアが人生の多くを捧げた子どもたちに、トルストイは愛情を示したことがなかった。あれほどの人間の愛を公言した人物なのに、個々の人間を愛することも、自分の家族を愛することさえ難しかったのだ。

完璧を目指して進んだトルストイのその熾烈な歩みは、決して平安や静寂の類を生み出すことはなかった。死の瞬間まで、彼の日記や手紙は、失敗という痛ましい主題にくり返し戻り、福音の理想と自らの生活の矛盾という落差をあらわにしていた。トルストイはあまりにも正直で、自分を欺くことができなかったため、自身の罪を責め立てる良心を黙殺することができなかった。彼を偽善者と呼ぶ人々もいた。しかし偽善者とは、自分でないもののふりをすることだ。トルストイは自らの至らなさをだれよりもよく知っていた。

レフ・トルストイはとても不幸な男だった。彼は当時のロシア正教会を猛烈に批判して、破門された(二〇〇一年、ロシア正教会は、レフ・トルストイの著作を見直して、破門を考え直してほしいというトルストイの玄孫からの要望を拒絶した)。自分を高めようとする企てはことごとく失敗した。自殺の誘惑に抵抗するために、所有地にあったすべてのロープを隠したり、銃を捨てたりしなければならなかった。トルストイは最終的に、名声、家族、地所、自分自身からも逃亡した。やじうまの村人たちや世界各国のジャーナリストに取り囲まれて、田舎の鉄道の駅で路上生活者のように事切れた。心痛むような、ソニアの写真が残っている。汚れた窓越しに、倒れて死んだ夫を一目見ようと懸命にのぞいている。トルストイの心が乱れるかもしれないと思った弟子たちが、彼女を中に入れなかったのだ。

こうしたレフ・トルストイの悲劇の生涯から、私は何を学ぶのだろう。数多い彼の宗教関連の作品を読むたび、神の理想に対する鋭いその洞察にはいつも感銘を受ける。正義の問題、お金の問題、人種問題、プライドや野心等の個人的な問題など多くの領域で、福音が問題を解決すると主張する人々がいる。だが、トルストイが思い出させてくれるのは、それとは逆で、福音は実際、私たちの重荷を増している、ということだ。

現代は、満足、繁栄、問題のない状態という「アメリカン・ドリーム」を福音と混同しやすいかもしれない。トルストイは、イエスが私たちに求めているのは、好ましい隣人に囲まれた美しい家をはるかに超える大きなことであると理解した。トルストイは財産、才能、教育、そして、世界的な名声も手にしていながら、こう言った。「私はつぶやくだろう。『いいじゃないか。ゴーゴリやプーシキンやシェークスピアやモリエールより有名になるだろう。あるいは世界中の作家よりも――しかし、それが何だというのか。』答えがまったくわからない。」トルストイは「人は、たとえ全世界を手に入れても、自分のいのちを失ったら、何の益があるでしょうか」というイエスの問いを大真面目に受けとめた。

イエスの命令に素直に従い、喜んで農奴を解放し、持ち物をただで譲ろうとする男を簡単に片づけるわけにはいかない。ほかのロシア人貴族は、農奴を家畜のように売買し、従わない農奴たちを容赦なく殴っていた。これが、キリストの純粋な教会の発祥の地と自らを考えていた国家で起きていたことである。トルストイは、自ら農奴を解放した。人々がトルストイの導きに従って正義を実行していたら、一九一七年の悪夢のような革命は起こらなかったかもしれない。

トルストイがその理想どおりに生きられたら――私がその理想どおりに生きられていれば。彼は自分のために多くの規則を設けたが、浅薄な律法主義に陥ることはなかった。

『神の国はあなたがたの中にある』という作品にそれがよく表現されている。彼は理想的な道徳的律法を心に沁み込ませようとしたからだ。トルストイによると、宗教制度は形式的な規則を助長しがちである。ユダヤ教がそうだったし、仏教やヒンドゥー教、イスラム教も同様だ。だが、イエスは異なるやり方を導入した。弟子たちが独り善がりで遵守できる形式的な決まりを定義しなかったのだ。トルストイがキリストの手法と、他のあらゆる宗教との違いを明確にしたくだりはきわめて重要だ。

宗教の教えを外面的にどれほど遵守しているか否かのテストは、私たちのふるまいがその命令に従っているか否かでわかる。安息日を守れ。割礼を受けよ。什一献金をせよ。そのような命令の遵守は実際可能である。

キリストの教えを守っているか否かのテストは、理想的な完璧さには到達できない、と私たちが意識しているか否かにかかっている。私たちがどれだけ完璧に近づいているかは目に見えない。見えるのは、どれだけ逸脱しているかだけである。

外面的な律法に基づく信仰を告白する人は、柱についたランプの光の中に立っている人のようである。彼は光に照らされているが、行き先を照らす光はない。キリストの教えを信じる人は、長い短いはあれ、棒につけたランプを目の前に下げている人のようだ。光が前方を照らし、常に地面を照らし出し、もっと先に歩いて行けと、その人を励ましている。

（『神の国は汝等の衷にあり』）

＊　＊

個々の文章に知恵の塊が含まれていても、トルストイの主な宗教関連の作品は風変わりで不安定に見える。彼は、自分の「逸脱ぶり」ばかりを見ていた。自身の心の動きを診断して、そこに見たものに嫌悪感をいっぱいに抱いた。道徳上の失敗、偽善、不信仰。もしかしたらそのせいで、今日、トルストイの霊的黙想を読む人が少ないのかもしれない。カウンセラーとして、希望より落胆を多く提供している。トルストイが自身を救えなかったとすると、私たちなど救ってもらえそうにない。

そうした批判にトルストイはこう答えた。神の理想から私がほど遠いからといって、神の聖なる理想をさばかないでください。不完全ながらキリストの名を負っている私たちのような者を見て、キリストをさばかないでください、と。そうした批判者たちに、晩年のトルストイがどのように返答していたのかを、私信の一部が伝えている。それは、トルストイのたましいの旅の要約だった。心から信じていた真理を決然と主張すると同時に、完全に実現することのなかった神の恵みを哀しげに訴えている。

「お前はどうなのだ、レフ・ニコライビッチ。説教はうまいが、説教したとおりに実行しているのか?」これはきわめて当然な質問で、常に私に問われていることでもある。あたかもそれが私の口を封じさせようとするかのように、たいてい勝ち誇って尋ねられる。「お前は説教しているが、どんなふうに生きているのだ?」そして私は、説教などしていない、説教したいという熱い思いはあるが、説教などできない、と答える。私は行動を通してのみ、説教することができるのだ。だが、私の行動は堕落している……。そして、こう答える。私は罪人であり、堕落している。説教どおりに生きていないと蔑まれて当然だ、と。

しかし同時に、正当化するためでなく、ただ私の一貫性のなさを説明するために、こう言う。「今の私の生活を見てから以前の生活を見れば、私がイエスの教えを確かに実践しようとしていることがわかるでしょう。それら（キリストの教え）の千分の一も実現していないことは事実ですが、実現したいと思わなかったから失敗したのではなく、実現するだけの力がなかったのです。私を取り巻く誘惑の網から逃れる術を教えてください。助けてくだされば、キリスト教の教えを実行するでしょう。たとえ助けがなくても、キリストの教えを実行したいと思っているのです。
私を攻撃してください。自分でも自分を攻撃しています。でも私が従っている道でなく、またそれがどこにあるかと尋ねる人に私が指摘する道でなく、『この私を』攻撃してください。私がよく知る帰り道を酔ったまま歩いていたら、千鳥足でも、その道は間違っているとは言えないでしょう？　それが正しい道でないなら、別の道を示してください。でも、私がよろめいて道に迷っているなら、助けてくれなければなりません。正しい道に導いてくれなければなりません。私がいつでもあなたを支えようとしているように。私を間違った方向へ導かないでください。道に迷ったからといって喜ばないでください。喜びの叫び声をあげないでください。『あいつを見ろ！　家に帰るところだと言いながら、よろよろ沼地に入り込んでいる！』などと嬉しそうに眺めていないで、私を助け、支えてください。」

トルストイの宗教関連の作品を読むと、悲しくなる。人間の心を射抜くX線のようなまなざしは、彼を文豪たらしめたが、苦しむクリスチャンにもしたのである。産卵するサケのように上流に向かおうとして一生涯闘い、最後は道徳的に疲れ切り挫折してしまった。子どものころ、トルストイは魔法の「緑の杖」があることを信じていた。しかし、トルストイは、人間の心の中のあらゆる悪を破壊して、善をもたらす言葉が刻まれているというその緑の杖を見つけることなく、自身も含めた人間のもつ堕落した性質を心から受け入れることはなかった。悪を追い払うには自分の意志だけで十分だと思ったために挫折した。最後の小説『復活』の中で、登場人物の一人は、はっきりと理解していた。「人類が耐え忍ぶ恐ろしい過ちから救われる唯一確かな方法は、だれにとっても、自分が神の前には罪人であると認めること。したがって、他者を罰する資格も、他者を改善したりする資格もないと認めることだ。」

しかし、私はトルストイに感謝もしている。本物の信仰を求めるその激しい思いは、忘れ難い印象を残した。はじめてトルストイの小説に出合ったのは、「教会の虐待」の後遺症に苦しんでいた時期だった。育った教会にはあまりにも多くの欺瞞があった。少なくとも、若くて傲慢だった私の目にはそう映った。福音の理想と、その福音に従う人々の欠点とのあいだにある大きな裂け目に気づいたとき、到達することなどできないそんな理想など捨て去ろうとする猛烈な誘惑に駆られた。そして、トルストイを発見した。彼は私にとって、最も困難であった仕事を成し遂げたはじめての作家だった。トルストイが善を悪と同じくらい信じるに値するもの、そして魅力のあるものとしたからだ。私は彼の小説や寓話、短編から精神力の源を得た。

現代小説のほとんどが堕落を探究している。トルストイはその堕落にまみれていたが、より高いところを目指し続けた。私たちのなり得る、なるべき像に向かって、トルストイ自身が常に思い焦がれながら、実現することのなかった愛の支配を目指し続けた。その虚しい努力によって、私が真理を完璧に実現できないからといって、真理そのものの価値を低めることにはならず、それよりも神のあわれみに身を投げ出し続ける必要があることを確信させてくれた。ある考えを信じていると公言している人は、その考え自体に対して責任を負う必要はないのだ。トルストイのおかげで、私は批評家たちに「……私の従っている道ではなく、私自身を攻撃してください」と言えるようになった。放蕩を送った過去のおかげで、トルストイは、他の道を行けば真理からいっそう遠ざかることを知った。

「その男が生きているかぎり、私は地上で孤児ではない」と、トルストイの同時代の人で、その才能をだれもが称賛していたマクシム・ゴーリキーは言った。彼は、国民全体の目を上げさせ、今日でもその著作には、世界に対するメッセージが込められている。数年前、文学教授をしている友人が、タイのみすぼらしい難民キャンプで奉仕する教え子から、必死の思いで助けを求められた。毎日カンボジアやベトナムから逃げて来た人々から、人間の残虐性と悪について聞きながら、もはや人間の善良さを信じることも、神を信じることもできなくなりそうだと言う。信仰を回復させてくれそうな本を何冊か送ってほしいという教え子からの要望を受け、友人は五冊の本を選んだ。最初に選んだのが、トルストイの『復活』だ。トルストイが最後に執筆したその小説は、虐げられた元売春婦の抑えることのできない執拗な愛と、その彼女を虐待した男の罪意識を描いている。トルストイが恵みを理解しようとしながら至った境地を表しているかもしれない。

トルストイの傑作の一つ『アンナ・カレーニナ』の最後は、二つの段落で主人公レーウィンのたましいの覚醒を年代順に記録している。レーウィンは言う。「このおれに、おれのハートに、理性では捕捉し難い真理が啓示されているのに、おれは執拗に、その真理を理性や言葉で表現しようとしているのだ」(『アンナ・カレーニナ』北御門二郎訳、東海大学出版会)。レーウィンの最後の言葉に、トルストイ自身の影を見ずにいられない。必死で求め続けた希望と実現しなかった夢、その両方が見えるのだ。

この新しい感情は、おれが空想していたように、一挙におれを変えたり、幸福にしたり啓発したりもしてくれなかった。――ちょうど子供に対する感情とおなじように。やっぱり、思いがけない贈物といったものはなかった。これが信仰なのか、そうでないのか。――おれには、まだその正体が分からないが、とにかくこの感情は、さまざまな苦悩を経ていつの間におれの霊の中に入り込んで来て、しっかりと根を下ろしたものなのだ。

これからも、おれは相変わらず、馭者のイワンに腹を立てたり、人と議論したり、時と場合の見境いもなく自分の考えを述べたりするであろう。相変わらず、おれの霊の至聖所と他人との間には、否、妻との間にさえ障壁があるであろう。そして、相変わらず、恐怖の余り妻を責めたり、それを後悔したりするであろうし、相変わらず、理屈ではなぜ祈るのか分からないのに、やっぱり祈るであろう。――しかし、今やおれの生活は、おれの生活の全ては、たとえ、おれの身の上に何が起きようとも、その一瞬一瞬が、以前のように無意味でないばかりか、おれが自らそれに賦与し得る、まごう方なき善の刻印を帯びるであろう！

（『アンナ・カレーニナ』）

どうしようもない不完全さと、疑いの余地のない善。このふたつが同時に存在することを認めているその信条を、私も受け入れようと思った。

＊　＊

トルストイとドストエフスキーを読んで、言葉で伝えられるものについての見方が変わった。神学や弁証論の本を多く読んだが、得るものもあったがそれ以上に失望も多かった。

無神論の哲学者たちの議論の中には、結局どれも理性のレベルに強引に働きかけているように見えるものもあった。しかし、ロシアの二人の文豪の本を読んだとき、キリスト教の真理の核心が私を深く貫いた。私は物語の力を知った。具体的な形で疑いの余地なくはっきりと表現されている真理の力を知った。福音の中心にある恵みや赦しといった概念は、多くの神学書でわずかにしか扱われていない。私は、イエスが物語に強く頼った理由を理解し始めた。放蕩息子の話は、私たちが贖いについて知る必要のある多くのことを語っている。良きサマリア人の話は、道徳の必要性を教えている。イエスは、細かく調整された神学をもっていたパリサイ人と、助けを叫び求めることしかできなかった罪人との違いを浮き彫りにした。もちろん神がお聞きになったのは、罪人の叫び声だった。

その原理は、トルストイがジャンルを変えて書いた作品でも伝えられている。彼の数々の宗教的な作品は互いに矛盾しており、合理的な説明に頼っていることは明らかだ。けれども、トルストイの最高の著作はプロパガンダ（宣伝）の臭いが消えている。小説の中には教義と倫理が抽象的な概念としてではなく、登場人物に具体的に表された生の力として描かれている。フィクションの形で描いた人生、写真家のようなまなざしで観察して知った男性や女性の真実の中には、トルストイの合理的な探究からいつもすり抜ける福音の核心がある。トルストイは贖いを説明するより、贖いの絵を描くほうがはるかに得意だった。

不幸にも、トルストイの解釈した福音は、自身の生活に安らぎをもたらすことはなかった。トルストイの伝記を書いたＡ・Ｎ・ウィルソンに言わせると、「彼の宗教は、恵みによるものではなく、究極的には律法によるものであり、堕落した世界を貫く神のビジョンというより、人間が向上するための計画だった」。トルストイは水晶のような明晰さをもって、己の不完全さを神の理想という光に照らして見ることができた。しかし、もう一歩進んで、神の恵みがその不完全さをすっかり覆ってしまうという確信にはいたらなかった。

トルストイを読んで間もなく、彼と同郷のヒョードル・ドストエフスキーを発見した。ロシアの二大文豪は、歴史の同時期に生きて仕事をした。互いの作品を讃えながら読んでいたが、二人は一度も会うことはなかった。太陽の周りを回る惑星のように、二人も同じ町をぐるぐる周り、互いに注目し、強い力を及ぼし合っていたが、二人の軌道が交わることはなかった。それでかえってよかったのかもしれない。何から何まで正反対だったからだ。

トルストイは朗らかで明るい小説を書いたが、ドストエフスキーは陰気で内向的な小説を書いた。トルストイは自分を向上するために禁欲的な計画を実行したが、ドストエフスキーは情事、酒やギャンブルで健康を害し、財産を食いつぶした。トルストイは仕事の締め切りを厳密に守ったが、ドストエフスキーはたいてい徹夜で仕事をし、ギャンブルで作った借金を返済するために小説を書きまくった。何千人もの旅人が知恵を求めてトルストイを訪ねたが、だらしのないドストエフスキーの知恵を求めようとする人はいなかった。ドストエフスキーは人付き合いが苦手だった。金銭管理が下手で、完成した小説を出版社に送る郵便代にも事欠く始末だった。てんかん持ちで、大発作を起こした後は何日もうつ状態に陥った。

ドストエフスキーは人生で多くの間違いを犯したが、芸術において驚くべきわざを成し遂げた。彼の小説はトルストイに負けない力量で、キリストの福音の核心である恵みと赦しを伝えているのである。

ドストエフスキーは若いころ、事実上の復活を経験している。属していたグループが、皇帝ニコラス一世への反逆罪に問われたために逮捕された。ニコラス一世は、口先だけの過激な若者たちに、その誤りの重大さを思い知らせようとして、虚偽の処刑を計画した。判決を待ちながら刑務所で八か月を過ごした後、クリスマスの三日前の極寒の朝、陰謀者たちは突然独房から出るよう命じられ、荷車で広場に運ばれた。そこで一人の役人が死刑宣告を読み上げ、彼らを恐怖に突き落とした。囚人たちは、その知らせを受け入れることも、懇願することもできなかった。銃殺隊が構えの姿勢で立っていた。囚人たちは帽子をかぶらず、遺体を包む白い埋葬布を着て、両手を背中できつく縛られ、口を開けて見つめている群衆の前で、雪の中を行進させせられた。

役人が「罪の報酬は死である」とそれぞれの囚人に申し渡し、十字架を差し出して接吻させせた。最初の三人が死刑を宣告され、柱にしばりつけられた。最後の瞬間に「構え、ねらえ！」の命令と同時にドラムが鳴り響き、銃の打ち金が起こされ、銃口が掲げられた。そこへ、皇帝があらかじめ用意していた電報を手に、騎兵が駆けて来た。そして、皇帝の慈悲により、おまえたちには強制労働が課せられることになったと伝えたのだった。ドストエフスキーは貴族の出身だったが、恥のしるしとして頭の上で剣を折られた。囚人の一人はひざまずくと泣き叫んだ。「慈悲深い皇帝！　皇帝、万歳！」別の囚人は精神が壊れ、そのまま回復しなかった。

ドストエフスキーも、その囚人とは大きく異なるが、生涯この経験から立ち直ることがなかった。彼は死の淵をのぞき込んだのである。そして、その瞬間から、ドストエフスキーにとって人生が測り知れないほど貴いものになった。刑務所に戻ると、いのちが生き返ったというこの上ない喜びを歌いながら、独房の中を歩き回った。兄に宛ててこう書いている。「これほど豊かで健全な霊的生活が湧き立ったことは、かつてなかった……。私の人生はいま変わる。私は新しい形をとって生まれ変わるだろう。」ドストエフスキーは、自らが着ていた白い埋葬布を畳み、思い出の品としてしまい込んだ。

次の試練はシベリア流刑だった。クリスマスの真夜中、守衛たちはドストエフスキーに数キロの足かせをつけ、天蓋のないそりまで歩かせた。そして、彼は凍えるような寒さの中、凍傷をつくりながら十八日間の馬ぞりの旅に耐えた。それから囚人たちは、それぞれ散らされる前にシベリアに数日間とどまった。そのとき、指揮官は三人の女性たちの訪問を許可した。彼女たちは他の政治犯たちの妻たちであり、夫のそばにいたくて移住してきたのだった。三人は新しい囚人たちを歓迎し、彼らに慰めを与えることを自らの使命と考えた。その中に、ドイツ哲学を研究し、聖書をほぼそらんじていた信心深い女性がいた。彼女はドストエフスキーに、刑務所で許されていた唯一の書物であった新約聖書を手渡し、この本を注意深く調べなさい、とささやいた。聖書の中には、十ルーブル紙幣が挟まれていた。

ドストエフスキーは、召しに応えるチャンスを神がもう一度与えてくださったと信じ、抑留中に新約聖書を熟読した。後年、娘のエイミーは書いている。「父はこの貴重な本を隅々まで研究し、一語一語を熟考し、その多くを暗記して、忘れることがありませんでした。父の仕事はすべて聖書が染みわたっています。その仕事に力を与えているのは聖書です。」ドストエフスキーは解放後も、その新約聖書を旅の道連れにし、家ではいつでも手に取れるよう、書き物机の引き出しに入れていた。

ドストエフスキーは四年にわたる過酷な労働に耐えた後、六年間の亡命生活を送った。十年経ったとき、揺るぎないキリスト教信仰をもっていた。新約聖書をくれた女性にこう書き送っている。「この『信条』はとてもシンプルで、こういうことです。キリストほど美しく、奥深く、あわれみにあふれ、理性的で、男らしく、完璧な人はいない。……キリストは真理の外にあると証明する人がいたとしても、私は真理よりもむしろキリストと共にあろうとするでしょう。」

＊　＊

ドストエフスキーは刑務所でひどく苦しんだ。神経症のためにてんかんが深刻になり、発作が起こると倒れて叫び、口から泡を吹き、手足を痙攣させた。てんかんだけでなく、リューマチの治療も受けるため、たびたび刑務所の病院のベッドで過ごした。文学に飢え、日常茶飯事の喧嘩や囚人たちの大騒ぎにうんざりし、拘束されていることに苛立ち、とにかく騒音から離れて一人になれる瞬間を切望した。それは、飲み食いと同じくらい差し迫った必要だった。刑務所にいた年月、家族からの手紙は一通もなかった。

仲間の囚人の中には、懲罰に対して憎しみと復讐心を抱いている人々もいた。その中でドストエフスキーが、人生に新たな喜びを見いだし、人間性を楽観的にとらえるようになって社会に戻ったことは注目すべきである。柵に頭をもたれかけさせ、緑の草や空の深い青を眺めながら、フェンスの隙間で何時間もたたずんでいたときの記憶を大切にしていた。「神の世界を見る場所が一つだけあった——美しく輝く地平線、不毛な草原地帯、そのがらんとした様子はいつも不思議な印象を与えた。」

新約聖書をくれた女性の優しさ、そして、守衛に連れられて通りを歩いていたときに駆け寄って来た少女の優しさを忘れなかった。少女は「ほら、かわいそうな不幸な人、キリストの名によってコペイカ銅貨を受け取って！」と叫んだ。ドストエフスキーは、その銅貨を捨てないで思い出の品として、新約聖書や白い埋葬布といっしょに持っていた。独房にいたあいだ、毎夕、独房のドアのシャッターが開くと、見知らぬ声が「元気を出して、兄弟。私たちも苦しんでいるのです」とささやいたことを忘れなかった。苦しみのただなかに差し挟まれた、こうした小さな恵みの調べが、後に彼の小説に登場することになる。

ドストエフスキーは、何より人生という純粋な贈り物を大いに楽しんだ。虚偽の処刑の数時間後に書いている。「いのちとは贈り物だ。」そして、自由な生活に戻ると、こう書いた。「いのちとは幸せであり、どの瞬間も幸せの永遠であり得る……。いのちはどこにでもあり、私たちの中にあり、外部にあるのではない。」

木の葉の一枚一枚を、光の一筋一筋を愛せ。
動物を愛せ、植物を愛せ、一つ一つのものを愛せ。
すべてを愛するなら、すべての中にある神の神秘に気づくだろう。

ドストエフスキーの中に、この湧き上がる喜びがあったとは、思いもしなかった。私は暗澹としていた時期に実存主義者たちの小説に没頭し、その後で彼の小説を読んだ。私は感情の平地に住んでいた。他の人々から距離を置き、彼らをさばき、新しく知り合う人々には猜疑心をもって近づいた。人々は私の関心を引くために、努力しなければならなかった。自分のような心の麻痺した登場人物が、ドストエフスキーの『地下室の手記』に描かれていた。そして、別の登場人物たちにも出会った。彼らのあふれるような善良さは、鋭い対比をなしていた。ある逆説《パラドックス》に注目せざるを得なかった。すべてを持っていたトルストイは、短気で憤慨した人物として人生を終えたが、すべてを失ったドストエフスキーは、感謝と活気に満ちあふれる人物になったのだ。

刑務所は、ドストエフスキーにユニークな機会を与えた。はじめは泥棒、殺人者、酔った農夫らのそばで生活するという、呪われているような機会だったが、後にこう思い返した。刑務所で耐え忍んだ最悪の苦痛とは、彼が直面した農夫の囚人たちのもつ純粋な憎しみだった。彼らはドストエフスキーを、大嫌いな上流階級の人間と見ていた。この発見は大きな衝撃だった。貴族の友人たちは、まさにこうした人々に権利をもたらすための改革運動を進めようとしていたが、刑務所の農夫たちは彼らを蔑んでいたからだ。こうした囚人たちと共に生活したことが、後に、彼の小説に『罪と罰』の殺人者ラスコーリニコフのような比類ない性格描写を生み出すことになる。

人間性には本来善良さが備わっているというドストエフスキーのリベラルな見方では、刑務所の仲間たちの中に見た純然たる悪を説明できなかった。彼の神学は、この新しい現実に適応しなければならなかった。だが次第に、こうした囚人たちの中でも最悪な人々の中にも神の似姿を垣間見るようになった。トルストイのように、ドストエフスキーも伝統的なキリスト教の名残が、囚人の農夫たちの中に生きづいていることを発見した。それを、彼らの新しいはじまりをもたらす唯一の希望として見始めた。ドストエフスキーは信じるようになった。人は愛されることを通してのみ、愛することができるようになるのだ、と。ドストエフスキーは、自らの仕事の一部を「低い人々を高く上げること」であると考えていた。教養あるロシア人の目を通して、農夫や世間から弾き出された犯罪者たちを救おうとしながら、その難解な傑作をひたすら書き続けた。

ドストエフスキーは自分を、遠くの国でトウモロコシの皮や豚に囲まれ生きている放蕩息子だと思い始めた。囚人はみな、放蕩息子のように「家にいるのでなく」、ただ滞在しているように感じている、と結論した。刑務所の壁の外で何かが待っているという希望、「この不思議な待ちきれないほど途方もない希望」が、文字どおり囚人に生きる力を与えていた。ドストエフスキーにとって獄中の希望は、あの公共広場で死刑宣告を聞いた瞬間に感じた永遠の希望のシンボルとなった。「私たちはキリストと共にいるだろう」と、彼は本能的に隣にいた友人にささやいた。（無神論者の友人は簡潔に答えた。「ゴミになるだけさ。」）ドストエフスキーは、この人生がけっして無意味ではないと確信するための唯一の道として、永遠のいのちを信じるようになった。

その当時、ロシアの知識人たちは、胸躍らせながら虚無主義《ニヒリズム》という新しい哲学と戯れていた。何も重要ではなく、すべての道徳は恣意的で、愛の神など世界を支配しておらず、すべての行動は生物学によってあらかじめ決定されており、愛は性欲と切り離せない肉体の感覚だという信仰である。流刑を終えたドストエフスキーは著作の中で、こうした主張の一つ一つと対決した。反論するのでなく、その考えに生きることで示した。たとえば『悪霊』は、考え方の違いを解決する最も便利な方法として、仲間を殺す熱心な革命家たちの物語（真実の事件に基づいている）を語っている。『罪と罰』が描いているのは、標準的な道徳のしきたりを超越して生きようとして、二つの殺人を犯すニーチェ哲学的な

「非凡人」の結末だ。

だが常に、心打つ恵みの調べが響いている。実際、私がはじめて恵みを理解し始めたのは、ドストエフスキーの小説の中だった。単なる神学的な概念としてではなく、恵みのない世界で機能している生きた現実として理解し始めた。『罪と罰』は、軽蔑に値する犯罪に手を染める卑劣な人間を描いているが、そのラスコーリニコフの人生にも、回心した娼婦ソニアという人物を通して慰めをもたらす恵みの香りが入り込む。ソニアはラスコーリニコフを追ってシベリアまで行き、悔い改めに導くのである。「愛が彼らを生き返らせた」と、ドストエフスキーは書いている。「一人の心が、もう一人の心のために、いのちの無限の源をもっていた。」『白痴』の中でドストエフスキーは、てんかん持ちの侯爵というかたちで、風変わりで予想外のキリスト像を登場させている。そのムイシュキン侯爵は静かに、神秘的に、ロシアの上流階級社会の中で動き、人々の偽善を暴きながら、善良さと真理をもって人々の人生を照らしもする。『白痴』の最後の場面は、文学史上最も感動的に恵みを描いているかもしれない。〝白痴〟の侯爵は、自分の愛する女性を殺した男をあわれみ深く抱きしめるのだ。

法律に支配されている世界の中で、恵みは矛盾のしるしとして存在する。私たちは公平さを求めるが、福音が私たちに与えるのは、「父よ、彼らをお赦しください」と叫んで十字架につけられた罪のない男である。私たちは尊敬できる人を求めるが、福音は取税人、放蕩者、サマリア人らをもち上げる。私たちは成功を求めるが、福音は立場をひっくり返し、貧しく虐げられた人々を列の先頭に置き、裕福で有名な人々を後ろに移動させる。同房者のあいだで自分の虚弱さを嘲られ、長所を蔑まれたシベリアの収容所という悪の巣窟でキリストを受け入れたドストエフスキーは、その最もふさわしくない場所で恵みを理解した。彼の小説で、恵みは警告なしに、こっそり入り込む。懐疑主義者たちを黙らせ、あざ笑う者たちの敵意を和らげながら。彼らは人生を理解したつもりでいるが、突然恵みに出合って息を呑むのだ。

それは、ドストエフスキー自身に起きたことだった。ギャンブルで作った借金や、雑誌の仕事の失敗に苦しんでいたとき、狡猾な出版社の罠にかかった。期日までに新作を生み出せなければ、過去の作品の著作権をすべて譲渡する約束をさせられたのだ。ドストエフスキーはスランプに陥り、なかなか小説を書けずにいた。締め切りまで、あと三週間しか残されていなかった。三週間で新作を書くのは不可能に思え、人生に絶望した。そこに十九歳の速記者アンナが現れ、救いの手を差し伸べる。数日前にてんかんの発作を起こしたばかりで不機嫌だったドストエフスキーは、最初はアンナを粗野に扱い、叱りつけ、仕事が遅いと文句を言った。彼女は彼の発する言葉を逐一書き留め、夜を徹して働いた。家に帰るとそれを書き写し、翌日には編集済みの原稿を手に戻って来た。そのような想像を超えた努力によって、彼女は彼の心を惹きつけ、なだめすかしながら『賭博者』を脱稿させる。出版社に原稿が届いたのは、締め切りの二時間前だった。

そのころにはドストエフスキーも、この速記者の魅力に心を奪われ、結婚を申し込んだ。アンナは彼に何の魅力も感じていなかった。二十五歳年上のだらしないやもめ男で、アルコールとギャンブルという悪名高い弱点ももっていた。しかし可哀そうに思ったし、自分が必要とされていることもわかっていた。彼女は相当な犠牲を払って結婚を承諾し、彼の仕事と家事を整理するために家に入り、十五年間の幸せな暮らしを与えた。その十五年を伝記作家たちは「奇跡の年月」と呼ぶ。ドストエフスキーの傑作は、すべてアンナと結婚していた期間に書かれたからである。

＊　＊

ドストエフスキー最後の作品『カラマーゾフの兄弟』は、文学史上最高傑作と思われる。描かれているのは、聡明な不可知論者イワンと、敬虔な弟アリョーシャとの著しい違いである。イワンは人類の失敗を分析し、その人類の失敗を扱うべく考案された政治機構をことごとく批判するが、解決策を提示することができない。アリョーシャは、イワンが提起する知的な問題に答えられないが、人間に対する解決策をもっている。彼は言う。「ぼくは悪の問題に対する答えはわかりません。でも、愛を知っています。」イワンは、ヨブ以降のだれにも負けないほど力強く神に反論する事例を述べ立てる。アリョーシャは言葉もなく、心をあわれみでいっぱいにして立ち上がり、イワンの唇にそっとキスをする――ちょうどイワンの偉大な詩「大審問官」の中で、キリストが自らを苦しめる者にしたように。

『カラマーゾフの兄弟』には、ドストエフスキー自身の悲劇的生涯におけるあらゆる重要な要素が入っている。農奴たちの手で父親がむごたらしく殺されたこと、既成の文学界から一度は評価されながらも捨てられた経験、逮捕と虚偽の処刑、収容所で過ごした年月、一方的な愛という苦しみ、てんかん、気腫、困難な結婚生活、子どもたちの病死、多額の負債という重荷、ギャンブル。彼はこの本を書くときにヨブ記を研究した。そして、自分がこうむった苦しみを一つ残らず盛り込んだ。この小説を完成して二か月後、ドストエフスキーはすべてを言い尽くしたかのように、一文無し同然で亡くなった。その膝の上には、昔、シベリアに送られるときに渡された新約聖書が置かれていた。

フレデリック・ビュークナーは、『カラマーゾフの兄弟』を次のように要約している。

巨大なごった煮のブイヤベースといった書物である。脱線しがちであっちこっちに話が飛ぶし、登場人物が多すぎるし、長すぎる。それでいて、これは、ほかならぬ聖霊ご自身がそこかしこに入っている書物である。ドストエフスキーが、何であれ入り込もうとするものがあれば、それを入れる余地を残しているからなのだ。そのため、私にかぎって言えば……宗教体験「について」というよりも、むしろ宗教体験そのものを読む小説になっている。つまり、隠れて存在しているときの神と、ぞっとするほど不在であるときの神の両方が書かれている本なのだ。

はじめて『カラマーゾフの兄弟』を読んだとき、自分がイワンの側に立っていることに気づかされた。私は世界に対して長い不満のリストを抱えていた。神の不正義と不公平に反対する確たる論拠をもっていた。神に怒りと恨みを感じていた。ドストエフスキーを引用すると、「神は、ほめ讃えてほしいなどと言わず、あっさり私を滅ぼしてくれないだろうか?」　世界に愛が欠けていることに苦しみながら、私は何も手を打てずにいた。アリョーシャのような共通善への素質が欠けていたし、あわれみ深くもなかった。

それから、ドストエフスキーが収容所で学んだことを私も理解し始めた。恵みの福音は、たいてい言葉や理性的な議論を通してではなく、愛による行為を通してこの世界に浸透することがわかってきた。ポール・ブランドやロバート・コールズのような、私が心から尊敬するようになった人々は、行動を通して信仰を表していた。ブラジル、ネパール、フィリピン、ケニアなどで出会ったのは、想像もできないほどの人間の問題と日々向き合っている謙虚な人々だった。しかも彼らは無気力や憤慨でなく、あわれみと愛をもって対処していた。ドストエフスキーは、ニヒリズムと疑いに基づく人生が、どのような論理的結果を迎えるかを教えてくれた。キリストに仕えて生きる人々は、信仰と愛に基づく人生の終着点を見せてくれた。イエスに従えば、人間の問題がすべて解決されるわけではないことを知った。キリストご自身、そうしようとしなかった。むしろ、受けるに最も値しない人々に、無条件で恵みと愛を与えて応えることがイエスに従うことだと知った。

ドストエフスキーの時代の知識人は総じて、彼の主張を受け入れなかった。下層階級に潜むキリスト教信仰、慈善とあわれみへの訴え、最新の社会工学理論への不信――これらによって、ドストエフスキーは古いモラリスト、現代ロシアの問題に全く取り組んでいない人間とみなされた。知識人たちは別の道、超越性から切り離された功利主義に基づく道徳の道を選んだ。「神がいなければ、すべてが許される。」ドストエフスキーは『カラマーゾフの兄弟』の中で、こう警告した。二〇世紀はドストエフスキーの先見の明を証明するだろう。彼はこうも書いている。「人間は何者かに頭を垂れなければならない」と。二〇世紀ロシアは、人間が人間に頭を垂れることを選んでしまった。レーニンを祀り上げ、マルクスやスターリンを預言者のように扱った。無神論者は、神である男よりも、人間である神々を崇拝し、この星がかつて見たこともなかった悲劇的な結末をもたらした。ドストエフスキーの死後百二年目にあたる一九八三年、アレクサンドル・ソルジェニーツィンはテンプルトン演説で、二〇世紀ロシアの悲劇的な歴史を振り返った。ソルジェニーツィンは別のところで語っているが、ドストエフスキーを読んで、物質的なものより霊的なものが優越していることがはじめてわかるようになったという。やはり収容所で回心を経験したのである。それによって人生が変わり、その国家の行く末も最終的に影響を受けた。テンプルトン演説で、彼は次のように語った。

半世紀以上前、まだ子どもだったころ、ロシアを襲った大惨事について多くの老人が次のように言いました。「人間は神を忘れてしまった。だから、こんなことが起きたのだ。」それから五十年ほど、ロシア革命の歴史に関する作品を書いてきました。何百冊もの本を読み、何百人もの証言も集め、その動乱の残したがれきを片づけようと、すでに八冊の書物を書き上げました。しかし、およそ六百万の国民を呑み込んだ破壊的な革命の原因を、できるだけ簡潔に表現してくれと言われたら、この言葉をくり返すのが最も妥当だと思います。「人間は神を忘れてしまった。だから、こんなことが起きたのだ」と。

＊＊

信仰はなぜ機能しないのだろう？　自分の心の底にある疑いの源であるキリスト教会についての疑問を、本書のはじめに書いた。二人のロシアの思想家が異なる答えを手に現れた。トルストイは、人間の性質を完璧にしようとする信仰の上に哲学を築いていた。そして、うまくいかなかった原因は私たちの努力不足にある、と結論した。しかし、彼はだれよりも努力したのに、自分の中の矛盾を解決できなかった。他の人にはなおさらできないだろう。ドストエフスキーはシベリアで過ごした十年によって、そのような迷妄から解放された。イワン・カラマーゾフは言った。「もちろん、だれの中にも悪霊が隠れています。」　ロシアのもつべき理想について、ドストエフスキーとトルストイが争うことはなかったが、理想に至る道は多くの点で異なっていた。

シベリア流刑中、ドストエフスキーは、幼い息子をもつ未亡人と衝動的に結婚した。三人はサンクトペテルブルクに戻ったが、結婚生活はトルストイのそれと同じく不幸なものだった。ドストエフスキーのてんかんと、そのだらしなさが妻マリアを苛立たせた。ときどきヒステリックに爆発する彼女の怒りは、ドストエフスキーのてんかんを悪化させた。ヨーロッパへの長旅に出たのは病の治療のためでもあり、マリアから逃れるためでもあった。二人の相性は最悪だった。

結婚して七年後、マリア・ドストエフスキーは結核でこの世を去る。マリアが病床にあった時期、夫のヒョードルはいかにも彼らしく、二十歳の愛人とヨーロッパ旅行に出てばかりいた。妻が亡くなって家に戻った彼は、遺体のそばに座した。すると共に過ごした幸せな時間が懐かしく思い出され、胸がいっぱいになった。妻の死を深く悲しみ、自分の行動を嘆き、悔いた。一晩中妻の棺台に付き添い、ろうそくの火の下でこう書き留めた。

「マーシャが棺の中に横たわっている。もう一度マーシャに会えるだろうか。」

その晩の憂鬱な思いは、不死という奇妙な議論につながった。もう一度妻に会えるかどうかという問いに答えるとき、ドストエフスキーは昔ながらの議論を無視していた。それは、たとえばイエスの復活や、正義の力のバランスをとる必要はあるかというものだ。そして、その文書を一種の個人的な告白に変えていった。だれも理想どおりに生きられないことを、ドストエフスキーは認めている。だれも隣人を自分のように愛することはできない。だれもキリストの律法を実現することはできない。神はこんなに多くを要求しながら、満足しないはずがない。私たちは、自分たちには大きすぎるもののために造られている。

彼は結論する。死後の生を信ずべき理由は、これにほかならない、と。そのような信仰がなければ、キリストの律法を実現しようとするのは、ただの悪あがきである。私たちが神のあわれみに身を投げ出すのは、まさに憧れ、自分たちの失敗、不完全さという感覚によるのである。私たちはこの人生で不完全であるために、あの理想をより完全に実現する別のものを求めるのだ。

こうしてドストエフスキーは、トルストイと共有したキリスト教の理想に、切ない思いで恵みに憧れる音色を付け加えている。私にとって、この二人のロシア人は霊の道先案内人である。この二人のおかげで、クリスチャン人生の中心にある逆説を受け入れられるようになったからだ。私は心の中を見る必要、自分の中にある神の国を見る必要を学んでいる。心の中をのぞけば、福音の高い理想から自分がどれほど、ほど遠いかがわかる。しかしドストエフスキーからは、神の恵みの絶対的な広がりを学んだ。神の国は私の中にあるだけではない。神ご自身がそこに住んでおられるのだ。パウロはローマ人への手紙の中で、それをこう言い表した。

「罪の増し加わるところに、恵みも満ちあふれました。」（五・二〇）

福音の高邁な理想と、自分自身のぞっとする現実との緊張を解く方法は、だれにとってもたった一つしかない。私たちは決して理想に届かないが、理想に到達する必要もないことを受け入れるのだ。トルストイはそれを半分正しくとらえた。神の道徳の標準を快く感じさせるもの、「ついに私は到達した」と思わせるものは何であれ、残酷な欺瞞である。ドストエフスキーは、あとの半分を正しくとらえた。すべてを赦す神の愛を不快に感じさせるものも、またすべて残酷な欺瞞なのだ。

「今やキリスト・イエスにある者が罪に定められることは決してありません。」(同八・一)

レフ・トルストイは、このメッセージを完全には理解できなかった。

絶対的な理想と絶対的な恵み。ロシアの文豪たちからその二重のメッセージを学んだ後、私はイエスに戻り、教えの中にそのメッセージがあふれていることを発見した。若い裕福な役人に答えたとき、よきサマリア人のたとえ話をしたとき、離婚や金銭その他の道徳上の問題を語ったとき、イエスはけっして神の理想を低めることなく、こう言った。「あなたがたの天の父が完全であるように、完全でありなさい」(マタイ五・四八)。こうも言った。「あなたは心を尽くし、いのちを尽くし、知性を尽くして、あなたの神、主を愛しなさい」(同二二・三七)。トルストイも、アッシジの聖フランシスコも、マザー・テレサもだれであれ、こうした命令に完全に従った人はいない。

しかし、そのイエスは絶対的な神の恵みを優しく差し出した。キリスト教信仰の最大の特徴かもしれない。神が私たちを愛されるのは、私たちの人となりや何かをしたからではなく、神の人となりのせいである。恵みは、それを受け入れるすべての人に流れてゆく。イエスは姦淫を犯した女性を、十字架上の泥棒を、イエスを知らないと否認した弟子を、赦した。恵みは絶対的で、すべてを包み込む。恵みはイエスを十字架につけた人々にまで及ぶ。地上で語った最後の言葉の中で、イエスはこう言った。

「父よ、彼らをお赦しください。彼らは、自分が何をしているかが分かっていないのです。」
(ルカ二三・三四)

私は、若いころとは違った思いで、新約聖書を読んでいる。特に山上の説教のようなくだりだ。イエスはこれらの高尚な言葉を、私たちがトルストイのように眉根を寄せて、完全になれない自分に絶望するために語ったのではない。それは、神の理想を知らせるためだったのだ。その理想に向かって私たちが努力をやめないように、そして、だれもその理想に到達できないことをわからせるために。山上の説教は、神と人間との大きな隔たりを否応なく思い知らせる。そして、その要求を弱めることで神と人間との隔たりを縮めようとする試みは何であれ、すべて的を外していることに気づかせる。私たちはみな絶望的だ。しかし、神を知りたいと思っている人間にとって、それが唯一ふさわしい状態なのである。トルストイと同じように絶対的な理想に届かなかった私たちは、ドストエフスキーと共に、絶対的な恵みという安全網の中に着地するほかないのである。

第7章　異郷の地に響くこだま

マハトマ・ガンジー

もしある若者が、レフ・トルストイの著作の中でイエスの容赦ない言葉に出合い、「イエスならどうするだろう」と真剣に自問しながら生涯を送ったとしたら。路上の物乞い、億万長者、市長、トイレの掃除係、どのような人であっても、尊敬の念をもって丁重に接することを心に誓ったとしたら。カバンに入る最小限の持ち物だけ残し、それ以外のすべてを手放したとしたら。毎日何時間も瞑想し、一人で静かに過ごす時間に慌ただしい予定を割り込ませるつもりはないと強調したとしたら。文明の利器を遠ざけ、スタイルや流行に惑わされず、心の中の霊的な力の養いに一生を捧げたとしたら。

そればかりか、この孤独を好む人物は変わり者であったのに、世界で最も有名な一人、世界で二番目に人口が多い国の道徳的指導者になったとしたら。しかも厄介なことに、このイエスに倣って生きようとした人物が、意図的にキリスト教徒にならなかったとしたら。

そのような常識外れの生き方をしたのが、モハンダス・K・ガンジー（一八六九〜一九四八年）という男である。前代未聞の男だった。これほど己を律し、頑固で、一貫性がなく、創造性に富み、不可解で、人好きがし、腹立たしい人物はいない。私たちが今日当然と思っている民主政治の大部分は、人類の五分の一を独立に導いたこの男が考え出したものだ。政治マニュアルの決まりをことごとく破りながら、世界史上最大の民主主義を作り上げることに貢献したのである。

没後五十年経った今、ガンジーを評価するには、インターネットや巡航ミサイルのある、この加速化した世界に彼がどう関係しているか問うことだ。ブランド博士とインドを訪ねたとき、この注目すべき人物について現代のインド人があまりにも知らないので驚いた。ガンジーは聖人と呼ばれていた。ヒンドゥー教の聖人でありながら、その戦略はキリスト教から得ていた。この人物が、私たち西側の人間にどのようなメッセージをもっているか、立ち止まって考えるべきだ。彼は西洋の教会の肩の上に超自我然と座し、すべての人間に、トルストイが自らに問うた疑問を投げかけている。私たちはなぜ説教していることを実践しないのか、と。

ガンジーは、合衆国が日本に原爆を落とした三年後に他界している。原爆投下を知ったとき、地球を存続させるには、世界は東洋に解決を探るべきだといっそう確信した。西洋は人類を導く能力を失っている。未来は退廃、物質主義、武力闘争といった言葉で語られるだろうと考えていた。※物質的な強さでなく、霊の強さに基づく新しい道を探っていた。今日、その呼びかけを心に留めている人は実に少ない。合衆国は、世界で唯一の超大国であり、セックスと富を重視するその文化は世界中に広がり続けている。現代のインドは、ガンジーを崇めていても、従ってはいない。巨大な繊維工場が木製の糸車に取って代わり、ハイテクなオフィスビルが、世界中のコンピューターを動かすソフトウェアを量産している。そしてガンジーの没後、血で血を洗う三つの戦争があり、祖国インドは彼を愕然とさせた核兵器という魔法の指輪を見せびらかしている。それでもインドは、この小柄な変人を意識から追い出せはしない。

※　ロバート・コールズ博士は、医学部時代のある場面を振り返っている。カトリック労働者運動を支援していたとき、仲間の一人が貧しい人々の暮らす建物の側面に、皮肉たっぷりの落書きをした。
「ガンジーさん、西洋文明をどう思いますか？」

ガンジー「素晴らしいです」。

人気投票が開かれ、世界的な指導者から最も遠い人物が選ばれるとしたら、ガンジーは快勝するだろう。身長約百五十センチ、体重は五十キロそこそこ、栄養失調の子どものような細い手足。剃り上げた頭とじょうご形の耳、大きな鼻は仮装パーティー用眼鏡についているゴム製の鼻のようだ。その鼻から、メタルフレームの眼鏡がいつもずり落ち、口に向かって傾いている。食事のときだけ義歯をはめるので、口の形も奇妙だった。ほとんど歯のない歯茎の上に唇が弧を描いていた。インド最後のイギリス総督マウントバッテン卿は言った。「彼は小鳥に似ている。私の肘掛け椅子にとまっている、可愛くて悲しげな雀のような鳥だ。」

ガンジーは、竹の棒か、甥や姪の幼い娘たちから「松葉杖」と呼ばれていた棒にもたれて歩いた。毎日同じ服を着ていた。ゆったりしたインドの腰布をまとい、木綿のショールをはおっていることもあった。どちらも手ずから糸車で撚った目の粗い生地だった。持ち物は全部小さな袋に入れて持ち歩いたが、誇らしげに紐につけていたインガーソル製の懐中時計は例外だった。ガンジーは厳格なスケジュールに従い、大英帝国の王であれ、インドの指導者であれ、親しい友人たちであれ、だれと会うときもその予定を変更しなかった。毎日午前二時に起きてヒンドゥー教やキリスト教の聖書を読み、祈りを唱えた。それから数時間、静かに手紙の返事を書き、儀式の沐浴をし、塩水で浣腸をした。お昼の休憩のときも、別の健康法として木綿袋に泥水を入れ、滴り落ちる泥を腹や額に塗った。

有名人の過去を暴こうとする現代の歴史家たちは、周囲の人々に対するガンジーの細かい要求、奇妙な習慣、気難しい頑固さを語っている。全裸の若い女性たちと寝ることによって、自らの純潔の誓いを試した。何百万もの人々を元気づけてきたこの男は、自身の家族の指導者としては失敗した。妻を虐待し、息子は反抗して横領犯、ギャンブラー、一文無しのアルコール依存症患者になった。妻が急性気管支炎にかかって死にかかっていたとき、彼女のいのちを救おうとしたイギリス人医師が貴重なペニシリンを空輸で取り寄せた。にもかかわらず、ガンジーは注射針という暴力を妻の体に侵入させるつもりはないと言って、ペニシリンの投与を許さなかった。結局、妻は助からなかった。

この噂話が広まってガンジーのイメージは傷つき、インドは彼が人生をかけて作り上げようとしたものの多くを捨て去ってきた。それでもガンジーには、出会った人々にかならず影響を与えた独特の性質がある。経験豊かな軍司令官であったマウントバッテン卿は、インド各地で内乱が勃発したとき、ガンジーの道徳の力を単純な戦略で用いた。「私のいる西洋の前線には十万人の精鋭部隊がいて、止めようのない血が流れていています。でも東洋の前線には老人が一人いて、血は流れていません。」

どういうわけかガンジーは、付き従う何百万もの人々を、世界が見たこともないような改革運動に駆り立てた。彼は従う人々に警告した。「私の仲間は床の上にじかに寝て、粗悪な衣服を身に着け、異常に早い時間に起き、常に簡素な食事をとり、トイレ掃除もする覚悟が必要です。」彼らは、祈り、断食、懲役刑、打擲を受けた体という武器で闘い、最終的にその新奇な手法が五億もの人間を解放する力となった。

ガンジーが教えた手法を、マーティン・ルーサー・キング・ジュニアが米国南部で用い、同様の成果を上げた。その手法は再び南アフリカで、さらに東欧でも使われた。ある夜、ろうそくを手に何千人もが讃美歌を歌いながら行進し、四十年間も立ちはだかっていた鉄のカーテンを破壊したのである。また、マニラで飛行機を下りる際に暗殺者の凶弾に倒れたベニグノ・アキノの手には、ガンジーを引用したスピーチ原稿が握られていた。「神と人間が考えてきた結果、傲慢な暴政に対する最強の答えは、潔白な人間が進んで犠牲になることである。」フィリピンの民衆の力は、やがてガンジーの正しさを再び証明した。道にひざまずく丸腰の民衆の前で、重量五十トンの戦車が突如として止まったのである。

私はインドを訪れて以来、ガンジーに魅せられてきた。現地のクリスチャンから、そして西側のクリスチャンから、この小柄な男について極端に異なる意見を聞いた。どちらにしても、ガンジーを容易には心から追い出せないことを知った。歴史に残したその痕跡はあまりに大きく無視できない。ガンジーについて書くのは、彼がこの星にある問いに答えをもっていたからではない。その反対で、きわめて挑発的に問いを投げかけたからなのだ。私たちはもちろん、ガンジーの答えを拒否するかもしれないが、投げかけられた問いを考察もせずに拒否できるものだろうか。

キリスト教を信仰していたのでもなければ、キリスト教を実践したのでもなかったが、ガンジーはイエスのいくつかの原則を、見事なまでに生き方で示そうとした。東洋で生まれ、西洋で形づくられたキリスト教会は、西洋文明の危機の多くを共有している。キリスト教指導者の中には、その問題に取り組んできた人たちもいるが、私たちはこうした預言者たちに慣れすぎて、もはや彼らのメッセージをはっきり聞くことができない。音も大きすぎれば、そのこだまのほうがはっきり聞こえることがある。

＊　＊

ガンジー最大の貢献である市民的不服従という手法は、少しずつ進化を遂げた。ガンジーはインドに生まれ、ロンドンで弁護士として研鑽を積み、その後南アフリカに渡った。デモ行進を扇動し、自身も殴られ、刑務所で数百日過ごし、圧政下で抗議しても失望に終わることを学んだ。インドに戻ると、そこには全く異なる状況があった。異郷の土地に生きる少数のインド人ではなく、五億ものインド人が、インド亜大陸でイギリス人に支配されていたのである。インド人は、第一次世界大戦で忠実な戦いぶりを見せたので、イギリスがもっと独立を認めてくれるものと思っていた。しかしイギリスは、米国南部の人種差別法にも似た一連の厳しい法律で弾圧した。

大英帝国が圧力をかけると、ガンジーは適切な対抗策を考えて長時間瞑想した。それはある早朝、眠りから覚めようとしたときだった。彼は、その日一日何もしないようにと民衆に呼びかけることを決めたのだった。インドはその主人に、ただ協力しない意思表示をするのだ。店という店が閉まり、交通も止まり、この国は一日働きをやめる。こうした抵抗が世界中で何十回も行われた後に生きている私たちは、この運動の尋常でない性質をあっさり見過ごしがちだ。しかし、それは前代未聞の試みだったのである。

次にガンジーは、植民地の経済体制に立ち向かった。イギリスはインドで綿花を栽培し、それを本国に輸送して紡織し、完成品を海路インドに送り返して高値で販売していた。その鎖を断ち切るべく、ガンジーは村に住む人も町に住む人も、すべてのインド人に毎日最低一時間は綿を紡ぐよう促した。自ら模範を示し、探し出した古い木製の糸車を、終生使い続けた。

イギリスによる塩の専売には、約三百八十五キロの道のりをゆっくり海岸まで歩く有名な塩の行進で対抗した。賛同したロンドンの役人たちが熱心にこの行進に参加すると、百万人の農民も加わった。ガンジーは海岸に到着すると浅い塩田に入り、拳ほどの塩をすくいあげ、それを大英帝国に反抗する象徴として、笏――王権の象徴――のように掲げた。インドの塩はもうイギリス人に集めさせない。インド人が集めるのだ。

ガンジーが歴史に刻んだ跡を正しく評価するには、塩の行進を、イギリスが米国の入植地に課した印紙税に対して、入植者らが行った反抗と比べてみるとわかりやすい。アメリカ人は印紙税をめぐって闘った。ガンジーは、「キリスト教国」ヨーロッパの歴史を調べ、人種の違い、宗教教義の細部、土地の境界、植民という侵略行為をめぐって一連の戦争が起きたことを知った。けれども、イエスその人は敵への愛を説き、暴力でなく犠牲的な精神を示していた。ガンジーは、イエスの精神に近い新しい変革方法を探った。

ガンジーの存在はイギリスに、とげのように突き刺さった。一般的な支配方法では、その型破りな抗議になす術がなかったからだ。警官らが行進者たちをこん棒で殴ってデモを止めようとすれば、デモ隊は自ら整列して殴られた。インドの刑務所にはインド人があふれ、収容量を超えた。それこそがデモ隊の狙いだった。

当局が、ガンジー本人を法廷に召喚して投獄するぞと脅しをかけると、ガンジーは落ち着いて最高刑を要求した。刑務所がガンジーに与えたものは懲罰にほど遠いもので、ガンジーが自らに許していた自由よりも贅沢なものだった。そこでは熟考と執筆に費やす時間をより多く与えられ、イギリスの刑務所で通算二千三百三十八日を過ごした。

イギリス人がデモ隊に火を放つなど、より残酷な弾圧を行うようになると、死者が出て、期せずしてインド国民をイギリスに対して団結させることになった。アムリッツァルで起きた悪名高い事件では、イギリス主導の軍隊が、静かな、しかし違法な集会に集った丸腰の男女、子どもにライフルの照準を合わせ、十分間に千六百五十発を放った。千五百十六人が犠牲になった。

ガンジーは、後年最も効果のあることが証明された抵抗の形を考案する。食事を拒んだのである。軍事戦略の計画と同様、注意深く断食を計画し、決まった時間で行うこともあれば、特定の要求が聞き入れられないかぎり、死をも恐れぬ断食の宣言をすることもあった。理解しがたい皮肉な事態となった。飢えている人があふれている国で、自ら餓死しようとする男がいたのである。歴史上最も広大な帝国に抵抗して、一人、犠牲になろうとしていた。

あらゆる困難にもかかわらず、この戦略は成功した。「この法曹院出の弁護士にして今や扇動的な苦行僧が、総督の官邸の階段に半裸で上がり、皇帝・国王の代表と対等に交渉する、この胸くそ悪い屈辱的な光景」に、チャーチルは憤懣やるかたない思いだった。一方、ガンジーは自国で「マハトマ――偉大なるたましい」という名声を得た。彼がいのちをかけて交渉に臨んだとき、危険を冒してまで「偉大なたましい」を死なせる責任を負おうとする者はいなかった。将軍、インド総督、首相、ついにはインド皇帝を兼務していたイギリス国王までが、半裸で断食する苦行僧に屈したのだった。

ガンジーは、南アフリカで弁護士をしていたころに非暴力へと傾倒していった。公民権運動のデモの最中に列車から振り落とされ、ホテルやレストランから追い出され、騎馬警官に襲撃され、投獄された。どれほど抗議しても、法律を作って執行している人々に何の影響も与えていないように見えた。ガンジーが山上の説教の原則、特にその平和を作り、敵を愛することを文字どおり受け入れようと心に決めたのは、トルストイの『神の国は汝等の衷にあり』を読み、そのロシア人作家と手紙のやりとりをしたからである。

映画『ガンジー』（リチャード・アッテンボロー監督、英印合作、一九八二年）には、ガンジーが新しい哲学を、長老派の宣教師チャーリー・アンドリュースに説明しようとする名場面がある。南アフリカの街をいっしょに歩いていたとき、アンドリュース牧師は威嚇するちんぴらを見て、慌てて逃げようとする。ガンジーはそれを制する。「新約聖書には、『あなたの右の頬を打つ者には左の頬を向けなさい』と書かれているのではないでしょうか。」アンドリュースは口ごもりながら、その言葉は隠喩的に使われていると思うのですが、と言う。ガンジーは答える。「よくわかりませんが、イエスは勇気を見せるべきだと言ったのではないでしょうか。つまり、一発か数発殴らせて、殴り返すつもりも、逃げるつもりもないと示すのです。そうすれば、人間の本性の中にある何か、相手の憎しみを減らし、尊敬の念を高める何かに訴えることになるのです。キリストはそれを理解していたのだと思います。そして、私はそれが働くのを見てきました。」

ガンジーの心に深く刻まれたこの感性は、次第にしっかりした教義へと形をなしていった。相手が丸腰の群衆に発砲する兵士であったとしても、他者への暴力は、普遍的な人間の尊厳についてガンジーの信じているすべてと矛盾した。暴力によって人の信念を変えることはできない。暴力は人を残忍にし、分断する。和解することがない。非暴力の運動の中で支持者たちが暴力的になることがあれば、ガンジーは運動自体を取りやめるだろう。どれほど正しくても、流血を肯定する大義などない。ガンジーは結論した。「私はこの大義のために死にますが、大義のために殺すことはありません。※」

※　後年、ガンジーはこの問題に関して断固とした姿勢をとるようになった。第二次世界大戦中、ナチスに侵略されたエチオピア人、ユダヤ人、大英帝国に、敵を招き入れ、落ち着きと曇りのない良心をもって殺害者の前に立つよう助言した。弟子たちには、原爆がインドに落とされたら、「恐れず見上げ、パイロットのために祈る」べきだと言った。

ガンジー以来、他の政治指導者たちはその戦略を採用してきた。マーティン・ルーサー・キング・ジュニアは、自らをガンジーのたましいの継承者と考えて、インドを訪れてからこの方法論をアメリカに輸入した。キングをはじめ何人かの非暴力は、比較的開かれた社会では劇的な成果を挙げたが、ナチスドイツや現代中国やミャンマー（旧ビルマ）などではどうだろう。それらの国では、軍事政権があらゆる抗議を鎮圧している（皮肉にも、ガンジー自身の宗教を継承するヒンドゥー教の指導者の中に、この原理はキリスト教の影響から生まれたものであり、ヒンドゥー教の中にはないとほのめかす人々がいる）。倫理学者、政治家や神学者たちのあいだでは、軍隊が正当化されるかどうか、正当化されるならどんなときかについて意見が分かれたままである。しかしガンジー以降、変革に与えてきた非暴力の影響力は否定できない。非暴力が、地球で人口が二番目に多い国に自由をもたらしたことは事実なのだから。

＊　＊

ガンジーの時代、インドの人口の六分の一は一見、人間より動物に近かった。彼らは、ふたのない下水溝の中という、ドブネズミなど病気を媒介する生き物のうごめく不潔なスラムに暮らしていた。ヒンドゥー教の教義「カルマ」は、人々の置かれている五千ものサブ・カーストがある複雑なシステムに神学的基盤を与えていた。五千年の歴史をもつカースト制は、部族や人種以上に深く人間をグループ分けし、それをだれも疑問視していなかった。底辺に位置する不可触民は、道を掃いたりトイレや下水の掃除をしたりする貴重なサービスを社会に提供していた。それは、より高いカーストのヒンドゥー教徒がけっしてしない仕事だった。

不可触民であることは、濃い皮膚の色と殴られた動物のように身を寄せ合う様子でわかる。彼らはその名前のとおりの存在だった。カーストヒンドゥー〔訳注＝不可触民以外のヒンドゥー教徒〕が不可触民の一人に触れるか、不可触民によって汚れた水の一滴に触れるようなことがあれば、その人は後ずさり、複雑な浄めの手順を始めるだろう。不可触民は自分たちの影が身分の高い人々を汚さぬよう、カーストヒンドゥーのいる道から離れなければならなかった。一九三〇年代、イギリス人は〝インビジブルズ（見えないもの）〟という新しいサブ・カーストを発見した。インドに三世紀もいながら、イギリス人は彼らを見たことがなかった。インビジブルズに与えられた役割は、不可触民の服の洗濯であり、自分たちの姿がより高いカーストの人々を汚すと信じていたこのあわれな人々は、ほかの人々との接触を避けるため、夜間だけ外に出ていた。

マハトマ・ガンジーは仲間に拒絶されながらも、不可触民という大義を問題にした。まず、彼らに新しい名前を授けた。もう「不可触民」でなく、神の子どもを意味する「ハリジャン」と呼ばれるのだ。南アフリカに建てた最初の霊の共同体である僧院に、ガンジーが不可触民を移り住ませると、嵐のような抗議が起きた。僧院の主要な資金援助者が離れて行くと、ガンジーはハリジャンの住む地区に居を移す計画を立てる。やがて不可触民のトイレ清掃という、ヒンドゥー教徒にとって最も汚れた行為をするにおよぶ。そして、南アフリカからインドに戻ると、ハリジャンを兄弟と呼び、できるかぎり彼らの家に滞在した。

何年も後の独立後、インドの指導者たちがマウントバッテン卿に総督という名誉ある地位に就かせようとしたとき、ガンジーは別の候補者を立てた。それは「強い心をもち、きよらかで水晶のような」不可触民の掃除係の少女だった。少女が指名されることはなかったが、ガンジーのこうした象徴的な行動によってインドの不可触民に対する理解は変わっていった。法律が修正され、非難も影を潜めた。今日、インドのカースト制度は少し緩められ、それほど抑圧的でない形で続いている。だが、今や一億人が彼らを不可触民という呪いの名でなく、祝福の名で呼んでいる。彼らは神の子どもたちなのだ。

ガンジーは、どんな人にも生まれながらに備わっている尊厳を認めようとした。インドにはハンセン病患者という社会から見捨てられた存在もあった。ガンジーは自身の僧院で、ハンセン病患者を養子に迎え、毎日その男性の包帯を取り替え、入浴させた。ハンセン病患者に泥パックをするときも、インド総督にインタビューするときと変わらぬ扱いをしたいと言った。インド女性の地位向上のためにも働き、有能な女性の弟子たちをそばに置いた。

ガンジーは、自身の信念を三つのポイントにまとめているが、それはビクトリア朝の著述家ジョン・ラスキンの影響だという。①個人の善良さは万人の善良さの中にある。②働いて生活の糧を得る権利がすべての人にあるのだから、弁護士の仕事も理髪業も同じ価値がある。③農民や手工業者のような労働をする人生は、生きがいのある人生だ。ガンジーは、それらの原則を実行する方法を探った。ボンベイやコルカタのような街では、ホテルより清掃員の共同体のあばら家に泊まるほうを好んだ。鉛筆を作った人間を尊敬し、握れないほど短くなるまで使った。

ジョン・ラスキンは、クリスチャンの著述家だった。そしてガンジーは、キリスト教会がいろいろな意味で人間の尊厳を重んじるよう導いてきたことを認めていた。インドを訪れる人は、宣教師たちが虐げられた人々のために開いた病院、孤児院、ハンセン病病院や学校を目にする。だが西洋にいる私たちは、慈善行為と、人間の自己認識を変革するというより困難な仕事との違いを今も学び続けている。西洋人の動機には、家父長気取りなところが多分にある（「虐げられた」「最下層の人々」という言葉がそれを表している）。教育を受けた裕福な西洋人である私は、あわれみから人助けをしようと手を差し伸べる。困っている人々に与えれば、キリスト側にいられるものと思っている。しかし、マタイの福音書二五章は、イエスが貧しい人々の側にいて、私たちは虐げられた人々をそのイエスのように扱うときに最高の奉仕をしていることをはっきり伝えている。

マザー・テレサは、コルカタの自宅に迎えようとした瀕死の物乞いたちについて、次のように語っている。「私には、変装したイエスの顔が見えます。その変装に、とても苦しめられることがあります。」彼女もガンジーのように、慈善は上から下に与えるのではなく、むしろ下から上に与えられるものだと理解していた。つまり、弱い人々や貧しい人々に仕えるとき、私たちは神ご自身に仕える特権にあずかっているのだ。

ガンジーは、貧しい人々と自らを隔てるような障壁をすべて取り除き、人々を等しく扱おうとした。インドを訪れたことのある人に、私はガンジーのしたことを一つだけ知らせている。彼は鉄道を使うとき、三等車に乗ったのだ。風呂に入っていない農民や家畜もいる、ぎゅうぎゅう詰めの固いベンチに座った。混雑、騒音、不潔。大半の西洋人には想像もつかない臭いが襲ってくる。なぜですか、と問われ、ガンジーはこう答えている。「四等車がないからです。」（その姿勢と、マイレージポイントをためて、飛行機のビジネスクラスの座席を得たときの自分の興奮との違いたるや！）

ガンジーは苦しみを本質的に愛していなかったし、南アフリカでは、肌の色が異なるせいで一等車から放り出された後、個人の権利のために断固として闘った。しかし、ヒンドゥー教、イスラム教、仏教、キリスト教の聖典を読みこなして、仕える者の謙虚な姿勢が神から求められていると確信するようになった。そうなってはじめて、西洋の服を脱ぎ捨て、物質的なものを手離し、貧しく苦しむ人々と親しく交わろうとした。彼は言った。

「指導者とは、自らが導く人々の反映にすぎません。」

ガンジーは、お気に入りのスタイルをどんな重要人物にも邪魔させなかった。マウントバッテン卿が自家用機で重要な会議が行われる会場まで送ろうと言ったときも、いつもの三等車を選んだ。国王も出席する議会に出るためにイギリスを訪れた際、ちょっとしたスキャンダルを起こした。大ファンファーレとマスコミに迎えられて到着したガンジーは、腰布だけを身にまとい、食事のミルクをとるための山羊をロープで引いてタラップを降りて来たのである。イギリス国民は息を呑んだ。ガンジーは最高級ホテルの申し出を断り、イーストエンドのスラム街に泊まると言った。記者たちが、あえて「半裸」状態で国王に謁見することにした理由を尋ねると、微笑んでこう答えた。「国王が二人分の服を着ておられたので。」

ガンジーは、政治指導者たちも自分のように厳しい道に従うべきだとは言わなかった。自分の道は道徳的・宗教的な改革運動であり、単なる政治改革運動ではないと言った。しかし、インドが独立を果たすと、簡素な家に住み、召使いも車ももたず、毎日一時間の肉体労働を行い、自宅のトイレ掃除をするよう、すべての閣僚に要求したのである。ガンジーの死後も、議会の指導者たちは長くその教えに従い、家で紡いだ綿の制服を着用し、綿糸を紡ぎながら党の会合を行った。

今日、ガンジーの哲学は風変わりで古風なものに見える。国の役職に不可触民の掃除係を就かせようと提案し、スラムやハンセン病病院で時間を過ごした。対照的に、私たち西洋の人間は、インターネット企業の億万長者や華やかなスーパーモデルをほめそやす。サッカー場でボールを追い回すプロ選手に与えている報酬は、インドのような国で病院を何十軒も運営ができる額を上回っている。一方、西洋のスラムに住む人々の多くは、電気も水も他の贅沢品もインドの村人に手の届かないほど持っているが、貪欲と怒りと不安を抱えて生きている。私たちは、裕福な人々、美しい人々、権力者をもてはやすことで、そうした基準に届かない人々の尊厳に何をしてきただろう。そして、別の道を選んだガンジーから何を学ぶことができるだろう。

今日、西洋世界で最も広く知られているキリスト教のメッセージは、文化の主流に従い、「神はあなたのために何か良きものを備えておられる」と訴え、自己実現という約束を差し出している。自分を失うことによって自分を見つけなさいと語ったイエスの言葉は、都合よく見過ごされている。米国では、資源をもつ豊かな国であるからにせよ、成功に基づく神学がまことしやかに幅を利かせているかもしれない。しかしそのような神学は、中国やインドネシアやイランのように、キリスト教信仰によって苦しめられている国のクリスチャンに向けて語るべき言葉をもっていない。

ガンジーは新約聖書を学び、心を尽くし、何も期待せず、結果にお構いなく、真理を探し求めよという助言を見いだした。同国民に迫害されていたとき、水田の中を歩きながら、あるインドの詩を口ずさんだ。「彼らがあなたの呼びかけに答えないときは、ひとりで歩け、ひとりで歩け。」はっきり言うが、合衆国のような国では歓迎されないメッセージだ。

＊　＊

たった一人の道徳の力が明らかにされたのは、最近のことである。ほとんどの人が内乱の勃発を予想していた国で、ネルソン・マンデラが厳かに指導者の地位に就いた。彼の用いた和解の手法は、内乱を預言していた人々の誤りを証明することになった。アレクサンドル・ソルジェニーツィン、レフ・ワレサ、コリー・アキノ、ヴァーツラフ・ハヴェル。これらの人々が勇敢に立ち上がり、その道徳的権威をもって歴史の変革に貢献した。暴力を抑止する道徳上の指導者がいなかったスーダン、ルワンダ、ユーゴスラヴィア、コンゴなどの国では、暴力を抑えることができずに大虐殺を引き起こした。

インドに独立の機運が高まった一九四七年、何百年来の憎しみが沸騰し表面化した。ヒンドゥー教徒とイスラム教徒が憎しみをぶつけ合ったのである。イスラム教徒は近所に住むヒンドゥー教徒の小屋を燃やし、神聖な牛を無理やり食べさせ、ヒンドゥー教徒の女性をレイプし、その夫を惨殺した。ヒンドゥー教徒も同様のやり方で報復したため、独立までの数か月に、何千人というイスラム教徒の死者が出た。インド全土が炎上するかに見えた。

政治家たちはニューデリーの優美な宮殿の一室で権力と土地の取り引きをしていたが、ガンジーは「膏薬」改革運動を開始した。政治家たちには議論させておけばいいと言って、自身は残虐に襲撃し合う怒れる人々のもとを訪れた。暴力の集中する地域に向かったのは、七十七歳のときである。みすぼらしいヒンドゥー教徒の群れを率いて、黒焦げになったイスラム教徒の村々へ入り、嘲りと石とビンをお見舞いされた。追い返されたら、木を見つけてその下で眠った。受け入れられたときは、バガヴァッド・ギーターやコーランや新約聖書を読み、健康と衛生の基本原則を教え、また次の村までとぼとぼ歩いて行った。全部で四十七の村を訪れ、百八十六キロを裸足で歩いた。

ガンジーはどの村でも、ヒンドゥー教徒とイスラム教徒それぞれの指導者に、いっしょの家に入って和平の保証人になってほしいと説得した。それぞれの信者が一人でも敵を攻撃したら、死に至る断食を行うことを誓ってほしいと言った。信じがたいことに、この方法は成功した。デリーの宮殿では議論が続いていたが、ガンジーという個人の膏薬が、地域の傷を癒し始めた。殺し合いはしばらくやんだ。

ところが、政治家がインドからパキスタンを切り離し、別の国を作る決定を下すと、軟膏以上のものが必要になった。大量の血が流れ、川が文字どおり深紅に変わり、ハゲタカが空いっぱいに舞った。この流血を止める巨大な包帯が必要になった。分断に反対する訴えの中でガンジーが予見したように、分断は歴史上類を見ない反応を引き起こした。最終的に国境線が宣言されると、ヒンドゥー教徒は新たに建国された敵対するパキスタンの中にいたし、イスラム教徒はヒンドゥー教国インドにいた。こうして一千万人が家を離れ、新しい家を目指して必死に山や砂漠を越え、史上最大の集団移動が始まった。

独立を監督したイギリス総督マウントバッテン卿は、二つの地域に争いが起きる可能性を予見していた。西パキスタンと国境を接するインドの西側には、かならずや戦闘が起きるだろう。だが、選挙区に都合よく作られた東パキスタン（現在のバングラデシュ）国境沿いに当たるインドの東側は、より大きな脅威だった。アジアで最も多く暴力が発生するコルカタの町があったからだ。世界中でこれほど貧しい町はない。四十万以上の物乞いがいたのだ。その宗教的な頑迷さ、その抑えきれない激情。コルカタは、腰に幾つもどくろをつけたヒンドゥー教の破壊の女神を堂々と崇拝していた。来るべきものを予想していたその日、コルカタ全土に激しい暴力があふれ、六千の遺体が、川に、また溝に投げ入れられるか道路に放置され、そのまま腐敗した。ほとんどが殴打されるか踏みつけられて殺されていた。

暴虐の報告が押し寄せると、マウントバッテン卿は精鋭の国境部隊を西の国境に送り出し、エスカレートする暴力の調査を命じた（最終的に犠牲者は五十万を数えた）。東の前線に部隊を送る余裕はもはやなかった。絶望的になったマウントバッテン卿はコルカタに赴き、「あなたが兄弟として抱きしめた不可触民の中に入って、どうにか奇跡を起こしてくれ」とガンジーに懇願した。ガンジーは、コルカタで最も腐敗した政治家の一人であったイスラム教指導者が、コルカタ最悪のスラムで武器なしに自分と共に暮らすならという条件をつけて、その願いを聞き入れる。そして、イスラム教徒の手でヒンドゥー教徒が一人でもいのちを奪われたら、自分は餓死する道を選ぶと誓ったのである。

こういうわけで、モハンダス・ガンジーがキップリングの小説にも記された「恐ろしい夜の街」に着いたのは、インド独立の二日前だった。いつものように大群衆に迎えられたが、歓声でなく、怒号で迎えられた。報復のために集まったそのヒンドゥー教徒たちにすれば、ガンジーはイスラム教徒の不正に条件付きで降伏した人物だった。人々は親戚が惨殺され、妻や娘はイスラム教徒の暴徒に凌辱されたのだ。ガンジーは車から降りて、石や瓶が降り注ぐ中に立った。弱々しく平和を表すしぐさで片手をあげると、この老人はひとりで群衆の中に入って行った。そして、呼びかけた。「あなたがたは私を傷つけたいのです。でも、私はここにやってきました。」群衆は静まった。「私はヒンドゥー教徒にもイスラム教徒にも同じように仕えるためにやって来ました。あなたがたの保護下に入ります。お望みなら、どうぞ敵対してください。私はすでに人生という長旅の終わりに来ています。もう長くは生きられません。でも、あなたがたが再び正気を失うなら、私はその生き証人になるつもりはありません。」

その日、コルカタは平和が治め、インドが正式に独立した日も、翌日も、またその翌日も、最終的に十六日間平和が治めた。人々は、スラムにあるガンジーの家の裏通りに毎晩集まり、祈禱会に参加した――最初は千人、その後一万人、最後は百万人がスラムの通りにあふれ、拡声器から流れる平和と愛と兄弟愛についての講義に耳を傾けた。ガンジーは再び、自らが「たましいの力」と呼ぶ、人間の霊性に本来備わっている力で政治危機に相対していた。インド全州が燃え上がろうとしたとき、何百万もの人々が家から逃れ、何十万ものいのちが失われているとき、最も暴力的な都市で暴力行為が一つも起こらなかったのだ。世界中で「コルカタの奇跡」と呼ばれた。安堵したマウントバッテン卿はガンジーのことを、「わが国境部隊」と呼んだ。

しかし、奇跡は続かなかった。十七日目に二人のイスラム教徒が殺害され、ヒンドゥー教徒の犠牲者が出たという噂が広まると、ガンジーの家から数百メートルのところで、イスラム教徒の大勢乗ったバスに、何者かが手榴弾を投げ入れたのである。人々は誓いを破り、ガンジーは死に至る断食を始めた。イギリス人でなく、同郷の人々に対する断食だった。彼は二度と食べ物を口にしないだろう。暴力を犯したすべての人が悔い改め、暴力をやめる厳粛な誓いをしなければ。

最初、気に留める人はいなかった。宗教と家族と名誉を激しく攻撃されたしわくちゃな老人の人生とは何だったのか。赦しより復讐のほうがずっとふさわしく見えた。ガンジーが断食を始めた日、コルカタの道のあちこちで発砲音が響いていた。二十四時間ですでに弱った心臓の拍数は、四回に一回は聞こえなくなっていた。そのうち血圧ががくんと下がった。翌日、彼の生命兆候が急に弱まると、暴徒は立ち止まり、メディアの伝える老人の血圧や心拍数に耳を傾けた。やがてコルカタの全市民の目が、話すこともままならないほど衰弱したガンジーの横たわる、わらのベッドにくぎ付けになった。暴力はやんだ。だれ一人、偉大なるたましいを死なせるような行動をとろうとしなかった。

もう一日が過ぎると、イスラム教徒を殺害した暴徒がガンジーのもとを訪れて告白し、赦しを求め、彼の両足に手を置いた。銃や手榴弾その他の武器を満載したトラックが、ガンジーの家に停まった。人々が放棄したのである。コルカタのすべての宗教グループの指導者たちも、これ以上の殺しが起きないことを保証する宣言に署名した。彼らの行動に説得されて、ガンジーはようやくオレンジジュースを何口かすすり、祈りを唱えた。今回は奇跡がもちこたえた。コルカタは安全だった。

回復したガンジーは、西に向かう計画を立てた。五十万人を殺害した暴力の中心地へ。

＊　＊

キリスト教会の歴史と並べてマハトマ・ガンジーの歴史を読むと、どこで間違ったのかと問わずにいられない。イエス自身があれほど明らかに手本を示した和解、謙遜、身代わりの犠牲という原則を、なぜヒンドゥー教徒が行ったのか。ガンジーはこれらの人生の原則の源はイエスにあるとし、規律ある兵士のようにそれを実行に移した。クリスチャンは、なぜ力や富や名声を手放して、イエスに従わないのだろう。

そう、私たちには、十字軍に反対したアッシジの聖フランシスコ、ガンジーの禁欲主義にまさる修道士たち、苦しむ人々に奉仕する宣教師たち、あらゆる暴力に反対するクエーカー教徒や再洗礼派の人々等の実例がある。だが大まかに見ると、ヨーロッパのキリスト教の歴史は、富、権力、地位、そして、その大義を推し進めるために支配や戦争すら行う教会の記録である。

もちろん世界は変わった。地球規模で見れば、今やヨーロッパや北米に生きるクリスチャンは三分の一強だけで、教会の中心はアフリカやアジアに移行している。西洋の支配が千年続いた後、私たちがかくもあやふやに実践してきた信仰に関わる知恵を、東洋に求めるときなのだろうか。

ガンジーの自伝を読むと、たましいに冷たい風が吹く。ガンジーは世間の注目を、運動や歴史の指導者たちから自分自身に転じている。彼にとって重大な問いは、他のクリスチャンやヒンドゥー教徒やイスラム教徒が過去にどう行動したかではなく、いま自分が何をしているかであった。ガンジーの実践を突きつけられると、安楽椅子に座ってキリスト教の歴史を眺めていた自分の、イエスの弟子としてのあり方を、胸に痛みを覚えながら見つめざるを得ない。歴史家たちは、ガンジーの〝行動〟という表面の結果を強調するかもしれない。だがガンジーが働きかけたのは、心の中の生活だった。

彼の自伝は、一風変わったやり方で事件を紹介している。『私が行った真実の実験の物語』とガンジーが名づけたその自伝は、外的な出来事を表舞台として描いてはいない。実際に起きた出来事において、自分自身の人格の発達という心の中のドラマがどう演じられたかが描かれているのである。ガンジーの経歴とインド史の転換点となった偉大な「塩の行進」に言及する段落がある。それに続く四つの章は、自分の食べる菜食に山羊乳を入れるべきか否かという苦悶を探究している。ガンジーは、たましいが徐々に洗練されていく過程として人生を描いている。

自伝によると、ガンジーの簡素なライフスタイルは進化し続けた。ロンドンで法律を学んだ学生時代、彼はスーツを着てシルクハットをかぶり、エナメル革のブーツをはき、白手袋と先端に銀の飾りがあるステッキをもち、西洋のライフスタイルを試した。インドに戻ったときにもダンディな雰囲気があったが、南アフリカに行って変わり始めた。最初はアイロンをかけたシャツを着ていたが、法律の同僚たちに嘲笑された。髪も自分で切っていたが、切り方が揃っていなかったので、いっそう笑われた。良い給料をもらっていたが、生活費を半分に、その後またその半分に切り詰めようとした。一日の終わりに支出額を一ペニー単位で細かく計算した。

こうした実験からガンジーが発見したのは、お金も持ち物も少なければ生活が簡素になり、心に平和がもたらされるということだった。そのうえ、しばしば法廷で代理を務める貧しい人々に、自分を重ねやすくもなった。所有物を徐々にふるいにかけ、眼鏡、時計、サンダル、歌の本、お椀だけを残した。手紙が来ると、その封筒を切って便箋を作り、そこに返事を書いた。壊れたスプーンも竹の棒をくくりつけて使った。

その記述を読んで、痛みと共に思い出すのは、私がシカゴからコロラドに転居したとき、引っ越し業者が計算した家財道具一式の重量が五トン半近くもあったことだ。三トン弱あった書籍分を差し引いても、物の総重量は三トン弱だ！　これだけの物をもつ自分は、マハトマ・ガンジーよりかなり豊かな人生を送っているだろうか？

昨日はこの章の執筆を一時間中断し、車の屋根によじ登って車庫のドアオープナーを修理した。ファックス機の修理のために執筆を中断して苛立った日もあった。携帯電話のバッテリーも切れる。人生のいかに多くが物資的なものに支配されているかに気づき言葉を失った。仕事に使うものなら、正当化や合理化もできる。しかし、全世界を手に入れてもたましいを失ってしまう危険性についてイエスの発した警告に、どれだけ目を留めているだろう。どう見てもイエスのライフスタイルは、私よりガンジーのものと共通点が多い。

今日の西洋には、簡素な生活に戻れと呼びかける声がある。簡素なライフスタイルの美徳を掲げ、世界の不平等（だが公平に言うと、彼らの進めている簡素のレベルは、後のガンジーが手にしたものより、青年ガンジーが真似したものによく似ている）に照らして、西洋の標準の道徳性について疑問を投げかけているクリスチャンもいる。ライフスタイルの問題は、私より自信をもっている人々に任せることにしよう。私がガンジーから学ぶのは、簡素な暮らしにする理由であって、程度のことではない。ガンジーが簡素な生活を追求したのは罪意識からではなく、むしろ必要から、自分自身の霊の健康のためだった。

ガンジーには、偉大な指導者たちと食事を共にした経験があった。そこで見たのは、権力の誘惑、気まぐれな思いつきを召使いにやらせること、贅沢という果てしないらせん階段、投資へのあくなき熱中、洪水のように押し寄せる手紙やスピーチの要請や電話の応対だった。ガンジーは名声の重荷を十分知っており、それに立ち向かう唯一の方法は、心を尽くして簡素な暮らしを追求することであるのも知っていた。そうしなかったら、たましいの力、道徳上の対立に向かうためのスタミナや勇気の源となる心の強さが失われてしまうだろう。

ガンジーは現代テクノロジーを疑いの目で見ていた。車、ラジオ、中身の詰まった冷蔵庫や衣装ダンスをもつ人々は、精神的に不安定になり、道徳的に堕落すると思っていた。

土壌の保全について十分な知識があったので、最先端の農業による土壌の酷使に、インドの土地が数十年も耐えられないことに気づいていた（アイオワ州は、インドが五千年で失った以上の表土を百五十年で失った）。エネルギー源の寿命を疑問に思っていた。牛乳、ヨーグルト、肥料を産出するトラクターが発明されるまで、牛を使うほうを勧めるとまで言った。皮肉にも、簡素な生活へのガンジーの強い志向は、トルストイ、ラスキン、ソローといった西洋人の著作に刺激されて生まれたものだった。彼らは富が重荷であること、そして労働を行う人生こそが生きがいのある人生だと、ガンジーに確信させた。ガンジーは最初に建てた僧院を、小説家に敬意を表して「トルストイ農場」と名づけている。

西洋もインドも、その問題についてはガンジーを無視した。資本主義が世界中を支配し、右肩上がりの経済のしくみに依存している社会は、その市民の必要と欲望が拡大し続けなければ立ち行かない。ヨーロッパに気高い志をもつ一千万人のガンジー信奉者が突如現れ、新車を買い控え、野暮ったい服を身に着け、食べ物も自給自足し、機械設備も手離すようなことがあれば、経済は混乱し、何千人もが失職するだろう。そのジレンマを、ガンジーはインドで回避したかった。上がり続けるGNPという西洋を満たしている定説を変えるには、ガンジーの心の力と同等のものが必要だ。私たちはいつか、この放埒なやり方を変えざるを得なくなるかもしれない。土壌がやせ衰え、帯水層から水が失われ、氷冠が溶け、すべての油田が枯渇したときに。しかし、この危機はあと五十年は起きないだろう。そうした問題を、私たちは次世代に残していくのである。

世界と自分とを結びつける新発明の記事を、毎月のように目にする。私のケーブルテレビでは、三つの局がニュースを二十四時間流している。携帯電話で無線LANを使えばEメールが送信できる。スマートフォンの画面でニュース、スポーツ、株式市況を見ることができる。誘惑に負けてその手の道具を購入すれば、重要な存在になった気分がいつでも味わえる。このコミュニケーション産業の中で、私も人に劣らず忙しい生活を送っている。こうした道具を使えば、より多くの人々と効率的につながることができる。

ところがマハトマ・ガンジーは、手回し式の電話すらもっていなかったのに、かなり多くの人々とつながっていた。ガンジーの霊的指導者《メンター》であったソローは言った。「発明品はいつも魅力的なおもちゃです。大切なことから注意をそらします。しかし、それらはどうでもよい目的のために作られた、進歩した手段にすぎません。すでにあまりに容易に到達できる目的のための……。私たちはメイン州からテキサス州まで、大急ぎでハンドル式の黒電話でつなげます。でも、伝えるべき重要な内容などありません」（それから一世紀半後にガンジーは、毎月曜日を沈黙の日として守った。声帯を休ませると同時に、心の中の存在との調和を促進するために。インドの将来について交渉する夏の会議に呼ばれたときも、その沈黙を守っていた)。

私はジャーナリストとして、現代人が宗教指導者たちをどのように煩わせているか、教会の内部から目撃してきた。称賛、名声、新しい契約を結ぶ誘惑、講演やメディアへの露出などのおびただしい要求を浴びせている。牧師たちを精神療法家、演説者、導師や最高経営責任者代わりにしている。指導者に並外れた洞察力があると見れば、ラジオやテレビの番組に出演させたくなる。きわめつきは、組織設立の資金調達マシンにすることだ。マスコミを使った派手な宣伝と企業成長。こうした世俗モデルを、教会の人々は卑しくも模倣している。月曜日はどうぞ静かに考え、瞑想し、ひとりで勉強する沈黙の日にしてくださいと牧師たちに促したら、その影響力はどれほど強まることだろう。

＊　＊

ガンジーの日々の習慣は、自制を通り越して拒絶の域にまで入っていった。感覚的な楽しみをもたなかったガンジーの自伝には、音楽や自然、味覚や臭覚の喜びという楽しい経験が何一つ書かれていない。二きれのグレープフルーツ、山羊乳とレモンスープというお決まりの食事。情欲とも生涯闘った。結婚していたにもかかわらず、三十七歳で純潔の誓いをした。性欲を抑える食べ物の研究に力を注ぎ、食事にはほとんど、塩、スパイス、お茶、外国産の野菜や果物を使わなかった。

そのような厳格さは現代の西洋人には奇妙に見えるが、キリスト教にも、もちろん禁欲の歴史はあった。東洋には、人間の激情をコントロールしようとする「聖者」の豊かな遺産がある。ガンジーは批評家たちに言った。「こうした厳格な訓練にこだわるのは、自分のためです。私は肉体の性質に屈すると、苦しむ男だからです。」

サウスカロライナで開かれた会議で、マハトマの孫息子アルン・ガンジーの話を聞いた。十二歳のときに祖父に会うため、南アフリカからインドまで旅をしたという。アルンの父親は南アフリカの公民権運動の指導者だったが、アルンが甘やかされてどうしようもない子に育っては困ると思い、その旅を計画した。この有名な祖父との最初の出会いは、楽しいものではなかった。

マハトマは少年に、怒りの日記をつけさせようとした。「怒りを感じるのは当たり前だよ。大事なことは、その怒りをどうもっていくかだ。」怒りの感情を覚えるために立ち止まり、怒りを感じたまま、すべての思いや感情を書き留めなさいとアルンに言った。翌日になって感情が落ち着いてから日記を読み返し、どのようにその力が善いものへと向かっていったか考えるのだ。「さあ、やってごらん。感じた怒りをすべて書き記すのだ。」

十二歳のアルンは、怒りを記録する作業が腹立たしく、鉛筆を二つにへし折ると肩越しに放り投げた。祖父は静かに、しかしきっぱりと、孫を座らせて諭した。「あの鉛筆は使い残りにすぎないが、考えてごらん。世界中の二千万人の少年が鉛筆を放り投げたら、それはどういうことか。鉛筆を作るために、伐採された木を考えてごらん。鉛筆の中に黒鉛を入れる労働者たちのことを考えてごらん。必要のない無駄を考えてごらん。」それから一時間、老人はたいまつを借りてきて少年といっしょに這いつくばり、使い古しの鉛筆を捜し回った。

マハトマは数週間かけて、孫息子に感情表現のコントロールを教えた。アルンは述懐する。「祖父は自分を従わせることを教えてくれました。家に戻ってからも、その訓練が何か月も必要でした。でも、そうすることで気持ちが解放されることが、少しずつわかってきました。私は自分の激情の無力な犠牲者でした。でも、今は主人になってきました。」アルンは南アフリカに戻ると、公民権運動指導者の父親の後に続き、最後は合衆国に移住して、そこで「M・K・ガンジー非暴力機構」の代表者になった。「十二歳のときに、あの教えを受けていなかったら、南アフリカの公民権運動で受けたののしりや暴力にも、耐えられなかったと思います。」

翌日、私は同じサウスカロライナの会議で、卑猥さと怒りに向かう文化潮流についての討論会の席にいた。エミネムのようなパフォーマーの歌うラップミュージックや、『サウスパーク』や『ビーバス・アンド・バットヘッド』のような子ども向けテレビ番組に見られる傾向について議論した。妻殺しや警官殺し、人種間の憎しみを描く歌詞に、親たちが懸念を表明した。その後、十代の若者たちが、自分たちには感じていることを何であれ力強く表現する権利があると反論した。ある十八歳の青年が言った。「あの手の番組やラップミュージックがあるから、自分たちの中にある敵意を発散することができる。あの手の番組をなくせば、子どもたちは暴力に向かうだろう。」人間の激情に対する、東洋と西洋の道の違いは判然としなかった。

マハトマ・ガンジーは、自分が他者に対してもつ唯一の道徳の力は、若いうちに身につけたものに由来することを知っていた。あるとき、村の女が息子を連れて来て、砂糖は体に良くないので、この子に砂糖を食べないように言い聞かせてほしいとガンジーに頼んだ。母親の言うことは聞かないが、ガンジーの言うことなら聞くという。ガンジーは言った。「一週間後にもう一度、この少年を連れて来なさい。そうすれば言って聞かせよう。」一週間経って、再び女が息子を連れて来た。ガンジーは少年を両腕で抱きしめると、もう砂糖を食べてはいけないよと言い、二人は別れを告げた。後ろで待っていた母親が尋ねた。「バプ〔訳注＝ガンジーの愛称で『国家の父』を意味する〕、なぜ一週間待たなければならなかったのですか。先週の時点で、息子に言えたのではありませんか。」ガンジーは答えて言った。「言えません。先週は私も砂糖を食べていたのです。」

それは、模範を見せて説得を行うという原則だった。ガンジーが断食をやり遂げようとしたのも、この身代わりとなって苦しむ原則によるものだった。彼の監督下にあった二人の若者が、不道徳な行為を働いたことがあった。ガンジーは、適切な対応を考えて何日も苦しんだ。僧院のほとんどのメンバーが、不品行を犯した二人に厳罰を求めたが、ガンジーにとって、彼らを監督し、指導してきた保護者や教師にも、その失敗の責任の一端があるように思われた。ガンジーは、自分が何らかの懺悔をしなければ、他の学生たちが、罪に対するこの苦悩の深さや真剣な思いを理解しないのではないかと疑った。それで、学生たちの犯した罪に対して七日間の断食を行い、四か月半にわたり一日一食しかとらなかった。ガンジーは結論した。「私の懺悔はすべての人を苦しめましたが、そこにあった緊張を和らげました。罪を犯すことがどれほどひどいことなのか、だれもが理解するようになり、私と若者たちの絆はより強く、真実のものになりました。」

最終的に、断食はガンジーの最強の武器になった。コルカタの暴力に反対して行った断食については先述した。その後ガンジーは、真新しくなった国の首都ニューデリー、一九四八年初期は煙で覆われていたあのニューデリーで、再び断食の宣言をした。五百万の難民がパキスタンからパンジャブを越えて、この首都になだれ込んでいた。その多くが、デリーの急ごしらえの難民キャンプで暮らしていた。ヒンドゥー教徒はイスラム教徒に搾取され、レイプされ、残虐な仕打ちを受け、報復の思いに身を焦がしていた。

首都に到着したガンジーは、憎しみの雰囲気を感じ取ると、死の断食を決行すると告げた。医師たちは反対した。彼はコルカタで行った断食で瀕死の状態に陥り、体がまだ回復していなかった。群衆は、この老人が語る平和と兄弟愛という幻想を嫌と言うほど聞いていた。最初の二日間、彼らはわらのベッドに横たわるしわだらけの人物を嘲笑し、新しい詠唱を唱えながら行進していった。「ガンジーを死なせろ！　ガンジーを死なせろ！」三日目に入ると肝機能が停止し、心臓の拍動が乱れ、呼吸困難に陥った。オール・インディア・ラジオがガンジーの容態を、毎時間ニュース速報で流した。

四日目になると、インド最強の指導者たちであるファシスト、共産主義者、その間のあらゆる党派の人々が絶望してガンジーのもとを訪れ、イスラム教徒を守り、暴力を認めないという厳粛な誓いをした。トラックいっぱいの武器が集められ、破壊された。市民の指導者たちは、イスラム教徒に家も店もモスクも返すことを約束した。インド議会は、大敵のパキスタンに対する五千五百万ポンドの支払いを決議した。最終的に、ガンジーの求めた厳しい条件が一つ残らず受け入れられ、この国が再び平和を取り戻すと、ガンジーは百二十一時間に及んだ断食を終わらせた。

二週間後、その体は再びわらのベッドに横たわっていた。断食のためではなく、ガンジーが国民を裏切ったと憤る狂信的なヒンドゥー教徒が三発の銃弾を放ったのである。ガンジーの死は、パンジャブの村々をむなしくパトロールしていた何千人もの警官や兵士たちもできなかったことを成し遂げた。全インドが立ち止まった。社会の殺戮はやんだ。この若い国は大きな衝撃を受けた。ボンベイの聖者たちが叫びながら町を歩き回った。「マハトマが死んだ。いつまた、彼のような人物が現れるだろう。」

＊　＊

ガンジーの業績の多くが、その体と共に消失した。彼の愛した国は、ガンジーが提唱していたものとは異なる道を選び、世界もまた同様だった。ガンジーの死後、より好戦的になり、彼の信念の核にあったものを拒否していった。だがいっとき、この奇妙で人を当惑させる男は、人々を通常の状態よりも高めたのだ。オフィスをもたず、彼に従った人はみなオフィスを進んで手放した。彼はただ、たましいの力によって指導者になった。ガンジーは言った。「ありふれた行為は大いなる一歩であり、美しき歩み寄りです。今日の歩み寄りが昨日よりも少し純粋なものだから美しいのです。行為でなく、行為の向かおうとする先に目を向けるとき、それが何か美しいものに向かって真っすぐ運ばれていることが、私たちには美しく見えるのです。」

一九八三年、リチャード・アッテンボローの映画『ガンジー』が公開された後、インドから戻った私は、「クリスチャニティー・トゥデイ」誌にガンジーの特集を執筆した。長年にわたり悪意に満ちた手紙を多く受け取ってきたが、この記事のせいで、これほど憎しみのこもった郵便物を大量にもらうとは予想もしていなかった。読者が書き送ってきたのは、ガンジーは今地獄の業火で焼かれていること、悪魔ですら神を信じ聖書を引用するということだった。ある読者はこう書いていた。「だから、今月の表紙はガンジーなのだ。来月はだれだろう？　アヤトラ（イスラム教の最高指導者）だろうか。」ガンジーをこう呼んだ人もいた。「西洋文明の影響を蝕む異教徒の扇動家。」著名なキリスト教の代表者は、この雑誌を激しく非難して言った。「イエスではなく、マハトマ・ガンジーを表紙にした！」

不満の大半は、一つの質問に集約される。「クリスチャンは、キリスト教信仰を拒絶した人間から学ぶものがあるだろうか」である。私は「ある」と結論した。ガンジーはキリスト教神学の主張を受け入れなかったが、イエスから学んだ原則の上に人生哲学の基礎を置いた。奇妙な仕方であったが、その人生の与えたインパクトは、私がキリスト教信仰の真実を確信するのを助けてくれた。イエスが地上に新しい種類の力、歴史の基本前提をひっくり返す逆転を解き放ったことを私は理解し始めた。「このように、後の者が先になり、先の者が後になります」（マタイ二〇・一六）とイエスは言い、社会から見捨てられた人々、貧しい人々、苦しむ人々に手を差し伸べることによって、その原則のとおりに生きた。人類史上最も影響力のあった人物イエスは、オフィスをもたず、政治権力を軽蔑する態度を示し、持っているものは身にまとう衣服だけだった。

イエスは罪人に赦しを、敵に愛を、意見を異にする者たちにあわれみを差し出した。今日、世界中で主流からはじかれた少数派、女性、障碍者、囚人、病人はみな、道徳の源、そして、社会に影響を与える行動の手本として、その教えに従うにしても従わないにしても、イエスに目を向ける。ガンジーを通して私が理解したのは、イエスは教会を建てるだけでなく、捕らわれ人を解放し、虐げられていた人々に自由をもたらし、暴力と競争に満ちた世界の土台をゆるがすような道徳的な権威を解き放った、ということだ。その流れは、教会がそれに加わるにせよ傍観するにせよ、やむことはない。私は生い立ちのせいで、その流れが進んでいるときに傍観している教会を見ると、すぐに非難していた。ガンジーが教えてくれたのは、それでも福音にはそれ自身のいのちがあり、ゆっくり確実な働きをするということだった。ガンジーは、クリスチャンが勧めたような仕方ではイエスを受け入れなかったが、イエスの教えの真理を、その真理の流れを、激情と暴力に彩られた国に注ぎ入れることで証明した。

ガンジーには、宣教師のチャーリー・アンドリュース、E・スタンレー・ジョーンズなど、親しいクリスチャンの友人が何人もいた。著作が証明しているように、ガンジーはほとんどのクリスチャン以上に、キリスト教の教義に詳しかった。それなのに、なぜキリスト教を拒絶することになったのだろう。

インドで育ったガンジーは、子どものころクリスチャンと接触する機会がほとんどなかった。ヒンドゥー教徒がクリスチャンに改宗したら、肉を食べ、酒を飲み、西洋人の服を着せられると街で噂されていた。ガンジーは、街角でヒンドゥー教徒とその神々を馬鹿にするキリスト教宣教師の不愉快な記憶も思い起こしている。

ロンドンで法律を学んだ学生時代、キリスト教に触れる機会が大幅に増えた。友人に求められて聖書を全部読み通したが、旧約聖書には心を動かされず、読むと眠くなった。しかし、新約聖書には深く感動したと告白している。ガンジーは一生涯、イエスの教えに、その非暴力と簡素な生活という模範に戻り続けた。また、数あるキリスト教書籍と注釈書の中からピアソンの『絶対に確実な多くの証拠』(*Many Infalible Proofs*)(この本は、私には何の影響ももたらさなかった)と、バトラーの『宗教のアナロジー』(*The Analogy of Religion*)を読んだ。それでもやはり、キリストとキリスト教が乖離しているのを見て納得がいかなかった。

　ガンジーは人格形成期に南アフリカに暮らし、そこでいくつか嫌な出来事があってキリスト教に悪い印象を抱いた。明らかなキリスト教社会で、列車から投げ落とされ、ホテルやレストランから締め出され、いくつかのキリスト教の集会から出入り禁止にされるなど、露骨な差別を味わった。

　ガンジーを日曜日の食事によく招いていた白人女性がいた。だが、ガンジーの菜食主義が五歳の息子に影響しているのを見ると、よそよそしくなったという。それまでガンジーは毎日曜日、ウェスレアンの教会に彼女の家族と通っていた。「その教会には好感をもてませんでした。」覚えているのは退屈な説教と「世俗的なものへの関心が強く、単なる娯楽として、また慣習に従う心地よさから教会に通っているらしい」会衆だ。

　自伝の中でガンジーは、自分を改宗させようとしたクリスチャンのエピソードをいくつか書いている。アンドリュー・マーレー牧師の説教を聞かせようと、ある親切な男性が伝道集会に連れて行ってくれた。マーレーが、イギリスの孤児院の創設者ジョージ・ミュラーの信仰について語った話に、ガンジーは強い感銘を受けた。そのときの経験を、次のように思い起こしている。

ベーカー氏は、私のような「有色人種」の友人をもったためにつらい思いをしていた。彼は、私のせいで不便を味わうことが多かった。私たちは旅を中断しなければならなかった。たまたまその日が日曜日で、ベーカー氏とその仲間は安息日に旅をしないと決めていたためだった。……

この大会は敬虔なクリスチャンの集まりだった。私は彼らの信仰を喜んだ。マーレー氏に会った。多くの人々が、私のために祈っているのを見た。彼らの歌う讃美歌で気に入ったものもあった。とても素敵だった。

この大会は三日間続いた。そこに来ていた人々の敬虔さがわかり、素晴らしいと思った。けれども、自分の信じるもの――私の宗教を変える理由は見つからなかった。クリスチャンになるだけで、天国に行ったり救いを得たりする、ということを信じるわけにはいかなかった。何人かの善良なクリスチャンの友人に率直にそう言うと、衝撃を受けていた。それでも、どうしようもなかった。

私はますます困惑した。イエスが神の、受肉した一人息子であること、そして、そのイエスを信じるものだけが永遠のいのちを得ることが、とても信じられなかった。神に子どもがいたというなら、私たちはみな神の子どもだった。イエスは神のようだった、あるいは神ご自身だったというなら、すべての人間が神のようであり、神ご自身かもしれないだろう。私の理性は、イエスがその死と流した血によって世界の罪を贖ったと、文字どおりに信じる用意がなかった。隠喩的に、そこには何らかの真理があるかもしれない。キリスト教によると、人間だけがたましいをもっていて、他の生き物はもっていない。他の生き物にとって、死は完全な消滅を意味するが、私はそれと反対のことを信じていた。私はイエスを殉教者、身をもって犠牲を示した人、そして神のような教師として受け入れることはできるだろうが、生まれた者の中で最も完璧な人間として受け入れることはできない。十字架上でのイエスの死は、世界にとって偉大な模範だったが、そこに何か神秘的あるいは奇跡的な美徳があったということを、私の心は受け入れることができないだろう。クリスチャンの敬虔な生活から与えられたもので、クリスチャン以外の信仰者の生活から与えられなかったものはない。他者の生活にも、クリスチャンの中で聞いたのと同じよき変化を見てきたのだ。キリスト教の原理には、哲学的に何ら特別なものはなかった。犠牲という観点では、ヒンドゥー教徒がクリスチャンよりもはるかにまさるように思えた。キリスト教が完璧な宗教であることも、あらゆる宗教の中で最も優れていることも、認められなかった。

機会があるたびに、この心の中のざわめきをクリスチャンの友人たちと分かち合ったが、彼らの答えに満足できたことは一度もなかった。

(『ガンジー自伝』〔*Gandhi: An Autobiography*〕)

ガンジーは、自分の立場をこう要約した。「キリストだけが王座にいるとは認められない。」

悲しいことに、ガンジーの著作物に、神の恵みと赦しという概念は見られない。ヒンドゥー教は恵みにつまずいたのだ。彼は言った。「救いを見つけようとするなら、海辺に座って、わら一本で一滴の水をすくいあげ、運び、海を空っぽにしようとする人間と同じくらいの忍耐力がなければならない。」自伝の最後で、ガンジーは自分の思考も演説も行動も、まだ情念から解放されていないことを嘆いている。「私は自分を無にしなければならない」と結論している。

ガンジーは、南アフリカでのもう一つの痛ましい記憶を、自伝から慎重に取り除いている。インド人のコミュニティーは、特に宣教師のC・F・アンドリュースを称賛していた。インド人はアンドリュースを、「キリストの忠実な弟子」と呼んでいた。しかし、ガンジーは、はじめてアンドリュースの説教を聞く機会に、教会の集会から追い払われたのである。肌の色が白くなかったからだ。後にガンジーとチャーリー・アンドリュースは親友になったが、その事件で味わった痛みをガンジーは生涯忘れなかった。

＊　＊

ニューデリーのキリスト教コミュニティーを訪れたときのことだ。そこはいわば僧院のようなところで、イエスが弟子たちに求めた過激な要求に従おうとするインドの若者たちが集まっていた。しばらく彼らと、ガンジーとイエス・キリストの類似点を話し合った。今まで述べてきたように、ガンジーはイエスの教えを自身の最も重要な原則としていると、公に語っていた。しかし、ガンジーはインド全土に深い影響を与えたが、キリスト教はインドにほとんど影響を与えてこなかった。クリスチャンを自称する人は人口の三パーセントに満たない。キリスト教の代表者たちはインドにキリスト教を伝えたが、キリストは伝えなかった、という考えをコミュニティーの人々と検討した。

教育を受けた平均的なインド人が、キリスト教をどう受け取っているかが語られた。彼らは訪米すると、教会の数の多さに感銘を受けて帰国する。そして伝えるのは、テレビ伝道師や、彼らが支持者からいかに多額のお金を集めているかという話だ。また、大統領も出席するキリスト教指導者たちの集まりや、霊のリバイバルを経験したクリスチャンだと主張している政治家たちの話もする。西洋の霊的指導者たちは、インドでよく目にするような厳格な聖者たちと異なり、身なりの良い中産階級であることが多い。合衆国には、

「偉大なるたましい」と呼ばれる人などいない。こうしたインド人が、キリスト教についてじっくりと考えて出てくる言葉は、キリスト教のもつ権力と成功だ。イエスの生涯を語ったり、イエスの示した原則を語ったりすることはまれだ。

私はニューデリーのクリスチャン仲間を勇気づけたくて、世界の抱える問題を洞察するのは、西洋でなく東洋の視点のはずだというガンジーの言葉を彼らに思い起こさせた。ガンジーは言った。「自分たちが見たいと願っている世の中の変化に、私たち自身がならないといけない。」私はニューデリーのクリスチャンたちに、インド大陸が生み出したもの、すなわちガンジーの心に強く響いた理想を、最大限に用いるよう促した。そして、その理想のルーツであったキリスト教をたどることを。アメリカの若者は、イエスの言葉を聞く前に、ガンジーの言葉を聞くことのほうが多いという事実が示しているように、インド人は、アメリカ人の私にはできなかった仕方でアメリカに挑むことができるだろう。私は言った。世界はこのメッセージを受け入れるかもしれない、と。

議論のあいだ中、静かに座っていたインドの思慮深い若者がこれに対して口を開いた。彼は言った。「私にはわかりません。西洋社会は一般的に、その文化から距離を置くガンジーのような聖人を受け入れると言っているように聞こえます。でも、教会は受け入れるでしょうか。あなたは言いましたね。アメリカのキリスト教は、ガンジーのように生きる聖人を生み出したことがない、と。キリスト教指導者はみな、ガンジーとあまりにも違っています。あなたはこう示唆しているようです。ガンジーがアメリカの教会で今日立ち上がっても、真面目に受け取られず、たぶん笑いものにされ、拒絶されるだろう。しかも、そうしているクリスチャンが、イエス・キリストを崇拝していると言う。なぜ彼らはキリストを拒絶しないのですか。イエスは簡素な生活を送り、愛と非暴力を説き、この世の権力に妥協することを拒みました。弟子たちに『十字架をとり』この世の苦しみを負いなさいと求めました。なぜアメリカのクリスチャンは、そのイエスを拒絶しないのですか。」痛いところを突かれた。私は今でもこの質問に答えられずにいる。

預言者たちに石を投げ、後に彼らを記念して教会を建てることが、いつの時代もこの世のやり方だった。今日キリストを礼拝している私たちは、肉のキリストを十字架につけたのである。

（マハトマ・ガンジー）

第8章　公の場での蛇と鳩

C・エベレット・クープ博士

政治と言えば、汚いものだと思って育った。私たちクリスチャンは、包囲されている少数派だと思っていた。米国の宗教の自由には感謝するが、世俗的ヒューマニストの支配する社会で、つまらない反体制文化《カウンターカルチャー》として生きるつもりはなかった。教会学校では、星条旗とキリスト教旗の両方に忠誠を誓ったが、その優先順位を疑うことはなかった。当然のことながら、だれもワシントンに道徳の指導者を期待しなかったし、私の教会で政治運動に積極的に関わる人もいなかった。

ジョン・F・ケネディは、一九六〇年に米国人を無気力から立ち上がらせた。不安をあおりたがる教会執事が『アメリカがカトリック教徒の大統領を選んだら』という恐ろしい本を配り、カトリック教徒の大統領なら国民でなく教皇の言うことを聞くだろうと、牧師は忌々《ゆゆ》しげに言った。そのケネディが大統領に選出されたが、この世の終わりを告げる預言は実現しなかった。一九六四年、私は共和党青年部のスタッフとして、大統領選で敗北を喫したバリー・ゴールドウォーターを応援していた。投票権を得てはじめて迎えた次の選挙で、私の政治立場はリベラルへと一八〇度転換し、民主党の候補者ヒューバート・ハンフリーを支持した。わがジョージア州で圧倒的な投票数を集めたのはジョージ・ウォレスだったが、私は、上院議員であり詩人でもあったユージン・マッカーシーのほうが断然好きだった。大統領戦を制したのはリチャード・ニクソンで、クリスチャンはニクソンに寄り添うビリー・グラハムを見て活気づいた（グラハムは、ウォーターゲートの録音テープのコピーを読んでニクソンの正体を知ったとき、それまでの親交を悔やんだ）。

次の大統領選では、ジョージア出身のジミー・カーターが勝利をおさめ、彼が霊のリバイバルを経験したクリスチャンであることが多くの関心を集めた。「タイム」誌は「福音派の年」を宣言し、ワシントンの政治家の中には、一夜にして出現したかに見えた分厚い支持者層の正体を調査させるべく調査官を任命した人々もいた。福音派の人々がジミー・カーターをあまり評価せず、四年後にロナルド・レーガンの支持に回ったのは意外だった。レーガンはめったに教会に足を運ばず、慈善金の寄付もほとんどせず、「家族の価値」を綱領に盛り込んでいたものの、離婚経験をもつはじめての大統領であり、子どもたちの中には父レーガンと仲たがいしている子や同性愛者の子がいた。福音派に借りがあることを認めていたレーガンは、保守的な社会政策を推進し、福音派の議員を何人か要職に抜擢した。

レーガンの後継者ジョージ・ブッシュはあまり人気がなく、一期を務めて退いた。ホワイトハウスの次なる住人は南部バプテスト派の信徒であったビル・クリントンだった。彼は忠実に教会に通い、ウッドロー・ウィルソン大統領以来、どの大統領よりも聖書に詳しかったし、トニー・カンポロ、ビル・ハイベルス、ジョージ・マクドナルドといった福音派の人間を直近のアドバイザーに迎えた。だが近年の大統領で、ビル・クリントンほどキリスト教会から軽蔑と露骨な嫌悪を引き起こした大統領はいなかった。クリントンはスキャンダルが公になる以前から、すでに嫌われていた。政治と宗教は奇妙な縁がある仲間だ。

他の国々では、さらに奇妙な光景が展開している。福音派といってもヨーロッパ、オーストラリア、ニュージーランドなどは、ラテンアメリカのカトリック指導者と同様、政治的に左寄りだ。厄介なことにクリスチャンが権力を握ると、制限する法律を通過させ、非キリスト教徒を撲滅する運動に乗り出し、キリスト教内の異端者を迫害することを、歴史は教えている。しかし、この世の政府が権利を掌握してクリスチャンを抑圧し始めると、教会は繁栄することが多い。近年、中国でクリスチャンの数が史上最大に増加した。礼拝を規制し、牧師を投獄する政府の下で、リバイバルが起きたのである。

アメリカでは、信仰と政治の問題が常に関心を集めてきた。ユダヤ教徒の副大統領候補ジョゼフ・リーバーマンは、公然と神について語り、ユダヤ教の政治団体から批判を招いた。ペンテコステ派の司法長官ジョン・アッシュクロフトは、堕胎と同性愛の嫌疑で取り調べを受けている。ブッシュ大統領は、信仰に基づく慈善事業に補助金を割り当て、宗教を重んじる学校で使えるクーポン券を発行している。

重要なところを妥協しないで信仰者が政治に関わることはできるだろうか。これまでトルストイ、ガンジー、マーティン・ルーサー・キング・ジュニアと、宗教界の著名人に言及してきた。彼らの力は、政治状況に変化をもたらしてきた。こうした巨人たちから私は学んでいるが、一般市民の役割のほうに興味がある。アウグスティヌスの言葉を借りると、人は「神の国」と「人間の国」の両方に実際仕えることができるだろうか。どちらかを締め出してしまうことにならないのだろうか。

私が間近で見てきた一市民の例がある。その人は政治経験ゼロの医師で、政治と宗教をうまく両立させようと最善の努力をし、その素晴らしい事例を提供している外科医だ。この人のことは一九七一年から知っている。彼は研修医の海外研修を扱う委員会で議長を務めており、私の妻がそこで働いていたのである。彼はレーガン政権のもとで、高い地位に就いた最も有名な福音派の人間だったかもしれない。現代の重要な道徳上のいくつかの問題について確固たる確信をもち、恐ろしいほど単刀直入に意見を述べた。もたらした結果は、だれをも驚かせたが、一番驚いたのが彼自身だった。

＊　＊

フィラデルフィアの小児病院で三十年間手術を執刀したC・エベレット・クープ博士は、障碍をもつ未熟児を救い、治療する方法を生み出すパイオニアだった。一方、同じ病院内に堕胎クリニックができ、彼が一人や二人のいのちを救うあいだに十人から十五人のいのちを葬ることが可能になった。クープにとって堕胎は白か黒かの道徳上の問題だったので、「ロー対ウェイド事件」〔訳注＝妊娠中だった貧しい未婚のノーマ・マコービーの中絶を禁じるのは、憲法により保障された女性の権利を侵しているとの判決が下された事件〕の判決は「南北戦争以来、米国史上最も重大な出来事」だと主張して堕胎の合法化に強く反対した。クープは、小児科の手術における輝かしいキャリアを中断してまで、福音派の著述家フランシス・シェーファーと遊説して回り、アメリカの大衆に向かって、人間のいのちの問題について警告を発したことがあった。シェーファーの制作した映画シリーズ『人類に何が起きたのか』のドラマチックな場面で、クープは死海に散らばった一千体以上の裸の人形を見渡して宣言する。「私はソドムの地に立っている。悪と死の土地に。」

クープは神学も白か黒かで見る傾向がある。成人してから通った長老派教会で熱心なクリスチャンになった。その信仰の中心は、神の主権という教義である。指示を出し、生死について瞬時の判断を下していたクープは、命令系統を尊重する自信に満ちた医師だった。そのクープは、キェルケゴールのように漠然とした不安に襲われることはなかったようだ。神が全能であるなら、何が起ころうと、いついかなるときも、すべては神の完全な支配下にある。

その穏やかな信仰が試されたのは一九六八年、クープがその生涯で最も痛ましい悲劇に見舞われたときであった。それは、彼の心のあり方を根本から変えた出来事だった。それまでクープは、医師が嘆き悲しむ親たちといっしょに泣くことを弱さのしるしと考えていた。しかしその出来事の後に、共に泣かないでいることの難しさを知る。二十歳の学生だった息子デイビッドが、登山中の事故で亡くしたのである。救助が来るまでの五十二時間、デイビッドの体は岩の上に横たわっていた。クープ一家にとって、拷問のような試練だった。当時のクープの日記は『山が動くとき』（*Sometimes Mountains Move*）という本になって出版されたが、神との格闘は少しも書かれていない。本の最後に、「あなたがたを、つまずかないように守ることができ……る方」という新約聖書のユダの手紙が引用され、その後にクープ自身の信仰の宣言が記されている。「神は全能である。しかし、その主権において、全能でないことを選ばれた。」

一九八〇年八月に受けた重要な電話から、神の主権を核とするクープの信仰は異質の試練に導かれる。クープの著書を二冊読み、その堕胎反対の確信を称賛したロナルド・レーガンが、このクープに合衆国の公衆衛生局長官を務めてもらいたいと思ったのである。彼を指名すれば堕胎反対の有権者、とりわけクープのことをよく知る福音派内でのレーガン支持は盤石になるだろう。レーガンは大統領に就任すると、早速クープを副保健福祉省次官に任命し、公衆衛生局長官に指名推薦した。ところが六十四歳というクープの年齢が、六十四歳二十九日以下という年齢制限を百日超えていたため、指名には議会の承認が必要となった。堕胎禁止に関する形式的な法律を制定すれば、政界に嵐が吹き荒れることは、クープもレーガン陣営も理解していた。

その歯に衣着せぬ物言いは、あだとなってクープ自身に返ってきた。善意あるペンテコステ派の団体が、ワシントンDCのテレビ局でシェーファーの映画を放映すると、その悩みはさらに深まった。「全米女性機構（National Organization for Women, 通称・NOW）」やそのほかの中絶賛成派の団体は、堕胎、女性の権利、同性愛について、かつてクープが口にした過激な言葉を振りかざして攻撃した。〝赤狩り〟をする彼らは、クープの信仰ばかりでなく医師としての能力、情緒の安定性や正気すらも問題にした。堅苦しい「ニューヨーク・タイムズ」は、「医師とは呼びがたい医師」の見出しで社説を掲載し、ワシントンの報道機関は、クーク博士〔訳注＝「変人博士」の意〕という失礼なあだ名をこしらえた。ヘンリー・ワックスマン下院議員は、クープに「おっかなくて不寛容」というレッテルを貼った。右翼の変人、悪意をもつ厄介者、宗教の過激派と呼ぶ人々もいた。米国公衆衛生局は、その百年の歴史ではじめて、長官候補者に対してはっきりと難色を示した。事務局長は言った。「クープが就任するくらいなら、公衆衛生局長官などいないほうがいい。」

クープは、何も知らずに交戦地帯に足を踏み入れた観光客のようにワシントン入りした。故郷のフィラデルフィアでは、体がつながって生まれた双子の分離手術、顔面変形の治療、子どもの補助人工心臓の体外設置手術の成功など、クープ博士の外科医としての腕が注目を集めていた。フランスのレジオンドヌール勲章も含めた多くの賞の受賞者であり、たびたび新聞には、フィラデルフィアの「最も有名で愛されている息子」と書かれた。しかし、今や地元紙もクープを批判する声に同調し、双頭の怪物という残酷な風刺画でクープを描いていた。クープの息子は別の町で働いていたが、父親の中傷記事を赤鉛筆で囲んだ新聞が、毎朝事務所のドアの下に差し込まれていた。

クープと妻ベティーは、荷ほどきしていない段ボールだらけの仮住まいに暮らしていた。毎日だだっ広いオフィスに出勤して椅子にもたれかかり、合衆国議会議事堂の丸屋根と巨大な星条旗を眺めていた。権力の座の近くにいても、彼には何もなかった。あるとすれば、全市民からの誹謗中傷だった。二十四時間忙しく働く日々を四十年送り、いま目の前にあるのは、空っぽのメール受信箱、鳴らない電話と予定のないカレンダー。まさに独房のような環境だった。そのころ彼を訪ねたポール・ブランド博士は、私にこう言った。「この名医は長年、医学界で話題を集めていた。クープは使命をもつ精力的な人物だ。それなのに、今は檻の中のライオンのようだ。とてつもない力をもつライオンだ。文字どおり、何もすることがないまま部屋の中を行ったり来たりしていた。そして、傷ついた男のようにも見えた。慰めを必要としている男に。」

クープ自身がこう振り返っている。「あれほど平和で生産的な生活を、神がなぜ中断させるのか理解できませんでした。公職に就こうと思ったことなどありませんでした。だから神は私をフィラデルフィアからつまみ出し、ワシントンに捨て置かれたのだと思いました。指名までの苦しい九か月間、机の上の聖書を見つめ、何が起きているか理解しようとしました。最もつらかったのは、ある午後に帰宅したときのことです。ジョージタウンの小さなワンルームのアパートで、半分下ろしたブラインドの隙間から陽の光が射し込んでいました。私が玄関のカギを開けると、ベティーが立ったままワシントンポスト紙を読んでいて、その頬を涙がつたい落ちていたのです。」

クープは憤った。「もうたくさんだ！　こんな扱いを受けたことなどなかった。しかも家族にまでこんな思いをさせるなんて間違っている。」　このとき、主権をもつ神は、この崩壊した生活にも何か目的をもっておられるに違いない、とベティーが思い出させた。彼女は言った。「今辞めても、それでよかったのか考え続けることになるわ。」　弱々しい笑みを浮かべて付け加えた。「それに忘れないで――フィラデルフィアには、もう仕事がないのよ。」

＊＊

一九八〇年代にテレビを見、新聞を読み、ラジオを聞いていた米国人がみな知っているように、C・エベレット・クープは晴れて公衆衛生局長官の職に就き、あらゆる困難にも負けず、この国で最高に目立ち、個性的で、称賛された公僕の一人になった。クープが一九八九年に辞任を告げたとき、最初に批判していた人々は、かつて悪しざまに言った男にこぞって大きな称賛の声を寄せた。ニュース番組のアナウンサー、ダン・ラザーは、クープを「史上最高の公衆衛生局長官」だと宣言した。考えをあらためてクープの大ファンになったワックスマン下院議員は、正直にこう認めた。「彼ほど誠実な人間はいない。公衆衛生局長官としてできるすべてのことを、そして、それ以上のことをした。」　クープが公衆衛生局長官になることに反対した米国公衆衛生協会は、功績を讃える最高の賞を授与した。ほとんどすべての人がクープを称賛したが、妙なことにその例外は、もともとの仲間であった福音派の人々だった。

何がクープのイメージをかくも劇的に変えたのか。答えは、メディアがクープを根本的に誤解していたこと、クープが自身の強みを生かせる仕事を作り出したこと、そして何の仕事もなく空っぽのオフィスに座っていたあの地獄のような九か月である。クープは、自らが公衆衛生局長官として行ったほぼすべてのことを、福音派の批評家たちが誤解していると思っている。クープは、抜け目のない預言者ダニエルが世俗の政権の中で行ったように仕えようとしたが、批判する福音派の人たちは、アモスやエレミヤのように仕えることを望んだのだった。

世俗の批評家たちがクープの背景に目を凝らしていれば、彼が非現実的な空想家でないことを理解しただろう。人間に対する思いやりは、その信念を鍛えたばかりでなく、実際形づくってもいた。外科医としての慌ただしい最初の数年にも、時間を割いて繁華街の救護所でホームレスの治療に当たっていた。助手の一人が言った。「クープ先生について人々が理解していなかったことは、最も純粋な意味でのプロライフ（いのちを尊重する立場）であることです。死に抵抗するのでなく、いのちを推し進めようとする人です。私は、クープ先生が何千人ものために働いているのを見てきました――栄養失調の子どもたち、瀕死のエイズ患者たち、虐待された妻たち、中絶の権利を求める活動家たち。そして、彼はだれのことも、神のイメージに造られていると心から信じて、そのように扱うのです。忙しいスケジュールに割り込み、『一流の医者』と話したいと言い張るような情緒不安定な人にも会うでしょう。あらゆる人間のいのちの価値に、心から敬意を払う人です。」

クープが堕胎についてかくも強い立場をとったのは、十万人以上の小児患者との経験による。彼らの多くが片手に乗せられるほど小さく、そのほとんどが他の外科医が触ることもできないほどの障碍を抱えていた。クープは長年、こうした赤ん坊が成長し、名前と人格、個人の歴史をもつ大人として立派に生きてゆく姿を見てきた。たとえば、顔とおなかを三十七回も手術したポールは、現在ウェスト・チェスター大学の大学院生だ。人工補助心臓を体内に植え込み、肺の機能を取り戻すために十五回も手術をしたクリス。クープが結腸の断片から食道を作ったマリアは、成長して博士号をとり、クープと同じ小児外科医になった。クープは、堕胎で亡くなった赤ちゃんも、顧みられなかった赤ちゃんも、みなポールやクリスやマリアになる可能性をもつ存在であることを知っていた。

そうした専門家が全米に一握りしかいなかったころ、ちっぽけな人間の無力さの何かがクープを小児外科医の分野に引き寄せた。権利を奪われている弱い人々を放っておけない性質だったのだ。そして、公衆衛生局長官の指名承認公聴会が開かれているあいだ、座っていたワシントンのオフィスで、生まれてはじめて自分も権利を剝奪された弱い存在のように感じた。成功が当たり前だった誇り高き男が、突然卑しめられ孤立した。何週間か経つと、今後取り引きがあるやもしれぬ指名候補者をとくと見極めようと、さまざまな利益団体がぽつぽつ訪ねて来るようになった。大いに懸念を表明する新聞の記事以外、世間はクープのことをほとんど知らなかった。権力がなく希望も薄い公衆衛生局長官にも、ふんだんに与えられている便利なものが一つだけあった。時間である——人々の心配事に耳を傾ける時間であった。

その九か月間、クープは国中からさまざまな声を聴いた。同性愛者の権利を提唱する人々や堕胎賛成論者たちは、クープの立場を激しく批判していた。しかし、その人たちも国民であり、その国民の医療の必要をクープが監督するのだった。クープは今、その時期は素晴らしい贈り物だったと考えている。「国民の健康問題を見て、任官したあかつきに、彼らのために何ができるか考える機会がありました。このオフィスを使って、権利を奪われた人々の大義を支持しようと心に決めました。障碍をもつ子どもたち、高齢者、内臓移植が必要な人々、殴られ、虐待された女性や子どもたちの大義を。あの九か月間、それまでの公衆衛生局長官が作らなかったような詳しい政策を作り上げました。結局、在任中に成し遂げた仕事はどれも、あのつらい期間があったおかげで実現したものでした。神の主権が働いたのです。」

ようするに、クープは空白の九か月を使って、長官としてこれから何ができるか構想を練ったのである。そして、まさにその悪名によって、任官後――恨めしい上院の公聴会後――クープの言うこと書くことすべてが、メディアの注目を引きつけた。傷つけようとした誹謗者たちが、逆にクープを助けることになった。その人たちのおかげで、クープの目標達成に必要な公の舞台が用意されたからである。

公衆衛生局長官に就任したものの、クープは自分が中将クラスにありながら指令する軍艦がないようなものであることを知った。公衆衛生局長官という役職の定義はそもそもあいまいで、とても軽視されていた（ニクソン大統領は指名する時間も取らなかった）。クープには決定権も予算権もなく、スタッフの数も乏しかった。公衆衛生局士官部隊の士気は、史上最低記録にまで落ち込んだ。その士気を高めるため、クープは部隊に、時代遅れの制服の着用を促した。自ら模範を示し、帯、肩章、略綬金の縁取りつきの糊のきいた制服に身を包んだ。すぐには理解されなかった。クープは幾度か飛行機の乗客から客室乗務員と間違えられ、荷物を運んでくれと言われた。そして、風刺漫画家たちは見た目を嘲笑しようと注目した。『白鯨』のエイハブ船長のような髭を生やし、クルーズ船の制服を着たこの奇妙な医師はだれなのか。ブランドものの書類カバンの街で、キャンバス地のトートバッグを下げているこの男はだれなのか。

クープ特有の特徴がメディアの関心を引いた。百八十五センチ、九十五キロの堂々たる制服姿で、強いブルックリン訛りで国民の健康について見解を述べ始めるや、嘲笑は鳴りを潜め、うっとりしたまなざしが向けられるようになった。ある記者が言ったように、「テレビに映っている、鋼のような髭と公衆衛生局の金色の肩章をつけた制服は、放縦という悪を痛烈に批判する手厳しい親父」のように見えた。取材した記者たちは、この新しい衛生局長官の誠実さとあけっぴろげさに感銘を受けた。まもなく彼は町でだれよりも取材を受ける人物になっていた。雑誌はクープの厳めしい顔つきを表紙に載せ、ジョニー・カーソンは番組はじめのモノローグで彼を登場させ、エリザベス・テーラーは投げキスを送り、テレビのコメディー番組「ザ・ゴールデンガールズ」からは、ゲスト出演のオファーがあった。

「クープのいるところ、論争あり」がワシントンのスローガンになった。彼は飲酒運転者を激しく非難し、児童や配偶者の虐待を扱う特別委員会を招集し、アメリカ人の食習慣を批判した。クープの上司たちはその扱いに戸惑っていた。とりわけ、クープから政策についての反対をくらったときには頭を抱えた。たとえばロナルド・レーガンは、大統領としての公権力を使って喫煙に反対することはないと、ジェシー・ヘルムズなど南部の上院議員たちに約束していた。そこへレーガンの公衆衛生局長官が現れ、愛煙家たちを「自堕落」だの「ぶざまな嘘つき」だのと言い、おまえたちは第三世界に死を輸出していると責め立てたのである。ホワイトハウスからの反対の声に、ニコチンはヘロインと同じくらい依存性があると断言し、煙草広告の全面禁止を提案し、禁煙の職場づくりを要請し、煙草を吸わない社会まで要求した。政権は困惑した。クープの最強の支持者であったノースカロライナのジェシー・ヘルムズ上院議員は、大きな衝撃を受けた。

クープは、途方もない圧力にも引き下がらなかった。一日に千人のアメリカ人が煙草に関連する病で死亡しており、国民の最高の医師として語る義務を感じていた（今彼は喫煙の衰退を指摘している。およそ二千万のアメリカ人が彼の任期中に禁煙した。クープの最大の功績だ）。喫煙、性教育、依存症患者への無料注射針の配布など多くの問題について、クープは独自の道を突き進んだ。

指導者の誠実さに飢え渇いていた大衆にとって、クープは正真正銘の国民的英雄になった。八方ふさがりのようだった仕事が、次第にクープが「良心に訴えかける勧告」と呼ぶ活躍の舞台に発展した。彼は言った。「私には善悪の判断力がある。この町にはそれがない人が多い。」クープは、アメリカ人が求める家庭医の期待に応えたと言える。主治医は嫌な知らせを伝えるかもしれないし、実際、患者の悪習慣について説教するかもしれない。それでも、人は遠まわしでなく率直に話をする医師、その人の健康を最も大切にする医師を求めている。その医師のイメージを、クープは大きなスケールで満たしたのだった。

＊　＊

以前、酷評していた人々も、その独立性と誠実さを尊敬するようになり、ほとんどの大衆も頼もしい国民的英雄としてクープを尊敬するようになった。するとクープのもともとの支持者層は陰鬱な気持ちで、自分たちの大義が裏切られたと考えた。以下は、保守主義者たちが採点したクープの期末報告である。

クープは、レーガン政権の主要な失望の一人だった。

――「ナショナル・レビュー」誌

クープは口を閉ざしているべきだった。

――フィリス・シュラフリー（保守派の代表）

この男は恥知らずだ……。自分を衛生局長官に取り立てたリベラルの側に寝返った。

――マイケル・シュワルツ（自由議会財団）

正しいと信じることに従って行動できないなら、辞任すべきだった。彼は良心よりスポットライトを重視する人間であることを暴露した。

――ハワード・フィリップス（保守派集会）

かつて白人政治の希望としてクープを尊敬していた福音派の人々の中にも、そのように失望した人々がいた。解説者のキャル・トーマスは不快感をあらわにした。「クープ博士を長年支援してきた人々は、苦々しい思いで憂鬱になっている。無神論者であっても左翼に有利な働きをしただろう。」クープは、そのとき私に言った。「そのような批判を受けると、奇妙な影響を受ける。もう教会に行きたくない――私はキャルと同じ教会に通っているのだ。」

神学者ハロルド・O・J・ブラウンの態度は、福音派の人々の関心がどこにあるのかを示している。十年以上前に、堕胎は間違いであり、たとえ困難な場合でも間違いは間違いなのだとクープを説得したのが彼だった。一九七五年にミネアポリスにあったビリー・グラハムの家で、ブラウンとクープはプロテスタントの堕胎反対団体の立ち上げに協力していた。ブラウンは、公然とクープを称賛した。「ウィリアムズ・ジェニングス・ブライアン以来、クープ博士ほど旗幟鮮明な福音派のクリスチャンはいない。公人としての生活に霊的な価値観を持ち込む率直さと決断力がありながら、責任ある地位に指名された。」ところがブラウンも、クープが堕胎反対という大義の基礎を危うくしていないか、声高に問い始めた。

保守主義者の不平の中心には、ベビードウ〔訳注＝「匿名の赤ちゃん」の意味。重度の先天性障碍をもつ乳児を指す。両親のプライバシーの保護の見地から「匿名」とされる〕、エイズ、そして一九八九年にクープがレーガン大統領に書いた堕胎の影響に関する手紙という三大危機があった。ベビードウ論争の始まりは早く（一九八二〜一九八三年）、先天性障碍児への栄養補給を断つことに医師と家族が同意した事例も含まれていた。これほどクープ博士の心に迫った問題はなかった。彼は、ベビードウの被った問題を解決するために四百七十五回の手術を行っている。赤ん坊の治療を控えることは、彼にとって幼児殺害に等しかったのだ。ある ベビードウは六日間、食べ物も看護もまともに与えられずに息を引き取った。ベビードウが死亡し、第二、第三のベビードウを防ごうとするクープの厳しい規制が裁判で却下された後、クープは賛成反対の両者の人々と会い（医学界は規制に猛反対した）、地元の病院間で「患者介護審査委員会」に基づく妥協を取りつけた。

最高裁は問題全体を討議してから、最終的にこの同意も却下した。しかし、妥協の過程で、公衆衛生局長官と非現実的な堕胎反対論者のあいだに亀裂を作った。堕胎反対論者たちは、委員会の結論をクープが受け入れたことを、医学界に屈服したものととらえた。堕胎反対のロビイストたちはクープにやや幻滅し離れて行き、クープのほうでも、その妥協を許さない精神が不満だった。彼はこの問題に関して揺るぎない見解をもっていたが、法律上の歩み寄りや、その必要性を理解することもできた。

ベビードウ問題の熱が収まるや否や、新しい危機が手榴弾のようにクープのもとに投げ込まれた。一九八一年、行政官たちは早くも重大な伝染病発生の兆しを察知していた。それは「危険性の高い行為」を行う集団、とりわけ同性愛者と静注薬物使用者のあいだに集中していた。大統領はＬＧＢＴ（レズビアン、ゲイ、バイセクシャル、トランスジェンダー）コミュニティーの叫び声を無視して、エイズとして知られるようになる病気にまったく触れなかった。クープは情報の流れから五年間締め出され、エイズについて語ることを禁じられた。一九八六年に一万の事例が確証されると、政権はようやくクープにこの問題に関する報告書の作成を依頼した。

かつてエイズ危機をめぐってヒステリックな状態に陥ったことは忘れられているが、その原因を作ったのが宗教右派だった。著名な福音主義者たちの司会するラジオ番組は、エイズは蚊や便座を介して感染すると主張する人々をゲストに招いた。当時のスタッフによると、保健福祉省にエイズの研究と教育基金への反対を訴える保守主義者たちの手紙が、一週間に五千通殺到した。「神のさばき」を邪魔してはいけないと、彼らは論じていた。こうした政治的風潮の中で、多くの人たちが期待したのが、福音派の公衆衛生局長官からの、非難に満ちた教訓的な報告書だった。同性愛者の権利を求める指導者たちは、露骨にそれを嘲った。

だが、クープは与えられた課題を深刻に受けとめた。支援団体の「全米ゲイ・レズビアン・タスクフォース」から南部バプテスト教会まで、多岐にわたる二十五のグループとの二時間におよぶ非公開の会談を計画した。彼は通常の役人ルートを避け、自分で報告書を書く権限を要求した。自宅の立ち机で仕事をしながら、二十七枚の草稿を記者のような口調で書いた。「エイズが流行し始めたころ、多くのアメリカ人はエイズ患者に同情しなかった。その病気にかかることが、ある種の人々には『ふさわしい』といった感情だった。そんな気持ちは捨ててしまおう。私たちの闘う相手は病気であって、人間ではないのだから。」

そのエイズ報告書はきわめて率直で、解剖学的な見地からも詳細に綴られ、危険が書かれ、性教育を「できれば小学生から始める」よう要求していた。禁欲と一夫一婦制の結婚でのセックスが最も安全だとしながらも、性のパートナーが複数いる人や、同性愛行為を行う人にはコンドームの使用を勧めた。クープは宣言した。「沈黙は終わらなければならない。」

沈黙は終わった。レーガン政権内の声は、義務的なエイズ検査と早期の性教育に反対してクープの姿勢を糾弾した。テッド・ケネディーやヘンリー・ワックスマンなどリベラルな政治家たちは、報告書が真っ正直で、この病気の健康面を強調していることを称賛した。同性愛者の権利を求める活動家たちは、クープを「エイズと闘う正真正銘の英雄」と呼んだ。議会は、前例のない要求をしているクープを支えた。たとえば、アメリカの全家庭にこの病を説明する小冊子を郵送する。計一億七百万冊、アメリカ史上最大の大量発送だ。

怒りを爆発させた保守派の政治家たちもいた。宗教右派の創設者ポール・ウェイリッヒと、保守派の女性代表、フィリス・シュレイフライはクープに反対し、彼を讃えるために予定されていたワシントンでの食事会の組織的なボイコットを画策した。彼らの手紙の一部にはこう書かれていた。「クープはあからさまに堕胎反対主義から離れたばかりでなく、多くの人が、エイズについての彼の発言は同性愛コミュニティーを守ろうとしているものだとも思っている。昨年十一月に出版されたエイズ報告書は、まるで全米ゲイ・タスクフォースが編集しているようだ……。クープ博士のエイズ撲滅案は、同性愛の見解を代表するものであり、家族を大切にする運動の見解ではない。」三人の大統領候補者が圧力に屈し、その食事会のスポンサーを降りた。

エイズ報告書をめぐる熱狂のただなかで、さらなる困難がクープを襲った。ある午後昼寝から目覚めると、四肢麻痺同然の状態に陥っていたのである。手も足も動かなかった。長年体を屈めて幼児の手術をしていたため、スキーで作った古傷が悪化し、昼寝中に整形外科用の枕から頭が落ちたとき、その圧力で動脈が切れたのだった。外科医たちは治療を施したが、クープは回復までの数週間を寝たきりで過ごすことになった。

安静を余儀なくされたその時期も、公衆衛生局長官指名に至るあの九か月のように、神の摂理による贈り物だったとクープは思っている。エイズは、モラリストと科学者が協力して治療する病気だと考え始めていた――実際、感染の拡大を抑えるには、互いに手を取り合う必要が﹅あ﹅っ﹅た﹅。「メディアで報道されているようなエイズ報告書の影響を、七週間にわたって見ていました。私には義務と仕事があります。だからおそらく公職にいる人がやったことのないことをする決心をしたのです。一九八七年の最初の七週間、宗教団体にだけ話をしました。ジェリー・ファルウェルの教会とリバティー大学のチャペルから始め、全米宗教放送協会の会議に出向き、ユダヤ教の保守的な人々に話しました。それからローマ・カトリック教徒に、最後はムーディー・ラジオ放送局の番組で話をしました。」

その演説を、彼は制服に身を固め、首にギブスをつけて行った。クープは確信をもって禁欲と一夫一婦制の結婚の必要を訴え、こう付け加えた。「だれにとっても禁欲は全く現実的でありません。でも、私はまだ人類をあきらめきっていません……。私は異性愛者と同性愛者の、若者とお年寄りの、道徳的な人々と不道徳な人々の公衆衛生局長官です。」親しげな言葉で語りながら、仲間のクリスチャンたちに注意した。「罪を憎んでも、罪人のことは愛さなければなりません。」クープは、同性愛行為については一貫して「ソドミー」という言葉を使い、個人的に性的倒錯を嫌悪していると言いながら、こうも主張した。「私は公衆衛生局長官であって、チャプレンの長官ではありません。」

自分の立場を説明する際に、よく救命救急医との共通点に言及した。救急車が停まって二人の怪我人を降ろす。警備員を撃った銀行強盗と、撃ち返した警備員だ。医者はどちらの男を最初に治療するだろう。医者は、最も道徳的な人ではなく、最も緊急性の高い怪我人を最初に診なければならない。痩せこけ、衰弱し、紫色のあざだらけのエイズ患者を大勢診てきたクープは、緊急の治療の必要な患者がわかっている。彼は、弱く権利を奪われた人々を探し出すと誓った。そして明らかに、この国で、これほどまでに弱り果て権利を奪われている人々はいなかった。政治上の犠牲があっても、エイズ患者が治療を受ける権利と、この死に至る病を予防する教育の必要を保障しようとした。

公衆衛生局長官はエイズ問題をめぐり、保守主義の政治家たちから多くの支持を失った。しかしクープはいま、草の根の教会の姿勢を誇らしげに振り返って言う。

「私たちは、人々の目をこの問題に向けさせたと強く思います。支援の手紙をくれた人は、南部バプテストの牧師だけで二十人いたはずです。あの教派は、私がエイズ報告書を書く前に会談したグループの一つでした。彼らは、私が話した類の性行為を聞いたことがありませんでした。ある日オフィスで、何が問題なのか、静かに説明しようとしました。たとえば、脱衣所セックスとはどのようなものか。牧師たちは、叫び出して逃げるべきなのか泣くべきなのか、顔を覆うべきなのかわからず、困惑していました。でも気持ちを落ち着かせて、支えになってくれることを表明してくれました。私は言いました。『わが子らが性教育を受けることを心配しているなら——その心配はわかります——、なぜ二千六百万もの人々を抱える教派のあなたがた自身がカリキュラムを書かないのですか。』九か月後、彼らはまさにそのカリキュラムを作る手伝いのために、私を招いてくれました。」

＊　＊

ベビードウとエイズ論議のさなかもクープを支持した保守的な人々は、一九八九年に再び大きなショックを受ける。クープがレーガン大統領に宛てた堕胎に関する手紙を、メディアが報道したときである。前年秋、レーガンの堕胎反対顧問の一人が、堕胎が女性に与える健康上の影響を長官に調査させるべきだと、大統領を説得していた。「恐ろしい結果が出て、ロウ対ウェイド判決が覆るだろう。」顧問はそう予言した。堕胎賛成の活動家たちは、クープが断固堕胎に反対する考えであることを知っていたので、最悪の事態に備えて身構えた。一九八九年一月、クープは調査結果を大統領に手紙で報告したが、結びにこう書いていた。「残念ですが大統領、公衆衛生局においても民間セクターにおいても、多くの点について丹念な再調査が行われましたが、堕胎が女性に与える健康上の影響について、科学的研究から決定的なデータを提供することはできません。」堕胎賛成運動の指導者たちは、そのメッセージを少し歪曲させて高らかに読み上げた。「クープが、堕胎は女性に有害でないと言っている。」

「堕胎の影響に関するクープの主張は、友人も敵も同様に驚かせている。」「ニューヨーク・タイムズ」は、翌日の一面をこう飾った。控えめな表現でピューリッツアー賞を受賞できそうな見出しだった。福音派には、クープの手紙で堪忍袋の緒が切れた人々もいた。公衆衛生局高官の指名につながった「堕胎反対」という主義そのものを、クープが捨て去ったように見えたからだ。このことは、クープのキャリアに消えない汚点を残し、公務を引退する一因になったかもしれない。

クープ自身は、個人的にこの問題をめぐって裏切られたように感じている。彼は堕胎が健康に及ぼす影響について、二百五十五の報告書を精査していた。堕胎の有害性を〝証明した〟ものもあれば、無害を〝証明した〟ものもあった。あわせて考えると、どれも方法論的に欠陥があるように見えた。それればかりでなく、堕胎を行った女性のうち、調査時にそれを認めたのは半数だけであったことを、既存の研究は視野に入れていなかった。クープは、堕胎が与える有害な精神的影響について、豊富な事例という証拠をもっていたが、それを裏づける厳密な科学的データは持ち合わせていなかった。実際、彼は大統領に送った手紙の中で、そうした研究を勧めていた。概算すると研究に五年を要し、費用は一億ドルがかかるだろうが、大統領の望んでいたことを証明する見込みがあった。しかし現時点で、統計学上のデータが不十分であることを認めなければならなかった。クープには個人の意見でなく、科学に基づいた判断を下すことが求められていた。

クープは書いた手紙を直接ホワイトハウスに持参し、大統領から何らかの指示があるまで、だれにも手紙の内容を明かさないという約束を取りつけた。だが、クープが少し後で帰宅すると、慌てふためく妻が家の前にいた。たったいま、ニュースキャスターたちが「機密」の手紙を引用していたのだ。それどころか彼らは、公衆衛生局長官は堕胎が心理学的に害を及ぼすという証拠を見つけられなかったと端的に報道していた。クープは自身の立場を明確に説明しようと、午前一時まで電話から離れなかった。そして、誤った印象を正すために、翌朝「グッドモーニング・アメリカ」に出演した。しかし、すでに手遅れだった。堕胎賛成の活動家たちはクープの調査結果を誤用し、堕胎反対論者たちはいっそう裏切られたように感じていた。

クープは今振り返る。「その問題には、あまりにも多くの誤解がありました。私に駆け寄ってこう言った女性がいました。『クープ博士、あなたが堕胎に関する立場を変えてくださって嬉しく思います。』私は言いました。『奥さん、あなたは完全に誤解しています。私は堕胎への立場を変えていません。統計を欺くようなことをしないだけです。』これまで私が堕胎についてどんなことを話したり、書いたりしてきたかを考えれば、堕胎に反対する私の立場は明らかなはずです。どこに行っても、こんな場面に出くわしたいのです。近づいて来た人から、『生まれて三日目に、先生が手術をしてくれました』と言葉をかけられる。別の人からも、『先生に感謝しています。人間のいのちの問題に関心をもったことがありませんでしたが、先生がフランシス・シェーファーと話しているのを聞いて、変わりました』と言ってもらえるような場面です。当時、私は堕胎に反対する人たちに言いました。『あなたの堕胎反対の闘争は素晴らしいものです。胎児のいのちをまず第一として、道徳の問題にしました。論拠を母親の健康に変えてはいけません。堕胎賛成派が、あなたが論拠を変えざるを得なかったことに気づけば、あなたは負けます』と。」

クープが過ごしたワシントンでの次の数か月は、最初の数か月と同じくらい不愉快なものだった。ジョージ・ブッシュ（父ブッシュ）が就任し、クープの望んだ閣僚ポストは別人が指名された。だれもクープに辞任を求めなかったが、公衆衛生局長官への再任も申し出なかった。そして、数々の小さな圧力をかけられ続け、クープは自分が歓迎されていないことを感じ取った。役員用の食堂が利用できなくなった。幹部の交流会から締め出された。一番の側近が解任された。ホワイトハウスの職員はもはや彼に折り返し電話をかけなくなった。

あるとき一人の記者が、制服の勲章はどのように得たのですかとクープ博士に尋ねると、こんな答えが返ってきた。「上の列はリベラル派からの仕打ち、下の列は保守派の人々からの仕打ちです。」反対にさらされ続け、途方もないメディアの偏見を乗り越え、その役職を政府で最も尊敬されるポストに変えた男は、静かに辞任した。

制服を脱いでも、クープの公人としての生活は終わらなかった。むしろスポットライトが強く当たった。煙草政策や部分出産中絶等の問題について、引き続き議会で証言し、テレビ・シリーズ「医師C・エベレット・クープ」でエミー賞を受賞した。新大統領ビル・クリントンは、彼の助力を強く求めた。ヒラリー・クリントンがこれから国中で会議を行い、医療危機に関する事実を収集するが、彼女を医学界に紹介してもらえないだろうか、と。クープは承諾し、そうした会議の多くで彼女の隣に座り、再び保守派の人たちの怒りを買った。それから、政府の決議に煙草企業が賛同するよう、議会で精力的にロビー活動を行った。しかし、どちらの働きかけも政治の内部抗争の犠牲になった。

嫌気のさしたクープと妻は話し合い、古巣のダートマス大学に戻った。この大学は医療の専門家育成のために「C・エベレット・クープ研究所」を設立していた。彼は世界中に足を運んで講義を行っていたが、生活のペースを徐々に年相応に落としていった。しかし、それも、インターネット革命が八十一歳になったクープに追いつくと、一変する。医療アドバイスを行う新しいベンチャー企業、Drkoop.comが一九九八年に株式を公開し、共同保有者のクープは突然五億ドルを超える富を手にしていた。ネット企業の富のご多分にもれず、その企業内株も消滅に向かい、最後は九九パーセントの価値を失ったが、それでもこのサイトは毎月五百万のアクセスを数えている。多くの米国人が、公衆衛生局長官だった家庭医のアドバイスを受け続けた。そのウェブサイトが商業利益のために医学的な意見を汚しているという批判をかわしながら、クープは再び論争の渦中にいる。

＊＊

チック・クープ〔訳注＝チックはリチャードの愛称だが、臆病者の意もある〕を三十年前から知る私は、政治の舞台に入り込んだクリスチャン市民の事例研究として、彼の経歴を詳しく追った。一九八一年に公衆衛生局長官として指名推薦された男を、道徳上の問題について無駄口を叩いたといって非難できる人はいないだろう。レイプの後でも、深刻な先天性障碍をもつ胎児の場合でも、彼はあらゆる堕胎に反対した。すべての婚外性交渉、すべての同性愛行為に反対した。そのクープが公衆衛生局長官に指名されると、リベラルな人々は反対の声を合わせ、保守的な人々、とりわけ福音派の人々は大声援を送った。しかし最終的に福音派の人々は裏切られたと思い、リベラルな人々は声援を送ったまま取り残された。

二つの抗争の場で平等に神に仕えようとした信仰者の、このジグザグの冒険物語の中で、何が間違って何が正しかったのか。私はこうした事柄についてクープ博士と長く議論し、その経験から多くを学んできた。より広い社会に入り込んだクリスチャン、特に政治の世界に飛び込んだクリスチャンの有効なモデルはそれまでになかった。党派心の強い政治は、権力と敵意に集中する。それらは、愛と和解という福音の原理に直接抗うものだ。愛をもって権力を行使することや、ある行為をする人に反対せず、その行為に反対することなどできるのか疑問に思った。そして、世俗文化に適合しない信仰に、どのような意味があるのか。イエスは弟子たちを世界に送り出すとき、「蛇のように賢く、鳩のように素直でありなさい」と警告した（マタイ一〇・一六）。クリスチャンは政治において、鳩の知恵と蛇の素直さを証明していることがあまりにも多い。

　クープはまず、自分の誠実さを疑う大衆を説得した。彼に同意しなかった人々ですら、その誠実さと信頼性を受け入れるようになった。嬉々として事実を誇張し政治目的に用いようとした政権内のクリスチャンについても、クープは語っている。エイズ報告書を書いたとき、たとえばホワイトハウスの職員は、クープの言葉を「大半のアメリカ人が、同性愛、あらゆる種類の乱交、売春に反対している」から、「すべてのアメリカ人が……」に変えようとした。そのような言葉が、明らかに真実でなくても職員は気にしなかった。同様に、堕胎の影響に関する研究は不十分だとクープが結論すると、保守的な人々は怒りを表した。事実が自分たちの立場を裏づけていることを、クープが認めようとしなかったからだ――統計学上の欠陥ゆえに。クープにすれば、彼らは事実より自分たちの議題を優先していた。

私のように懸念する市民、この国の法律に影響を与えたいと思っている市民に、どんなアドバイスを与えますかとクープに質問した。どうすれば、より効果的に法律に影響を与えられるのか。彼は答えた。「思えば、私を最も悩ませたのは、クリスチャンで奨学金を受けた人がいないことでした――彼らはまるで神学に寄りかかれば、事実を正確にとらえていなくてもいいと思っているようでした。人々はお決まりの反応を示すリベラルの人々のことを語ります。でも、リベラル派ばかりではありません。決まりきった反応を示す保守派もいます。クリスチャンは政治に加わるべきだし、そのプロセスでキリスト教の原理、道徳性、倫理を用いるべきです。そのプロセスを経ずに、自らの信仰を唯一可能な成果として語るべきではありません。」

クープが主張したのは、自分の基本的な道徳上の見解が役職にあっても変わらなかったこと、根底に流れる信仰が、自らがとった重要な方策の土台になっていたことだった。けれども彼は、その職を去ってから、あり余るほどの支持と喝采を受けた。いろいろな大学から名誉博士号を、お別れの晩餐会ではスタンディングオベーションを、新聞の社説では公の謝罪を、そして、国家最高の市民賞である大統領自由勲章を受けた。その背後にある動機が何であれ、クープの決断が自分たちの政治目的に役立ったことに満足しているだけの人々もいた。だが、多くのワシントンの冷笑家たちに、クープは斬新な誠実さをもつ福音派の一クリスチャンの姿を見せつけた――他の有名な福音派の人々が、その誠実さの「欠如」で注目を集めていた時期に。「タイム」誌の言葉で言えば、「あいまいな灰色の壇上で礼拝する町に、白黒はっきりさせる男の入る余地があることを知った」。

クープが常に主張してきたのは、健康問題においてモラリストと科学者が共に歩むことだ。タバコとアルコールについて教会は、科学者がその有害性を証明するずっと前から反対していた。そして、性交渉で感染する病との闘いの中で、より多くの性教育ではなく宗教心に基づく道徳性が、性的に放縦な若者たちの行動を変える最高のチャンスを提供していることをクープは認めている。職務を離れた彼は、結婚生活における誠実さと性的禁欲について、より自由に声をあげられると思っている。人々がクープに耳を傾けるのは、公衆衛生局長官時代に培った信頼ゆえである。

クープの経験は、文化の潮流に関心を寄せるクリスチャンの模範であるかもしれない。聖書を尊ばない人々に聖書の言葉を引用したり、神を信じない人々に神のさばきを語って脅したりしても意味がない。クープが示したように、もっと有効なコミュニケーションのとり方がある。西洋の主な健康問題の多くが、行動の選択に関わっている。ストレスからさらに悪化する心臓病や高血圧症、喫煙が原因の気腫や肺がん、母親のアルコールや薬物乱用が引き起こす胎児の異常、糖尿病など食事に関係する病気、暴力犯罪、エイズ、性交渉によって感染する病気、アルコールによる自動車事故。これらは風土病であり、現代社会の健康専門家が懸念する流行病ですらある。

伝染病をほぼ克服したいまも、私たちは古い問題に代わって新しい健康問題に直面しており、その多くが道徳上の選択に由来している。神の与えた命令は決して神本位なものではなく、自分たちのためになることだとクリスチャンは信じている。そして、現代社会に見られる健康状態が、その原理を証明している。口やかましいモラリストの精神は控え目にし、案じている家庭医の精神をより多く伝えるなら、自己破壊の道を進む社会はクリスチャンに注意を向けるかもしれない。

大半の人々が、クープの在任期間といえば大論争を思い出すだろうが、クープの見方は違っている。彼は行く先々で人々から駆け寄られ、心からの感謝の言葉をかけられている。「配偶者に虐待されている人々の支援グループに入りました。」「赤ちゃんがいるのはあなたのおかげです。」「息子はエイズです。先生のしてくださったすべてのことを神さまが祝福してくださいますように。」「禁煙する勇気を先生からもらいました。」こうした人々がいるために、クープは公職にあった八年間を振り返り、激動の八年ではあったが、後悔がなく満足が多いと思っている。人々は彼を信頼し、その言葉に耳を傾けた。そして、多くの人々が、自らの行動を変える段階に踏み出した。

今日、クープはアメリカのインターネット家庭医という新しい役割に就いているが、その誠実さは疑問視されている。記者たちは、彼のウェブサイトで推薦されている一連の病院が、その特権と引き換えに四万ドルを支払っていたこと、クープがコンサルタント料をもらっていた化学メーカーに有利な発言をしていたことを突きとめたのである。クープは自身の行為を強く弁護しているが、この議論が強調するのは、モラリストも科学者も誠実さという立脚点から語るほかない、ということだ。

＊　＊

公職に就いたとき、クープは〝不道徳〟と〝違法〟の区別も学ばなければならなかった。彼が不道徳と思うすべてが違法になるわけではなかった。他の多くの保守派がつけられなかった区別である。「汝、貪るなかれ」は、十戒に入っているほど重大な道徳上の問題だ。役所でも政府でも、貪欲を規制する法律など執行できるだろうか。プライドは道徳上の罪であり、最悪の罪であるかもしれないが、プライドを違法にできるだろうか。イエスは旧約聖書の律法を、「心を尽くし、いのちを尽くし、知性を尽くして、あなたの神、主を愛しなさい」（マタイ二二・三七）という命令に集約した。そのような命令を、どのような人間の権威が取り締まれるというのだろう。クリスチャンには神の命令に従う義務があるが、だからといって、その道徳的命令を自動的に州の法律にするべきだという話にはならない。ジャン・カルヴァンのジュネーヴでさえ、山上の説教という法典をあえて採用しなかった。

一例をあげると、クリスチャンは今、同性愛者の権利をめぐって賛否両論の議論を繰り広げている――道徳上の問題であることには両陣営とも異論はないだろう。同性愛を不道徳と考えるからといって、それを違法にするべきだろうか。少し前に、英国国教会がそれとよく似た離婚という問題を議論した。結婚の神聖さと離婚の誤りについて、聖書は同性愛よりはるかに多くを語っている。クリスチャンには自分たちの道徳性を社会一般に押しつける権利などないという理由で、C・S・ルイスが離婚を合法にすべきとの立場をとったとき、当時の多くの人々に衝撃を与えた。ルイスは離婚に反対する説教をし、しかもそれを道徳的な理由から反対したが、道徳性と合法性の違いを認識していたのである。

もちろん社会一般にどの道徳原理を適用するかを決める際には、道徳の専門家に正しく判断してもらう必要があるだろう。それができなければ、〝神の国〟と〝この世の国〟という二つの国を再び混乱に陥らせるだろう。旧約聖書の預言者たちは、対象によって宣告を変えていた。自分たちの国であるイスラエルには、神の契約をすべて守る責任があったため、安息日の遵守や神殿で犠牲を捧げる儀式などを伝えた。周辺の世俗国家に対しては、「慣習法」を根拠に、戦争犯罪、不正義、退廃について批判した。そして、パウロは新約聖書の中で問うている。「外部の人たちをさばくことは、私がすべきことでしょうか。あなたがたがさばくべき者は、内部の人たちではありませんか。外部の人たちは神がおさばきになります」（Ⅰコリント五・一二〜一三）。

クープは公職にあったとき、道徳性に対して白黒はっきりつけたい保守的な人々から敵視されることが多かった。彼らはベビードウ問題で、妥協案に同意したといってクープを攻撃した。そもそも裁判所がクープの最初の厳格なガイドラインを覆したのだが、彼らは堕胎に関するどんな妥協にも反対した。クープは言う。「堕胎反対運動の問題の一つは、彼らが完全主義者であることです。過去において、たとえば一九七〇年か一九七二年に堕胎反対運動家たちが、堕胎賛成論者たちと話し合っていたら、私たちは母親のいのちを守るために、障碍児、レイプや近親相姦といった理由に限れば、堕胎に同意できていたかもしれませんでした。そうできていれば、今までに行われた堕胎の九七パーセントは救われていたでしょう。二千五百万分の九七パーセントといえば、大変な数の赤ちゃんです。」

堕胎や同性愛のような問題について絶対主義者であるクープも、クリスチャン以外の人々にキリスト教の原理を常に押しつけるわけにはいかないことを、公衆衛生局長官として学んだ。そして、虐げられた人々へのあわれみと慈善、敵に対する愛について学んだ。世界は注目した。たとえば女性誌「マドモアゼル」は、クープを取り上げた記事の冒頭にこう書いた。「素性の知れない善良さが、めずらしく普通の生活に入ってきた——それは政治に金のダチョウの卵を見つけるほどめずらしい。」記事はさらにクープを、知的に、道徳的に、倫理的に正直な模範として称賛し、こう締めくくった。「貧しい人々、傷ついている人々、権利を奪われた人々に心を痛め、あわれみから行動することによって、自身の宗教と職業の両方を見事に統合した。彼はクリスチャンだが、宗派にこだわる人間ではない。」

クープは、罪と罪人の区別が実際に可能であること、罪に反対しながら罪人を抱きしめられることを私に証明した。私は、辞任した後のクープと話をしたが、彼は、エイズ危機と、教会の多くの人からの穏やかならざる反応について何度も語った。「エイズの症例が出てきたとき、私のすべき仕事は明らかに思えました。患者のライフスタイルは嫌悪しましたが、健康の責任者として、エイズ患者を何より病人として見ました。同じ原理で、太った女性が胆のうの発作で入院して来たら、食事が不摂生だからといって治療を拒否することはできません。私は死を間近にしたエイズ患者の枕元に座ります。彼らを見ると、子猫を思い出します。病気で弱り、口を開けて泣くこともできず、声が聞こえません。そんな人の体に、腕を回して支えずにいられるでしょうか。そうしないで、『神は彼らを罰している。私は神の懲罰を支持する』——そんな態度に、私は激しい怒りを覚えます。

たびたび言ってきたように、国民の大部分は同性愛行為《ソドミー》を法律的にも霊的にも誤りだと考えています。私もそうです。でも、知っています。エイズ問題に関して多くの人を惑わす人々の中には、同性愛を嫌悪しているからエイズ患者をさばいている人もいることを。私たちには新しい言葉が必要です。『同性愛嫌悪《ホモフォビア》』と『フランス嫌い《フランコフォビア》』では、『嫌い』の程度が全く違います。彼らは恐怖を、同性愛への信じ難いほどの憎しみと結びつけています。いかなる手段を使ってでも、できるならボタンを押して同性愛者らを一掃したいと思っている人々と話をしたことがあります。」

クープは公衆衛生局長官として、同性愛行為に「ソドミー」とレッテルを貼り、彼らの健康上の危険に警告を鳴らし続けた。それでも、ボストンで一万二千人の同性愛の人々に語りかけると、彼らは熱狂的に唱和した。「クープ！　クープ！　クープ！」 ＬＧＢＴコミュニティーは、クープの信念には強く反対していた。しかし、クープが「公衆衛生局長官はすべての人のものだ」と言ったとき、彼の反対するライフスタイルの持ち主も、クープを信頼するようになっていた。彼は、同性愛者の病人へのあわれみを、そして病人をケアするボランティアへのケアも要求して、彼らの心を勝ち得ていた。クープは、ただ医療におけるクリスチャンの伝統に従っていただけだと言った。ホスピスや児童養護施設と同様、初期の病院も教会に支えられていたことを、クープは批評家たちに思い出させている。

福音は、高い理想とすべてを包み込む恵みの両方を差し出している。しかし、教会はどちらか一方に傾きがちだ。道徳の水準を下方修正し、イエスの強い命令を穏やかなものにし、行動を合理化することによって理想を低いものにしている。あるいは、ある罪が他の罪より重く、ある罪人は常軌を逸していると宣言して、恵みに境界線を引いている。福音の高い理想と、その底なしの恵みの両方に忠実でいる教会は少ない。エベレット・クープ博士の脚光を浴びた人生は、バランスのとれた行動がどれほど難しいかを教えている。それでも、両方のメッセージを歓迎しなければ、イエスが地上にもたらした良き知らせを裏切ることになる。私はそう確信している。

ある男性が言った。「クリスチャンは、自分たちとは異なった罪を犯す人々に激しい怒りを向けがちです。」その人は、エイズ患者に伝道する組織のリーダーだ。私もそれと全く同じパターンに気づいてきた。私はある本の中で、メル・ホワイトとの友情について書いた。彼はクリスチャンの有名人たちのゴーストライターをしていたが、今では著名な同性愛者の活動家だ。メルとの友情を本に書いた後、私が変わらず彼と友人であることを非難する手紙を多く受け取った。「そのような罪人となぜ友人でいられるのか」と手紙の送り手たちは強く問うていた。私はその問いを長い時間懸命に考えて、聖書的だと思ういくつかの答えを出した。だが最も簡潔な答えは、別の問いになった。「メル・ホワイトはなぜ、私のような罪人と今でも友だちでいられるのだろう。」 私たちの特定の罪にもかかわらず、だれにとっても唯一の希望は、神への揺るぎない信頼にある。神は不思議にも罪人を愛される。私たちと異なる罪を犯す人々のことも。

第9章　死の床に横たわりて

ジョン・ダン

一九八〇年代末期、エイズの流行によってLGBTコミュニティーで多くの人が亡くなり、公衆衛生局長官クープが彼らに共感する姿勢をとり、批判を浴びていた。そんなとき、クラシック音楽を通して知り合った友人デイビッドがエイズにかかった。シカゴ交響楽団の役員だったデイビッドから、何度か妻とコンサートに招待されたし、楽団員に紹介されたこともあった。

親しくなると、デイビッドは信仰の歩みを語った。クリスチャン・ホームに育ち、保守的なキリスト教系大学に通ったが、そこで同性愛者と交際するようになったという。後にLGBTコミュニティーで「カミングアウト」し、人生の伴侶と出会った。彼は言った。「今でも自分は福音派のクリスチャンだと思う。ぼくは聖書に書かれていることを、ほとんどすべて信じている。同性同士の接触に言及している箇所が二、三あるが、どう受けとめればいいのかわからない。ぼくのライフスタイルは罪を犯しているかもしれない。あのくだりは、何か違うことを語っているのかもしれない。どう解釈すればいいのかわからない。でも、ぼくはイエスを心から愛していて、イエスに仕えたいと思っている。」

どう解釈すればいいのか、私もわからない。デイビッドは信仰を人々に証し、キリスト教の大義のために多額の寄付をしている。以前私たちが通っていた教会の、都会での支援プログラムにも寄付している。現在はムーディー・メモリアル教会に通い、目立たないように気をつけ、牧師が講壇から同性愛を非難するときはいつも顔をしかめている。でも、デイビッドは音楽が好きで、いろいろ通ってみた教会の中でムーディーが彼の神学に一番近かった。デイビッドは言った。「同性愛者のクリスチャンの多くは、神学的にはきわめて保守的だ。教会で虐待されることがあまりにも多かったため、信頼できると思えない教会に足を運ぶことはないだろう。」

ジャネットと私は、デイビッドに自分たちと違うところがあっても、今までと変わらぬ友人でいようと思った。エイズは彼の肉体を、ゆっくりと残酷に蝕んでいった。入院していた最後の数週間は、できるだけ見舞いに行った。明瞭な意識で考え込んでいることもあれば、幻覚を起こして私たちを親戚や昔の知り合いだと思い込んでいることもあった。亡くなる少し前は体に紫がかったあざができ、舌が腫れ、口内炎が広がって話ができなかった。

デイビッドが亡くなると、憔悴した彼のパートナーから葬式で話をしてほしいと頼まれた。彼は言った。「何でもきみの思うことを語ってくれ。でも、一つだけお願いがある――さばきの説教だけはしないでほしい。参列者のほとんどが、教会に何年も足を向けていない。教会でさばきの説教しか聞いてこなかったんだ。彼らに必要なのは、恵みとあわれみの神が語られること、デイビッドの礼拝した神の話を聞くことだ。彼らには希望が必要だ。」

それから二日間、ほとんど仕事が手につかなかった。葬儀で話す原稿を何度も書いては、何度も破った。前日になってぱっとひらめき、本棚から数年間手に取らなかった小さな本を引っ張り出した。ジョン・ダンの『不意に発生する事態に関する瞑想』だ。ページの端には折り目がつき、マーカーが引かれ、余白に多くの書き込みがあった。あらためてその本を読み通すと、四世紀近くも前のエリザベス朝の詩人が書いたそのメッセージほど、「現代的」かつ適切なものはないと確信した。

デイビッドの葬式があった夕方、講壇から参列者を見渡した。教養ある楽しいこと好きな人々と行動した彼の人生を讃えるため、多くの人が集まっていた。シカゴ交響楽団の団員の何人かが追悼の音楽を捧げるために、夕方のコンサートを早めに抜けて教会に来ていた。讃美歌を歌いながら、集まった人に目を向けると、讃美歌を手に取るのも、ましてや歌うのも不愉快そうな人が大勢いた。教会に来る人々でないことは確かだった。

それはしかし、深く悲しむ人々の集まりだった。慰めと希望の言葉に飢えて、口を開けて求めている小鳥たちのように見えた。この数年間に、親しい友人をエイズで亡くしている人ばかりだった。彼らは深い悲しみと同時に、罪意識と混乱も感じていた。礼拝堂にいる私たちに、悲しみが霧のようにまとわりついていた。

私はまず、ジョン・ダン（一五七三〜一六三一年）の話をした。悲しみをよく知っていた男だ。ロンドン最大の教会、セント・ポール大聖堂の首席司祭であったとき、この町に三つの大疫病が相次いで襲いかかり、最後の流行だけで四万人が死亡した。結局、ロンドンは人口の三分の一を失い、もう三分の一は田舎に逃げ、近隣地帯はゴーストタウンと化した。石畳のあいだには草が生えた。正気を失いかけた預言者らが人のいない通りを、さばきを叫びながらのし歩いていた。そして、ほとんどの人が、ロンドンの罪に罰を下すためにこの疫病が送られたと信じていた。その危機のとき、ロンドンっ子たちは説明を求め、あるいはせめて慰めの言葉を求めてダン司祭のもとに集まった。その後、ダン自身にも病気の徴候である斑点が現れた。

医師たちはダンに、疫病にかかっていることを知らせた。残された時間はほとんどなかった。六週間、死の淵をさまよった。施された治療は病気と同じくらい不快なものだった。出血、有毒な湿布、毒出しのために塗る、まむしと鳩から抽出した薬。この暗黒時代に、ダンは読書も研究も禁じられていたが、執筆は許されて『瞑想』を書いた。ベッドに横たわり、死を確信しながら全能なる神との制限なきレスリング試合を続け、後世のためにそれを記録した。

その大昔の本は、痛みについて考えるときの欠かせないガイドとして私を助けてくれた。友人が亡くなるときばかりでなく、苦しみに打ちのめされたときも、洞察を求めてこの書物をめくった。ジョン・ダンは、冒瀆的でなく辛辣であり、抽象的でも人間味がないわけでもなく深遠だ。彼は、苦しみと死についての私の考え方をすっかり変えてしまった。そして、こうした避けようのない危機に際して、私の信仰が語る言葉も変えてしまった。

あなたが病床にくぎ付けにした人々は、どうやってあなたのところに行きましょう?

私は何を書き始めても、最後は痛みについて書くことが多い。この悪しき傾向の理由を、友人たちがあれこれ示唆した。子どものころに受けた深い傷のせいだとか、生化学的に憂鬱を過剰摂取したせいかもしれないとかだ。私にはわからない。わかっているのは、私が何か素敵なもの、たとえばカゲロウの透き通った羽根について書き始めても、やがてカゲロウの短い悲劇的な生涯について書くという、影の中に戻っていることだ。

「ほかに書くことがあるだろうか。」それが私の行き着いた最善の説明だ。これ以上に、人間存在の根本的な事実があるだろうか。私は痛みの中に生まれ、引き裂かれた血まみれの細胞を通してひねり出され、生きている最初の証拠として産声を捧げた。死ぬときも痛みの中にありそうだ。そうした痛みの層のあいだで、足をひきずりながら、一日また一日と人生を生きる。ダンの同時代人であったジョージ・ハーバートが言ったように、「私は生まれたときに泣いていた。そして、毎日その理由を示している」。

ジョン・ダンの病気は、苦しみに彩られた生涯の最後の苦しみにすぎなかった。四歳のときに父親を亡くしていた。家族のカトリック信仰も、プロテスタントによる迫害の日々にあっては何の役にも立たなかった。カトリック教徒は公職に就くことができず、ミサに出ると罰金を取られ、多くの人々がその信仰を理由に拷問を受けた（「抑圧された（oppressed）」という言葉は、当時よく使われていた拷問方法に由来する。改宗しないカトリック教徒は、いのちを文字どおり「押し潰す（press）」ために、体の上に大きな重い岩を積んだ板を載せられたのだ）。オックスフォードやケンブリッジで有名になったが、ダンは宗教が理由で学位を授与されなかった。彼の弟は、司祭をかくまったために捕らえられ、獄死した。

最初ダンはこうした困難に、あらゆる信仰に反逆するという姿勢で応じた。悪名高いドン・ファンだった彼は、英国文学中最も直截なエロティックな詩で自身の性的偉業をほめ讃えた。やがて罪の意識に打ちひしがれたとき、放蕩者の生き方を捨てて結婚した。陽光を思わせる敏捷さと輝き。ダンは、美しい十七歳の魅力に心を奪われた。

苦々しい皮肉だが、ダンが身を落ち着ける決意をした矢先から、人生が悲惨な方向に転がり出した。アン・モアの父親は、新しい娘婿を罰しようとした。この父親によって、ダンは貴族の秘書という仕事を解雇され、結婚式を執り行った神父と共に投獄された。悲嘆にくれたダンは、簡潔きわまる詩を書いた。「ジョン・ダン、アン・ダン、暗澹《あんたん》だ！」

出所しても、排斥される身となったダンに仕事は見つからなかった。ジェームズ国王の宮殿に仕えたいという野望をかなえる機会はすべて失われていた。彼と妻は、毎年一人ずつ生まれる子どもたちでいっぱいの狭苦しい家で、十年近く貧しい暮らしをした。アンは周期的にうつに陥り、出産のときに一度ならず死にかけた。ジョンはおそらく栄養不良だったのだろうが、激しい頭痛、腸のけいれん、痛風に苦しんだ。その時期に取り組んでいた作品は、自死の利点を書いた長いエッセイである。

その陰鬱な十年間のあるとき、ジョン・ダンは英国国教会に改宗した。事あるごとに仕事の道を阻まれた彼は、四十二歳で国教会の牧師として按手礼を受ける決心をした。同時代人たちは、「利便性のための改宗」を噂し、「神の代理人ではなく、ヴェニス大使になろうとした」と嘲笑した。けれどもダンは、それを真実の召命と考えていた。ケンブリッジ大学で神学博士の学位を得、牧師職のために詩をあきらめると約束して献身した。

　ダンが最初の教会を任された後、アンが亡くなった。彼女は生涯に十二人の子どもを産み、そのうち五人が夭折した。ジョンは妻の葬式で説教を行い、痛ましくも哀歌から自伝のような言葉を選んだ。「私は、……苦しみにあった者。」彼は再婚しないと真面目に誓った。それは、継母によって子どもたちがさらに悲しみを加えられることがないように、との思いからだった。そのため、家事の多くを担うことになった。

　これが、一六二一年にセント・ポール大聖堂で任命された司祭であった。生涯憂鬱で、若いころの罪の意識に苦しめられ、もっていた野望のすべてを実現できず（やめると誓った詩を除いて）、不誠実との非難に傷ついた。災厄の時代に国民の霊を高揚させる候補者には、とても見えなかった。それでも、ダンは意気揚々と新しい仕事に取り組んだ。ロンドンから大勢が逃げ出しても、教会員たちと共にとどまった。毎朝四時に起き、十時まで勉強した。欽定訳聖書とウィリアム・シェイクスピアの時代、教養あるロンドン市民は、雄弁さと演説ぶりを尊び、そのどちらにおいてもジョンに比肩する者はいなかった。ロンドンの人口は減り続けていたが、ダンは、広大な大聖堂がたちまち礼拝者であふれるほど力強い説教を行った。しかし、彼自身も病に倒れ、死の宣告が下った。

死が差し迫っていることを知る人には、てんかん発作のように、いきなり集中力の高められた状態が訪れることを伝えている作家たちがいる。病床日記を書いていたダンも、同じように感じていたかもしれない。その日記には、いつもの落ち着いた抑制が見られない。心に浮かぶままに自由に綴られ、結び合わされ、さまざまな概念が過剰に盛り込まれた難解な文章は、その熱を帯びた精神状態を反映させている。感じ取った重要な思いや感情すべてを、言葉に注ぎ込もうとするかのように書き綴った。

「変化するがゆえに、惨めな人間の状態よ！　この瞬間は私は元気である、しかし、この瞬間に病気になるのだ。」　本はこう始まっている。寝床で数日以上過ごしたことがある人なら、ダンがその後に綴っているような、些細なことでありながらも人を打ちのめす状況がわかるだろう。眠れない夜、退屈、声を潜めて診断する医師たち、小康状態という虚偽の望みと、それに続く再発。

書きっぷりは、病の進行と共にたちまち激しくなる。恐れ、罪意識、そして、壊れた心の悲しさが入れ替わり立ち替わり、あらゆる心の平安を追い払う。ダンは過去を悩んでいる。神は過去の性的な罪を嘲るように罰して、「ベッドにくぎ付けにした」のだろうか。

彼は祈りの中で、賛美を奮い起こし、感謝の言葉だけ口にしようとしたりするが、しばしば失敗している。たとえばある瞑想は、神は、死に慣れるために眠りを与えているという、希望に満ちた考えに飛びついて、勇ましく始まっている。私たちは意識を失うが、翌朝には新しい気持ちになり、回復して起き上がる。それは、死後に起きることを描いた絵ではないだろうか。それから、病気がこの希望の象徴を取り去ってしまったことに、驚きをもって気がつく。「昼も夜も眠れない……心の重さがなぜどれも瞼の中に入らないのか。」不眠症だったため、死について悩み続けることになり、気分を一新させる休息が得られなかった。

ダンは自らを、嵐の中、盛り上がった大波にもまれる船乗りのように描いている。時おり、はるか遠くに陸地がかすかに見えるが、強大な波が来れば見失う。他の作家たちも同じように、病気の変化を描いてきた。だが、ダンの作品の特異性は、その想定された読者にある。ダンにとって読者とは、神ご自身だった。ヨブ、エレミヤ、詩篇の記者たちの伝統にならい、ダンは個人の試練という土俵を、全能なる神との大きなレスリング試合に臨む足場にしている。混乱した彷徨《ほうこう》の中で生涯を送り、ようやく神にいくらか仕えることのできる場所に到達したと思うや、死の病に襲われている。地平線から見えるのは、熱病と苦痛と死ばかりだ。いったいどうすればよいのか。

ジョン・ダンは『瞑想』の中で、神に働いてほしいと訴えている。「私にはヨブのような義はありませんが、ヨブのような願望があります。『この私は全能なる方に語りかけ、神と論じ合うことを願う』（ヨブ一三・三）。」時に神をののしり、時にひれ伏して赦しを請い、時に荒々しく議論する。だが、ダンはそのプロセスから神を締め出すことがない。あらゆる考え、あらゆる文章の背後に、目に見えない舞台主任が影のように浮かび上がってくる。

おお、主よ、恐れをください、私が恐れないような恐れを。

私は、苦しみに彩られた人生を送っている多くの人々と話をしてきた。どんな場合でも人々が口にしたのは、恐れという危機、意味という危機、そして死という危機だった。デイビッドの葬式の夜にしたように、私がくり返しダンの『瞑想』に戻る大きな理由は、この本には、それぞれの危機が詳しく書かれており、苦しみという神秘の中で直面する、これらの根本的な危機に新たな洞察をもたらし続けているからだ。

見舞いに行く立場でも、ドアを開けて病院特有の消毒液の臭いの中で息をするたびに恐怖を感じる。友人のデイビッドは、一日中個室に横たわり、惨めさだけを見つめて過ごすことがどんなものであるかを語った。死んだらできなくなること、そして、すでにできなくなったことを、何から何まで再吟味した。彼の容態を話し合う看護師や医師たちの低い声が廊下から聞こえた。彼らは毎日デイビッドの体をつつき、本人にはわからない検査をした。

ジョン・ダンも同じように、医師たちが寝ている患者を見下ろして診察するときに覚える、切り離されたような感覚を描いている。医師の内にある恐れを感じ取ると、彼自身の恐れが表面に浮かび上がった。「私は医師の恐怖に追いつき、そして追い越すのである。」

患者になると、自分が物体のように感じられた。宇宙形状誌学者たちにじっと見つめられている、机の上の地図になったようだと、ダンは感じた。自分の肉体から切り離され、その上に漂っている様子を想像し、その見晴らしの良い地点から、ベッドの上の崩壊しつつある人物を観察した。さらに病気が進行すると、自分が粘土の像に思えた。手足や肉が溶けだして崩れ、一握りの砂になっているようだった。

ダンは大半の時間を、そのような恐怖とひとりで闘って過ごさなければならなかった。その当時、医師たちは感染病患者を隔離して、病室のドアに警告状を貼っていたからだ（デイビッドのようなエイズ患者と同じ治療が必要な病もあった）。ダンは病院のベッドに横たわっているとき、神もまた共に隔離されているのだろうかと疑問に思った。泣き叫んでも、何の答えも受け取らなかった。神の約束した臨在はどこにあるのか。神の慰めはあるのか。二十三の瞑想のそれぞれで、ダンは苦しみの根底にある最も重要な問題に何度も戻っている。真の恐れは、全身の痛みを訴える細胞の耳障りな叫びではなかった。彼が恐れたのは神であった。

ダンは「なぜ私なのか」という、苦しむ人がみな抱く疑問を口にしている。カルヴァン主義はまだ新しく、神の絶対主権に重きが置かれていたその当時、ダンは疫病や戦争を「神の御使いたち」と考えた。しかし、すぐに思い直している。「明らかに、そんなことをされるのはあなたではありません。あなたの手ではありません。敬虔な剣、破壊の炎、荒野の嵐、肉体の病、ヨブを苛んだ苦悩は、すべてサタンの手によるものでした。あなたの手によるものではありません。」しかし、一度もそう確信できずに、わからないために心の苦しみが増した。汚れた過去からの罪意識が、いやらしい目つきの悪霊よろしく、近くで待ち伏せていた。彼は本当に罪の結果として苦しんでいたのかもしれない。もしそうなら、神に傷つけられるほうが、あるいは神が全く訪れてくれないほうが、よかったのだろうか。そのような神を、どうして礼拝することができただろう？　まして愛することなど。

私はデイビッドの葬式で、これらのくだりのいくつかを引用した。当時エイズ患者たちは、教会からきまってさばきの言葉を聞いていたからだ。イエスは苦しんでいる人に向かって、「おまえにはこれがふさわしい！」と非難したことがなかった。ダンのように、私もその事実に慰めを見いだした。イエスが差し出したのは、赦しと癒しだった。

ダンの本は、「なぜ私なのか」という問いを解決しない。そして、長年痛みの問題を探究し、私が確信するのは、それらの問いを解決することはだれにもできない、ということだ。聖書は明らかな答えを与えていない。私は苦しみについて書かれたくだりをすべて研究したが、答えを懇願されたとき、神はヨブに対して行った最終弁論の中ですら、答えを与えなかった。イエスは、「苦しみは受けるにふさわしい人々のところに来る」というパリサイ人の水も漏らさぬ理論に反対した。しかし、「なぜ苦しむのか」と問われても、それには直接答えようとしなかった。「なぜ」という疑問の解決は、人間の手の届かないところにある――それが、ヨブに対する神の主要なメッセージではなかっただろうか。

『瞑想』は哲学的な問いに答えないが、ダンの感情の解決を、少しずつ平安に向かう動きを、記録している。はじめは死を思い、罪意識がよみがえる中、寝たきりで、答えのない祈りを次から次に捧げていた。恐れから解放される手段は見つけられない。とりつかれた彼は、「恐れ」という言葉が出てくる聖書の箇所を逐一読み返す。そうしながら、こんなふうに考えるようになる。人生には、いつだって恐怖に煽られる状況がある。病気でなくても財政的苦難が、貧困でなくても拒絶が、孤独でなくても失敗が。そのような世界の中で、ダンには選択肢がある。神を恐れるか、それとも他のすべてを恐れるか、である。ローマ人への手紙八章のパウロの長い説明を思い出させるくだりで（「私はこう確信しています。死も、いのちも、……私たちの主キリスト・イエスにある神の愛から、私たちを引き離すことはできません」）、ダンは、根底に潜む恐れを確認している。個人的な敵も究極の脅威にはならない。神がどんな敵にも打ち勝つのだから。飢えはどうか。いや、神は与えてくださる。死はどうか。人間にとって最悪の恐怖である死ですらも、神の愛への最終的な障壁にはならない。最善策は、他のすべてに取って代わる、主なる神への正しい恐れを養うことだとダンは結論する。「あなたが私に悔い改めを下さったからです、悔い改めることがないように。だから下さい、おお、主よ。私が恐れることがなくなるような恐れを。」　疑いに直面したとき、自分に与えられている、神を信頼するか否かという選択肢を考えることをダンから学んだ。理由はどうあれ、神を信頼しないなら、何を信頼すればよいのだろう。

　ダンは神との争いの中で、問いを変化させた。彼はまず原因を問うた――「だれがこの病気を引き起こしたのか、この疫病を。そして、なぜ？」　その答えは見つけられなかった。瞑想は実に少しずつ、応答という問題に向かっていった。苦しむ人だれもが直面する大事な問題だ。私は自分の危機に際して、そしてそれが引き起こす恐れの中で、神を信頼するだろうか。それとも、苦々しく怒りに満ちた思いを抱えて神に背を向けるだろうか。ダンは決断した。この病気が、自分を懲らしめるためのものであるか、単なる自然に生じたことなのかは、大した問題でないことだ。どちらにせよ、彼は神を信頼する。最終的に、信頼が主なる神への正しい恐れを表しているからだ。

ダンはそのプロセスを、医師に対する態度の変化になぞらえた。最初医師たちは、新しい症状を探して彼の体をつつき、発見したことを病室の外で小声で議論した。彼は、恐れを感じずにはいられなかった。しかし、医師たちが自分を思いやるがゆえに関心を寄せていることを感じ取ると、彼らを信頼に足ると心から思えるようになった。神にも同じパターンが当てはまる。私たちには神の手法や、その背後にある理由がわからないことが多い。だが最も重要な問いは、神が信頼に足る「医師」であるか否かである。ダンは信頼に足る、と結論した。

デイビッドの葬式に集まった人々のように、多くの人が神を信頼に足るお方だとは思い描いていない。彼らは教会で非難ばかり聞かされていた。だから私はダンに倣い、神を信頼する肝心かなめの理由、すなわち御子イエスに目を向けたのである。神は、たとえ罪の結果であるとしても、死にゆく人々をどう思っておられるのだろう。神は、ジョン・ダンの時代の町の預言者たちが警告したように、また現代でもある人々が主張しているように、険しい顔をしておられるのだろうか。だが、神の気持ちを勘ぐる必要はない。神はイエスというお方を通して、顔を見せてくださったからだ。

地上の苦しみを神がどうご覧になっているかを知るには、体が麻痺した人々、やもめやツァラアトにかかった人々と共にいたイエスの顔を見さえすればいい。当時の人々と対照的に、イエスは、性的な罪を犯したことのある人々に驚くほど優しかった――井戸のところにいたサマリアの女に近づいたこと、イエスの足を髪で洗った評判の悪い女、姦淫の現場で捕らえられた女を見ればいい。ダンは言った。私たちにはイエスという偉大な医師がいる。「イエスは、私たちの弱い性質を知っていた。同じものをもっていたからだ。そして、私たちの罪の重さを知っている。イエスはそれらに大きな代価を払ったからだ。」

私たちは、自分たちの恐れている神にどのように近づけばよいのだろう。イエスの復活後に空の墓を発見した女性たちを記しているマタイの物語から、ある言葉を掲げてダンは答えている。彼女たちは「恐ろしくはあったが大いに喜んで」現場から急いで離れた（マタイ二八・八）。その「恐れと喜びの二本足」に、ダンの目は開かれた。女たちは、不死の神と死すべき人間との大きな隔たりをその目で見ていたが、それは突如、喜びを呼び起こすものとなった。神はその偉大な力を用いて、最後の敵である死を征服された。だからこそ、女性たちは恐れと大いなる喜びの両方を感じたのである。こうしてジョン・ダンは、ついに恐れる必要のない恐れを見つけたのである。

この……ほかならぬ落胆と心の気絶を、強壮剤にしなさい。

ナチスの強制収容所を生き延びたヴィクトール・フランクルは、苦しむ人々が直面する二番目の大きな危機を、いみじくも「意味の危機」と表現した。彼は言った。「絶望とは、意味もなく苦しむことである。」フランクルは、仲間の囚人たちが、その苦しみを補うような希望さえあれば、大きな苦しみに耐えられることに気づいていた。現代社会のように、どっぷり快適さに浸かった社会とは全く異なる社会で、大きな侵入者である苦痛に、どんな意味を与えられるだろう。

エイズのような病気に、どんな意味があるだろう。デイビッドと私はまさにその問題を探究していた。そのとき、声高な公開討論が沸き起こっていた。彼の通う教会が、エイズにかかった子どもたちを日曜学校から追い出したのだ。デイビッドは、病気になったのは自らが選択した行為のせいだと隠し立てせずに認め、悔い改めたが、エイズにかかって生まれてきた子どもたちはどうなのか。また、輸血によってウィルスに感染した血友病患者たちは？　その人たちは、どうすればよかったのだろうか。

ジョン・ダンの時代、神の怒りが溶けだして、地球全体に降り注いでいるようだった。毎晩、明るい彗星が二つ、空に現れた――疫病の背後に神の手がある確かなしるしだと言う人がいた。預言者たちは通りをのし歩き、「あと四十日でロンドンは滅びるだろう！」と、ヨナを真似て叫ぶ者もいた。こうした預言者の現代版が、疫病や災害を見るなり、神のさばきを示すしるしだと解釈する人々だ。過去は私たちに警告しているはずだ。ヨーロッパの神学者たちは、大疫病における神のメッセージを四世紀も議論したが、最終的に原因が小さなネズミの毒であることがわかり、神学者たちの推測は葬られた。

プロジェリア症候群（早老症）の意味はどうだろう。加齢のプロセスを早め、六歳児を八十歳のような見た目にし、感覚も老人のようにさせる悲劇的な遺伝子異常だ。あるいは脳性麻痺や嚢胞性繊維症の意味は何だろう。インドの地震やバングラデシュで十万人のいのちを奪う異常な津波の意味はどうだろう。神がアフリカに雨を降らせないのは、不愉快のしるしだろうか。

健康が損なわれること、人生、自由、幸福に押し寄せる望まない出来事など、ほとんどの人間には苦しみの否定的な意味しか目に入らない。売られているカードには、苦しみを良くないことだととらえる言葉があふれている。私たちは苦しむ人々が「元気になりますように！」と願うことしかできない。終末期の女性がん患者が語ったように、「お見舞いカードは、ホスピスの人々にふさわしくない。だれも元気にならない。みんなもうすぐ死んでしまう。世界の他の人々にとって、私たちは病人（invalids）。使えない（not valid）という意味よ。」

末期がんの意味とは何だろう。

ジョン・ダンは自らを死期の近い病人と考えて、そのような問いかけをしていた。彼の著書は、答えの可能性を示唆している。最初の手がかりは、寝室の開いた窓を通してつかんだものである。悲しみに満ちた死の宣言を知らせて鳴る教会の鐘の音が聞こえてきた。一瞬、ダンは、自分の容態が実は重篤であることを知る友人たちが、ダンが死んだと思って鳴らさせたのかと思った。ところがまもなく、疫病で亡くなった別の人のために鳴らされていたことを知る。

少しすると、通りの喧騒に交じって葬式の鐘の音が聞こえてきた。ダンは会衆の歌う詩篇におずおずとしわがれ声で加わり、それから教会の鐘の意味について「瞑想十七」を書いた――『瞑想』の中で最も有名な部分であり、英国文学史上最も世に知られた一節である（「だれひとり孤島ではない……」）。壮麗かつ鮮やかな言葉で、その瞑想は私たちがどんな死に際しても感じる喪失を定義している。「一塊の土が海によって洗い流されると、ヨーロッパはそれだけ小さくなる。……だれかが死ねば、それだけ私は小さくなる。なぜなら、私は人類の一部だから。それゆえ、誰がために鐘が鳴っているのか知る必要はない。鐘はあなたのために鳴っている。」だれかの死を悲しむのは、私たち自身が小さくなるからだ。同時に他者と深い一体感を感じたり、引き裂かれるように感じたりもする。

苦しみには、心の壁や日々の決まりきった仕事を打ち破る力、そして私たちが死すべき存在であることを思い出させる力がある。友人といっしょに、生命に関わる病の支援グループに参加したことがあった。病院の待合室で毎月もたれた会合を「楽しんだ」とは言えないが、帰路につくとき、その夜がそれまで過ごした中で最も意義深い夜の一つであったように思えた。私たちは重要性の低いことは飛ばして、その部屋にいるだれにとっても喫緊の問題を話し合った――死と生、そして残された時間をどう使うのが最善であるか。

ダンが言ったように、「私にはあなたの雷が必要です、おお、わが神よ。あなたの音楽はあなたのためのものではないでしょう」。鐘の音は彼にとって、前もって聞こえる死の響きであった。死者にとって、それは完全な停止、いのちの終わりだった。いのちにしがみついているダンにとって、それは突き刺すような問いだった。自分は、神に会う用意ができているだろうか。

人々がイエスに、その当時起きた悲劇について尋ねると、イエスは次のように答えた。

「そのガリラヤ人たちは、そのような災難にあったのだから、ほかのすべてのガリラヤ人よりも罪深い人たちだったと思いますか。そんなことはありません。わたしはあなたがたに言います。あなたがたも悔い改めないなら、みな同じように滅びます。また、シロアムの塔が倒れて死んだあの十八人は、エルサレムに住んでいるだれよりも多く、罪の負債があったと思いますか。そんなことはありません。わたしはあなたがたに言います。あなたがたも悔い改めないなら、みな同じように滅びます。」
（ルカ一三・一～五）

イエスはその言葉に続いて、神の抑制したあわれみに関するたとえ話を語った。大災害を傍観している者たちも、犠牲者と同じくらいその出来事から学べと言っているかのようだ。疫病や現代の災害は何を教えているだろう。一つは謙遜だ。それから、私がなお享受している人生への感謝、そしてあわれみだ。イエスが、嘆き苦しむすべての人々に伝えたあわれみだ。最後に、大災害は、人生の短さを唐突に思い出させることで、犠牲者と傍観者の両方を、悔い改めよという呼びかけに結びつける。

あの鐘の音は、ダンの思考に興味深い変化をもたらした。彼は病気の意味と、そこからどんな教訓を学べるかを考えていた。いまや彼は、健康の意味に思いを巡らし始めた。鐘は、ダンが生涯をどう送ってきたかを問うていた。他者と神に仕えて、健康という贈り物を神に捧げていただろうか。もっと長く続き、もっと重要な来たるべき生に向かって準備する訓練の場所として、人生を考えていただろうか。それとも、人生そのものを目的と考えていただろうか。

ダンが人生を再吟味し始めたとき、驚くべきことが明らかになった。「私は苦しみに出会った男である」と、ダンは妻の葬式で会衆に語った。けれども、そうした苦しみの時期、当時の悲憤慷慨した状態こそ、霊が成長する機会になることが、今明らかになった。試練は罪をきよめ、人格を成長させていた。貧困は神に信頼することを教え、彼自身を貪欲からきよめた。失敗と人目にさらされた恥辱は、プライドや野望を取り除くのに役立っていた。神ご自身の手が、彼のキャリアを阻んだのかもしれない――そのときは、ひどく失望した。それも、彼を神と他者への奉仕に備えさせるためだったのだろうか。ある決まったパターンが浮かび上がった。痛みは形を変え、贖われさえする。そして、一見邪悪なものに見えるものが、良きものになり得るのだ。取り除かれていない苦しみは、神の道具として役立つかもしれない。

ダンは過去を総ざらいすることによって、今自分の置かれている境遇を新たな目で見るようになった。この苦痛ですら贖われ得るのだろうか。病気によってもちろん制限を加えられたが、体が動かなくなるからといって霊の成長がすべて妨げられるわけではない。彼には祈る時間がたくさんあった。鐘の音は、幸薄い隣人や、ロンドンで苦しんでいる多くの人のことを思い出させた。彼は謙遜を、そして信頼、感謝、信仰を学ぶことができた。ダンはそれを一種のゲームにした。肉体は横たわったままでも、たましいが強く成長し、ベッドから起き上がって部屋を歩き回っている様子を思い描いた。

一言で言うと、ダンは自分が「役立たず」でないことを理解したのである。彼は、霊の訓練にエネルギーを注いだ。祈り、罪の告白、日記をつけること（それが『瞑想』になった）。自分でなく、他者のことを考えるようになった。こうして『瞑想』は、罪に向かうダンの姿勢の重大な転換点を記録している。はじめは痛みが取り除かれますようにと祈っていたが、最後は痛みが贖われますように、「苦しみに教えられ」ますようにと祈るようになった。奇跡的に癒されるという形で贖われるかもしれない――彼はなおそう希望していた。しかし、たとえそうならなくても、神は粗雑なかたまりを手に取り、精錬する者の苦しみという炎を通して純金を作ることがおできになるだろう。

死ぬことを恐れるほど不従順な僕《しもべ》なのに、私が恐れずに近づくことができるほど、実にあわれみ深い主人である。

ダンの病気によって生まれた、〝恐れ〟と〝意味〟という二つの大きな危機は、〝死〟という第三の、そして最終的な危機に集中した。この詩人は、自らがその病気で死ぬと本気で信じていた。その黒雲は、『瞑想』のどのページにも垂れ込めている。「私は楽器をこの戸口で調整する」と、死の戸口で書いた。

私たち現代人は、この危機をうまく対処する技術を完成した。それは、ジョン・ダンを大いに当惑させるに違いない技術だ。ほとんどの人が、死を完全に避ける周到な方法を作り上げている。栄養と健康食品の販売店に負けず劣らず、フィットネスクラブ産業の成長は目覚ましい。私たちは、葬儀場、集中治療室、共同墓地など、死を思い出させるものを遮断しながら、肉体の健康を宗教のように崇めている。疫病の時代に生きたダンには、死を否認する贅沢は許されなかった。その日の犠牲者の遺体を集めるため、毎晩、馬に引かれた荷車が通りをがたごと走っていた。こうした多くの人々の名前が、翌日の新聞に掲載された。疫病のピークには、毎日一千を超えていた。だれも、死が存在しないように生きられなかった。ダンもその時代の人々と同じように、死を忘れぬよう、頭蓋骨をデスクに置いていた——メメント・モリ（死を忘れるな）。

一方、現代の医療従事者の中には、死を忘れるとは逆のやり方をとる人々もいる。死に向かう理想的な姿勢として、否認でなく受容を勧めるのだ。エリザベス・キューブラー・ロスは、「死の受容」を、悲しみのたどるプロセスの最終段階と呼んだ。多くの自助グループが生まれ、終末期の患者がその段階に至るのを助けようとした。そうした考えがジョン・ダンにとってどれほど異様に思えるかを理解するには、その作品をたっぷり読む必要もない。死にとりつかれているといって、ダンを非難する人々もいた（五十四の歌とソネットのうち、三十二が死をテーマにしている）。しかし、ダンにとって死は抵抗すべき大きな敵として立ちはだかったのであり、人生において当たり前にやって来る歓迎すべき友人とは見えなかった。友人や愛する人が週を追って衰弱する様を見ていたときから、私の知る死も敵である。

『瞑想』は、死の受容に対するダンの激しい闘いを記録している。精いっぱい努力しても、ダンは死後の生をあまり想像できなかった。思い切り味わった楽しみ、彼の著作を満たしていた楽しみは、すべて肉体と、匂いを嗅いだり、見たり、着たり、触れたり、味わったりする肉体の力あればこそのものだった。

ダンは、「死という学の師」であるイエスの例にいくらかの慰めを得た。ゲツセマネの園の記事にも、静かに死を受容する場面など描かれていないからだ。イエスは園で血の汗を流し、父なる神に別の道を願い求めていた。今、ダンの死の床を脅かしている孤独と恐れを、イエスも感じたのだ。そして、イエスはなぜその死を選んだのか。キリストの死の目的が、ようやくダンにいくらかの慰めをもたらした。イエスは治癒をもたらすために死んだのだった。

死を、永遠の人生を台無しにする病としてではなく、むしろ人生の病への唯一の治癒、私たちを神のもとに連れて行く旅の最終段階として見るようになったとき、ダンに転換点が訪れた。悪がこの堕落した星の人生のすべてに影響を与えている。そして唯一、死によって——キリストの死と私たち自身の死——、私たちは治癒された状態を理解することができる。ダンはその考えを、「父なる神への讃歌」の中で探究した。これも、病床の彼の手によることが知られている作品だ。

生誕の罪は、私が生まれるまえになされたとしても、
私の罪にちがいなく、ゆるして下さるでしょうか。
私がそこを走り、今でも走り続けている罪の道を、
私が深く悔いているとしても、ゆるして下さるでしょうか。
ゆるして下さっても、ゆるし終えられてはいないのです。
　私はもっと罪深いのです。

人々を説き伏せ罪へいざない、私の罪を
彼らの入り口とした罪を、ゆるして下さるでしょうか。
一、二年は避けたけれど、二十年はその中で、
のたうちまわった罪をゆるして下さるでしょうか。
ゆるして下さっても、ゆるし終えられてはいないのです。
　私はもっと罪深いのです。

最後の糸を紡ぎ終えた時、
岸べで果てることを恐れる罪が、私にはあります。
私の死に臨む時、御子が今にいたるまで、照ってきたように、
これからも照ると、お誓い下さい。
そうすれば、ゆるしが終えられたのです。
　私にはもはや恐怖はありません。

（『ジョン・ダン博士の生涯』こびあん書房、一九九三年）

詩人の名前にかけられた言葉遊び（thou hast *done*）は、ついにある種の受容があったことを明かしている。だれもがいつかは迎える死の受容でなく、未来については、いっさいを喜んで神に信頼することだ。「私が今死ななければならないという、その声は、非難という方法で語られるさばきの声ではなく、健康を提示する医師の声である。」

だれもが驚いたことに、ジョン・ダンは一六二三年の病気で死んだのではなかった。腺ペストは誤診であり、発疹チフスのような紅斑熱《こうはんねつ》だったのだ。ダンは、医師たちの奇怪な治療を生き延び、回復し、セント・ポール大聖堂の司祭として、さらに八年を生きた。

その後のダンの説教や著作は、しばしば『瞑想』で触れたテーマ、とりわけ死というテーマに戻ったが、以前のような心の動揺を表現することはなかった。危機に瀕してダンは、死に対する「聖なる無関心」をどうにか得ることができた。死の恐怖を少なく見積もることによってではない（回復後の説教には、そうした恐怖が生き生きと描かれたものがある）。むしろ、新しくなった復活の確信によってであった。死はいのちを断ち切るべく現れるが、実際は新しい生への扉を開くのだ。「死よ、おまえの勝利はどこにあるのか。死よ、おまえのとげはどこにあるのか」（Ｉコリント一五・五五）。

ダンが現代にタイムトラベルしたら、私たちが死後の生に対して関心がないことを知って驚嘆するだろう。今日、そのような信仰について語ることに、たいていの人が当惑を覚える。祖先が地獄を恐れたように、私たちは天国を恐れている。この考えは奇妙で、臆病で、この世界の問題からの逃避に見える。いったいどのような価値の転換が起きて、私たちは、壊滅に向かわせるものを優れているものとして称賛するようになったのだろう。そして、幸せな永遠への希望を臆病なものとして捨て去らせたのか。天国は、この地上での時間よりはるかに長く、より重要な時間という約束を差し出している。それは、完全と正義と喜びと平安のある時間だ。それを信じないなら、使徒パウロがコリント人への手紙第一、一五章で促したように、そもそもクリスチャンでいる理由がない。信じるなら、人生が変わるはずだ。ジョン・ダンの人生が変わったように。

神はこの世界の重さ、重荷、重苦しさをすべて知っておられると、ダンは説教の中で言った。「それを相殺する未来の栄光という重みがないなら、私たちはみな無の中に沈み込むはずだ。」

死よ、驕《おご》るなかれ
汝を　力強く恐ろしいと呼んだものもあったけれど
汝はそうではないのだから……
……束の間の眠りが過ぎると、私たちは永遠に目覚める、そしてもはや死はない。死よ、おまえは死ぬのである。

『瞑想』を書き上げさせた病気の七年後、ダンは別の病気にかかり、苦しみについて学んだすべてが厳しく試された。一六三〇年の冬のほとんどをエセックスの家に閉じこもり、講壇から離れて過ごした。だが、教会暦のキリストの受難を覚える時期が近づくと、ロンドンに行き、受難節《レント》の最初の金曜日に説教をすると言い張った。そこで出迎えた友人たちが見たのは、痩せこけた男だった。五十八歳という年齢よりはるかに老けて見えた。生涯にわたる苦しみが、彼の体を弱らせていた。友人たちは、予定されていた説教をキャンセルするように促したが、ダンは聞き入れなかった。

ダンの最初の伝記作家であった同時代人アイザック・ウォルトンは、ダンが最後に説教したホワイトホール宮殿の場面を次のように記している。

多分、多くの人は心の中で、エゼキエル書にある、あの問いを発したであろう。「これらの骨は生きることが出来るのか。あの魂はあの舌を生かしておいて果たして、あのガラスの中で砂が中心に向かって移動し、この瀕死の男のまだ尽きてはいない余命の一時間を計るほど長く、喋らせておくことが出来るのか」と。明白に不可能である。それにもかかわらず、熱心な祈禱の最中に幾度か、かすかに途切れたものの、彼の強い願いのせいで、予め考えられて記憶していた瞑想を、彼の弱った肉体が、全て吐露することが可能になった。それは臨終に関するものであった。題目は「死から逃れ得るのは主なる神による」（*To God the Lord belong the issues from death*）である。その時の彼の涙を目撃し、弱々しくうつろな声を耳にした者の多くは、その題目が選ばれたのは予言的で、ダン師は自分自身の葬送の説教をしたのだと思った、と述べている。

（『ジョン・ダン博士の生涯』）

ダンは、よく講壇で死への願望を表明し、実際死にかけたこともあった。最も優れた説教の一つである「死の決闘」は、聞いた人々の記憶に強い印象を残した。ジョン・ダンにとって死は、この骨に力が残っているかぎり闘う敵だった。彼は、敵は最後に敗北するという、自信に満ちた信仰をもって闘った。

ダンは家に帰されると、それからの五週間を死に備えて過ごした。友人への手紙を口述し、何篇かの詩を書き、自分の墓碑銘を作った。立ち寄ってくれた知り合いと思い出を語った。彼は友人に言った。「私の人生は、特に若いころは罪のないものであったと言い難い。だが、私はあわれみ深い神によってさばかれる。神は私の過ちを、進んで見ようとはなさらない。そして、私自身は罪と惨めさしか神に差し出せないが、それでも私は知っている。神は、私を私自身のものとしてはご覧にならず、救い主の中にあるようにご覧になる……。だから、私は言い尽くせないほどの喜びに満ちて、平安に死ぬのである。」

アイザック・ウォルトンは、その最後の日々のジョン・ダン——体は痩せこけて弱っているが、たましいは安らかだ——と、美しい衣で身を飾り、これ見よがしに剣を見せている血気盛んな若い騎士として描かれた十八歳のダンの肖像とを対比させた。ウォルトンは、その碑文が、思いがけずダンの苦労の多かった生涯を予言していたと書いている。「私は死ぬ前に、どれほど変えられるのだろう。」

その最後の数週間に、ダンの記念像を作るようにという教会の命令で彫刻家がやって来た。ダンは彼のために臨終のポーズをとった。シーツにくるまれ、両手をお腹の上で組み、目を閉じた。彫像は一枚の白い大理石から彫られ、死後、職人たちはそれをセント・ポール大聖堂のダンの骨壺の上に載せた。

ジョン・ダンの石像は今もそこにある。私は見てきた。それは実際、一六六六年のロンドンの大火で焼失したセント・ポール大聖堂の中で、唯一焼け残った物だった。クリストファー・レンによって再建された大聖堂の回廊で見ることができる。聖歌隊席の後ろにある象牙色の石像で、古い灰色の石の隙間に置かれている。ツアーガイドたちは、骨壺の茶色い焼け焦げが大火の時にさかのぼるものだと説明している。ダンの顔には静けさが広がっており、人生の長きにわたって彼からすりぬけた平安を、ようやく臨終に手にすることができたかのようであった。

私たちの最後の日は、私たちの最初の日である。土曜日は日曜日なのだ。イブは聖日だ。日没は朝である。死ぬる日は、永遠の生涯の最初の日である。その翌日に……私に自分自身を見せてくれるその日がやって来る。ここで私は自分を見ることはなく、偽りの自分を見る。だがそこでは、自分を見るが、神のことも見る……。ここでは私のある機能に光を注がれているが、別の能力は暗闇に置かれている。私の理解は時に明晰であり、意志は同時に堕落している。そこで私はまったき光であり、影はまったくかからない。私のたましいは喜びの光に放たれ、体は栄光の光に照らされる。

（ダンの説教より）

別の記念碑が、ダンの著作の中に生き続けている。私は痛みの問題についての多くの言葉を読んできたし、自分でも何冊かの本を書いた。しかし、病床のジョン・ダンが、死に備えながら何週かにわたって綴った日記ほど、人間の状態に注意を集中した、知恵にあふれた瞑想はない。ダンが神との闘いに耐えながら見つけたのは、自分があわれみ深い医師の腕の中にいることだった。それは、彼が再び立ち上がって、他者に慰めと希望を与えることができるよう、危機の中で優しく導いてくださるお方だった。

デイビッドの葬式で、シカゴの株式仲買人がやって来て、私の引用した言葉が書かれている本を見せてくれますかと言った。彼は私の使い古した本をめくると言った。「こんなキリスト教徒がいたとは知りませんでした。」

第10章　ありふれたもののもつ輝き

アニー・ディラード

一九七七年。アニー・ディラードに会うなり、それまで描いていたイメージは崩れ去った。エミリー・ディキンソンのような浮世離れした神経質な詩人か、シモーヌ・ヴェイユのような痩せこけた神秘家だろうと、その作品から想像していたのだ。彼女の研究室で取材を行うことになっていた。松の木立の中に立つワンルームの山小屋を想像していた。

ところが、研究室は低い教室棟にあるけばけばしい小部屋で、壁には飾り一つなかった。壁の一枚はオレンジ色に、もう一枚は青く塗られていた。ディラードは三十歳そこそこの年齢で、ブルージーンズと刺繍入りのシャツを着ていた。スラングを織り交ぜてしゃべる愉快な人だった。ひっきりなしにタバコを吸った。卓球、急流下り、ダンスが大好きだと言い、上質なジョークを大いに楽しんだ。詩人ぶるわけでもなければ、学者ぶるわけでもなく、むしろディナーパーティーの盛り上げ役として招待客のリスト入りするような人物だった。

ディラードは、ディラードで思い込みがあった。私が研究室に入るなりこう言ったのだ。「あなたでよかった。『クリスチャニティー・トゥデイ』みたいな雑誌の記者なんてどんな人かと思った。六十歳のはげた男性がキャンパスを歩いて来たのが見えて、なんであんな約束をしちゃったんだろうって後悔していたのよ。」当時、私はそのはげの男性の半分の年齢で、スチールたわしのように膨らんだ豊かな髪の毛の持ち主だった。ディラードは、「クリスチャニティー・トゥデイ」誌の取材を長時間受ける約束をしていた。

私はちょうどジョン・ダンを研究し、『痛むとき神はどこにいるか』を出版し、ブランド博士との共著に取り組み始めたところだった。ディラードに聞きたい質問をノートにたくさん書きつけてあった。痛みの問題、自然、デザイン論、物書きの人生について質問するつもりだった。取材は予定の時間を超えた。やがてアニーは深いため息をつくと、言った。「いろいろな考えを話すって、なんて楽しいのかしら。特に同業者と話すのは。たいていの記者が知りたがるのは私の預金残高と性生活だから。」そこから、新たな質疑応答が展開したことは言うまでもない。

当時、私は雑誌記者をしていたが、執筆活動は仕事と趣味を兼ねたものだと考えていた。私にとって執筆とは、厳しい締め切りを守って働くだけのことではなかった。ディラードにとって執筆とは、著書『ホーリー・ザ・ファーム』(*Holy the Firm*) の次の一節に見られるように、聖なる呼びかけだった。

教えている学生たちに尋ねた。生活のすべてを捧げて作家になりたいと思っている人はいますか、と。コーヒーか、煙草のせいか、すぐ近くに学生たちの顔があるせいか、身震いした。……全員の手が挙がった。それから、作家になるという選択が意味するのは、作家以外のものにはなれないことだと伝えようとした。まさかりをもって人生に臨まなければならないのだ。……私の言わんとすることは、彼らに伝わらなかった(……スキーをした後に、夕方に、銀行からの帰り道に、あるいは子どもたちが寝静まってから、原稿に向かうのだ……)。彼らは、またうわごとが始まったと思った。そう思われても構わない。

その後、アニー・ディラードに会ったのは一度きりだったが、時おり手紙のやりとりを交わした。そして、私は彼女の仕事を丁寧に追ってきた。いや、熱狂的に追ってきたのだ。いまでも言葉、文章、段落、考えに心を砕いている作家たちにとって、彼女は闇を照らす光だ。そして信仰について書く作家たちにとっては、一本のかがり火だ。その会話があってから、私はもはや執筆を趣味と思わなくなった。新しい目で作品や世界を見ることを教えられた。

＊　＊

ディラードの回想『アメリカン・チャイルドフッド』(邦訳・パピルス、一九九二年）には、彼女の人生の断片が事細かに描かれている。ペンシルベニア州ピッツバーグで上流中産階級の家庭に育ち、愛情深い両親のもと、私立の女子高や会員制スポーツ施設に通う快適な人生を送っていた。家族は、夕食の食卓で意見をぶつけ合い、アニーを富裕層の集う長老派教会に連れて行き、その知的好奇心を思う存分羽ばたかせた。一九六〇年代に入ると、アニーは不安定な思春期を送る。喫煙が理由で退学処分を受け、ドラッグレース（モータースポーツ）で事故に遭い、入院した。そのころから自然が好きだったが、野球やフレンチ・インディアン戦争も好きだった。ある高校教師はこう叱責した。「興味あることしか勉強しない。」そして、両親に送り込まれたヴァージニア州のホリンズ・カレッジで、二年生のときに文学の教師と結婚する。

ディラードはじめて書いた詩を今でも暗唱できるが、その詩はフランス象徴主義詩人アルトゥール・ランボーに心酔した激動の思春期の産物だ。

記憶が確かなら、
私の肉は　かつて地獄に幽閉されていた。
暗闇の刑務所の独房は　じめじめして、
火とランプが必要な独房だ。
私の手が落ちた　私の体が落ちた
そして私は　自分の汚れの中に静かに横たわった。

この詩やディラードの初期の人生に、彼女が三十歳前にピューリッツァー賞を受賞し、現代の傑出した自然作家として有名になることを予想させるものはなかった。しかし彼女は、その思春期に霊性が目覚め、後の作品に吹き込まれる抽象的なテーマに興味をもったという。回想記は、詩篇二六篇の言葉から始まっている。「主よ　私は愛します。あなたの住まいのある所　あなたの栄光のとどまる所を。」

教会は主として、毎週日曜日「見られることで尊厳を増す」身なりの整った家族に、社交の場を提供していた。アニーは夏になると、松林で行われるキャンプに妹と参加していた。こう述懐する。「このキャンプがどれほど信仰に篤く、形式ばらないものか知っていたら、両親は私たちを行かせなかったでしょう。御言葉を覚え、陽気な讃美歌を夜中まで歌い、メモを見ないで祈る夜のデボーションを行い、日曜日には森から出て、二度白い短パン姿でチャペルに行きました。けれども、信仰に満ちたそのキャンプで学んだ神学も、テントから半歩抜け出ただけでした。まだいつもの教会臭を漂わせていたはずです。」

私とディラードは互いの背景を比べ合った。夏休みに下位文化《サブカルチャー》に足を踏み入れたときの私の気持ちと、おがくずの臭うテントに閉じ込められていたときのディラードのものと、どれほど異なるものかに思い至った。夏のリラックスしたキャンプで、私はこれ以上の信仰を植えつけられることがないよう、頑なになっていた。ディラードは対照的に、宗教の考えに惹かれていった。「ほかの考えが粗野なものに思えた」という。欽定訳聖書の長い節を覚え、そのリズムを意図的にまねた詩を書いた。落ち着いたピッツバーグの教会に戻ると、「ひそかな霊気が、ベンチの列の間から前のほうに立ち上っていくのが感じられ」ることがあった。

アニーは神にいっとき反逆したという。夏の教会キャンプに四年連続で参加してから、教会に来る人々の偽善にうんざりするようになった。彼らは服を見せびらかし、重要な発言をしたがった。彼女は牧師に直接立ち向かう決心をした。主任牧師(「彼は『スター誕生』のジェームズ・メイソンそっくりで、説教は書評をするものと考えていた」)が怖かったので、副牧師のオフィスにずかずか入り、偽善について演説をぶった。

聡明な副牧師は、私が何年も要したことを、彼女のために一度に成し遂げた。教会と神を区別したのである。しかも、この十代の批評家の品位を貶めず、尊厳を守るような仕方で。「副牧師は三つ揃いのスーツに身を包んだ、経験豊富な落ち着いた男性でした。口髭をたくわえ、眼鏡をかけていました。私は、自分を教会への不満をもつ世界でたった一人の人間だと思っている高校生の小娘でした。牧師は、私の話を聞くと言いました。『きみの言うとおりだね。たくさんの偽善がある。』」アニーは、自分の議論が溶けてゆくのを感じた。牧師はさらにC・S・ルイスの本を何冊か手渡すと、最終学年のエッセイを書くのに役立つと思うよと言った。別れの握手を交わしながら牧師は言った。「教会をやめるのは、まだ早い。きみは少ししたら戻って来るんじゃないかな。」

アニーが驚いたことに、牧師の言うとおりになった。C・S・ルイスの著作を立て続けに四冊読んで、再びキリスト教の両腕に抱かれたのである。一か月の反逆だった。

＊　＊

詩、随筆、回想、ジャーナリストの視点で書いた中国訪問記、歴史小説に文芸批評など、十二冊の本がアニー・ディラードの名前で出ている。執筆形態によって優劣はあるが、どれも彼女らしさが現れている。射るようなまなざし、秀麗な文章、神秘的な激しさ、召命としての執筆という感覚。

ほかに何を成し遂げたとしても、ディラードは間違いなく「自然作家」の名で呼ばれることだろう。一九七四年、『ティンカー・クリークのほとりで』(邦訳・めるくまーる、一九九一年)は、読書界に小惑星のような衝撃を与えた。大気中に断片をまき散らしながら宇宙空間のどこかで融解した、新しいジャンルによる衝撃だった。月例図書推薦会で続けざまに特集が組まれ、ピューリッツァー賞を受賞し、フランスにおける最高の外国書籍と言われ、まさかのベストセラーになった(五十万部近くが売れた)。ディラードは文学界の新星だった。書評家たちは彼女の作品を、ヴァージニア・ウルフ、ジェラード・マンリ・ホプキンズ、ウィリアム・ブレイク、ヘンリー・デイビッド・ソローの作品と比較した。ディラードは、フェルト帽を好む細い金髪と青い目のほっそりした若い女性で、写真写りが良かった。

『ティンカー・クリークのほとりで』には、はじめに視覚という機能のことが書かれている。ディラードは別の作品で、アパラチアの山小屋に住む七十代の隠遁者ノア・ベリーの話を思い起こしている。ノアは彼女にこう語った。

子供たちがまだ小さくて、家族がみんな、今もわたしが住んでいるところに住んでいたころだが、わたしが窓の外を見ると、子供たちが川のそばで遊んでいた。土手に小さな砂場があるんだ。子供たちはまだとても幼くて、とても小さくて、バケツを手に遊んでいた、水を注いだり、お互いの足に砂を積み上げたりして。……それで自分に言い聞かせたんだ、「さあノア、この光景をとくと憶えておけよ。子供たちがまだみんな幼くて、この朝、川端で遊んでいる光景を。よおく憶えておけよ」ってね。今だって、今朝のことのようによく憶えているさ。あれは夏だったと思う。それからの二十年ほどだ、ぜんぜん記憶がないのは。

（『石に話すことを教える』めるくまーる、一九九三年）

記憶するという行為を、作家ディラードは一種の神聖な使命として採り入れている。「アニー、この光景を覚えていなさい。」彼女がそれをくり返しつぶやいている様が目に浮かぶ。「これを覚えてほかの人たちのために書きなさい、あたかも今朝起きたことのように。」彼女は鮮明に細部まで覚えていて、だれもが目で見えるように語る。その鋭敏さで、ほかのだれも気づかなかったことを描くので、彼女の作品は読まれ続けている。四階建てのビルから急降下するマネシツグミ。崖に作られた巣に、バンク・ショットのように吸い込まれてゆくミズナギドリ。日食のとき、ぐんぐん覆いかぶさってくる影の質感、「内側が光っている樹木」の輝き。ディラードを読むと、私たちは自然の中をもっとゆっくり歩き、もっと目を凝らし、もっと深く呼吸できるようになる。そのような経験は彼女に言わせると、「自分が見ている者でなく、はじめて見られている者になったかのように、その力強いまなざしに、息もつけないほど圧倒され」得るのだ。

かつてエミリー・ディキンソンはある友人に、「野の花がどうして育つのか、よく考えなさい」(マタイ六・二八)という命令にけっして背かなかったと書いた。アニー・ディラードは、その命令の守り方を教えてくれた。はじめて『ティンカー・クリークのほとりで』を読んだとき、私はシカゴ郊外の荒れ地に置かれたアルミ製のトレーラーハウスで暮らしていた。結婚したばかりで、大学の学費を払い終え、ジャーナリストとしてのキャリアを歩み出したところだった。南部の青々と茂る草や樹木が恋しかった。森に生える葉の長い松や、スイカズラのつる、ハナミズキやアメリカハナズオウ。イリノイ州では、とりたてて外出しなかった。見るものなどなさそうだったからだ。あるのはトウモロコシ畑ぐらいだろうか。雪についた汚れたタイヤ跡だろうか。ディラードの自然描写を読んで、私ははっと気がついた。彼女の描くものは冒険小説より刺激的だったが、どれもヴァージニア州のありふれた草原の中を流れる濁った小川のほとりの出来事だったのだ。彼女は言う。

「目を開けておくだけです。私たちが気づくかどうかにかかわらず、美と恵みは展開されている。私たちにできるのは、そこにいようとすることぐらい。……創造物が空っぽの家に向かって演じなくてもいいように。」

その本を読んでから、毎日イリノイ・プレーリー・パスを三十分散歩することにした。そこは砕かれた砂利道で、自宅近くの広大な草原と沼を通る古い線路に続いていた。特に目に留まるものがない日もあった。いつも急いで通り過ぎていた景色が、生き生きと見える日もあった。冬――氷片を集めたつくしが陽射しをとらえ、ダイヤモンドのように輝き、雪はありふれた樹木を抽象芸術に変えていた。春――冬のあいだに押し固められ、敷きつめられた植物の下で、何千匹もの小さなクモが忙しく動き回っていた。夏――鳥や昆虫の鳴き声で沼地に活気があふれた。そして、ハゴロモカラスのパトロール範囲がわかるようになった。秋――臭い水たまりの脇でカエデが燃え上がる炎のように紅葉していた。「内側が光っている樹木」。目にしたすべてを記録するために、私は写真を撮り始めた。

アニー・ディラードが自然に近づくのは、ただ観察するのでなく学ぶため、またそうしたすべての試みに強情に抗う文章から意味をもぎ取るためでもある。注意深いガイドの彼女は私の手を取り、私がほかの人々と歩いたこともある見慣れた小道に連れて行く。ポール・ブランドやG・K・チェスタトン、それから、ジョン・ダンとも歩いた道だ（ダンは自然を「キリストの部下バプテスマのヨハネと呼んだ」)。ディラードも同じように世界を創造主の作品と認め、その結果を考える。この創造主はどんなジョークをしかけているのか問いかける。母親のタコは子孫をたくさん残そうと百万の卵を産み、シャチはトドの小さい群れを切りつけながら進み、メスのカマキリは、頭を失いながも彼女になおよじ登ろうとするオスのカマキリを食べている——そうしたことから、どんなことが学び取れるのだろうか。

いつものように問題は、自然があいまいなメッセージを発していることだ。自然界は手に負えない子どものように、神を明らかにすると同時にぼんやりともさせている。使徒パウロの言葉を借りると、被造物はうめいている。ディラードには、影の中にすら神の微笑みを見るチェスタトンのような楽観主義が欠けている。死後の新しい家を待ち焦がれるダンのような楽観主義も欠けている。ディラードは言う。「この星を、心の和む炉端と庭のある家と考えるか、それとも私たちはみな寄留者で、この星は厳しい流浪の地であると考えるか。私は二つの考えのあいだで揺れ動いている。」神は楽に働くことのほうがお好きなはずだというのが、彼女の結論だ。

『ティンカー・クリークのほとりで』の執筆中、ディラードは義理の弟を白血病で亡くしている。彼は結婚式の前日に陽性の検査結果が出て、その三年後に他界したのである。

その経験についてディラードは言う。「この本を小さな明るい自然の本にはできなかったし、新しいデザイン論も書けなかった。私は死期の迫った人や深く悲しんでいる人々のために、つまりすべての人のために書かなければならなかった。この本を書いたとき、部屋のすぐそこに妹とその夫を思い浮かべていた。神を信じていなかった妹に、どうやって神の話をすればよいでしょう？」

こういうわけで『ティンカー・クリークのほとりで』は、楽しい場面の合間に暴力的な場面が差し挟まれ、時に楽しい場面を圧倒する。水面に浮かぶアオガエルを見つめていると、突然、目の前でその姿が奇怪なものに変わる。カエルの頭が「蹴っとばされてつぶれたテントみたいに」陥没し、体が「空気のぬけたフットボールのように縮んでいった」。見ると、犯人はオオタガメで、カエルを突き刺し毒を与え、カエルが裏返るまで吸いついていた。ティンカー・クリーク沿いのいつもの道を歩きながらも、白血病でこの世を去った義理の弟への思いが消えることはない。

『ティンカー・クリークのほとりで』に続いて、『ホーリー・ザ・ファーム』が出た。ディラードは、シアトルに近いピュージェット湾に浮かぶ島で暮らしていたころ、この仕事に取り組んだ。「巨大な窓、一匹のネコ、一匹のクモと一人の人間」のいる部屋で仕事をしながら。『ティンカー・クリークのほとりで』の大成功の余韻冷めやらぬ中、その後の重圧が孤独な部屋にのしかかった。彼女は振り返る。「恐ろしいほど自意識過剰でした。十六か月のあいだ、一日八時間も働きました。勇気をもって原稿の山を前にすると、まず最後の何ページかを読むのですが、自分でも何を書いたかわかりませんでした。八百回ほど読んでから、やっとのことで言葉をいくつか絞り出すことができました。そのときは四十三ページ書きました。少ない言葉と多くの沈黙。サミュエル・ベケットのようでした。」

『ホーリー・ザ・ファーム』は、ディラードが毎日行う仕事を記録している——教えること、黙想、聖餐式のワインを買いに歩いて出かけること。物語と形而上学的な思弁の絡み合いだ。次の三日間の生活で起きたすべてのことについて書くつもりだった。毎日がもたらす神聖の特別なしるしとは何だろう？　時間と永遠、日々の出来事と神との関係とは何だろう？　だが、二日目に飛行機の墜落事故が起こり、『ティンカー・クリークのほとりで』で書いたことをくり返さなければならないことに気づかされた。「飛行機が墜落したとき、思った。い、い、い、いや、なんということだろうか。神はこ、の、痛みという問題につ、い、て、もう一度私に書か、せ、よ、う、と、している。自分は若すぎる、答えなんて知らないと思った。こんな仕事はやりたくなかった。でもやはり、書かなければならなかったのだ。」

人から借りた、電気も通っていない山小屋で、毎朝自分で伐った薪を燃やして暖を取り、痛みについて、キリストの受肉について、存在の神聖な性質について、宇宙の究極の神秘について、書き綴った。飛行機が墜落して子どもが大火傷を負う。こんなことを許される神をどうして、いったいどうして愛することができるだろう？「コーランの中でアラーは問うている。〝天国と地獄とそのあいだにあるすべてのもの、おまえは私がそれらを冗談で作ったと思うのか？〟考えさせられる質問だ。」

こうした事柄についてディラード本人と話したとき、私たちは神学を打ち立てるために自然に近づいてはならない、そのたびに自然に失望させられる、というC・S・ルイスの見解について議論した。むしろ自分の神学をもってから自然に近づき、畏敬、栄光、美、恐怖といった言葉の意味を、自然自身に埋めさせるのだ。ディラードは言った。「良い考えだけど、私は文芸批評家として教育されてきた。自然という混沌全体に近づくとき、自然が神の本であるかのように近づく。私の読者の多くが読む、たった一冊の神の本が自然なのよ。」

ディラードの著作に惹かれたのは、現代において引き裂かれている自然と超自然を、彼女がどうにか縫い合わせようとしているからだった。大雑把に言うと、教会は自然を物理学者や地質学者や生物学者たちに明け渡してしまった。信仰について書く人々は、神の創造物の周辺を忍び足で歩く傾向があり、精神や霊の注意を向ける価値のない、単なる物質として自然を退けている。そうすることで、私たちは神の大切な本文の一つを失っている。

テイヤール・ド・シャルダンは言った。「物質の中に飛び込め。創造されたあらゆるものによって、例外なく、神は私たちを襲撃し、突き通し、そして形づくる。遠くて手が届かないようなものに思うが、私たちはその燃える層の中で生きている。」

　ディラードは、神の生み出した自然から、新たに霊の言葉を読み取ろうとする。自然があいまいな手がかりを与えていることを認めながら、自然を神の作品として書いている。「私はカヌーで漕ぎ出し、言葉も理性も行き着けない神秘の淵に向かう。」その手法は、神ご自身がヨブ記で見せた手法をあらためて思い起こさせる。差し迫った実存的な疑問に苦しむ人間に、神は自然界について驚くべき講義をして答えた。神はヨブに言った。ダチョウを考えてみよ。そして出産する山羊を、野生の牡牛、野生の馬、空を舞う鷲を。カバやレビヤタンを見るがよい。神の教科書を見よ。何を伝えているか。隠された意味を知るには信仰が求められる。おまえは見る目をもっていなければならないし、聞く耳がなければならない。神ですら、愛なる神が万物を造られたという、創造のメッセージを出し惜しみしなかった。神はただ創造物のあらましの一項目として、自然を指し示したのである。

＊　＊

アニー・ディラードは、世界についての悪い知らせから書き始めるのは、そうすれば、最後に良い知らせを伝えるときに説得力が格段に増すからだ、と言う。世界がいかに残酷になり得るか、この作家は知っている。読者はそれを理解したうえで、なお信じることが必要なのだ。最近の著作『しばしの間は』(*For the Time Being*) は、再び論議を巻き起こしている。その本は、毎日自死が何件起きているか、人口の何パーセントに知的障碍があるかを記録している。出生異常を臨床的に詳しく描き、歴史を通して独裁者によって行われた虐殺の方法を事細かに述べている。地球上の人間一人に対して、九つの銀河があることに触れたかと思うと、埃や海の波のもつ神秘、カトリックの古生物学者であり神学者であったテイヤール・ド・シャルダンの生涯にも等しく注意を向けている。

懐疑主義と信仰の狭間にある未踏の領域を旅しながら、ディラードはくり返し、自然という共通言語に戻っている。彼女は、見る者が被造物の中に隠れている「神聖なきらめき」を認めることで、被造物を「聖なるものとする」厳格なユダヤ教のならわしを指摘している。彼女は芸術家として、私たちに見えているものより、はるかに多くのものを含んでいる世界、神聖な世界を再び想像している。神学者たちは奇跡や超自然的存在を議論しているが、彼女が表現しているのは、ありふれたものの輝きだ。

ディラードは言う。「私は奇跡を疑問に思っていません。不可知論からほど遠いところにいる私は、以前、どれほど多くのことを問題視していたかも覚えていません。私が格闘しているのは不可知論ではないのです。私にとって本物の疑問とは、いったい私たちはどのようにして神を忘れずにいられるか、ということです。聖書が良い王のことも悪い王のことも書いているところが好きです。突然ヨシヤという王が現れ、神殿を聖別するよう命ずると、偶然律法の書が発見されます。支配者が交代しながら何世代も経ち、イスラエルの民が神に従い、エジプトを出た後の出来事でした。イスラエルはなぜかすべてのことを、きれいさっぱり忘れ去っていました。あの有名な祈り、『私は今日あなたを忘れてしまうでしょうが、あなたは私を忘れません』は、ほのぼのとしたキリスト教のジョークと受け取られていることがあります。私はそれほど心温まるものだと思いません。虫のいい話だと思います。」ポストモダン学会の一員として、彼女は理解している。すべてのもののうちに神の存在を見るユダヤ教の世界観から何光年も離れてしまった今、文明全体が神を忘れる危険に陥っていることを。

ディラードの魅力は、宗教を見下すインテリからも信頼されながら、真面目なクリスチャンたちの信仰を豊かなものにするところにある。合衆国でクリスチャンは、独自の文化を作りがちだ。クリスチャンのためだけに書かれた本を読み、クリスチャンのためだけに作られた音楽を聞き、クリスチャンのためだけに作られた学校で子どもを教育する。その独自の文化と、より広い世俗文化の交流はほとんどない。頑固な疑いと、同じように頑固な信仰への主張を組み合わせることで、ディラードは二つの世界の架け橋になっている。文学界と保守的なクリスチャンとの架け橋に。

宗教書を読むと、山のトンネルを通り抜けることに似ていると思う。ヘッドライトはトンネル内の大事な光源で、それなしには壁にぶつかってしまうかもしれない。ところがトンネルの出口が近づき、外の明るい光が現れると、ヘッドライトはたちまちその光に吸収されて無用になる。外に出るとヘッドライトの確認を促す看板があり、スイッチを切るんだったと気づかされる。太陽光と比べてヘッドライトの光はあまりにも微弱なので、その存在を忘れてしまうのだ。キリスト教書籍はたいてい、トンネルの外からの視点で書かれている。あふれるほどの光で、著者はトンネル内の何もない暗闇を忘れている。だが多くの読者は、その闇の中を旅している。アニー・ディラードはそのことを覚えていて、ヘッドライトを正しいところに差し向ける。

ディラードは、不可知論者の知識人たちを念頭に書いている。彼らに「クリスチャンは愚かな人間ばかりではない」と思ってほしいのだ。クリスチャンとヒューマニスト――特に福音派のクリスチャンと、クリスチャンとは白い布をかぶって銃を持つおかしな人たちだと思っている私の知識人の仲間たち――の仲裁を、自らの仕事の一つと考えている。彼女が、福音派の人間や原理主義者のことも尊敬と思いやりをもって扱っているのは、独創的とも言える。ディラードが、まだヴァージニア州のホリンズ・カレッジで教えていたとき、彼女はシェナンドア聖書学院で目の見えない人々に朗読を聞かせていた。そこで原理主義の「良い面」を知る。彼女は今、炊き出しのボランティアにも参加している。

「神をどれほど知っているかと言えば、どんなやり方であれ神を礼拝したいと思っている程度です。」ディラードは『ホーリー・ザ・ファーム』にそう書いた。現在は、神の顕現という宗教体験はそれほど頻繁に起こらないと告白しているが、彼女はクリスチャンであることをいつも公にしてきた。数年前に公然とローマ・カトリックに改宗した。「ニューヨーク・タイムズ」で語ったように、「こうしたカトリックの乱雑な人間のあり方が好きです。聖公会には、よく似た人々が集まっていますが、カトリック教会に行くと、あらゆる肌の色や年齢の人がいて、赤ちゃんが泣き叫んでいます。あなたはこうした人々と手を携えています。あなたは言います。『私はここにいる。神を愛する人々の一人です』と」。

自然は神を明らかにすると同時にぼんやりさせてもいるが、教会も同様だ。そしてディラードは、信仰の共同体についてさらに直接的に書いている。クリスチャンの芸術家たちの集まりに向かってこう語った。「私は、自分が教会の礼拝を描くために地球に置かれたと感じています。そのことには、何か本質的におかしなところがあります。しばしば教会で、笑いをこらえて死にそうになりました。このことは『南極探検』(*An Expedition to the*

Pole）の中に書きました。何がそんなにおかしいのでしょう。自分たちのしていることと、やろうとしていることのあいだのギャップ。ありのままの自分たちの姿と、祈りをもって目指している自分たちとの不一致。それはクマがダンスしているかのようです。」彼女のエッセイには、次の嘆きが書かれている。

わたしはカトリックの教会に一年しか通っていない。その前までは、いちばん手頃な教会といえば会衆派教会だった。毎週毎週、あの教会の長い階段を上って中へ入り、何人かの近所の人たちと一緒に席についた。毎週毎週、床にリノリウムを張っただけの、どんな花を飾っても明るくも和らげもできない聖具室のみすぼらしさと、わたしが好きでたまらなかったじつにひどい歌唱と、疲れきった聖書朗読と、だらだらした、虚ろで薄められた聖礼典と、恐ろしいほどに空疎な説教と、全体を包むものうい無感覚の霧と、それとともに存在したかその結果生じたと思われる。毎週来ては帰ってまた姿を見せるという繰り返しをわたしたちがすべてやり通したことの不思議さとに、わたしは感動してきた。

（『石に話すことを教える』）

ピュージェット湾で、ディラードは小さな教会に通った。六十歳に届かない人間は彼女だけということも多く、ソビエト・ロシアの考古学ツアーに紛れ込んだような気分だった。カトリック教会のほうが進取の気鋭に富んでいた。『サウンド・オブ・ミュージック』で使われた楽曲が演奏される中で、神聖なミサが執り行われたこともあった。ディラードはため息をついている。「こう思うのです。教会で聴衆参加のフォークソング集会に出くわすくらいなら、あのだれもが知る〝たましいの暗夜〟を経験したい。二千年経っても、私たちは欠点を解決していません。欠点を良いものとして称賛すらしています。毎週同じ奇跡を目撃します。神は笑いをこらえきれるほど強い、という奇跡を。」

彼女は教会に苦言を呈するが、その苦言は、現代作家の多くが口にする、教会はこの時代に合っていないという陰鬱な不平の逆である。キリスト教が真実であるなら、いったい私たちはなぜ、それらしく行動しないのか。「私たちがこれほど無頓着に祈り求めている力とはどんなものか、ぼんやりとでも理解している人がいるだろうか。」ディラードは、ベネディクト派の修道士たちを訪ねるようになった。修道院で、彼女は礼拝し、一日に七回聖務日課を歌う。その間、修道士たちはあまりにも長い時間、笑って過ごしている。何についても笑う。あまりしゃべらないが、実によく笑うのだ。

＊　＊

クリスチャンの中には、アニー・ディラードをどう理解すればよいかわからない人々もいる。彼女が書くのは神学でなく芸術作品なので、あいまいな言葉と回りくどい表現が用いられている。彼女は言う。「神学的な意見や自分の考えを表明したかったら、人を雇って空に飛行機雲で文字を書いてもらったでしょう。でも、私は芸術に心血を注いでいます。それは、芸術が素晴らしいものであるからではありません。芸術は本質的に、シールド方式では表現できません。それほど水も通さぬ完璧なものではありません。人々は言うでしょう。『これをどう思いますか。』私は言います。『わかりません。二百七十一ページもあります。それを全部理解しなければいけませんよ。』」

セーレン・キェルケゴールは、自身をスパイになぞらえた。つまり、自分を含め、疑わしい人物に目を光らし続けた神聖でない男として描いたのである。彼は言った。警察はどんなことでも嗅ぎつけ、手がかりをたどり、物事を白日の下にさらす抜け目のない人間を上手に利用する。作家はみな、スパイの仕事をしているようなものだ。メモをとり、他のだれもが見過ごしている特徴を観察し、意味を解く手がかりを求めて世界中を捜し回る。信仰について書く作家が世俗文化の中で働くと、仕事がすこぶる複雑になる。教会に通う人々だけに読まれ、キリスト教書店だけに置かれる本を書くなら、狡猾さを求められない。知覚器官の退化した読者のために信仰の本を書くことは、特別な抜け目なさが要求される。

アニー・ディラードは自らの正体を隠しはしないが、すべてを語ることもない。彼女は聴衆のことも自分自身のことも知っている。私がキェルケゴールのスパイの比喩を知ったのは一九八五年、「イェール・レビュー」にディラードが寄稿した文章をたまたま読んだときだった。「原理主義者たちとの合唱」に書かれているのは、彼女がワシントン州ベリンガムの大学で教えていた時代の話である。ある朝早く、歌声が聞こえた。窓の外を見ると噴水の周りに集まる学生たちがいた。

歌っている学生たちのことは知っています。原理主義者たちです。このキャンパスには、原理主義者がたくさんいます。毎朝、広場で歌っています。彼らにとって、唯一気づいてもらえる活動なのです。何を歌っているのでしょう。何を歌っているにせよ、私も加わりたい。歌うのが好きだから。どんな歌であれ、彼らと歩調を合わせたい。その愚かさに、世間の考えに対する純粋な無関心に惹きつけられるから。同僚やここの学生たち、そしてあちこちの友人たちは、原理主義のクリスチャンが嫌いで恐れています。あなたは原理主義者たちに会ったことがないかもしれませんが、彼らのしていることを聞いたことはあるでしょう。彼らはお金を集め、いっしょに投票し、右翼のおかしな人たちを選出します。本を検閲し、拳銃を携帯し、飲料水にフッ化物を入れたり学校で進化論を教えたりすることに反対し、できることなら人々をリンチするでしょう。友人たちが正しいかどうか確信はありません。私はペンを置いて、広場の歌手たちに加わります。

記事の最後にディラードは、その春、毎朝八時四十五分に原理主義者たちと歌うことで何を学んだかを述べている。彼女は、学生たちの読んでいた「クリスチャニティー・トゥデイ」、「キャンパスライフ」、「エターニティー」等の雑誌を研究し、知り合った学生たちのことを描写している。彼らは聡明な若者で、無学な人間ではない。聖書を読んでいるが、文学理論の本も読んでいる。穏健な民主党員を支持する人もいれば、穏健な共和党員を支持する人もいる。

記事の中で、ディラードは学生たちの歌っていた歌の歌詞を思い出し、それらを次のように書いている。

王に称賛を
ハレルヤを歌って──
この方こそ王の中の王

この方は私の平和
すべての壁を打ち壊した……
このお方に　あなたのすべての心配事を投げかけよ
あなたを心配してくださるのだから

私のいのちである　主よ
きょう栄光があるように　栄光があるように

私はあなたの家の豊かさから食べましょう
私はあなたの義なる川のほとりで夢見ましょう
あなたが私の王です

その門をくぐれ
心に感謝をもって
賛美をもって　彼の宮殿の前に来たれ

この方は王の王
　あなたは主

ディラードは、春のあいだ原理主義者たちと歌い続ける理由を語っている。「彼らがやって来る理由も、私のそれと変わりません。一人一人が『主』との私的な関係をもっていて、そのために、たくさんのくだらないことを我慢するのです。」

スパイにとっても、イェール大学が出版している「イェール・レビュー」という教養雑誌の中に、賛美の歌詞を八つももぐりこませるのは至難の技である。「編集者がそれを受け入れて出版してくれたとき、私は驚きのあまり、気を失いそうになりました。」ディラードは後に私にそう語った。そして言葉を続けた。「ほんとうのところ、私は自分がクリスチャンであるという秘密を少しずつ明かしていっています。」

＊　＊

受け取る手紙から、そして、パーティーや本のサイン会で拾い上げる意見から思うのは、人々は作家の生活に華やかなイメージを抱いているということだ。作家は一つの単語を探すために、同意語辞典と十五分間にらめっこしていることもあるが、人々はそんな姿を見たことがない。作家は必要に駆られて孤独な生活を送っている。私たちはひとりで仕事をする。気をそらすもの一切をはねつけ、自分の詩的リアリティーを作り出し、それを探究し、飼いならす。やがて出版社の人間がやって来て、私たちのところに他の人々をおびきよせる——そのころには、私たちは当然、別の仮想現実を楽しく作っている。私たちの作り出す世界は、暮らしているつまらない現実世界より格段に面白いのがふつうだ。

ときどき、作家としての人生が現実の人生を取り上げてしまったような気がする。書いていなければ、私は存在するだろうか。ノートを広げて書き出さなければ、どうやって自分が考えたり感じたりしていることがわかるだろう。ある早朝、短い物語を書いていたときのことだ。三時間かけて三次元の人物を創り上げ、彼らの対話からあらゆる〝きまり文句〟を追い出そうとがんばった。はじめて手がけるフィクションだったので苦心惨憺し、ひどい頭痛に見舞われていた。それを口実に執筆を中断し、向かいの喫茶店に入った。店内の人がみな、決まり文句でしゃべっている二次元の登場人物だと気づいたときの驚きを想像していただけるだろうか！　店内の客は、私の物語の住人ほど興味深い人々に思えなかった。私は地下のオフィスで待っている（しかも私だけを）虚偽の現実という安全地帯に舞い戻った。

この症状はアニー・ディラードもよく知っている。彼女は、コンクリートブロックで囲まれた窓のないオフィスで仕事をするほうが好きだ――あまりにも退屈なので、ときどき刺激を求めてペンの色を変えるという。

作家の生活など大したものではないが、感覚を取り去ってしまうほど無色であることに、驚く人はいないだろう。多くの作家が現実世界を思い起こさせる小さな部屋に座っているだけだ。自分の子ども時代を描いている作品が多いのも、そのせいだ。作家にとって、子ども時代が唯一直接体験した機会であってもおかしくない。作家は伝記文学を読み、作家たちの中で過ごし、地上で行う合理的選択は、小さな部屋で原稿を前に座っていることだという馬鹿げた考えを、いのち尽きるまで握りしめようとしている。

（『本を書く』パピルス、一九九六年）

ディラードは、人生について書く私たち物書きには、実際に生きるためのエネルギーがほとんど残っていないことを理解している。実際、たいていの作家は生きる用意が整っていないし、本当に紙の切れ端と共に狭い部屋に座っているほうが好きなのだ。それなのに彼女の場合、まだ若かったのに、部屋から出るなり、口を開けばテープレコーダーが回り始め、世界中の読者から助言を求める手紙が届くようになった。ピューリッツァー賞を受賞すると、一夜にしてすべてが変わった。「二十代で受賞しましたが、賞をとるつもりなどありませんでした。偶然の出来事だったのです。こうした事態は、いきなり降りかかってきます。ものすごく戸惑い、できるだけ隠れていました。」彼女は信仰の旅人になろうとしていたが、世界は彼女を聖人にしようとし続けた。

一身に注目を浴びることに、最初は激しく面食らった。本や製品を宣伝してほしい、ハリウッドの脚本を書いてほしい、バレエや歌を書いてほしいといった依頼が相次いだ。講演や講義の要請が郵便受けにあふれた。ディラードはヴァージニアからしばらく逃げ出して、ピュージェット湾のワンルームの家に暮らした。一年に二回だけ、公の場で朗読をするという誓いを今も大切にしている。「キリストはテレビに出るでしょうか」とディラードは尋ねたことがあった。彼女はアメリカの「トゥデイショー」への出演依頼を断ったが、新聞雑誌記者の取材は選んで受けることにした。

彼女にとって取材はつらく、私生活を明らかにする取材に特に苦しんだ。ある週末、「ニューヨーク・タイムズ」の記者がコネチカット州でディラードを取材した。ディラードは記者に聞かれた信仰に関する質問に悩み、こらえきれず夜中まで泣き続けた。それでも、彼女は協力している。心の苦痛を甘受する信仰の旅人なのだ。

何年もスポットライトを浴びて、失うものがあったことは事実である。彼女には三度の結婚歴があった。声を聞けば、何十年も煙草を吸い続けていることがわかる。直接会ってみると、奇妙にもろい印象を受けた。薄い眉、少ない髪の毛と青白い肌。すべてが繊細さを醸し出している。ディラードは、名声、執筆生活の過酷な要求、そして疑いと信仰という自身の闘いについて隠さず書いてきた。だれかをセレブにまつりあげたがる現代アメリカの傾向に直面したとき、真面目な作家にとれる選択は限られている。トルーマン・カポーティーやノーマン・メイラーやゴア・ビダルのように妥協するか、それともJ・D・サリンジャーやトーマス・ピンチョンのように姿を消すか、である。ディラードが選んだのは、その中間の道だった。最初の主な作品のタイトルにある〝信仰の旅人〟という言葉が、ディラードが自分をどうとらえていたかを示している。

私が最後にアニー・ディラードに会ったのは、カンザス州で開かれた会議だった。キリスト教文学にもたらした功績により、彼女は賞金一万ドルのミルトン・センター賞を受賞した。ジョークを飛ばし、聴衆の質問に当意即妙に答え、お笑い芸人のように会場を沸かせていた。彼女のファンは向上心の強い作家がほとんどで、みな身を乗り出してその言葉を聞いていた。五十代半ばになり、アニー・ディラードの名で脂ののった一連の作品を書き、かつて彼女を輝かしい新人作家として歓迎した文学の重鎮たちと今や肩を並べている。

自分の誓いを果たした部分もあるが、批評家たちが評価していない部分もある。しかし、処女作が世界中から喝采を浴びたら、アンコールに何を書けばよいのだろう？

何千人もの読者が、ディラードに手紙を書いている。『ティンカー・クリークのほとりで』が世に出たのは、文学に霊性の居場所がないときだった。その荒野で、この作品はたましいにとってオアシスのような輝きを放っていた。ある読者にとってこの作品は、説得力をもって超越した世界を指し示すというファンタジー文学の仕事をしていた。アニー・ディラードは図らずも現代の聖人、イコンになった。

一人の大学生が、超越とは何ですか、そして自分の書くものの中に、どうやってそれを取り入れればよいのですか、と手紙で尋ねてきた。ある牧師が送ってきた封筒を光にかざすと十字架の影が浮かび上がった。封を切ると、「十字架の代わりに、小さな苦しむキリストが手のひらに落ちてきました。私は飛び上がりました。キリストは封筒の中で、十字架から落ちたに違いありません。」修道女たちは、宗教的なメダルや聖遺物である聖ヴェロニカの布の切れ端を送ってきた。ある女性は、死期の迫った孫息子の枕元からディラードに、ある疑問を解決してほしいと書いてきた。合衆国が広島に原爆を落としたのは正しかったのですか、それとも間違っていたのですか、と。ある有名な芸術家がこんな質問をした。「ご迷惑をかけるつもりはありませんが、教えてくれませんか。神がここでご自身の被造物を見ていて、だれが生き、だれが死ぬかを決めているのか、それとも神はいなくなってしまったのかを。」 手紙を送ってきた芸術家の息子は、ヨットの操舵中に溺死していた。

彼女が四千八百キロ以上離れた場所に引っ越しても不思議があるだろうか。だれもいないと確かめてワシントン州に転居したが、その場所になじめなかった。「その土地の女性たちには、私と異なる文化がありました。彼女たちはチェーンソーを使いこなし、缶詰を食べ、母乳を与えていました。ここに来るまで、自分はヒッピーだと思っていました。それがワシントン州に来たら、突然、才女になってしまったのです。」

彼女は、「政治的、社会的、経済的な事柄から切り離されているように見えた」自分の作品に、いくばくかの罪の意識以上のものを感じた、と認めている。信仰について書くと、特に複雑なことが生じる。信仰の旅人ならだれもが崇高な自己放棄の道を探しているが、執筆するには、その自己放棄を破壊する自意識が必要とされるからだ。霊性に言及する作家なら、トマス・マートンの懸念に共感するだろう。彼の著書は霊的生活を自信満々に表現していたが、実際は不安定さや疑い、そして恐怖にすら悩まされていたのである。信仰の旅人の入る余地はあるだろうか——専門家でも聖人でもなく、ただの信仰の旅人の入る余地はあるだろうか。

『ホーリー・ザ・ファーム』の中には、周りからの要求を拒否する声明すら書かれている。彼女はこう言った。「私は良い生き方などしていません。ビジョンを指し示しているだけです。聖職者たちから、修道院に話をしに来てくださいと言われますが、私は『いいえ、あなたのビジョンをもち続けてください』と返事をします。『オズの魔法使い』に『ドロシー!』と呼びかける巨大な機械があります。幕の後ろで小柄な男がクランクを回したり、ボタンを押したりしています。犬がカーテンを引っ張るとその男の姿が現れ、機械は言います。『幕の後ろの男なんか見ないでください! 舞台のきれいな照明を見てください。』だから私は修道士たちに、自分たちの力、神聖さ、そして純潔のビジョンをもち続けてほしいと言います。だれもがそのビジョンを垣間見ていますが、だれ一人、そのビジョンを生きたことがない、というのが真実なのです。」

二十年ほど前になるが、私は週に一度あなたのために祈りますと、ディラードに言ったことがあった。彼女が感じているはずの重圧を想像したからだった。最近こんなことを言われた。「私のために祈りますと言ってくれたのは、あなたがはじめてでした。そんなことを言われて、あなたの祈りにふさわしくあらねばという義務を感じました。キリスト教作家であり続けるように、できるかぎりそう努めねばと思ったのです。」

売れない作家が予想外の成功をおさめ、手紙で助言を求めてきたとき、ディラードはこんな返事を書いた。「あなたに今すぐ伝えたいことがあります。だれでも、自分を詐欺師のように思うものです。……あなた自身とあなたの作品を区別しなさい。あなたの作った椅子やスープがあなた自身でないように、あなたの書いた本も、あなたではありません。それは、あなたがかつて作ったものにすぎません。また別のものを作りたければ、また新しい闘いが始まるでしょう。また別の貧者の一灯を、不完全な捧げものを、あなたは作るでしょう。それが私たち人間にできる最善のことなのだと神はずっと理解してこられた――私たちはすでに赦されているのです。」

ディラード自身の作品が、その助言を証明している。書かれた言葉という錬金術の中で、忠実な信仰の旅人の闘いは他者にとって慰めの源になり、彼女の疑いは私たちの信仰を強めてきた。己の人生の失敗を意識しすぎる私のような作家に、その神秘的な錬金術は希望を差し出している。キェルケゴールは尋ねた。「詩人とは何か――詩人とは、不幸な存在である。その心は密かな苦しみに引き裂かれているが、その唇は奇妙な形をしていて、ため息や叫び声がそこから抜け出るとき、美しい音楽のように聞こえるのだ。」

第11章　舞台袖から聞こえるささやき

フレデリック・ビュークナー

その日、私はフレデリック・ビュークナーの本をはじめて手に取った。友人から何冊かの本を贈られたとき、百ページ足らずの薄さが目に留まって選んだだけのことだった。それは説教集で、ビュークナーがイェール大学で行った説教の書き直しだった。といっても、シェークスピア劇とは比べようもない、一般的な教会の聖劇のようなありふれた説教だった。

前列では高齢の女性らが補聴器の音量を上げ、若い女性が六歳の子どもに飴玉とお絵描きの道具をそっと渡している。無理やり連れて来られた帰省中の大学二年生は、背中を丸め、片手に顎を載せている。その週、自殺を二度も真剣に考えた銀行の副頭取が、讃美歌集を前席の背もたれの棚に置く。妊娠中の少女が胎動を感じている。高校の数学教師は同性愛者であることを、自分自身にも二十年間隠してきた。彼は礼拝の式次第の真ん中に自分の似顔絵を描き、それを膝の下に滑り込ませる。……説教者は短いひもを引っ張って聖書朗読台の明かりをつけ、賭博師がカードを切るように、説教原稿をさばいている。人々の問題を解決するかどうか、その説教に賭けられているのだ。

この本は説教より小説に近いが、それももっともなのである。後で知ったのだが、ビュークナーは説教者になる前は長く小説家だった。何を書くときも、彼が使うのはフィクションのテクニックだ。感覚に訴える詳細、引き込まれるあらすじ、緊迫したサスペンス。はじめて彼の本を読んだときは、散文のテクニックに気づかなかった。ごく古い物語をごく新しい方法で語るという、まぎれもないドラマの中にそのテクニックは隠されていた。はじめて手に取った『真実を語る』(*Telling the Truth*)という小著は、『悲劇、喜劇、おとぎ話の福音』という副題がつき、キリスト教の物語全体を三部で構成した本だった。ビュークナーは、イザヤ書やマタイの福音書を引用するのと同じくらい頻繁に、『リア王』や『オズの魔法使い』を引用するので、福音があまり抵抗なく信じられるものになっていた。

ウォーカー・パーシーは、「優れたフィクションとは、私たちが実は知っているのに、それに気づいていないことを知らせるものだ」と常々口にしていた。優れた神学も同様だ。フレデリック・ビュークナーに思い出させられたのは、人生に押しつけられた体系的なかぶせものではなく、人生の真実すべてを要約したものだ、ということだった。人生は、リア王やイエスの最後の日々と同じように悲劇的だが、アルマジロと同じくらい、あるいはユダヤ人の族長の妻サラが年老いて妊娠したのと同じくらい滑稽だ。イエス物語に何か期待できるものがあるとするなら、人生はおとぎ話でもあり、真実とは思えないほど素晴らしい終わり方をする話、「深い悲しみ以上に痛ましい世界。そんな世界の壁の向こう側にある喜びの兆しである」。

ビュークナーは私にとって、あまりにもなじんでいた福音を再発見するための導き手《メンター》になった。彼は私と違い、教会であまり学んだことがなかったので、教会で受けた教えを忘れる必要がなかった。ビュークナーが大人になって進んで取り組んだ信仰の旅は、決まった旅程をこなす団体旅行とは異なる危険を伴うものだった。そのため彼の手にかかると、福音の基本的な事実が中東の陶器の壺の中で発見されたかのように光を放つ。キリスト教信仰は、良き知らせとして彼を感動させる。キリスト教信仰は、ビュークナーがこの星に生きて感じてきた最も奥深いことを言葉で表しながら、彼が経験してきたままの世界の真実を描き出しているからだ。

＊　＊

ビュークナーによると、牧師には語るべき二つの話がある。イエス物語と牧師自身の物語である。ビュークナーの場合、この牧師自身の物語を知ると、彼の語るイエス物語がよくわかる。その人生で起きたいくつかの決定的な出来事が、ビュークナーの著作物すべてに、裏から光を浴びせていると言えるからだ。

フレッド・ビュークナーは十歳のとき、二階の子ども部屋の窓から、弟ジェイミーとある光景を見た。寝間着姿の母親と祖母が裸足のまま、動かない体を蘇生させようとしていた。灰色のスラックスをはき、栗色のセーターを着て、車寄せに仰向けに倒れていたのは父親だった。閉め切った車庫の中で車のエンジンをかけっぱなしにして、一酸化炭素中毒で死亡したのである。父親の弟だった叔父のフレッドも、数年後にいのちを絶った。

フレッドは彼自身の言葉によると、「本の虫で、雨が好きで、内省的な子ども」だった。父親と叔父の死によって、自分も死ぬべき存在だという感覚が心に生まれ、それが消えることはなかった。この家族は宿命的な自死遺伝子にさいなまれているのかと考えたこともあった。家族の悲劇を経験したビュークナーは、大人になって確信した。ふつうの人間は、毎晩のテレビニュースが報じている超大国より、親密な家族や友人、共有された秘密の力によって形づくられているのだ、と。優れた小説家の例にもれず、彼も、人間の行動はただなされるだけであり、説明も予見もできないことを知った。

二十七歳のときに、かつてないほどの混乱が彼の生活に生じた。上梓した二冊の小説のうち、一冊（『ア・ロング・デイズ・ダイイング』）が批評家たちに絶賛され、ビュークナーはフルタイムで執筆に打ち込むべくニューヨークに居を移した。ところが、創作の壁にぶち当たり、何も書けなくなってうつ状態に陥り、広告業界やＣＩＡ勤務など他の仕事に就くことまで考える。そんなとき彼らしくもなく、単にアパートから一ブロック先に美しい建物があったという理由で、マディソン街長老派教会に通い始めた。そこは有名な説教師ジョージ・バットリックの拠点だった。エリザベス女王二世の戴冠式があった一九五三年、ビュークナーは人生を一変させる説教を聞く。バットリックはエリザベス女王の戴冠式を、信仰者の心の中のイエスの戴冠式と対比させ、それは告白と涙のうちに起きたに違いないと言った。ここまでは問題なかった。

しかし、それから頭を振って眼鏡を光らせながら、彼は老看護師のような奇妙なざらつく声で言った。「イエスの戴冠は信仰告白と涙の中で起きた。そして、昔も今も神が私の証人であるのだが、イエスは告白と涙と大いなる笑いの中で戴冠したのだ」と言ったのである。大いなる笑いという言葉を聞いて、決して十分に理解できたわけではなかったが、万里の長城が崩れ落ち、アトランティス大陸が海から浮かび上がり、このマディソン街七三丁目で、私の両目から涙がほとばしった。

（『恵みのアルファベット』〔*The Alphabet of Grace*〕）

一週間後、その若き小説家はどの神学校に通うべきか、バットリックに尋ねていた。バットリックはビュークナーを車でユニオン神学校に案内した。ビュークナーは翌秋入学し、ラインホルド・ニーバー、ジェームズ・ミュイレンバーグ、パウル・ティリッヒといった面々から教えを受け、最終的に長老派の牧師として按手礼を受ける決心をする。家族や知人たちは、彼を愚かだと思った。将来を約束された作家の仕事と引き換えにしているように見えたのだ。カクテルパーティーで、ある年配の女性に聞かれた。「フレディー、この決断はあなた自身で下しましたか。それともろくでもない助言を受けたのですか。」

ビュークナーは、行方不明の父親を捜しているというフロイト派の用語や、仕事が失敗するかもしれないという不安に反応して、思い切って信仰に賭けるという実存主義者の用語で、自身の回心の経験を解釈したい誘惑に駆られることがあった。だが、その誘惑に抵抗している。「物事のどうしようもない過酷さの中にある欠陥や裂け目を通して」、時おり噴出する「ばかげた、聖なる恵み」の典型として回心を見たのである。

多くの現代作家が、神が不在であるかに見える世界で絶望を理解しようとしてきたが、神の「臨在」というもののリアリティーに取り組もうとした作家は見当たらない。ビュークナーは、キリストが笑いの精神の中で戴冠したことを決して忘れない。彼が書いているのはオズのような魔法の国であり、私たちの難儀な長旅の目的であり、現代の特徴であるホームシックを最終的に癒す家についてである。彼は説教者そして作家として、人々の心の中の子どもを再び目覚めさせようとする。疑わずに信頼している子ども、魔法の場所を探しに行こうとする子ども、答えを知らなくて当然だから、無知を恥じていない子どもを。それは、憂鬱で、痛みの問題にこだわり、感情の乏しい子ども時代を送った私の心に、いのちを吹き込むメッセージだった。

ビュークナーは言う。「私は深淵をさらに深く、底の底までのぞき込んでいませんでした。もしかしたら、神は聖人たちのために、最も深い沈黙をとっておかれるのかもしれません。もしそうなら、私はその沈黙に値しません。私にはもちろん知的な疑いがあります。でも、ジョン・アップダイクが言うように、神が存在しないなら、世界は奇態な見世物ですが、私の経験している世界はそうでありません。有害なまぼろしも至福のまぼろしも見たことがありませんが、舞台袖からささやく声を聞いてきました。」

＊　＊

はじめて私がビュークナーに会ったのは、一九八〇年代はじめ、彼が手紙や手書き原稿をホィートン大学に寄贈する決断をしたころだった。同大学のマリオン・E・ウェイド・センターには、C・S・ルイス、G・K・チェスタトン、チャールズ・ウィリアムズ、J・R・R・トールキン、ドロシー・L・セイヤーズらの原稿を所蔵しているウェイド・コレクションがある。自身の原稿もそこに加わるという期待があったのだ。ビュークナーは、ホィートン大学のことをほとんど知らなかった（電話で話していたとき、「ホイートランド・カレッジ」と言い続けていた）。母校プリンストン大学はビュークナーの作品に興味を示さなかったが、ウェイド・センターの職員たちは好意的だった。ホィートン大学でキャンパスを一巡りしてきた彼に、自身の決断をどう思うか尋ねると、こんな答えが返ってきた。「そうですね、私の残した文学作品が朽ちてゆくには良い場所だと思います。安全な場所です。そうそうたるメンバーに囲まれて休むことができますから。」

ビュークナーは数年後、客員教授としてホィートンのキャンパスに戻って来た。そこではじめて、福音派のクリスチャンを日常的に見ることになった。それまで出会ったことのないタイプの人々で、ヨーロッパを訪れたアメリカ人観光客のようだ、とビュークナーは言った。現地の言葉を知らないので、聴き手に向かってただ大声で話す観光客だ。福音派のクリスチャンは、ビュークナーにとって神秘に包まれている事柄を自信ありげに語っていた。彼らの確信には惹かれたが、警戒心も抱いた。「学生たちが天気や映画といった世間話から、神が自分の人生で何をしておられるかといった議論に気軽に移っていくので驚きました。彼らは『祈りの日記』について語り、『神がこう言われた……』などと言いました。私の住む世界でそんなことを言う人がいたら、天井が落ち、家が火事になり、人々は目を白黒させるでしょう。」

ビュークナーはその環境を、ハーバード神学校などで講師として呼ばれたときに見たことと対比させている。「ハーバードの学生たちは、好戦的な同性愛者や誇り高い無神論者たちです。それから、異教徒たちはチャペルの外で集会を開きます。簡単な祈りをしてから説教についての授業を始めたら、学生たちがショックを受けて倒れたことがありました。ハーバード神学校でだれも祈っていないのは明らかです。」

ビュークナーは福音派の学生たちの熱心さを評価するようになったが、自身の信仰については より控えめな口調で語っている。彼は、神がこの世界に生き、臨在していると心から信じているが、神が私たちに「そのような深さ、力と美の神秘を少ししか見せない」ことに、少しも驚いていない。「垣間見るのでなく、真正面から見たら、私たちは滅ぼされてしまうでしょう。」

神が歴史にどう関わっているかを描く二つの方法がある。伝統的なものでは、神は天上にいて、定期的に稲妻を送る。たとえば、燃える柴からモーセに呼びかけたこと、十の災厄、預言者たち、イエスの誕生だ。聖書は実際、そのような神の介入を描いている。それらは、何年も待ったり疑ったりした後に訪れることが多い。もう一つの方法によると、神は歴史の下にいて、常に歴史を支えているが、ときたま見えるように姿を現す。氷山の先端のように、目に見える行為で表面を突き破るのだ。だれでもその大きな突き上げに気づく（ファラオもすぐに気がついた）のだが、信仰生活には、超越したもののささやく声に聴覚を合わせるという、水面下を探究することも含まれる。

この世の下にある恵み。その恵みの臨在を強く求める思いを、ビュークナーは語ってきた。空港で、飛行機に乗る恐怖と闘う不安な瞬間について書いている。突然カウンターの上に、あろうことか、自分のイニシャル「C・F・B」が刻印されたタイピンがあることに気づく。ビュークナーが眠っているあいだに亡くなった友人が、夢の中で会いに来る。その友人のジャージの青いウールの毛が一本、翌朝カーペットの上にある。そして、ある危機に陥り道路脇に車を停めていたとき、猛スピードで走って来た車のナンバープレートに、こんなメッセージが書かれている。「T－R－U－S－T（信頼しなさい）」）。

こうした出来事はどれも、還元主義的に解釈できることをビュークナーは認めている。猫がウールの毛を引きずっただけかもしれないし、カウンターの上にタイピンを置き忘れた乗客がいただけかもしれないし、銀行の信託部門担当者が高速道路を車で走っていただけなのかもしれない。だがビュークナーは、そのような出来事は、底に流れている神の摂理をほのめかしている——突き上げている——と考えるほうが好きなのだ。たとえば、その車が走って来たとき、「あらゆる辞書のあらゆる見出しの中で、私がいちばん聞く必要があったのが、その〝トラスト（信頼）〟という言葉だった。それは偶然の出来事だったが、顕現——啓示——の瞬間でもあった。彼は語った。『おまえの子どもたちを信頼しなさい、自分を信頼しなさい、神を信頼しなさい、人生を信頼しなさい。ただ、信頼しなさい』と」。

こんなふうにあいまいで、とらえどころがなく、異なる解釈が必要な仕方で、神は私たちの人生に割り込まれる。ビュークナーにとってそうした偶然の出来事は、パスカルの賭けを思わせる。人生に神秘と意味を与えている神に「イエス（YES）」と言って賭けるか、どんなことでも起こるものは起こるのであって、それ以上の意味はないと結論して「ノー（NO）」と言うか、どちらかなのだ。どちらにせよ、証拠は断片的で決定的でなく、信仰が求められる。疑いの余地がなければ、信仰の余地もない。

信仰とはホームシックである。信仰とは切なさだ。信仰とは立脚点というより、向かっていく動きであり、確かなことというより、ひらめきだ。信仰とは、待つことである。信仰とは、時空を通して長い旅をすることなのだ。

したがって、だれかがやって来てあなたの信仰の話をしてくれと言ったら（そしてこれは頻繁に起こるのだが）、私が話すべきことが、まさしく時空を通して行う旅である。長い年月のうちに起きる良いことと悪いこと、数々の夢、奇妙な瞬間、直感。人生は単なる一連の出来事ではない。玉突き台のブレークショットでビリヤードの玉があちこちに転がって行くように、他の出来事を偶然引き起こすようなものではなく、小説に筋書きがあるように人生にも筋書きがあり、出来事はなぜかどこかにつながっていると、私が折に触れてもつその感覚について話さなければならない。

（『信仰の道を歩む』〔*Going on Faith*〕）

ビュークナーの著作には、私のものと共通の性質がある。私にとっても信仰とは、パスカルの賭けであるからだ。私は神を追い求めて生きているが、次の角を曲がったところや、森のすぐそこの木の後ろに神の存在を感じることがある。私が歩き続けるのは、旅をしてはるばるやって来た場所が好きだから、ほかの道は問題が多く見えるから、そして、信仰の旅路の行き着く先にあるものに、恋焦がれているからだ。人生の悲劇については少ししか知らない。私が味わってきたのは人生の喜劇である。歩き続けるのは、おとぎ話を信じているからだ。そのような美と善良さを刻印された世界を創造するほど強く賢い神は、この世界をその本来のデザインに忠実に再建してくださると信じているからだ。私はビュークナーと共に、最後はすべてが良くなるという神の確かな約束に賭けている。

＊
＊

ビュークナーがホィートン大学を訪れたとき、シカゴの繁華街にある私の教会で説教をしてほしいと頼んだことがある。その日が近づくにつれ、不安が膨らんだ。信徒会は形式にとらわれない礼拝を計画していた。音楽スタイルも、黒人のゴスペルグループからクラシックのバイオリン、大音量のロックバンドまで幅があった。そのすべてが同じ礼拝で演奏されるかもしれなかった。礼拝で行う朗読は、たいてい委員会が手を入れて現代的な言葉に直し、祈禱書の高尚な散文に、ホームレスの人々やシカゴ州立学校への嘆願が押し込まれていた。礼拝には路上生活者がしばしばもぐりこみ、屋内ならではのぬくもりを喜んで、教会の長い座席に体を伸ばして昼寝をした。バーモント州の田舎にあるビュークナーのコミュニティーと、私たち都会の教会では、提供しているものが全く違うのではないかと思った。

礼拝委員会はビュークナーに敬意を表し、精いっぱいの努力をした。天井から新しい垂れ幕が下がっていた。だらしない格好をした太った女性が音頭を取って、祈りや歌を盛り上げた。献金の音楽が流れているあいだ、さらさらしたシフォンの服に身を包んだすらりとした若い女性が、神に捧げるダンスを踊った。インドを訪れた人が寺の複雑な儀式を見るのもかくばかりかと思うが、ビュークナーはこのすべてを講壇の椅子から眺めた後、立ち上がって雄弁に説教をした。後に感想を二つ述べている。礼拝の進行係の女性についてはこう言った。「よくもあんなに太れるもんだ！」ダンスについてはこう言った。「私の礼拝を盛り上げようとしてくれたのでしょうが、いったい彼女は下着をつけているのだろうかと、ずっと考えていました。」そのときから、私はこの人物が好きになった。だれもが思っていたことを、彼だけがあけすけに言葉にできたのだ。

やがて私は、ビュークナーがなかなかの論客であることを知った。政治、映画、ほかの作家や、牧師であり作家である彼自身の職業など、何についても忌憚のない意見を述べていた。彼はある取材者にこう言ったことがある。「宗教の言葉にはうんざりしている。今は、説教にうんざりしている。」うんざりしながらも説教の要請に応じ続けたのは、自分と同じ信仰をもつ人々を新たに探すためだった。考えを述べるのにヤコブやパウロばかりでなく、ドストエフスキーやヘンリー・ジェームズも助けにした。何より重要なのは、ノンフィクションを書くときも、フィクションを書くときに学んだ教訓に忠実だったことだ。少しでも嘘偽りや非現実的な響きがあれば読者に見抜かれる、という教訓だ。キリスト教信仰について書いたり語ったりするときは、全く正直でなければならない。

ビュークナーは宗教色の薄い家庭に育ったので、「宗教的な動機からというよりも、予防接種を受けてから学校に行くかのように、ただするべきことをした感覚で、洗礼を受けたと思う」。洗礼は逆説的な作用を及ぼし、彼は宗教に反感を抱くようになった。実体のない象徴としてのキリスト教に対し、教会のための教会という罠に対し、とっくに意味の枯渇した腐った言葉のくり返しに対し、反感を抱いた。ビュークナーが最終的に信仰を得たとき、それを表現する新しい語彙を探さなければならなかった。

ビュークナーの著作の特徴は、その新鮮なスタイルだ。聖書の登場人物を書くときも、抽象的な神学について書くときも、古臭さや行き過ぎた敬虔さが入り込まないよう心がけている。読者が立ち止まって気づくために必要なのは鮮明なイメージであり、言葉や言い回しの工夫だ。いくつか例を挙げる。

●クリスチャンとは、途上の人である。あまりにも長く途上にいる必要はないが、だれに感謝すべきか、ぼんやりと中途半端な考えはもっている。
●情欲は、喉が渇いて死にそうな男が必死に求めている塩である。
●神は説明しない。神は爆発する。神は、おまえは自分を何様だと思っているのかと、ヨブに尋ねた。
●神は、ヨブが求めたような説明を試みるのは、ちっぽけなアサリにアインシュタインを説明するようなものだろうと言う。
●そして、王の王ご自身に関して言えば、神のことがわかる人間などいるだろうか。神には形もなければ整った顔立ちもない。その衣はガラクタ市で拾ったものだ。何週間も髭をそっていない。死臭がする。神のみすぼらしさを長いこと美化して見てきた私たちには、その残響が聞こえるばかりである。バプテスマのヨハネの弟子たちは、当時物議を醸したはずの仕方で「来るべきお方はあなたですか」と恐る恐る質問した。ピラトの「あなたはユダヤ人の王なのか」——王らしくもなく、あえぎ、唇の裂けているおまえが。ブラックユーモアの喜劇というしるしとして、彼らは神の頭上に釘を打ちつけた。そこには、だれでも笑えるよう三つの言語でジョークが書かれていた。

小説家ビュークナーは、いろいろな形でノンフィクションの新しいジャンルを切り開いた。注目すべき例外もあるが、クリスチャンによるノンフィクションの著作物は、明確なカテゴリーに分けられることが多い。説教、嘆き、随筆、合理的な弁証論――何であれ、説得力のある文学は、ホィートン大学のウェイド・コレクションに収められた、ビュークナーの重んじた仲間が担ってきたジャンルである。回想や個人的な証しを書く人々もいて、しばしば魅了されるが、筋書きの予想がつくのが欠点だ。要するに、罪人が救われるのだ。ビュークナー自身のスタイルは、小説家として学んだ技術と、心の中を省察するキリスト教の規律を組み合わせている。

小説と信仰の人生――ビュークナーは、この二つは多くを共有していると結論した。信仰もフィクションも、抽象的で思索的なものより明確で具体的なものに依存している。そして両者とも、矛盾に向き合い、何らかの意味があるパターンに秩序づけ直すという長いプロセスを含んでいる。ふさわしい声を見つけるにはしばらく時間がかかった。按手礼を受けてからも、ビュークナーにとって自身の信仰について書くことは困難だった。宗教とは無縁の家庭に育ち、アメリカの宗教的でない部分に生きてきた彼は、信仰について語ることに遠慮と恥ずかしさを感じていた。だれも人前で触れない家族の秘密のように、信仰もクロゼットの中にあるべきだと言うように。変化が生まれたのは、ビュークナーにふさわしく、奇妙な偶然があったからだ。

ビュークナーは、ノイローゼになりそうな暗い時期を経験していた。家族をバーモントの人里離れた農場に転居させたばかりだった。フルタイムで執筆ができるように、私立学校の快適な地位を捨てたのである。まもなく彼は書くことで自分を追いつめ、毎日真っ白な壁に向き合っていた。執筆の女神は予定どおりには現れなかった。何を書いても憂鬱になり、書き続けることができなくなった。するとハーバード大学から、卒業生による神学講義を依頼する手紙が届いた。チャプレンは、「宗教と文学《レターーズ》（letters）」に関する講義などよいのではないかと書いていた。

チャプレンが〝レターズ〟という言葉で意味していたのが、文学か学問であったことは明らかだ。だが、招待状を見つめながらビュークナーが考えていたのは、レターズという言葉の最も基本的なことだった。文字どおりの本質、アルファベット、あらゆる言語の構成要素を見ていたのである。考えれば考えるほど、私たちの人生の平凡な出来事をアルファベットのように用いる神によって、信仰は成り立っていると考えるようになった。正しく耳を傾ければ、神ご自身を伝えられる言語の切れ端としてのアルファベット。そうした考えから生まれたのが、ノーブル講義を書き改めた『恵みのアルファベット』である。ビュークナーはその中で、一日の断片の一つ一つを取り上げている。髭を剃り、着替えをし、鏡を見つめ、コーヒーを淹れ、子どもたちに洋服を着せ、執筆を避ける口実を考え、友人と昼食を共にし、ニュースを見、眠くなり、寝室の明かりを消す。

ビュークナーは、自身のノンフィクションを語る声を発見した。ユニオン神学校の教師たちのような神学者になる必要はない。説教する牧師になる必要はない。生活の素地から、ただ物語と意味を作り出せばよい。すでにフィクションで行ったように。彼は一連の回想ばかりでなく、自身の、より静かな、より微かな信仰の「レターズ」をも生み出し始めた（『恵みのアルファベット』『真実を語ること』『リメンバーと呼ばれる部屋』）。説教集や『神学のABC』（『特別な宝』『希望的観測』『闇の中のホイッスル』）など、他の形を試すこともあった。どれも地下層を意図的に掘って、神の隠れたメッセージを探そうとするビュークナー自身の声を伝えている。海辺で漂流物を拾う人のように、埋もれた宝を探しながら、同じ砂地を掘り続けている。

* *

ジェイムズ・ジョイスは言った。「文学が扱うのはふつうのことだ。ふつうでない異常なものを扱うのはジャーナリズムだ。」その定義によれば、ビュークナーの作品は文学のカテゴリーに当てはまる。アニー・ディラードは自然界という素地を選んだ。ビュークナーは彼自身の人生を選んだ。彼にとって書くことは自己発見の一形態であり、それを「意識的な想起」と言ったことがある。ビュークナーは、イラクや中国やポストモダニズムの危機について書いていない。書いているのは、祖母ネイヤとの微かな思い出や、近所の古い製粉所や、裏庭でざわざわ揺れているリンゴの木の二本の枝である。

その手法は中世を思い出させる。一日中部屋の中に座って心の中を見つめ、たましいの深みを探究していた神秘主義者たちを思い出させる。けれどもビュークナーは外を歩き、人と話し、騒ぎ立てる家族がいて、ときどき旅もしている。この生の素地から、回想を創り上げてゆく。読者は言葉がどこに向かっているのか見当もつかず、ビュークナー自身にもわからないことがある。彼が想定しているのは、自分の見解にぴったり合う小道具を扱う舞台主任というより、人知れず世界を眺めている観察者の役割だ――時に呆然とし、時に当惑し、常に驚いている。

ビュークナーは言う。その沈黙している観察者のスタイルが、自分のフィクションでも使われている、と。「『静まって、わたしが神であることを知りなさい』は、詩篇の記者の助言であり、私は常にこの言葉を、ものを書くときの良き助言としてきた。トルストイが静まっているように、あるいはアンソニー・トロロープが静まっているように、静まれ。登場人物自身が語り、死ぬことのない彼らなりに生き生きするように。あなたが私のような作家であるなら、ごたまぜのものに形を与えようとするよりも、そこに隠れているものからどのような形が出てくるかを見ようとするだろう。脇役たちが重要な役になる兆しが見えたら、彼らにチャンスだけは与えよう。フィクションの世界では、何ページも書いてやっと、真に重要な人物がわかることもあるからだ。現実世界で、駅で三十分だけ話をした見知らぬ人が、何年も経ってからあなたの本当の故郷を、親友や精神科医以上に的確に指し示すこともあるように。」

彼の最近の作品『郷愁』（*The Longing for Home*）の中でビュークナーは、毎晩テレビで報道される、戦争、選挙、自然災害を伝えるその日のニュースを、自分の世界で生じるその日のニュースと対比させている。私的な世界で起こる出来事は、あまりにも些細で私たちはほとんど気づくこともない。けれどもそれらは、自分たちが何者であるかというその日その日のストーリーを作る助けをしている。「それらのニュースは、私たちが〝何になろうとしているか〟、あるいは〝何になれずにいるか〟についてのニュースなのです」と彼は言う。これほど重要なニュースはないかもしれない。

同じようにビュークナーは、神がこの世界で語ることがあるなら、それは私たちの日々の生活への語りかけであると信じている。神を捜し求めるとき、奇跡的で超自然的なことを求める人が多い。しかし、私たちはありふれたものに注意を向けるべきなのだ。目を覚ますこと、眠ること、そして何より夢見ること。覚えていること、そして忘れていること、微笑むもの、泣かされること、喜ぶこと、憂鬱になるもの。一日の最もありふれた出来事の中で、神は語られる。そしてビュークナーは著作を通して、どのように耳を傾ければよいかを明らかにしている。

ビュークナーはこのより親密なニュースを、夜になって明かりを消し、暗闇に横たわり、眠りが訪れるのを待つあいだに振り返ることを勧めている。返事の来なかった手紙、電話での会話、声の調子、郵便局での偶然の出会い、予期しなかった喉のつかえ——そういったその日の出来事が、表面下に潜んでいる意味を暗に示している。

すべての本質を数語で述べるよう求められたら、私は小説家としても説教者としても、こんなふうに言うだろう。人生に耳を澄ませよ、と。人生を測り知れない神秘として理解せよ。興奮と喜びの中でそうするように、人生の退屈と苦痛の中においても、神聖で隠されているその心臓部に、触れ、味わい、匂いを嗅いでたどり着き、最後に分析してみれば、すべての瞬間が重要な瞬間で、人生そのものが恵みであるからだ。

（『いま、そしてあのころ』〔*Now and Then*〕）

ビュークナーのその意見に促されて、私は北米を半分移動したのである。私は、シカゴの繁華街で十三年間楽しく暮らしていた。活気があるが、その良さがあまり知られていない街だった。コンサートや映画や芝居に出かけ、歩いて行ける範囲に二十軒余りのエスニック料理店があった。カフェやリンカーン・パークのベンチで原稿を書いた。隣人たちや店の主人たち、路上で金をせびる人々とも知り合いになった。豊かな生活だった。豊かすぎて、心の声がかき消されてしまった。車やバスのクラクションや酔った野球ファン等の喧騒の中で、もはやビュークナーが提唱しているような意味で、人生に耳を傾けることができなかった。シカゴは書く材料を豊富に与えてくれた。ちょっと散歩をしてラッパーを自称する物乞いに会ったり、第二次大戦の醜聞で悪名高い〝東京ローズ〟〔訳注＝太平洋戦争中に放送された連合国側向けプロパガンダ放送の女性アナウンサーの愛称〕だった（と後でわかった）通りの先の店主に会ったりすればよかった――しかし、いつだって他の人々の話であって、私自身の話ではなかった。

私はビュークナーが示唆しているように、だれの内側にも隠れているふつうの人生を探究するためにコロラドに引っ越した。退屈さと苦痛のただなかに、掘り起こされるべき神秘が、そして恵みがある。私は自分自身の声を見つけたかった。外を見るのでなく、心の内側を見つめたかった。そのためにはより成長を促してくれる環境、静かで孤独になれる場所が必要だった。

今では人間より野生動物を見るほうがふつうだ。執筆に行き詰まると散歩に出て、クラーク通りの喧騒に突っ込む代わりに、柔らかい松葉の絨毯や、まっさらな雪の上を歩いている。ビュークナーの描く、ニューヨークからバーモントに移ってからの変化が、私にはわかる。八年経って、私はようやく聞くことができるようになってきた。

＊　＊

自分の秘密をばらすことと、他人の秘密を暴露することは全く別である。ビュークナーと私は何度か、ものを書くことの危険について議論した。とりわけ、近しい人々に負わせてしまう避けようのない傷について話し合った。

こうした理由で、ビュークナーは仕事を始めてかなり時間が経ってから、家族のある秘密を掘り返した。ほかの家族の憂鬱について書き始め、それから自身の家族について書いた。いのちに関わるほど深刻だった娘の拒食症との闘いを書いたのである。家庭の秘密を注意深く守っていた母親のことを考えて、ビュークナーは父親の自死のことを何十年も直接書かずにいた。けれども、彼の小説には自死の場面がつきまとう。母親はそうした場面の一つに激昂し、何日も口をきかなかった。やがてビュークナーは決断した。母親が夫の話をしてはいけないのと同じくらい、彼には父親の話を語る権利があるのだ、と。そして、彼の回想は家族の悲劇を徹底的に探り出した。ビュークナー自身がこれほど長く書くことを恐れていた記事が出たとき、母親はどうしたか。記事を読まなかったのだ――フレッドは拍子抜けした。

「ニューヨーカー」誌に寄稿しているジャネット・マルコムは、作家はまず栄養を与え、支える母親のようにふるまうのではないかと言う。私たちはある人の最も深い秘密をうまく聞き出す。共感をもってうなずき、より詳しい話を優しく聞き出すのだ。私たちはほのめかす。「私を信用してくださって大丈夫です。何でも話してください。」だが執筆の段階に入ると、権威をふりかざし、感情に流されない父親に役割を変える。判断をくだし、素材を選び出し、ついにはテーマをもつ作品を作り上げる。そのプロセスは否応なく歪み、しばしば人を傷つける。

フレデリック・ビュークナーについて書くと決めたときに、私も自分が優しい母親から厳しい父親へと役割を転換させたように感じた。二十年を超える友情を育み、手紙をやりとりし、ときどき電話で話し、旅の予定が一致すれば会っていた。突然、私は友情から抜け出して彼を作家として評価し始め、テーマやパターンを探してその人生をまさぐった。彼を「客観視」し、当然ながらビュークナーは私の判断のいくつかに異を唱えた。友情は続いたが、この経験は作家が行使する不当な力を思い出させた。

私たち作家は、どうしてそれを行うのだろう。「多くの書物を書くのはきりがない」（伝道者一二・一二）と、三千年ほど前に伝道者の書の師はため息をついた。そして、今年だけでも五万冊の新刊書が出る予定だ。それでも私たちは書き続ける。慰めばかりでなく、害をもたらすかもしれない言葉をさらに大量に作り出す。そうするのは、自分をこの星のだれとも異なるものとしている生きた見解以外に提供するものがないからだ。自分の物語を、だれかに語らずにはいられないのである。

一九八五年に墜落した日航機の乗客、二〇〇〇年に沈没したロシアの潜水艦乗組員、絶滅収容所のユダヤ人の囚人、ソビエトの強制労働収容所の囚人など、死にゆく人々はあたかも本能的に、自分の人生の何かを後世のために記録しようとするかのように書く。我々ものを書くことを生業としている者たちは、毎日その本能を育んでいる。私たちは自分の見解の管理者であること、そして、その見解を表現する言葉のもつ不思議な力の管理者であることを求められている。

作家はみな、ある種の羞恥心を克服しなければならない。読者に自分を押しつけるのは傲慢だと思う恐怖と、自分の言葉に読者が時間を割くだけの価値があると考えるのはうぬぼれだと思う恐怖を、心から追い出さなければならない。私が言わなければならないことを、なぜあなたが気にかけるべきなのか。何の権利があって、私はあなたに自分を押しつけるのか。別の状況で、シモーヌ・ヴェイユが答えのようなものを表現している。「私には、神が私を愛する必要性がわかりません。はっきり思います。人間の場合でも、私への愛情など過ちにすぎない、と。でも、私はたやすく想像できます。私がいる場所からだけ見える、創造物の見方を神が愛していることを。」それがどんな作家も、とりわけ信仰について書く作家の提供できるすべてである。創造物の独創的な見方、私のいる地点だけから見える見解だ。

私の書くものはすべて、自分が育った崩壊した家庭、南部の原理主義的な環境での成育歴、迷いながらの信仰の旅を特徴としている――本書に登場する作家はみな、世界を独創的な目で見ている。私たちはほかのだれでもない、自分の経験について情熱をもって書くことができるだけである。私は、読者が私の経験の特別なところに反応するのでなく、むしろそれを読んで読者たち自身が思い起こすものに反応していると思っている。言葉は、私が書いたときに私の中に働いたのとは異なる影響を、読者たちにもたらす。私が原理主義について書けば、読者は厳格なローマ・カトリックについての話やプリマス・ブレズレン〔訳注＝イギリスで創設された、保守的、福音的なグループ〕での成育歴の話をして反応する。どういうわけか、私が教会や家族や自らの信仰に向かうおずおずした足取りについて書くものが、読者の心の琴線に触れる。何かを引き起こすのだ。

私とフレデリック・ビュークナーの境遇には、表面上ほとんど共通点が見られない。彼は上流階級の出身で、父親を自死で亡くし、冬はバミューダに避寒し、私立学校に通い、小説家として瞬く間に成功をおさめ、ニューイングランド郊外の森の屋敷に引っ越した。しかし彼には、自分の人生を描きながら、私の人生も描いているように思わせる力がある。

そんなビュークナーにも、やがて執筆に変化を迫られるときがやって来た。内省はもう十分だった。自分のように欠点があり、罪を犯しがちな現代人はもうたくさんだ。次に書くものを考えもせず、歴史上の聖人、真の神聖な人物に会えるかもしれないという思いで、『ペンギン　聖人事典』を手に取った。そこで見つけたのが、一一世紀のイギリスの聖人で、はじめて知るゴドリックという人物だった。驚いたことにゴドリックは、ビュークナーの作品に出てくる、変わり者で下品な登場人物レオ・ベッブにほかならなかった。そう、聖なる男であり、宣教師、飼っている二匹の蛇で体を痛めつける苦行者、おそらくイングランド初の偉大な抒情詩人になった粗暴な男だった。しかし、実の姉妹をベッドに連れ込み、生涯、情欲とも闘い、ビュークナーが後に言うように「腰の中でわけのわからないことをまくしたてている猿」でもあった。

この本を読み終えたとき、ビュークナーは聖人の新しい定義をつかんでいた。新しいかたちで他者に息を吹き込む「いのちを与える人」、たとえ自身は汚物に膝まで浸かっていたとしても、その人生を通して神の力と栄光が明らかにされる、ふつうの人間。もちろん、その定義はだれにでも当てはまる可能性がある——だからこそビュークナーは、ありふれたものに目を向けよ、人生に耳を澄ませよ、最も意外な場所に神を捜し求めよ、そこに神が見いだされる見込みが高いからだと促している。

ビュークナーは、一六世紀アイルランドの聖人で、「聖ブレンダンの航海」として知られる人物に出会い、彼のことも本に書いた。「彼を描写するなら、私と同様にやつれた男だった。赤毛で、おどおどしていて、早口で、奇跡を行う類の自由な男だった。」そして後に、聖書の登場人物ヤコブのことも書いた（『笑う者の息子』）。ヤコブは神にレスリング試合を挑んだ策謀家で、翌朝新しい名前を与えられる。神がご自身の選ばれた人々を、一晩中取っ組み合った男の子孫として「イスラエル」、すなわち「レスラーの子ども」としたのは偶然だろうか。

ビュークナーは、神聖さで有名な聖人たちも、自分がフィクションで作り出した人物とそれほど変わらないし、周囲の生身の人間や自分自身ともそれほど変わらないことに気がついた。自分の過去と現在を振り返りながら、恵みを求めて掘り進め、回想録が生まれ続けた。

クリスチャンになるということが、いわば霊の美容整形のように一度だけ起きた出来事だと言うなら、私は「それは間違っている」と言う。あなたは自分をだましているか、私をだまそうとしているか、どちらかだ。毎朝ベッドで目を覚まし、自問するべきだ。「今日も福音を信じられるだろうか。」いや、「ニューヨーク・タイムズ」を読むまでその質問を待つほうがよい。世界が壊れていること、そして腐敗していることを伝える日々の記事を凝視するまでは。そのような現実が、常にあなたの聖書の隣にあるはずだ。それから自問しなさい、そのような日にも、イエス・キリストの福音を信じられるか、と。答えが常に「はい」なら、信じることが何を意味するか、理解していないだろう。十回のうち五回は「いいえ」と答えるはずだ。「いいえ」は、「はい」と同じくらい重要だから、いや、たぶんもっと重要だから。そして疑うなら、「いいえ」という答えは、あなたが人間であることを証明する。それからいつか、たまたまその朝、「はい」と答えたら、それは告白と涙と……大笑いでむせるはずだ。

（『アンセル・ギブズの帰郷』〔*The Return Of Ansel Gibbs*〕）

バーモントの田舎に引っ越して三十年が過ぎ、フレッド・ビュークナーは落ち着いて執筆活動に勤しんでいた。屋敷の管理を任された妻は、戸外でさまざまなものを育て始めた。花、馬、鶏、〝大型冷蔵庫ほど大きく育った〟豚、家族が食べる分だけでなく鹿の餌にもなるほどの広い野菜畑。家族のためにビュークナーは、主として本を集めた。「人間と違って本はいつも同じ仕方で同じ話を語り、必要な時はいつもそこにあり、必要なくなればいつでも脇に追いやればよい。」彼は納屋の一部を書庫に作り変え、本をたくさん保管した。奥行きのある納屋で、本の創作のために引きこもる作家の避難場所であり続けた。

結局、ビュークナーは自宅の裏手に書斎を増築する。池を見晴らす、明るく風通しのよい部屋で、不揃いの石の塀、樺の木立、谷、千二百ヘクタールに広がる広葉樹。彼は言う。「ここを『魔法の国』と呼んでいる。」当然だろう。ここに置かれているのはビュークナーが集めた貴重な書物で、多くがオイルドレザーと金箔で装丁し直されている。ジョン・ダンの説教集やフォックスの『殉教者の書』の初版、ディケンズの『クリスマス・キャロル』の原本、ベン・ジョンソン、ジョセフ・コンラッド、F・スコット・フィッツジェラルド、オスカー・ワイルドの本。さまざまな言語の多くの初版本を収めるだけで棚が数段必要で、ビュークナーの愛蔵するオズ・コレクションに入っている。窓際の棚には、お気に入りの風変わりなものが置かれている。万華鏡、空中に「吊られている」一組の磁石、ドロシーのルビーのスリッパ、ハンプティ・ダンプティの模型、ガーゴイルの彫像。

この部屋で暖炉のそばの革張りの椅子に座り、オットマンに足を載せて無地のノートにフェルトペンで執筆する。彼は言う。「作家の人生をビデオ撮影したら、どうしようもなく退屈なものになるだろうね。ぼくはこの椅子に座って、ノートに何か書いている。きみが見るのはそれだけだ。ぼくは自分の中に潜り込んでいる。言うまでもなく、夢や直感が生まれ出る場所に。そこは神聖な場所だ。でも傍《はた》から見れば、ぼくは大したことをしていない。」

ビュークナーの書斎から、よその家は一軒も目に入らない。見えない講壇にもたれかかり、見えない聴衆に向かって語りかける。ビュークナーの労働の成果も、ほとんどが隠れたままである。彼の本は何千冊も売れているが、ごく一部の読者の感想しか耳に入らない。彼の本のおかげで信仰が救われましたとか、真のクリスチャン作家らしく見える人はあなたがはじめてです、と言う人々もいる。私もその場にいたのだが、あるときホィートン大学で、悩みを抱えた若い学生が広いホールで立ち上がり、マイクに向かってこう言った。「ビュークナーさん。あなたの小説は、キリストの十字架以上にぼくにとって重要な意味があります。」ビュークナーは狼狽した――そんな言葉にだれが返答できるだろう。おそらくその学生は、ビュークナーの小説が、それまでに聞いていた、とりわけ教会で聞いていた真理よりも心に突き刺さるかたちで真理を表現していた、と言いたかったのだろう。冬の休日の後でバーモントに戻ると、ビュークナーの留守番電話にこんなメッセージが入っていた。「あなたは私を知りませんが、私はあなたのファンです。過去六週間に二度自死を考えましたが、実行しなかったのはあなたの本のおかげです。これだけ伝えたかったのです。」ビュークナーの家族の歴史を考えると、そのメッセージは、矢で射ぬかれたような衝撃をもたらした。彼は言った。その言葉を聞いたことは「私にとって、ノーベル賞を手にするよりはるかに意味があった」。

こうしたさまざまの反響があるため、ビュークナーは自らが担うべき牧会者の役割を軽視しない。自身のフィクションの「芸術性」を高尚なもの、ノンフィクションをどこか価値の低いものとして捨て去ることはしない。彼にとって書くことは、神に仕えることなのだ。代理の、間接的な、仲介するものではあろうが、奉仕であることに変わりはない。「私はそのような反応に対して、首を垂れてよくこう言っていました。『神さま、あなたがせめて、ありのままの私をご存じでいてくれたら。』今の私なら、人々にこんなふうに言うでしょう。『ええ、私はばかで偽善者で変人ですが、あわれみ深い神さまは私を選んでご自分を現したのです。』私たちはこの宝を土の器の中にもっている。……私の宝は、無秩序で出来の悪い働きですが、神のよしとされるものでありますように。」

読者からのこうした数少ないメッセージを別にすると、ビュークナーは、自身の助けている人々とほとんど接触を断っている。彼は近くに満足できる教会を見つけていない。ビュークナーは言う。「大半の牧師が自分たちの深みからよりも、浅いところから説教していた。そんな説教を聞きに行くことはほとんどないし、行ったところで自分の否定的な反応に罪悪感をもつのがせいぜいだ。非常に多くの教会が私に思い出させるのは、崩壊した家庭、大きすぎる孤独と埋もれた痛み、権威的な人物による支配だ。ホィートン大学のそばで通っていた素晴らしい聖公会の教会以外に、真実私を牧会してくれた教会はない。アラノン家族グループ〔訳注＝アルコール依存症患者の家族の会〕の支援グループが、私の理想とする教会にいちばん近い。」

こうした理由で、ビュークナーはほとんどの信仰の闘いをひとりで闘っている。彼のそばには、クリスチャンの友人のコミュニティーがない。他の人々が称賛する信仰の作家、キャスリーン・ノリス、ヘンリ・ナウエン、トマス・マートンにも、ほとんど心が動かされない。彼は霊の栄養を、ジョン・ダン、ジョージ・ハーバート、ジェラルド・マンリ・ホプキンズのような詩人たちに見いだし、芸術的直観の源としてはグレアム・グリーン、ウィリアム・マクスウェル、フラナリー・オコナーといった作家たちを頼ることが多い。彼はいよいよ憂鬱と闘っている。

ビュークナーは言う。「七十歳の誕生日を迎え、はじめて心から感動した。四十歳、五十歳、六十歳の誕生日はあっという間に過ぎ去った。だが今年の誕生日は、暗く悲しく老人を感じさせた。大親友の詩人ジェームズ・メリルが亡くなった。五十五年におよぶ付き合いだった。私たちはある夏、最初の本をメイン州でいっしょに出したんだ。でも、私は自分の陰のある部分から書きたくはない。まだ若くて喜びにあふれている部分から書きたい。シェークスピアが老齢になって書いた美しいおとぎ話の戯曲を思う。『冬物語』『テンペスト』。レンブラントの金色の光に包まれた最後の自画像を思う。

マグダラのマリアに基づく小説の企画は、そのせいでひどく憂鬱になったので、あきらめた。するとある日、恵みの奇跡が起きた。私はトビト記を読んでいた。犬と旅と魚についてのヘブル人のおとぎ話で、魔法がたくさん出てくる話だ。喜びがあふれた。その夜、あるいは翌朝の四時四十五分ぐらいだったかもしれないが、私はベッドから起きてトビトとその息子トビアスの物語の書き直しを始めた。書いていて、これほど楽しいことはなかった。その一か月と二日後に書き終えた。それが、『大天使と共に』(*On the Road with the Archangel*) という作品だ。

時おり、本はそんなふうに出来上がる恵みの贈り物である。掘り抜き井戸のように、それ自身の力の下で流れるに任せればいい。少なくとも作家のきみにとって、本にはきみを驚嘆させるようないのちがある。そうなると、あたかもこの本が自分の手のひらの中で集められているように感じる。それはそこにあって、私はそれを手に載せている。もちろん、きみは一生懸命言葉を磨こうと努めなければならないが、それにいのちをもたらそうとする必要はない。最初に贈り物がやって来る。仕事は、それから始まるのだ。」

＊　＊

ビュークナーの霊の旅の記録は、アニー・ディラードのそれのように、東部の上流階級と保守的なクリスチャンという二つに分裂した世界の両方から読者を惹きつける、たぐいまれなる偉業を達成した。彼の作品はフィクションとノンフィクションにきれいに分かれる（それぞれ十五冊ずつ）。ビュークナーは、この二つのジャンルはおおむね対照的な読者に当てはまると言う。フィクションは宗教を見下す文化人に語りかけ、ノンフィクションの主な読者は、より明白に、すでに信仰をもって生きている人々なのだ。

この二つの世界にまたがる成功は代償を伴った。ビュークナーのキャリアの中心にあるあいまいさだ。「私は世俗的な読者にはあまりにも宗教的、宗教的な読者にはあまりにも世俗的だ」とビュークナーは嘆く。世俗の書評家たちは、彼が按手礼を受けた長老派の牧師であることを特筆し、偏見をもって作品を見ることがある。ビュークナーは、按手礼を受けようとしたことが、物書きとして歩むうえで最も愚かな行動だったかもしれないと認めている。「世界にはたくさんの人々がいる——その多くが、残念ながら書評家だ。牧師が小説を書いたと聞けば、読む前からどんな小説かわかる気がするのだ。それは、登場人物と会話の形で描かれている説教であり、その人生観は偏り、単純化され、考えが甘い。そのすべてが、ある種の説教の重要点を記録するという中心的な仕事の下に置かれていると思うのだ。私はそのようなことは決してやらない。とにかくそれは違っている。」

他方、保守的なクリスチャンの読者は、なぜビュークナーの小説にはキリスト教のメッセージがあれほど微かなままなのか、そしてなぜ性生活を営み、困ったことに罪を好むほどに人間的な登場人物を描くべきだと、ビュークナーが主張するのか不思議に思っている。ビュークナーは答えた。「私は弱さをもつ人々を描いています。自分を含め、今までそうした人々にしか出会わなかったからです」と。

作家も農夫や漁師のように、自分の仕事の失望する面をくよくよ考えがちだ。ビュークナーの本は、たとえばスコット・ペックやトマス・モアほど売れていない。彼は、訪れた大型書店に三十何冊かある自著が一冊も置かれていないと、たちまちふさぎ込む。「ニューヨーク・タイムズ」の中で書評者が、ビュークナーを「伝道者だと思い、その作品を読まなかったという過ちをおかした」と書いていれば、うろたえる。そして、なぜ『ゴドリック』に近親相姦の場面を入れる必要があったのですかとか、なぜその聖人を小説ではべッブという露出症の人間にとして描いたのですかと尋ねる神学生たちの手紙に返事を書くことに疲れている。さらにビュークナーは、しばしば貼られる「クリスチャン作家」というレッテルにも抵抗している。物理学者が小説を書いたとしても、レッテルを貼る必要はない。もちろん、著者の見方が小説にあふれているだろうし、その内容は物理学の分野に触れて当然だが、だからといって「物理学小説」になるわけではなく、女性の書いた小説がかならずしも「女流小説」になるわけではないのと同じである。

しかし、自身が認める以上に、ビュークナーは実際に二つの世界を同時に描くことに成功してきた。詩人（故人）ジェームズ・メリルとその教え子だったジョン・アーヴィング（『オーエンのために祈りを』〔中野圭二訳、新潮社〕の序文で、ビュークナーに謝意を表している）のような文学の巨匠たちと親しい友情を維持してきた。ニューヨーク公共図書館で朗読会を行っている。彼の小説『ゴドリック』は、ピューリッツァー賞の候補にあがった。そして、フレデリック・ビュークナーと保守的なクリスチャンたちは、非常に親しかった。キリスト教系大学はその小説を戯曲にして、ビュークナーを招待して朗読会をしている。牧師たちは講壇から彼の言葉を引用し、駆け出しの作家たちはその散文スタイルを研究している。実際、私は、ビュークナーは影響力のあるクリスチャンの中で最も引用されている現代作家ではないかと感じている。その作品への評価は高まっている――「ニューヨーク・タイムズ」ばかりでなく、キリスト教界の雑誌の書評で等しく称賛されている作家がほかにいるだろうか。

同じ分野で労している私たちも、紙の上で言葉をこねくりまわして生計を立てているが、ビュークナーは、信仰を表明する形の執筆という生きたモデルを提供している。私の本棚には、クリスチャンの書いた本がたくさん置かれている。それらのほとんどが、残念ながら、書き手と同じ信仰をすでに強くもっている人の心にしか訴えない。信仰をもつ人々は、自然の中で、聖書で、日々の神の導きの中で、いたるところで神につまずく。神は、十分はっきりした存在であるかのように見える。しかし、世俗的な心にはそのような証拠は見えない。そして、矛盾した要求という迷路の中で神を見つけることなど、なぜできるのかと不思議に思う。その観点を真に理解しなければ、そして信仰をもたない人に理解できる言葉で語らなければ、私たちの言葉は、外国語のような風変わりで無用の音色を響かせてしまうだろう。

ビュークナーから学んだのは、語りすぎるよりも、語りすぎないことの利点である。『心の目』にこう書かれている。

私たちは心の目で、神が私たちに呼びかけて知らせた大いなる希望を見たが、いくらかの羞恥心や自信のなさから、めったにそれについて語らない。私は本の中で、その希望について大部分は遠回しに、ためらいがちに、あいまいに書く傾向がある。そんな希望は、ただの希望的観測だと思う読者に聞いてもらえないのではないか、読者の信じやすい性質につけこむことになりはしないかと恐れるからだ。大げさに述べていないかと恐れて、特にノンフィクション作品では控えめに述べる傾向があった。それが自分のいちばん触れたい人々に触れる、より戦略的な方法に思えたからだ。その人々は、多かれ少なかれ、宗教に見向きもしない人々だ。

キリスト教文学はたいていてい合理化の匂いを放っている。著者は、揺らぎようのない結論から始めた後、その結論を支えるであろう論理の道筋を進む。私が憂鬱、疑い、自死、苦しみ、同性愛について読んだものの多くが、それらと格闘した人なら知っている苦しい段階を、経験したことがない人々の手で書かれているようだ。そのような長い旅を実際に生き抜いてきた人にとって、それほど味気ない解決はないだろう。

自分の信仰について包み隠さず書き始めたとき、私は一つだけ提供できるものがあると結論した。正直であることだ。私は教会の宣伝文句《プロパガンダ》を嫌というほど聞きながら育った。私は布教者ではなく、信仰の旅人の立場にこだわっている。神と歩む人生を、そうなるはずだと仮定して描くのではなく、実際のとおりに描くのだ。だれもが賛同するわけではない。ある出版社から、本のタイトルを『神に失望したとき』から、もっと朗らかなもの、たとえば『神への失望を克服する』に変更してほしいと言われたことがあった。考えてみたが、タイトルは変更しなかった。私はだれよりも失望している人々に語りかけたかったからだ。

ビュークナーを発見するまで、信仰について書いても、何の役にも立たないのではないかと思いかけていた。そのときの私には、クリスチャンは主にうなずいて同意するために本を読んでいるように見えた。「そうそう、そのとおり。」けれども、偉大な文学は私たちに立ち止まって考えさせるものだ。「そんなふうに考えたことはなかった。」ビュークナーにとって、信仰は発見の行為であり、高いところから与えられる正論ではなかった。彼は私に速度を落とし、注意を払うように仕向けた。まずは言葉に、それからその背後にある考えに。ビュークナーは人生を、自らの要点を描くものとして用いなかった。むしろ、人生についてすでに描写していたものの意味を明らかにしようとした。ウィリアム・ジェームズが『宗教的経験の諸相』(邦訳・岩波書店、一九六九年)に書いたように、「真理とは、形而上的そして宗教的領域において、はっきりした理由が私たちにとって説得力をもつのは、現実性に対する私たちのはっきりしない感情がすでに、同じ結論に好意的な印象を刻まれたときだけである」。

現実に対する読者の言葉にならない感情に語りかけることは、作家にとって最大の挑戦だ。私たち作家は奇妙な生活をしている。感覚にあまり刺激を受けず、小さな部屋に座って、目の前にある言葉について考えを巡らしている。実際、私たちは時間とも物質とも接触を断った状態で、言葉の中に見せかけの時間と物質性を作り出している。執筆は何よりも人の代わりに行うことである。私はスキーをしないでスキーについて、食べていない状態で食べることについて、愛していないのに愛について、礼拝していないときに礼拝について書いている。

私は、はじめて読んだビュークナーの『真実を語ること』から希望をもらった。書くという行為は代理という性質をもつが、それでも真理は語られ得るという希望をもらったのだ。紙の上で言葉を並べたり、並び替えたりする退屈なプロセス――恵みのアルファベット――も、化学反応を起こす触媒のように、読者に驚くほど新しい現実性を作り出せる。ビュークナー自身のペンを通して、聖書にあるホセアとゴメルの古い話が、まず不貞の妻をもった、だまされやすい男の興味深い物語になり、それから神の恵みの忘れがたいたとえ話になる。レオ・ベッブという奇怪で度し難い登場人物が、神は裏切り者や背教者を通して働くことができること、そしてある意味では、裏切り者や背教者を通してのみ働かれることを思い出させる。作家のあまりにも退屈な生活を見つめるビュークナーの内省的なまなざしは、退屈が、測り知れない神秘を覆う仮面のようであることを明らかにしている。彼の人生に注意深く目を向けながら、私は自分自身の人生にも注意を向けている――代理という行為が実現されたのだ。

第12章　裏切り者の居場所

遠藤周作

一九七〇年以降に生まれた人たちに、冷戦の緊張が頂点に達した時代に思春期を送った者たちの当時の恐怖が想像できるだろうか。私たちは理科の授業で、核シェルターを作った。裏庭に深い穴を掘り、お気に入りの漫画やお菓子を入れた。核戦争の影響を伝える凄まじい効果音入りの教育映画を見た。それから、少しでも死の灰を浴びずにすむよう、机の下に潜り込む「しゃがんでもぐる！」動作を学んだ。私は、キューバから攻撃の射程に入るジョージア州アトランタに住んでいた。ミサイル危機が収束するまで、学校はいつも「しゃがんでもぐる」練習から始まった。

兄と私は、共産主義者が敵にどれほど残酷な拷問を加えたか、報道記事を読み合った。指や足の爪をはがす。爪と指のあいだに鋭く割いた竹を突き刺す。人を縛り、精神が崩壊するまで頭に水滴をゆっくり落とし続ける。裸にした体にクモやネズミや毒蛇を放つ。指を一本ずつ切り落とす。生き埋めにする。占拠した町の住民を並ばせて手を調べ、まめができていれば労働者階級とみなされ、殺されないかもしれない。ロシア語や中国語が話せる人間も殺されないかもしれない。話せなかったら、何日も拷問を受けて殺されてしまうだろう。

私たち兄弟は、絶対に生き残るための対策を考えた。敵に見つかりそうもない隠れ場所を近くの森に探した。南北戦争のとき、そんなふうに何か月も身を隠してシャーマン将軍の虐殺を逃れた南部人がいなかっただろうか。私たちは手に切り傷やまめを作ろうと、素手で落ち葉を乱暴にかき集めた。それでもまだ安心できなかったので、共産主義者たちの言語を学ぶことにした。兄はロシア語講座を、私は中国語講座を取った。どちらの陣営から敵が来ても、「殺さないでくれ」と懇願するチャンスだけは得られるだろう（中国語の教師は、毛沢東主席の恐怖政治から亡命した上流階級出の人だった。彼の話を聞くと、恐怖はつのるばかりだった）。

教会は、スターリンや毛沢東がクリスチャンに行った身の毛もよだつ話をして、恐怖をさらに増大させた。兵士が礼拝に侵入し、信者を整列させてキリストを否定しろと迫るだろう。言われたとおり否定すれば、すぐにほうびや食べ物が与えられる。拒めば殺される。恐怖におののく会衆の目の前で、残忍な方法で時間をかけて殺されるだろう。

牧師は強い口調で尋ねた。「あなたがたは何と言いますか。信仰に堅く立ちますか。それとも、あなたがたのために亡くなったお方を裏切るのですか。」信仰者にとって考えるのも恐ろしい質問だったが、自分の信仰を疑い悩む十四歳には、それほど恐ろしくもなかった。私は漢字の書き方を練習し、人生がそこにかかっているかのように木の葉をかき集めた。本当に人生がかかっていると思っていたからだ（今日の牧師も、十代の少年少女に同じ質問をしている。コロンバイン高校でいのちを奪われたキャシー・バーナルを勇気ある信仰の手本として掲げている。敵の脅威は今や海外でなく、内部からやって来る）。

＊　＊

後年、大人になって中国語もすっかり忘れ、そして核戦争の脅威が去ってから、私は数世紀前に起きた同様の迫害の歴史に遭遇した。歴史のある時点で、日本はアジアで最も実り豊かな宣教地に見えた。イエズス会最初の七人の修道士の一人であったフランシスコ・ザビエルは、一五四九年に日本に上陸し、二年をかけて教会を建てた。一世紀経つと、キリシタンの数は三十万人に膨れ上がった。ザビエルは日本を「わが心の喜び……キリスト教に最もふさわしいオリエントの国」と呼んだ。

しかし、一六世紀が終わるころ、時の支配者はキリシタン内部の分裂を見て外国人への猜疑心をつのらせ、政策の変更に転じる。イエズス会修道士を追放し、すべてのキリシタンに信仰を棄てるよう要求した。やがて二十六人のキリシタンが十字架につけられ、キリシタン殉教の時代が幕を開ける。

そして、聖母と幼子の絵か、イエスが描かれている銅板で、小さな木枠にはめられている踏み絵が、信仰の最大の試練になった。踏むことに同意すれば、棄教したとみなされ解放された。幕府は、踏むのを拒否した人々を捕らえて殺害した。教会史上、最も成功した殲滅の試みだ。海の中に打ちつけた杭に縛りつけられ、高い波がやって来るたびにじわりじわりと溺れていった人々もいれば、体を縛られ、いかだから海に投げ出された人々もいた。煮えたぎる湯に放り込まれて大火傷した人々や、死体や汚物のあふれる穴にさかさまに吊るされた人々もいた。私は、テルトゥリアヌスの大義を推し進めた殉教者たちの感動的な話を聞いて育った。テルトゥリアヌスはこう言った。「殉教者の血は教会の種である。」しかし、日本ではそうでなかったのだ。殉教者たちの血は、教会の壊滅をほぼ意味したのだ。

教会は壊滅しかけたが、全滅には至らなかった。一九世紀後期、日本が渡来した西洋人の要請に応え、ようやく長崎にカトリック教会を認可したとき、司祭たちは、次々に丘を駆け下りてくるキリシタンを見て驚いた。彼らは二百四十年間も、秘密に集会をしてきた〝隠れキリシタン〟だった。しかし、聖書も典礼の本もなしに行われた礼拝は、犠牲も伴った。彼らの信仰は、カトリシズム、仏教、アニミズム、神道の奇妙な混合物として生き残ったのである。長年にわたり、ミサで使われるラテン語の言葉は、一種のピジン言語（異なる言語間で意思疎通のために使われた単純化された言語）になっていた。Ave maria gratia plena dominus tecum benedicta（おめでとう、マリア、恩寵に満ちた方、主はあなたとともにおられる。祝福された方）は、Ame karassa binno domisu terikobintsu になり、だれもその意味がわからなかった。信者たちは「納戸神《なんどがみ》」を祀っていた。キリストのメダルや彫刻に布を何重にも巻きつけ、仏壇と見せかけた物入れに隠していた（今でも三万人ほどの〝隠れキリシタン〟が礼拝していて、八十の家の教会が「納戸神」の伝統を継承している。ローマ・カトリックは彼らを歓迎し、信仰の主流に戻そうとしたが、〝隠れキリシタン〟側は拒否している。教皇ヨハネ・パウロ二世の訪問を受けた後で、指導者の一人は言った。「私たちは教皇の教会に加わることに興味はありません。」「他のだれでもない、私たちが本物のキリスト教徒なのです」）。

歴史のはなはだしい皮肉だが、二つ目の原爆は、日本最大のキリシタン・コミュニティーの真上で爆発し、長崎の大聖堂を破壊した。当初狙っていた福岡県小倉市が煙で覆われていたため、爆撃機の乗員はやむなく二つ目の標的を目指したのだった。再建された長崎の資料館には、キリシタンが殉教した時代の遺物が展示されていて、日本のキリスト教史をたどることができる。

一九五〇年代、私が核による大虐殺の恐怖の中で少年時代を送っていたまさにその時期に、遠藤周作という若い作家が、その宿命を実際に体験した長崎の資料館を足しげく訪れていた。殉教者たちの物語に惹きつけられた遠藤は、あるガラスケースを見つめていた。そこには、一七世紀に使われていた本物の踏み絵が展示されていた。銅板に刻まれたイエスの肖像画は、黒いしみで汚れ、摩耗し、イエスを抱く聖母の姿はほとんど消えていた。それは、人間のつま先のせいだった。何千人ものキリシタンが、この絵を踏んだからなのだった。

遠藤は、その踏み絵を忘れることができなかった。自分なら踏んだだろうかと考えた。棄教した人々はどんな気持ちだったのか。どのような人々だったのだろう。カトリックの歴史が記録しているのは勇敢な誉れ高い殉教者だけで、信仰を棄てた卑怯者たちの記録はなかった。棄教者は二度罰せられた。拷問を受けたときの神の沈黙によって。それから、歴史の沈黙によって。遠藤は、棄教者たちの話を語ろうと心に誓う。そして、『沈黙』や『侍』などの小説を通して、その誓いを果たしたのである。

私は遠藤周作を発見するなり、自分と相通ずるものを感じた。彼も、私を若いころあれほど悩ませた恐怖と、自分への猜疑心にとりつかれて少年時代を送っていたからだ。大勢のキリシタンが殉教した地獄の谷に立って、そのような苦痛を受けるくらいなら自分も信仰を否定しただろうと遠藤は思った。

＊　＊

遠藤はその後も考え続けた。そして、資料館の展示にあれほど強く惹きつけられた理由を理解する。一七世紀のキリシタンの話から、二〇世紀の自分の人生が心かき乱されるほど思い出させられたのだ。幕府の怒りに直面したことはなかったが、子どものころから自分の信仰に疑いをもち続けていた。表面上はクリスチャンだったが、表面下ではどうだったか。

遠藤は、十歳のとき母親と満州から引き揚げた。不幸な結婚生活から逃げ出した母親は、当時の日本ではまれだった離婚の痛みと社会からの拒絶に苦しんだ。やがて、妹の敬虔な信仰に慰めを見いだし、カトリックに改宗する。毎朝のミサに母親は忠実に出席した。そんな母親を喜ばせたくて周作も洗礼を受けた。しかし、それは本心だっただろうか。実際は〝隠れキリシタン〟の逆で、密かにキリストを裏切りながら、外側の生活をやり過ごしてきたクリスチャンではなかったか。

「私は意に反してカトリックになった」と後に言い切っている。自分の信仰を見合いにたとえ、母親に選ばれた妻と無理やり結ばされたようなものだと考えた。その妻と別れようとした――マルキシズムを理由に、無信仰を理由に。一時は自死まで考えた。しかし、絶縁しようとする試みはいつも失敗に終わった。この見合い結婚をした妻と暮らすことはできなかったが、彼女なしに生きることもできなかった。一方、彼女は遠藤を愛し続け、驚いたことに、最終的に彼も彼女を愛するようになっていった。

私は遠藤と異なる境遇で生きてきたが、手探りで信仰を探そうとするその姿に、私自身との奇妙な共通性を認めた。私は高校時代に原理主義の教会に通っていた。今考えてみると、カルトに近い教会だったと思う。私は祈り、講壇からの呼びかけに進み出て証しをしたが、心の中の疑いを消すことはできなかった。私は心から信じていたのだろうか、それとも、単に周りの人々の行動を真似していただけなのか。教会で期待される人間を巧みに演じるようになったが、それによって拒絶されたり恥ずかしい思いをしたりすることになった。

思い起こすと、今でも顔が赤くなるほど恥ずかしい場面がある。高校のスピーチの授業で、クラスで鑑賞する予定のローレンス・オリビエ主演の映画『オセロ』を、自分が見に行けない理由（「この世的」すぎる）を説明しようとしたこと。宗教上の理由（やはりこの世的すぎる）で、体育の授業で行われるスクエアダンスのレッスンを休みたいと、にらみつける先生に許可を求めたこと。信仰について質問される場合に備えて、教科書のいちばん上に、分厚い赤い聖書を置いていたこと。「ユース・フォー・クライスト・バイブルクラブ」と大きく書かれた、けばけばしい紅白のバス——中にピアノがあった——に乗り、嘲笑われながら、のろのろと駐車場を回っていたこと。生物の教師が授業中、冷やかすように、私の二十ページのレポートが、チャールズ・ダーウィンの五百九十二ページにおよぶ『種の起源』を論破できなかった理由を説明したこと。私の思春期は、恥、疎外感、劣等感で彩られていた。私も遠藤のように、除け者のような思いをもちながら大人になったのである。

後に、教会から真理ばかりでなく、嘘も教えられていたことを知ったとき、私は迷い、家を失い、社会から取り残されたように感じた。何のためにプライドを犠牲にして、殉教者の苦難に備えていたのだろう。人種差別主義、知識人に反対する、社会に相反する宗教なのだろうか。遠藤は自身の信仰の旅を、ぶかぶかの洋服を着せられてもがく少年にもなぞらえている。彼は、体に合う服や着物を探し求めている。遠藤は言った。母親に着せられた洋服を、いつも「自分に合わせる和服にしようと思ったのである」と。私もまた別の服を試着したが、子どものころに着せられたキリスト教の服に代わるものを見つけることはできなかった。

遠藤の生涯は、彼の小説の筋書きに似ている。遠藤は外国人として、軽蔑された占領者として、満州で子ども時代を過ごした。クリスチャンが人口の一パーセントに満たない日本に戻ると、再び異邦人の苦しみを味わった。西洋の宗教と関わっているからと、同級生たちにいじめられた。第二次世界大戦が始まると、この疎外感はいっそう強まった。遠藤は常に西洋を霊の故郷と思っていたが、その西洋人が日本各地を破壊しようとしていたからだ。

戦後、彼はフランソワ・モーリヤックやジョルジュ・ベルナノスといったフランスのカトリック作家を研究するために渡仏した。しかし、フランスでも歓迎はされなかった。日本人初の交換留学生の一人であり、リヨンで唯一の留学生だったが、今度は宗教でなく人種のせいで拒絶された。連合国は反日プロパガンダの大きな流れを確実に作り出し、遠藤は「日本人」という理由で、仲間のクリスチャンから侮辱の標的になった。「つり目の東洋人」と呼ばれることもあった。遠藤も私と同じように知ったのだった。クリスチャンには、信仰を明らかにする多様な方法があることを。公に信仰を否認する人々もいたし、ほのめかす程度にし、信仰に矛盾する生き方をする人々もいた。

三年間のフランス滞在中、遠藤はうつ状態に陥った。結核にもかかって片肺を切除することになり、何か月も病院のベッドで過ごした。キリスト教のせいで病気になったのだ。そう結論した。故郷で拒絶され、霊の故郷でも拒絶され、遠藤は信仰の深刻な危機を経験していた。

＊　＊

ヨーロッパでの研究生活から日本に戻る前に、遠藤はイエスの生涯を研究するためにパレスチナを訪れ、そこであることに気づく。イエスもまた拒絶を知っていたのだった。それどころか、イエスの生涯は「拒絶そのもの」だった。隣人たちはイエスを町から追い出し、家族は彼の正気を疑い、最も親しかった友人たちは裏切った。そして、同じユダヤ人が犯罪者のいのちと引き換えに、イエスのいのちを差し出した。イエスはその生涯を通して、貧しい人々や拒絶されている人の中で過ごし続けた。ツァラアトに冒された人々に触れ、汚れているとされる人々と食事をし、盗人たちや姦淫を犯した人々、売春婦たちに罪の赦しを与えた。

自らの発見したイエスの姿に、遠藤は衝撃を受け、目を開かれる思いがした。日本という遠く離れた地点から見ていたキリスト教は、勝利するコンスタンティヌス帝の信仰だった。遠藤は、神聖ローマ帝国やきらびやかな十字軍を研究し、ヨーロッパの大聖堂を称賛し、不名誉を感じることなくクリスチャンでいられる国に住むことを夢見ていた。しかし今や、その故郷で聖書を研究して理解した。イエス自身が「不名誉」を避けていなかったことを。西洋文化においてイエスを描いたものの多くは、栄光と皇帝の力というローマのイメージを映し出したものにすぎない。しかし、イエス自身は、預言者イザヤによって描かれた〝苦難のしもべ〟としてやって来た。「彼は蔑まれ、人々からのけ者にされ、悲しみの人で、病を知っていた。人が顔を背けるほど蔑まれ……」（五三・二三）。確かに、ほかでもないこのイエスなら、遠藤自身が経験していた拒絶を理解できるだろう。

はじめてこのイエスに出会ったとき、私もまた目を開かれる思いがしたのである。福音書を研究して気づいたのは、ある数学の形式に還元できそうなほど首尾一貫しているパターンだった。聖くなく、完璧でなく、望ましくない人であるほど、イエスに惹かれていたのである。そして義人であり、自信があり、望ましい人であるほど、イエスに脅威を感じていた。ほとんどの人の想定とは逆である！　福音派のクリスチャンは家族の価値を信じ、「正しい人々」と共に過ごすバランスのとれた真面目な市民という理想を掲げている。イエスがだれといっしょに過ごしたかを考えてみるといい。売春婦、汚れた人、道徳を乱したために追放された人、ローマの百人隊長、五回離婚したサマリアの女性。一方、高潔な市民であり、聖書を研究し、律法に細かく従うパリサイ人や支配階級の指導者層、社会の柱となる者たち。この人たちはみな、イエスを脅威と見た。

福音派の人々が、国民から注目され、政治力を手にしていたころ、私は遠藤を通して逆のイエスを発見した。クリスチャンを表す言葉として、「厳しい道徳観念をもつ人々《モラル・マジョリティー》」よりも、「悔い改めた人々《リペンタント・マジョリティー》」や「赦された人々《フォギヴン・マジョリティー》」のような言葉のほうが正しいかもしれない。そのようなレッテルを貼るなら、良きものはすべて神のおかげと言っていることになる。パウロの言葉で言えば、「だれも神の御前で誇ることがないように」しているのだ（Ⅰコリント一・二九）。ところが、私たちは達者な口先で、イエスが「すべて疲れた人、重荷を負っている人はわたしのもとに来なさい。わたしがあなたがたを休ませてあげます」（マタイ一一・二八）と呼びかけた人々を追い散らしている。私はイエスの招きの中に、成功や優越感を勧める言葉を見つけることができなかった。恵みは水のように、最も低いところに向かって流れてゆく。

キリスト教の西洋に拒絶された日本人男性が、私にこのイエスを紹介しているとは、なんという皮肉だろうと思った。私は、だれよりも拒絶を理解していた苦難のしもべを捜して遠藤周作を読み始めた。原理主義の教会に通う若者だったとき、世俗文化から拒絶され、馬鹿にされた経験が私にはあった。葛藤するクリスチャンだったとき、教会そのものからも拒絶された。彼らはつべこべ言わず従うことを、質問せずに信じることを求めた。いまイエスによって、私は、拒絶に中心を置いたメッセージを語る人と出会った。

イエスは迷える羊や放蕩息子の話や、貧しい人々や病人だけ出席できる奇妙な宴会の話をした。アメリカ奴隷の歌にあるとおりだ。「だれも私の経験した問題を知らない――イエスのほかにだれも。」イエスは、やる気のない弟子たちのことも、裏切り者のことも、そして私のことも歓迎したと信じるようになった。『私の知らなかったイエス』や『この驚くべき恵み』（邦訳・いのちのことば社）などは、イエスのこの新しい面と、神の恵みの大きな不思議を熟考して生まれた作品だった。

遠藤はパレスチナで研究した後、信仰を失うことなく母国に帰ったが、信仰を作り変える必要を、もっと体になじむ服を作る必要を感じていた。「日本で影響力をもつためには、キリスト教は変わらなければならない」と断言した。こうした問題を、出版という形にするために彼は作家になった。痩せた病弱な男であり、分厚い眼鏡をかけ、社会の周辺で生きていた彼は、本に埋もれた作家という生活に容易に入り込んだ。毎年一冊ずつ小説を発表し、そのペースは一九九六年に亡くなるまで、ほとんど落ちることがなかった。

私がはじめて日本を訪れたのは一九九七年だったので、遠藤周作にインタビューする機会をもつことはできなかった。彼の人生の逆説は、今の今まで続いている。日本のキリスト教会は、遠藤を一員として認めていない。重要な教義に疑いをもっていた彼を、他のクリスチャンたちは疑いの目で見た。講義の中で遠藤周作に触れるたび、日本人のクリスチャンが後でやって来て、遠藤周作を持ち出すのは勧められないと真剣に助言をくれた。

だがこれまた皮肉なことに、拒絶と疎外に生涯こだわったことが、遠藤周作に世俗文化での成功と喝采をもたらした。彼は現代の日本で最も有名な作家になり、その作品は二十五の言語に翻訳され、ノーベル文学賞の最終候補にノミネートされた。グレアム・グリーンは遠藤を「現存する最も優れた作家の一人」と呼び、ジョン・アップダイクやアニー・ディラードのような優れた文学者たちも遠藤を称賛した。遠藤は晩年、日本文化を象徴する人物となり、新聞や雑誌に頻繁に載り、一時はテレビのトーク番組の司会まで務めた。クリスチャンがまだ人口の一パーセントを超えない国で、遠藤の主要作品すべてがベストセラーになったことは注目すべきだろう。率直にキリスト教のテーマばかりを扱った著名な現代作家がほかにいなかったからだ。

遠藤周作は、隠れた人に語りかける。日本文化は、適切な行動をとることを誇りとし、世間に対して礼儀正しく振る舞うことを求める。遠藤の語りかける隠れた人は、ふつうの日本人が耐えなければならない恥と拒絶の感情を抱えている。心の中で生じる本音と、他者が外から見る建前の違いを日本人に聞けば、だれでも「知っていますよ」と言うだろう。同じ問題を、アメリカやヨーロッパやアフリカの人に聞いてみればいい。遠藤周作は、地上のだれもが生きながら抱えている、そして、たいてい隠そうとしている失敗や裏切りという破れを探究している。遠藤は、キリスト教信仰に新しい光を投げかけている。それは、長く隠されていた隅っこを暴く、情け容赦のない光だが、影を消す柔らかい光でもある。

＊　＊

東洋と西洋の世界観の違いを探ろうという思いは、最初から遠藤にあった。彼の教わった西洋カトリック文学は、被造物ではない別の至高の存在を想定している。だが、日本人の多くはそのような至高の存在を信じていない。そのため、多くの西洋文学の底にある神、罪、罪意識や道徳上の危機という深遠なテーマが、平均的な日本人読者にはぴんとこない。

遠藤は初期の小説の中で、日本を一種の沼地として描いている（時には文字どおりの沼として）。キリスト教も含めて、外国のものをすべて呑み込む沼である。彼は最も初期の作品の一つ『白い人・黄色い人』の中で、日本人女性と結婚するために祭司職を捨て、後に自死を選ぶフランス人司祭を描いている。司祭は、神が「その根をこの湿った国、黄ばんだ人種のあいだにおろせると思っているのか」と、声高に問う。数年後に書かれた『火山』の中で、その外国人神父は変節するばかりでなく、誘惑者となり、人をそそのかして信仰を捨てさせようとする。こうした人物像の背後に浮かぶのは、長崎の資料館で陳列ケースの前にたたずんでいた寂しい若者の姿である。

しかし、作家遠藤周作は、いつしかこの沼地の出口を見つけたようだ。日本の作家には連載の習慣があり、真面目な本を書くあいだに娯楽作品を書く。雑誌に連載された遠藤の「娯楽作品」の中から、新しい人物が生まれた。ドストエフスキーの『白痴』の日本の喜劇版、『おバカさん』だ。遠藤の『おバカさん』が描くのは、馬面のへまな宣教師で、彼がフランス人であるという事実がなければ、「醜いアメリカ人」コンテストでいとも簡単に優勝していただろう――ガストン・ボナパルト、正確には有名な皇帝の子孫である。ガストンは世話になった人々に不快な思いをさせ、文化的な不作法を数分ごとにおかし、あらゆる良くない種類の人間に惹かれているらしい。雑種の迷い犬、売春婦、年老いた世捨て人、殺し屋。にもかかわらず、ガストンの愛すべきへまな行動は、だれであれ彼に触れる人のいのちを再び燃え上がらせる。最後の場面は沼地で起きる。そこでガストンの愛は、遠藤という名の殺し屋を動かし、悔い改めに導くのである。

文化の衝突は、『侍』と『沈黙』の中で、喜劇でなく悲劇の形をとって展開する。どちらの小説も、一六〇〇年代初期の実際の出来事や実在の人物を反映させている。当時幕府は、日本のキリシタンへの包囲網を狭めていた。『侍』の舞台は、ちょうど幕府が西洋との開かれた通商政策を再考しているときである。ある神父の導きで、四人の侍が通商目的の使節団としてメキシコとヨーロッパへ渡り、藩主に命じられた仕事を成功させようと、名目上のクリスチャンになる。ところが、彼らが海外にいるあいだに日本は鎖国政策をとり、戻って来た彼らは裏切り者として処刑される（名目上の洗礼、海外への旅、ほとんど信じていない信仰のせいで拒絶される――遠藤自身の人生を思わせるものが、ふんだんに盛り込まれている）。

だが、ある侍だけは、殉教者の死の真の意味を把握していたと思う。下男の与蔵がその侍にイエスの話をする。勝利する復活のキリストではなく、遠藤自身がパレスチナを訪れて知った拒絶されたお方を語ったのだ。

人間の心のどこかには、生涯、共にいてくれるもの、裏切らぬもの、離れぬものを――たとえ、それが病みほうけた犬でもいい――求める願いがあるのだな。あの男は人間にとってそのようなあわれな犬になってくれたのだ。（『侍』）

侍は与蔵の言葉を耳の奥に聞きながら、こと切れる。「ここからは……あの方がお供なされます。」「ここからは……あの方が、お仕えなされます。」

批評家たちは、『侍』と同じ時代を舞台とする『沈黙』を遠藤の傑作と認めている。その文章は、質素で清潔、筋書きは容赦なく悲劇の結末に進み、登場人物は遠藤のフィクションとしてめずらしく深みがあり、小説全体に神話の力を思わせる雰囲気が漂っている。『沈黙』は、危険を冒して日本宣教にやって来たポルトガルの司祭ロドリゴの足跡を追う。日本で最も有名な宣教師フェレイラ神父が棄教したとの知らせがイエズス会本部に入る。ロドリゴは神学校時代、フェレイラ神父のもとで勉強した。自分の恩師であるこの偉大な男が、二十年におよぶ勇敢な奉仕の果てに信仰を棄てたことが信じられない。ロドリゴは生きて戻れないことを承知で、フェレイラを捜すために船に乗る（このすべてが、一六三五年以降の実在の歴史上の人物や出来事に基づいている）。

危険な目に遭いながら旅をして日本にたどり着いたロドリゴは、地下に潜む隠れキリシタンたちから、何年も司祭の姿を見ていないと聞かされる。

その一人、卑しむべき狡猾な漁師がロドリゴを奉行所に突き出し、ほうびをもらう。ロドリゴは拷問を受けても、道徳的に耐え難い状態に直面しても、信仰にしがみつく。キリシタンたちが次々と、自分の目の前を歩いて行く。ロドリゴは、「おまえが絵踏みをすれば、彼らは解放されるが、拒むなら目の前で殺す」と聞かされる。「自分のいのちを他者のために投げ出そうとしてこの国にやってきたのに、逆に日本人が彼のために一人ずついのちを投げ出している。」しかし、奉行がどれほど野蛮な方法を用いても、ロドリゴは信仰を棄てない。

タイトルが暗示しているように、この小説を貫くテーマは神の沈黙だ。ロドリゴは幾度となく、忘れがたいイエスの顔を見る。彼が愛し、仕えている顔を。だが、その顔は何も語らない。司祭が、木につながれたキリシタンたちが死ぬのを見ているときも沈黙したままであり、キリシタンたちを解放するために絵踏みをしてよいかと導きを求めても、夜、独房で祈っていても、沈黙している。

教会は何世紀も、英雄的な殉教者たちの勇猛な信仰に倣うよう教えられてきた。『沈黙』は、純粋な司祭ロドリゴが自殺行為のような伝道を、進んで引き受けるところから始まるため、最初はやはり勇敢な信仰を讃える作品かと思わされる。しかし、『沈黙』の中でロドリゴの愛と信仰は殉教を超え、背教の地点にまで至るのである。

ある夜、ロドリゴの耳にいびきのような音が聞こえてくる。しかし、それはいびきでなく、穴にさかさまに吊るされているキリシタンたちの苦痛にうめく声であった。彼らの耳の後ろには小さな穴があけられている。それは、そこから少しずつ血がしたたり落ち、時間をかけて苦しみながら死なせるためである。ロドリゴが信仰を棄てさえすれば、彼らも解放される。ロドリゴはフェレイラが独房を訪ねてきたとき、この拷問について聞かされていた。この偉大な宣教師フェレイラが、五時間穴吊りにされた後に棄教したことを知ったのである。フェレイラもロドリゴに絵踏みを促す。形だけのことだ。表面的な行為に過ぎないのだ、と。本心からそう言ったのではなかった。そうすることで、多くのいのちが救われるからなのだ。そして最後に司祭ロドリゴも、他者を愛するために己の信仰を失うのである。

遠藤は後に、『沈黙』はそのタイトルのせいで誤った解釈をされたと不満をもらしている。「人々は、神が沈黙していたと思っています。」しかし、神は小説の中で口を開いている。それは、ロドリゴが踏み絵について考えているときに沈黙が破られる決定的な場面である。

「ほんの形だけのことだ。形などどうでもいいことではないか。」通辞は興奮し、せいていた。「形だけ踏めばよいことだ」

司祭は足をあげた。足に鈍い思い痛みを感じた。それは形だけのことではなかった。自分は今、自分の生涯の中で最も美しいと思ってきたもの、最も聖らかと信じたもの、最も人間の理想と夢にみたされたものを踏む。この足の痛み。その時、踏むがいいと銅版のあの人は司祭にむかって言った。踏むがいい。おまえの足の痛さをこの私が一番よく知っている。踏むがいい。私はおまえたちに踏まれるため、この世に生れ、おまえたちの痛さを分つため十字架を背負ったのだ。
こうして司祭が踏み絵に足をかけた時、朝が来た。鶏が遠くで鳴いた。

『沈黙』が一九六六年にはじめて世に出たとき、日本のカトリック教徒の多くが怒りをあらわにした。彼らは殉教した先祖たちを擁護して、フェレイラやロドリゴのような棄教者を「美化」することに反対した。教会を建てたのが、師を裏切った弟子たちであったことを、私たちはなんと簡単に忘れてしまうことだろう。宗教や政治の権力者たちが死刑を宣告したとき、だれ一人イエスのそばにいようとしなかった。最も必要とされた瞬間に、弟子たちは暗闇に消えた。最も大胆だったペテロその人が、鶏が鳴く前に三度キリストを呪い、否認した。イエスが死んだのは、裏切り者たちのためだった。

遠藤は自らを弁護して、小説のテーマを登場人物でなく、イエスの顔の変容に置いている。「私にとって、この小説で最も意義深いことは、キリストのもつ英雄のイメージの変化です」と言う。ロドリゴはかつて、主権と力のイエスを信じていた。幾度となく現れたイエスのイメージは、純粋で、静謐で、神々しかった。だが、ロドリゴの伝道が失敗するにつれ――そして、実際多くの日本人の死を引き起こして――、イエスは徐々に、その顔に人間の苦しみを刻みつけてゆく。自分がこの世界に解き放った信仰が、歴史を通してこれほど多くの迫害と殉教者を生み出したこと、その中に多くの日本人もいたことを知って、イエスはどんな気持ちだっただろう。「兄弟は兄弟を、父は子を死に渡し、……わたしの名のために、あなたがたはすべての人に憎まれます」（マタイ一〇・二一）。やつれて、追いかけられて、絶望しかけて、ロドリゴは水たまりに映った己の顔をちらっと見る。それが、イエスの顔になる。

……雲は失せ、その代りに一人の男の顔が――疲れ凹んだ顔がそこに浮んできました。なぜ、私はこういう時、別の男の顔を思うのか。十字架にかけられたその人の顔……泥と髭とでうすぎたなく汚れ、そして不安の疲労とですっかり歪んでいる追いつめられた男の顔でした。

その時点から、イエスの顔はこの小説の中で、「苦しんでいる」「やつれている」「疲れ切った」「醜い」といった言葉で描かれてゆく。そして、最後に沈黙が破られるとき、ちょうどロドリゴが踏み絵に足をかけようとするとき、踏み絵の真ん中からこの顔が語るのだ。「踏むがいい。」そう語る顔はすでに「多くの人間に踏まれたために摩滅し、凹ん」でいた。

＊　＊

遠藤の得た変容したイエスのイメージの背後にある構想は、彼の小説『イエスの生涯』の中で明らかになっている。この本は三十万部を売り、多くの日本人にとってキリスト教信仰を知るための足がかりになっている。遠藤周作は、キリスト教は日本にあまり影響を与えることができずにきたが、それは日本人が聖書の物語の一面しか聞かされてこなかったからだと考えている。日本人が聞かされてきたのは、神の美と荘厳さである。日本人観光客は、シャルトル大聖堂やウェストミンスター寺院を訪れ、デジタルカメラでその栄光のイメージを写している。日本の合唱団やオーケストラは、ヘンデルやバッハの宗教曲の傑作を演奏している。だがどういうわけか、日本人はもう一つのメッセージを逃してきた。「自らを無として、しもべの性質をまとわれた」神。エルサレムに近づいたとき、無力であるかのように泣いた神の御子というメッセージを。

遠藤によると、日本人と接するには失敗と恥の経験を中心にするのが肝要だという。日本文化において、これらは人生に最も影響を与え続けるからである。仏教文化の中で育った人々は、自分たちと共に苦しみ、その弱さを受け入れる人に自分を最も重ねやすい。遠藤自身にとって、イエスの最も痛烈な遺産はその不滅の愛、特に裏切り者に向けられる愛であった。暴徒を園に導いたユダに、イエスは「友よ」と呼びかけた。イエスが生まれ育った国は、イエス自身を処刑した。イエスは、裸の体を伸ばすという最大の恥辱的な姿をさらしたとき、こう叫び声をあげた。「父よ、彼らをお赦しください。」フェレイラとロドリゴという登場人物が棄教したことに憤慨した人々に、遠藤はキリスト教会の二人の偉大な創設者を指し示している。ペテロはキリストを三度否認し、パウロはクリスチャンの迫害を最初に導いた。恵みがこの二人を射程に入れていなかったら、教会が始まることはなかったかもしれない。

野球、マクドナルド、ロックミュージック。日本は西洋文化を一早く取り入れたのに、なぜキリスト教だけは日本に根を下ろさなかったのだろう？　遠藤は別の糸口をたどり、その失敗の原因を、西洋人が神の父性を強調しているからだと考えている。セラピストのエーリッヒ・フロムは、バランスのとれた家庭に育つ子どもは二種類の愛を受けると言う。母親の愛は無条件であることが多く、どんなことをしても、何があっても、子どもを受け入れる。父親の愛はより条件付きで、行動がある基準に達するとき、子どもを是認する。フロムが言うには、理想的には子どもは両方の愛を受け取り、吸収するべきである。遠藤は、日本は権威主義的な父親のいる国であり、父としての神の愛は理解してきたが、母としての神の愛は理解してこなかったという。

この世で最も怖いものを四つ挙げる古い日本の言葉がある。「地震、雷、火事、おやじ」だ。訪日したとき、たくさんの人から権威主義的な父親の話を聞いた。彼らの父親は、けっして謝らず、心が通い合わないほど遠くにいて、愛や恵みに似たものを示すことがなく、批判するばかりで励ますことが本当に少なかったのだという。ある女性は三歳のとき、父親から性的虐待を受け、殺してやろうと考えたことがあったと言った。極刑を恐れた彼女は、代わりにアメリカに逃げて勉強した。母親が死んだとき、父親は娘に、帰国して自分の世話をしてくれと言った。彼女は日本の慣習から、義務を感じた。こう語った。「先月、生まれてはじめて、父親が私のしたことで感謝をしてくれました。私はそれを本物の勝利だと思います。」

キリスト教が日本人の心に届くためには、母としての神の愛を強調しなければならない、と遠藤は結論する。過ちを赦し、傷をいたわり、他者を無理やりでなく、愛そのものに引き寄せる愛である（「エルサレム、エルサレム。……わたしは何度、めんどりがひなを翼の下に集めるように、おまえの子らを集めようとしたことか。それなのに、おまえたちはそれを望まなかった」）。「『母の宗教』において、キリストは売春婦、価値のない人々、不格好な人々のもとへやってきて、彼らを赦している」と遠藤は言う。その目には、イエスは母の愛のメッセージを携えて、旧約聖書の父の愛とバランスを取ろうとしたかに見えた。

母の愛は、たとえ犯罪に手を染めた子どもでも見捨てない。母の愛は、どんな弱さをも赦すのだ。遠藤にとって、弟子たちを本当に感動させたのは、キリストを裏切った後ですら も、キリストが彼らをなお愛している、という気づきだった。過ちを犯していると証明されることは新しくない。過ちを犯しながら、なお愛されている——それが新しいのである。『イエスの生涯』には、イエスのもつ母の愛のような特徴があふれている。

痩せて、小さかった。彼はただ他の人たちが苦しんでいるとき、それを決して見棄てなかっただけだ。女たちが泣いている時、そのそばにいた。老人が孤独の時、彼の傍にじっと腰掛けていた。奇蹟など行わなかったが、奇蹟よりもっとも深い愛がそのくぼんだ眼に溢れていた。そして自分を見棄てた者、自分を裏切った者に恨みの言葉ひとつ口にしなかった。にもかかわらず、彼は「哀しみの人」であり、自分たちの救いだけを祈ってくれた。イエスの生涯はたったそれだけだった。それは白い紙にかかれたたった一文字のように簡単で明瞭だった。簡単で明瞭すぎたから、誰にも分からず、誰にもできなかったのだ。

伝統的なクリスチャンは、遠藤の描いたイエスを不完全だと思うだろう。遠藤はイエスの奇跡について一言も語っていないが、率直な話、奇跡物語は遠藤の狙いにふさわしくないように見える。遠藤は、イエスの権威と力を示す場面を省いている。差し出しているのは、日本人が親しみを感じるイエス像である。日本人にとって、力を示すあらゆるしるしは、イエスのことを、脅威を与える受け入れがたいものにしてしまう。同様に、遠藤の復活の記述も弱々しい。復活は遠藤にとって、日本人の信仰への障壁だった。その神学を辛辣にさばく批評家たちに、遠藤はこう答えている。「私のイエスの描き方は、私が日本人作家であることに根ざしています。キリスト教の伝統をもたない日本人読者のために、そして、イエスについてほとんど何も知らない日本人読者のためにこの本を書きました。」

しかし、イエスの話を聞いて育った私たちも遠藤から学ぶことは多い。私は多くの群衆を前にして、「文化戦争」というトピックで話したことがある。集まって来た人々の多くはリベラルな民主党の信念に傾いており、強硬なユダヤ人少数派も含まれていた。討論者の中で、形ばかりの福音派のクリスチャンとして選ばれたのが私だった。討論会にはディズニー・チャンネルやワーナー・ブラザースの社長もいれば、東部のエリート大学の学長や、最高裁判事候補であったクラレンス・トーマスへの告発を行い当時話題になったアニタ・ヒルの顧問弁護士もいた。私は闘牛の的になった気分だった。私以外の討論者はみな、キリスト教の強力な圧力団体に敵視された経験があったからだ。

南部バプテストはディズニーをボイコットし、福音派の人々はウェルズリー・カレッジでの冒瀆的な芸術の展示に怒りを表明し、保守的なクリスチャンは、議会で証言してから何年も経つアニタ・ヒルに怒りの手紙を送りつけていた。最年少のパネリストは、リンドン・ジョンソン大統領の孫娘でチャック・ロブ上院議員の娘ルチンダ・ロブだったが、彼女は、オリバー・ノースへの激しい反対運動で、右翼のクリスチャンがかならずピケを張ると語った。ルチンダは言った。「私たちは、よく顔を見せるビリー・グラハムと共に育ち、教会ではいつも活動的で、心から信仰しています。でも、これらのデモ参加者は、私たちを地獄からやって来た悪霊のように扱いました。」

話をする順番が来たとき、私はそのような問題について、自分は一世紀のパレスチナのユダヤ人の生涯から導きを得ようとしていると言った。その人もまた文化戦争に巻き込まれていた、と。厳格な宗教指導者層は、生前の彼を追い回していた。その革命的なメッセージが、支配している権力者たちをその座から引きずり落とすことを恐れたのだ。そして、その国を支配していた異邦人の帝国が、彼に戦う大義を与えたことは確かだった。ローマには、現代の国家なら耐えられそうもない習わしがあった——奴隷制、大量の処刑、嬰児遺棄、剣闘士の公開試合。イエスは、その文化戦争と「戦う」ためにたった一つの武器を持ち、それに頼った。犠牲的な愛である。死の前にイエスの語ったこんな言葉がある。

「父よ、彼らをお赦しください。彼らは、自分が何をしているのかが分かっていないのです。」

（ルカ二三・三四）

討論会の後、テレビの有名人が私のところにやって来た。その名前を聞けば知らない人はいないだろう。彼は言った。「どうしても言っておきたいが、きみの言葉は心にずきんときたよ。私はきみを嫌うつもりでいた。右翼のクリスチャンはみんな嫌いだからね。きみもその一人だと思っていた。私が右翼の人々からどんな手紙を受け取っているか、想像できないだろう。私はイエスに従っていない。ユダヤ人なのだ。でもきみが、敵を赦すイエスの話をしたときに気がついた。自分がどれほどその精神から隔たっているかをね。私は敵と戦っている。特に右翼の人々と。彼らのことを赦していない。私はイエスの精神から多く学ぶことがある。」　ここでも、イエスの犠牲的な愛の力が働いていた。

＊　＊

晩年の遠藤は、より自伝的とも言えるテーマに転じた。一九八八年に小説『スキャンダル』が上梓された。衝撃的とも言えるが、主人公は日本の有名なカトリック作家で、東京の赤線地帯に頻繁に出入りしていると非難されている。明らかに遠藤に似ているこの作家が、告発者たちの作り事か、あるいは本当に影の面をもっているのか、それともある種のドッペルゲンガーを経験しているのか、読者にはようとしてわからない。遠藤は自身のたましいの背信をあからさまにしている。彼は読者に語る。「私を過大評価しないでください。自分の問題を扱うために、私にはこうするしかないのです。あなたの人生の責任まで引き受けることはできません。」

作家として、私は『スキャンダル』を、遠藤の小説の中で最も勇気ある、そして多くの意味で最も感動的な作品だと思っている。信仰を書く作家たちには、登場人物を美化する傾向がある。登場人物に光のようなものをまとわせて描く傾向にあるのだ。この傾向は、聖書と全く対照的だ。聖書は凶暴なほどのリアリズムをもって、偉大な人物の欠点を描いている――アブラハム、モーセ、ダビデ、ペテロ、パウロ。この意味で、遠藤はあらゆる現代のフィクション作家の中で最も聖書的な作家の一人である。その主要な本にはどれも、裏切りというテーマが浮上しているからだ。『スキャンダル』では、遠藤自身が裏切り者だ。

遠藤は言う。「作家は聖なるものについて書くことはできません。作家は聖なるキリストを描くことができないのです。でも、踏み絵を踏んだような人々の目を通して、あるいはキリストを裏切った弟子やその他の人々の目を通して、イエスを書くことはできます。」彼はこう付け加えたかもしれない。作家は、作家自身を通してイエスについて書くことができるだけなのだ、と。こう言うのは、遠藤が最後に自伝に近いものを書き続けたからだ。年を重ね、評価を得た文学者の中に、なお舶来のスーツを日本人の体に合わせようともがいている少年がいた。

遠藤の短編『母なるもの』が語るのは、自らの真実を探し求めて、離島の隠れキリシタンの集団を訪れる男である。隠れキリシタンはマリアを信仰し、歴史の失敗を強く意識し、訪問者にうったえる。彼らの中に、この訪問者は子どものころ、母親とうまく気持ちが通わなかったときに抱いた思慕のようなものを感じる。「世間には嘘をつき、本心は誰にも決して見せぬという二重の生き方を、一生の間、送らねばならなかったかくれの中に、私は時として、自分の姿をそのまま感じることがある。」

くり返し見る夢の中で、語り手は大量の薬を投与されて病院のベッドに寝ている。夢うつつの中で見えるのは、患者である自分の傍らに座っている、ひたすら愛情深い母親、まぎれもなく彼の母親だ。その輝ける瞬間に、母親の強い信仰と彼自身の定まらない心について深く考える。「彼女が同じ信仰を強要すればするほど、私は、水に溺れた少年のようにその水圧をはねかえそうともがいていた。」

語り手がこうした思いを考えるとき、生命維持装置の音を聞きながら、現在と過去をぼんやりと往復し、想像できない未来に備えながら、母親は彼のそばに座っている。黙って、待ちながら。

第13章　傷ついた癒し人　ヘンリ・ナウエン

一九八三年、司祭であり大学教授でもあったヘンリ・ナウエンは、ドアに貼られていたポスターに目を留めた。それが、レンブラントの「放蕩息子の帰郷」との出会いだった。ナウエンがその絵に深い感動を覚えたのは、中米の正義の問題を語る困難な講演ツアーを終え、精神的に疲れていたためかもしれない。金色の光を浴び、父親の手の優しい重みを両肩に感じながらひざまずくやつれきった息子。自分もそうなりたかった。どこであろうと、とにかく家に帰りたかったのだ。

オランダに生まれたナウエンはオランダ人画家の絵を好み、特にレンブラントとヴァン・ゴッホを愛した。三年後にロシアを訪れる機会が提供されたとき、一も二もなく同意したのも、レンブラントの絵を直接見られるからだった。一週間に二日、サンクトペテルブルクのエルミタージュ美術館で、レンブラントが巨大なスケールで描いた傑作の前に座り、数時間を過ごした。ナウエンは圧倒されながら、日の光と共に背景の人物たちの細かい部分まで、その絵のすべてが刻々と変化してゆく様を眺めていた。

少しして教授職を辞し、人生を大転換させたナウエンは、『放蕩息子の帰郷――父の家に立ち返る物語』（邦訳・あめんどう、二〇〇三年）という小著を出した。カナダのトロントにある肉体的・精神的に障碍をもつ人々が暮らす共同体で生活しながら、ついに本当の家を見つけたのではないかと思った。ナウエンは放蕩息子の帰郷の絵に捕らえられたまま、イエスの放蕩息子のたとえ話に関係づけて自分の生い立ちを見るようになった。転居して十年経った一九九六年、彼の人生は詩的な終わり方をする。オランダの撮影班とエルミタージュを訪れる準備の最中に心臓発作に襲われ、帰らぬ人となったのである。

ナウエンは生前、放蕩息子のたとえ話について深く考えていた。そして、真面目で従順な兄に自分を重ねるのが最も自然だと気づいていた。五歳のときから司祭になるつもりで、おもちゃの講壇や聖堂や聖職者の服を使って、司祭を演じていたのである。心理学者として、また神学者としてオランダで学び、その後按手礼を受けて司祭になり、野望を成就させながら仕事の経験を積み重ねていた。メニンガー・クリニックで研究し、ノートルダムやイェール大学で教え、講演者として広く世界を旅していた。広く教団教派を超えて、同じ日に、左翼のカトリックの解放の神学者、そして身振り手振りで説教するカリスマ派の説教者に話しかけることもあった（アメリカで最も人気のあるテレビ牧師の一人ロバート・シューラーは、ナウエンのテレビ番組のために、自身のクリスタル大聖堂の講壇を三度提供した）。聖体拝領をカトリック信者だけに限定するローマ・カトリックの規定を無視して、行く先々で友人や学生、見知らぬ人々を祝福した。

あちこちのエリート校で教え、十六冊の本を書きながらも、欲しくてたまらない経歴があった——それが問題だった。過密スケジュールと容赦ない競争が、彼自身の霊的生活を息苦しくさせていた。ニューヨーク北部の大修道院で六か月のリトリートを何度か行い、その後、開発途上国の宣教師という自分にもできる役割を探して南米に引っ込んだ。ペルーでは、北部のリマのスラムに暮らした。そこは十万人の小教区だった。スラムの人々は持ち物がほとんどなかったが、ナウエンは子どもたちの愛を感じた。彼らはナウエンの体によじのぼり、ケラケラ笑い、じっとしておらず、自分たちの言語を子どものように話す奇妙な司祭とゲームをした。子どもたちは文字どおり、自分にいのちをしっかり戻してくれた、と後にナウエンは言っている。彼は逆説を発見した。貧しく抑圧されている人々のほうが、物質にあふれ、特権階級としての暮らしを営む西洋人より、神の愛について深淵な感覚をもっていたのである。

ナウエンは、「体の触れ合いのもつ力に、私たちがどれほど無知であることか」とペルー滞在中に書いている。孤児院を訪れると、愛情に飢えた子どもたちが我先にナウエンに触れたがった。

これらの少年少女たちが求めていたのはただ一つ、触れられること、抱きしめられること、なでられること、可愛がってもらうことだった。おそらく多くの大人も同じことを求めているが、それを表現する無垢さと自意識のなさに欠けているのだろう。愛情、優しさ、ケア、情愛、受容、赦し、穏やかさに飢えている大勢の人々として人間を見ることがある。だれもがこう叫んでいるようだ。「どうぞ私を愛してください。」

ナウエンは、貧しい人々の家で暮らしながら学んだ。私たちは、イエスをその人たちのところに連れて来るためばかりでなく、イエスを彼らの中に見つけるためにも、貧しい人々に伝道することを。イエスは言った。「心の貧しい人々は幸いです。」「貧しい人々を世話する人々は幸いです」ではなかった。貧しい人々の中で生きることによって、ナウエンはその祝福を受け、ストレスによって受けたダメージから回復し始めた。それでも南米での時間は、その場所に召命がないことを確信させた。六か月後、彼はハーバード大学の新しい役職を受け入れる。

ペルーに暮らしていたとき、ナウエンは、義理の妹がダウン症の娘を産んだという知らせを受け取った。だれも予想しなかったが、数年経ってみると、彼が家族に書き送った次の言葉はまるで預言者の洞察のようだった。

ローラは家族みんなの大切な存在になるでしょう。私たちの家族には今まで「弱」者がいませんでした。みな仕事熱心で、野心的で、成功した人間で、無力さを味わうことがほとんどありませんでした。いまローラが生まれて私たちに全く新しい依存を教えています。ローラは子どものままでいるでしょうが、私たちのだれもできないような仕方でキリストのあり方を教えてくれるでしょう。（『グラシアス！』〔*Gracias!*〕）

＊　＊

名声のプレッシャー、ハーバード大学の講義スケジュール、のしかかる個人的な問題が重なり、ナウエンは三年も経たぬうちに完全に精神がまいってしまった。最終的にラルシュ（「箱舟」）共同体に身をゆだね、重度障碍者のために働くことになる。ラルシュホームの創設者は、所長のジャン・リセをナウエンの見舞いに行かせた。ジャンはナウエンのために数日間食事を作り、その生活を支えてくれた。ナウエンは、そのことと引き換えにラルシュでの講義や記事の執筆、リトリートの開催を頼まれるものと思っていたが、そのような依頼が来ることはなかった。ラルシュはナウエンに、掛け値なしの純粋でシンプルな恵みをもたらしていた。

ジャンの訪問に感動したナウエンは、フランスのラルシュ共同体の一員となる許可を司祭に求める。生まれてはじめて、神が何かをするよう召していると感じたのである。「神学校や神学が教えなかったこと、神をどのように愛するか、そして私自身の心の中で神の臨在をどのように発見するか」学びたかった。フランスのラルシュ共同体に感じた豊かさがナウエンを導き、彼はトロントのラルシュ共同体の一つデイブレイクの牧者になった。

傍《はた》から見れば、ナウエンが大学教授の地位を捨てて精神障碍者のホームに移ったことは、有徳な兄息子の行動の最たるものだった。だが、ナウエンが著作の中で明らかにしたように、この決断に至ったのは、失敗と霊的な闇と深い傷ゆえだった。ラルシュに行ったのは与えるためでなく得るためであり、あり余るものがあったからでなく、欠乏があってのことだった。彼は生き残るために行ったのである。常に品行方正な兄の役割をもたされていたナウエンは、イエスのたとえ話の兄のように、厳格で、冷たく人をさばくようになっていた。「憤った『聖人』の失われた状態を、正確に突きとめるのはとても難しい。それは、善良で高潔な人間でありたいという願望と、分かちがたく結びついているからだ」と彼は結論した。

わたし自身も、善き人間になりたい、人に受け入れられ、好かれ、他人の良き模範となれるように熱心に励んできた。罪に陥らないように意識的に努力し、誘惑に屈することをいつも恐れていた。そのせいで、生真面目さ、道徳的な堅苦しさ（狂信すれすれの）を招き、父の家でくつろぐことが、ますます難しくなった。わたしは自由を失い、自発性がなくなり、遊び心が消え、他の人々はますますわたしのことを、何となく「重苦しい人」と見るようになった。……

自分の中にいる兄息子について思い巡らすほど、現実に、それがいかに深く根を張っているか、また家に帰ることが、いかに困難であるかを認めるほかない。わたしの存在の、もっとも奥深くに根を下ろす冷徹な怒りから逃れて家に帰るより、快楽に溺れた生活から逃れて家に帰ることのほうが、ずっとやさしいと思われる。

（『放蕩息子の帰郷』）

レンブラントの絵を見ると、兄が父親から離れたところに立ち、父親がろくでなしの弟を抱擁しているところを冷淡に眺めている。その兄を見つめながら、ナウエンは不思議に思った。レンブラントがこの絵のタイトルを「放蕩息子たちの帰郷」（*Return of the Lost sons*）としたのは、兄が多くの点で放蕩者の弟よりずっと失われていたからではないか。兄はプライドと憤慨を克服して、弟が戻ったお祝いに加わることができずにいる。

ナウエンは、デイブレイクに転居する決断を日記に書いた。

「イエスを愛しているが、自立している状態も手放したくない。その自立が本物の自由をもたらすものでなくても。イエスを愛しているが、教授仲間からの尊敬も失いたくない。彼らに尊敬されたからといって、霊的に成長することがなくても。イエスを愛しているが、執筆や旅行、講演の予定もあきらめたくない。こうした予定がしばしば神への栄光というより、私の栄光のためであるとしても。」

最終的にナウエンは自立した状態、尊敬、多忙をいくらか手放し、名誉ある大学から、人が来たこともない場所へ移り住んだ。国の指導者たちと働くためでなく、社会から見捨てられた人々を助けて働くために。その決断には、放蕩息子の話の中で見過ごされがちな細部も関係していた。父親が二人の息子に手を差し伸べている、という点である。父親は言うことを聞かなかった息子を歓迎するばかりでなく、その放蕩息子を歓迎する音楽や踊りの音を聞いた謹厳実直な息子にも、家から出て会いに行く。放蕩息子を抱擁するその同じ手が、憤慨している兄を抱擁し、温めるために待っている。ヘンリ・ナウエンはその抱擁を切望した。

＊＊

私がはじめてヘンリ・ナウエンを知ったのは、放蕩息子の兄の段階にいたときだった。苦しみについて研究していた駆け出しのジャーナリストだったころ、彼の小さな古典『傷ついた癒し人』（邦訳・日本キリスト教団出版局、二〇〇五年）に出合い、その洞察は注目に値すると思った。直接彼に会うまでの何年かに、さらに多くの作品を読んだ。ナウエンが世間に発表しているものは過去の著作物の焼き直しだと非難されてきた。実際、彼の考えてきたことの中には、形を変えて何度も出版されてきたものもあるし、本の形をした小冊子と言えるものもあった。それでも彼は、私が熱心に従いたいと思った考えの道筋を探究した先駆者であり、聡明な兄のように救ってくれた存在だった。

「どういうわけか、私は信じました。ものを書くことは、永続的な価値のある何かを、素早く過ぎ去る私の小さな人生から浮かび上がらせる一つの方法である、と。」　ナウエンの書いたその言葉は、作家ならだれもが感じていることを表している。ものを書くことは読者にとってばかりでなく、彼にとっても発見する行為であった。

たいていの学生が、ものを書くことは考えや洞察、ビジョンを書き留めることだと思っている。まず言うべきことをもっていて、それからそれを紙に書き記すのだと考えている。彼らにとって書くことは、あらかじめ存在している考えをただ記録することだ。

だが、この手法では、真の著述は不可能である。書くことは、自分の中に生きているものを発見するプロセスである。書くことそのものが、生きているものを明らかにする。……書くことの与える最も深い満足は、それが私たちの中に新しい空間を広げることにこそある。それは書き始めるまで気づかなかったものだ。書くことは、目的地を知らない旅に出かけることである。

（『神学教育への省察』〔*Reflection on Theological Education*〕）

私はものを書くという旅に特有の、内面に向かっていく道を熟知している。作家はたいてい内省的、内向的で、楽しい夕べに招待したくなるタイプの人間ではない。ほとんどの作家は生きた人間と関わるより、ワープロと関わるほうが好きだ。だが、ナウエンは違う。毎年一冊かそこらの本を出版しながら、同時に恐ろしいほどのペースで、海外でも講演し、教授、牧者の仕事をこなし、人々を熱心に自分の旅に迎え入れようとした。

以前、作家たちと食事をしたとき、ファンレターの話になったことがあった。リチャード・フォスターとユージン・ピーターソンは、霊的な方向を探し求めて手紙を送ってきた熱心な若者の話をした。二人は丁寧な返事を書き、質問に答え、霊性に関する何冊かの本を薦めた。その後、フォスターは、この同じ質問者がヘンリ・ナウエンにも連絡を取っていたことを知った。フォスターは言った。「きみはナウエンのとった行動が信じられないだろうね。彼はこの見知らぬ若者を、自分のいるコミュニティーに一か月住まわせたんだ。この若者に直接、霊的指南を授けられるようにね。」

ナウエンの行動を完全に正しく評価するには、作家になるしかないだろう。私は数年前にシカゴの繁華街からコロラドの田舎に引っ越したが、それは外の狂乱した世界と自分とのあいだに空間を作るためだった。そう、私たちは講演を引き受け、手紙の返事を書き、好奇心の強い読者に電話をかけ直すこともあるが、他のだれも足を踏み入れない私的な領域をいつも大切にしている。そうしたプロ意識の障壁を、ヘンリ・ナウエンは打ち壊した。五百人と活発な通信のやりとりをし、その多くに自分を訪ねてくれと言った。

ナウエンを長距離の霊的指導者として見ていた人たちがいる。その人たちの質問に彼は詳しく答え、そのせいで生活が邪魔されているとか、重要な仕事が手つかずになっているといった印象をけっして与えなかった。そうした一人、ボブ・バフォードはこう追想している。「彼は私に近づいてきました、だれに対してもそうするように、それまでに会った人の中で私が最も興味深い人間であるかのように。」ナウエンにはいっしょにいるだれに対しても、百パーセントの注意を向ける賜物があった。

今、人々からナウエンの思い出を聞くと、私は良心の呵責で胸が痛くなる。電話をかけてきた人の話が長くなると、受話器をふさいで相手の虫のような声を締め出し、くるりと向きを変えて、パソコンの画面を見ながらスケジュールを調整し始める。夕食のとき、妻の話の詳細を尋ねると、それは二分前に話したばかりよ、と優しく指摘される。テレビでフットボールの試合を観戦しながら読者のメールに答え、目を落として同じ言葉を一行に二つも書いてしまったことに気づく。作家の人生はほとんどが心の中の生活だ。その心の中の生活から、ほかの人々の世界に移ることは何と難しいのだろう。ナウエンは他者の側に立ちすぎる。そのために執筆が妨げられたことがあったかもしれないが、多くの人が恩恵を受けた。

ナウエンはかつて霊の指導者の仕事を次のように定義した。

あなたは広い部屋の中にいて、真ん中に一五センチ幅の平均台が置いてある。さて、平均台は絨毯を敷き詰めた床からたった三〇センチの高さである。たいていの人が、目隠しをして平均台の上を歩こうとしているように行動する。落ちるのが怖いのだ。だが、私たちは床からたった三〇センチ上にいるだけだとわかっていない。霊の指導者は、その平均台からあなたを突き落として、「ほらね。大丈夫だよ。落っこちても、神さまはきみを愛している」と言う人だ。

多くの点でナウエンは、それを私にしてくれた。私は執筆するとき危険を冒すようになったが、それは彼が導いてくれたからだ。ナウエンは自身の神経症や失敗を世の中に見えるよう、そのまま差し出した。私は人々を、自分の仕事を遮るものとしてではなく、仕事をする理由として見るようになった。ナウエンと共に、私も自分自身のことを、下積みの苦労をしてこなかった客たちに憤慨しながら、宴会の隅に立っている兄として見るようになった。そして、ナウエンに励まされ、私も自分に差し伸べられている父親の手を見た。

ナウエンは人生の最後に、オランダの家族のもとに戻ることがどれほど難しかったかを書いている。ナウエンが子どものころ、家族は敬虔なカトリック教徒で、牧者になるという彼の決断を喜んでいた。だが今や、家族のほとんどが霊的なことに関心をすっかり失っていた。あるとき姪や甥を訪ねた際に洗礼を授けたら、大人たちは「きみにとっては素晴らしいことだろうが、言うまでもなく、私たちは信じていやしない」といった口調で、見下す態度をとった。ナウエンは、観客を楽しませることのできない演者のような気持ちになった。

そのような記事を読んで、ナウエンが狭量な教会に苛立ちを覚えながらも、ほとんど不平を言わなかった理由を理解した。彼にとって、どれだけ欠点があっても、教会は希望と慰めを提供する安息所であった。物質的に繁栄していながら霊的に空虚な自身の家族に、また、意味を問う質問に答えをもたず、もがいているエリート大学生の中に、彼は無信仰の行き着く先を見た。ナウエンは教会の布教者には一度もならなかったが、神との直接的な交わりに向かう道を確かに示した。信仰はナウエンにとって命綱であり、回転している世界での静止点だった。

ナウエンが亡くなってはじめて、人々は彼の中で起きていた不安の全貌を知った。その多くの手がかりが著作物に書かれているが、ナウエンの作品が信者でない人は言うにおよばず、カトリックとプロテスタントの両方に例外的に受け入れられたのは、ただそのことによるのかもしれない。隠し立てせず、心をさらけ出している印象を与えていた。他者の信仰を育もうとする一方、自らの不安も扱い、その不安についてかくもあからさまに書いたがゆえに他者の信仰を育んだ。

ナウエンはゴードン・オールポートを引用しながら、「自分で発見する信仰」あるいは確信するまでの仮の信仰を描いたことがあった。試行錯誤する信仰の一例を見せてくれたのだ。彼は自分の信じるものにしがみついた。たとえ人生がそれに反する状態にあっても。人生が暗転し、神の手が見えないように思えても、神の人格に信頼した。心の中を見れば自分は放蕩者だとわかっていても、真面目な兄であり続けた。

そういうわけで私は、いまだ祈り方を知らないまま祈り続けている。落ち着かない中でも安らいでおり、誘惑の中でも平安を感じ、心配があっても安全で、暗闇の中でも光の雲に囲まれ、疑惑の中でも広い愛を実感している。

（『明日への道――ラルシュへと向かう旅路の記録』あめんどう、二〇〇一年）

デイブレイク共同体の以前のメンバーが言った。「ヘンリのことを思うと、二冊の『本』が思い出される。一冊目はヘンリが四十回書いたのに、そのとおりに生きられなかった本。二冊目はヘンリが六十五年近く生きても、書けなかった本だ。二冊目の本は書かれるのを待っている。亡くなってから、ヘンリの人生と知恵の意味が明らかになっている。」ナウエン自身は嘆いた。「あなたの考えを読む人々は、あなたの書いたものがあなたの人生を反映させていると思いがちだ。」

ナウエンの伝記作家ミッシェル・フォードは、ナウエンをよく知る百人以上の人々に取材した。その多くが、ナウエンの人生の不協和音というテーマに何度も言及していた。とりわけ彼が著作の中で書いたものと、壇上で語ったこと、そして実際の生き方との不協和音に。彼は霊的生活を刺激するような演説をしたかと思うと、神経過敏な臆病者になり下がった。共同体に生きることで得た力について語った後に、車で友人の家に向かうと午前二時にその友人を起こし、すすり泣き、抱きしめてくれと言った。電話代がたいてい家賃を上回ったのは、時間帯にかまわず、だれかにいっしょにいてほしくて世界中に電話をかけていたからだった。友人がほめてくれなかったら、手紙の返事がなかなか来なかったら、講義の後でコーヒーに呼ばれなかったら、何日も落ち込んで、拒絶反応によってほとんど身動きが取れなくなっていた。要するにナウエンは、自分の理解したことのない心の平和と受容のメッセージを表現するよう召されている。そう感じていたのである。

フォードはこう結論している。ナウエンは「果てしない寛容さ、魅力、そして牧会者としてのビジョンをもつ多彩な賜物をもつ男だったが、苦悩し、痛み、渇望する、すこぶる不安定な人間でも」あった、と。彼の伝記が明らかにしているのは、生前のナウエンが数人を除いて隠してきた秘密である。この牧者は、独身の同性愛者だったのだ。そのため親密な関係を切望しながらも、そうした関係の行き着く結果を恐れてしり込みした。フォードは言う。「私は理解するようになった。ナウエンの長く抑圧してきた同性愛が、彼の闘いのどれほど中心にあったか、またおそらくそれが、孤独、親密さ、周辺に生きること、愛、そして、帰属することについて力強く筆をふるったその根底にあったことを。」

性同一性の問題と闘う牧者を何人か知っているが、彼らは同性愛者だと自覚し、追いつめられている。どういう形であれ、そのことを認めても受け入れられることがなく、受け入れてもらえる表明の仕方などなおさら存在しない。誠実な人が通る、これほど難しい道があるだろうか。今ナウエンの著作物を通して、語られることのなかった、より深い苦悶をあらためて見ている。それは拒絶について、癒されることのない孤独という傷について、満足を与えることのない友情について綴られた文章の底に流れている。

ナウエンは、同性愛の男性や女性に伝道する施設にカウンセリングを受けに行き、同性愛の仲間が提案するいくつかの選択肢に耳を傾けた。独身の牧者であり続け、同性愛の男性として「カミングアウト」する道がある。そうすれば、苦しみながら耐えている秘密が解放されるだろう。自分で宣言し、牧者の職を辞し、同性愛の仲間を探し求める方法もある。公的には牧者のままでいて、私生活で同性愛者の関係を育むこともできるだろう。ナウエンはそれぞれの道を慎重に秤にかけ、どれも拒否した。どんな形であれ、真実の自分を公に告白し、牧者の仕事が傷つくことを恐れた。あとの二つの選択肢も不可能に思われた。自分は独身の誓いをし、性道徳について聖書やローマ・カトリックに導きを求めた人間なのだ。ナウエンは傷ついたまま生きていく決断をした。何度も何度も、決断した。

司祭や牧師は自らのことを、答えを与える者、霊の権威、恵みを与える者であり、自分たちは〝受け手〟ではないと見るよう絶えず誘惑されている。その誘惑と闘うために、すなわち兄の誘惑と闘うために、ナウエンは自分の失敗や不適格さを中心に執筆した。性的指向でなく、不安や孤独、拒絶との関連で傷を表現することが多かった。ナウエンは噂話になる危険を冒し、司祭の誓いのために結婚できなかった友への気持ちや愛着について書いた。家族と国を離れ、合衆国に、それから南米に、そしてカナダに移ったときに感じた疎外感を語った。オランダにいる俗化した家族の中で覚えた違和感から、絶えず本当の家を探し続けた。

ナウエンは、孤独という傷はグランドキャニオンに似ていると書いたことがある。表明に現れている深い刻み目が、美と自己理解の無尽蔵の源になっている。その洞察がナウエンの奉仕の特徴になっている。彼は自分自身にも、ほかのだれにも、孤独からの抜け道を約束しなかった。むしろ、それを通して与えられる贖いの約束を差し出した。読者や耳を傾ける人々にとって、その傷が美と理解の源になったのかもしれない。しかしナウエン自身にとって、それは何より苦痛を表すものだった。

彼は情動不安を克服できなかったが、慢性的な肉体の苦痛をコントロールする人々のように不安をコントロールできるようになった。「それから逃げ出すのでなく、それを通して感じなさい。そしてその中で立ち上がり、それを真正面から見据えなさい。」そうすれば、苦しみのただなかに隠れていた贈り物、希望の源が見つかるかもしれない。人生で真実の贈り物はしばしば最も意外な場所に隠されていた。ナウエンはそう告白した。苦痛は有無を言わせず、彼を神のほうへ押しやった、そこで力の源を発見し、再発見した。「私を抱きしめるお方から、私が生まれるずっと前から私を愛してくださったお方から、私が死んだ後もずっと愛してくださるお方から。」

『明日への道』は、ナウエンが慰めや真の家を探し求め、デイブレイクに移る決心をした経緯を記している。ある書評家は言った。『ジェネシー・ダイアリー――トラピスト修道院での七ヶ月』（邦訳・聖公会出版、二〇〇六年）を読んで失望した。ナウエンは十年ほど前に書いた、不十分な友情、一方的な愛、軽く見られて傷ついた感情といった問題に相変わらず悩んでいた、と。また、ハロルド・フィケットはこう言った。「この失望は、私たちがありのままの自分に失望するのとまったく同じことである——同じ問題を抱えた同じ人物が信仰の基本的教訓を学び、さらに何度も学び直さなければならない。ナウエンは自分自身も私たちのことも、この永遠に続く真理で当惑させている。」

フィケットは、ナウエンの白黒つける特徴を的確に指摘した。実際、ナウエンはその真実が自分の印象をどれほど悪いものにしようと、自分のことも読者のことも容赦なく、真理をもって当惑させている。多くの苦しみは、心の奥深くに埋められた記憶から来ていると、ナウエンは言った。それは人の存在の核を攻撃する毒素のようなものを放出している。私たちは、良い思い出をトロフィーや卒業証書やスクラップブックの形で展示する。しかし、痛ましい思い出は見えないところに隠され、癒されることがなく、いつまでも害を及ぼし続ける。

そのような傷のうずく記憶に対して、人が本能的にとる反応は、そんなことが起こらなかったように行動すること、その話を避けてもっと楽しいことを考えることだ。しかし、意図的に思い出さないようにすることで、抑圧された記憶は力を得て、人間としての機能をひどく傷つける。ナウエンには、そうした奥深いところに光を輝かせる勇気、彼自身の中にある傷ついた記憶をさらす勇気があった。唯一の真の癒し人とは、傷ついた癒し人である。このナウエンの言葉は、忘れがたい印象を与えている。

サンフランシスコから戻った直後のナウエンと、じっくりと話したことがある。現地のエイズクリニックで一週間奉仕してきたのだ。そのとき、私はナウエンの個人的な性の問題を何も知らなかった。彼はカストロ地区で目にしたものを話してくれた。「ゲイ」という言葉が、いかにも場違いなものに思われたと言った。エイズ危機が頂点に達していたそのころ、若い男たちが毎日亡くなり、さらに何千人もが自分も保菌者であることに恐怖しながら歩き回っていた。さまざまな店でけばけばしいTシャツや、ふざけたものから卑猥なものまで性的な製品が並べられていたが、恐れが霧のように通りを覆っていた。彼は言った。恐ればかりでなく、罪意識や怒りや拒絶の感情もあったのだ、と。

ナウエンはエイズクリニックで、個人の話に耳を傾けた。「私は牧者です――それが私の仕事です。人々の話を聞きます。彼らは私に告白します。」彼は私に、家族から追い払われ、路上で売春するしかなくなった若い男たちの話をした。その中には、更衣室で出会った、名前も知らないパートナーが何百人もいる人もいた。そうしたパートナーの一人からエイズウィルスに感染し、いのちを失おうとしていたのだった。私を見るナウエンの射るような瞳には、強いあわれみと苦痛の色があった。「フィリップ、そうした若者たちは死にかけている――文字どおり死にかけている。愛を渇望するゆえに。」彼はさらに、そこで聞いた人々の話もした。だれもが安全な場所を探し求めていた。安全な関係を、家を、受容を、無条件の愛を、赦しを――ナウエン自身の渇望だったのだと、今の私は理解している。

ナウエンの渇きについての言葉は私の中に撃ち込まれ、次第に私の霊に変容をもたらした。福音派の雑誌「クリスチャニティー・トゥデイ」に関わる作家として、私は宗教右派を率いる政治家たちと定期的に接触していた。ビル・クリントンの質問に答えるために呼ばれた十二人の福音派グループと共に、あるときホワイトハウスに招待された。「なぜクリスチャンは私を憎むのだろう」と、自らを偉大な文化戦争の十字軍兵士と考えている友人たちもいた。彼らは「不道徳」で「不信心」な人々から突きつけられる脅威を生々しく語った。

ナウエンの目を通して、私はそのような人々を新しい目で見た。不道徳で不信心な人としてではなく、渇いている人として――必死に愛を求めている人々として見たのである。井戸のところにいたサマリアの女のように、彼らも満足を与えてくれない水を飲んでいた。彼らには生けるいのちの水が必要だった。ナウエンとのその会話の後、私は、その行動が気に障ったり不快感を覚えたりする人に出会うたびに、こう祈るようになった。「神よ、この人を不快な人としてではなく、渇いている人として見ることができるよう私をお助けください。」

そう祈るほど、自分に不快な思いをさせている人と同じ側にいる自分が見えてきた。私もまた、自分の渇きのほか、神に差し出すものがないのである。あのたとえ話の兄のように、道徳的に優越しているといわんばかりに腕を組み、宴会場の外に立っているなら、私も罪をきよめる神の恵みの流れを経験したり、家族のお祝いに加わったりできないのだ。神の恵みは無料の贈り物としてやって来るが、贈り物を受け取れるのは、手を開いている人だけである。

最終的に私は、司祭として、そして作家としてのヘンリ・ナウエンの貢献を知った。彼は人間の人格への唯一無二な洞察は一つも提供していないし、他の権威者から得られないような知恵も提供していない。ただ差し出しているのは、放蕩息子の謙虚な姿勢である。自身のその深い傷が、ナウエンにとって自然体である、兄の立場のもつ偽善性を明らかにするだろう。孤独、誘惑、拒絶、疎外感――これらすべてがあいまって、彼の中に否認できない渇きを生み出した。どうしようもなく家に帰りたがっている放蕩息子としての自分と、折り合いをつけなければならなかった。

信仰とは、いつもそこに家があったこと、そして、いつもそこにあるということを、徹底的に信頼することである。いくらかこわばった父の手は、「あなたはわたしの愛する子、わたしの心に適う者」という、限りない祝福をもって放蕩息子の肩に置かれている。

それでもわたしは、何度も何度も家を出た。祝福しようとする手を払いのけ、遠いところに愛を求めて走り去った！　これこそ、わたしの人生における大きな悲劇であり、これまでにわたしが出会った、たくさんの人々の悲劇だ。どういうわけかわたしは、「あなたはわたしの愛する子」と呼びかけてくださる声に耳を貸さなくなり、その声を聞くことのできる唯一の場所を去り、「家で見つかるはずがない、それ以外のところで見つかるだろう」という願望に必死にすがり、飛び出してしまった。

（『放蕩息子の帰郷』）

＊　＊

私は子どものころから、道徳的な優越感を醸し出す巡回伝道者、説教者、デボーション用の本の著者たちに、偏っていただろうが激しい抵抗感を覚えてきた。彼らは私を間違った方向に導くことが多すぎたし、尊敬していたのに失望させられることが多すぎた。しかし、自らを罪人の立場に置いて他者に語りかける人の言葉には耳を傾ける。まず渇きを、つまりホームシックを告白する人の言葉には、耳を傾ける。『すべてを新たに』(邦訳・あめんどう、二〇〇九年)の中で、ヘンリ・ナウエンは彼の旅の墓碑銘になり得るものを書いた。

貧困、苦痛、葛藤、苦悩、悲嘆、そして心の闇でさえも、私たちの経験の一部として継続するかも知れません。それは、私たちを清めるための神の手段かも知れません。けれども、人生はもはや、退屈感を覚え、恨みを抱き、抑うつ感でつぶされ、さらには孤独感でさいなまれるものではありません。なぜなら、すべてのことは、父なる神の家へと向かってたどる道の一部であると、すでに私たちは知っているからです。

人前に数えきれないほど出て、四十冊以上の本を書き、何よりも日々の生活の中で、ナウエンは欠点と不信仰は互いに取って代わるものではなく、共存するものであることを証明した。私たちはみな傷を負っている。彼の傷は性自認をめぐる不安と、拒絶に対して敏感すぎる性質だった。私の傷は、だいたい家族と教会から受けたものだ。ほかの傷は、慢性病と深い痛みのせいである。自分の不運を神やだれかのせいと考え、犠牲者として生きることができる。だがナウエンに倣って、こうした傷のおかげで神のところに行くこともできるのだ。ニューヨークの修道院のトラピスト修道士に交じって半年過ごした後、ナウエンは神に集中する時間を過ごして問題が解決したか、異なる自分、より霊的な人間になったかどうか自問した。答えは「ノー」だった。彼は理解した。修道院は問題を解決するためではなく、問題のただ中で神を賛美するために建てられていることを。

かつてフランスのラルシュ共同体のチャプレンとして奉仕していたとき、ナウエンは人々が赦しの秘蹟の中で行う、密かな生活の告白に一日中耳を傾けていた。罪意識と恥の話を聞きながら、彼らの感じている疎外感に圧倒された。告白したすべての人々を共に引き寄せ、互いに打ち明け合い、どれほど多くのことを共有しているか発見してほしいと言いたかった。だれもが自分だけ、特別の苦痛や疑いと闘っていると思っていた。だが実際は、だれもがもつ人間性を告白していたのだった。

牧者ナウエンには心の秘密を共有する人生のパートナーがいなかったが、私たちみんな、少なくとも、そのほとんどに秘密を暴露する危険を冒した。人は痛みを隠すことで、癒す力も隠していることを彼は知っていた。「だれもあなたの必要を満たせません。」彼は、自らの性への苦悩が最も深かった年の日記にこう書き、思い起こした。「外に向かって泣き叫ぶところから――必要を満たしてくれると思う人々に向かって、泣き叫ぶところから――自分が神に抱きしめられ、運んでもらえるところへ、少しずつ内に向かって叫ぶようにしていかなければなりません。神は、共同体の中であなたを愛する人々の人間性に受肉したのです。」

生涯最後の十年を過ごしたデイブレイクが、ナウエンにとってそのような共同体になった。最初は落ち着かない変化だった。称賛する大群衆を前に語ることに慣れていたので、難しい言葉を理解せず、説教するあいだ、ぶつぶつうなり、よだれを垂らし、体を痙攣させる人々に向かって語ることに違和感を覚えた。ビルという入所者は、牧者の説教が気に入らないとミサを遮り、はっきり嫌だと言った。ナウエンは、自分の立派な言葉や議論が入所者たちの経験しているものにふさわしくないことに気づいた。体や精神に障碍をもつ人々には、彼の名誉ある経歴など何の意味ももっていなかった。彼らはナウエンの著書を読むことすらできなかった。重要なのは、ナウエンが彼らを愛しているか否か、それだけだった。

料理、アイロンがけ、子どもの世話など、ふつうの家事育児を全く知らなかった司祭は、障碍者の世話を命じられて、自分が役立たずであることを知った。しかし、だんだんこの人たちを愛するようになっていった。そして、周囲の欠陥をもつ肉体をあわれむ心が生まれたとき、神が彼のように欠陥のある人間をどれほど愛し得るか、ようやく感じ始めたのである。

次の瞬間がどうなるか予想もつかない雰囲気の中で、安らぎを感じるようになるまでには長い時間がかかりました。今でも、厳しく対処してみんなを黙らせようとしたり、「私の言うことを聞きなさい」、「私の言うことを信じなさい」とか言いながら、協力を押しつけるときがあります。

しかし同時に私は、リーダーシップというものの主要な役割が、主に導かれることにある、という神秘に触れつつあります。そして、傷ついた人々の痛みや苦闘はもちろんのこと、彼らがもっている独自な賜物や美点について、多くの新しいことを学ばされています。彼らは、喜びと平和、愛と配慮、そして祈りについて教えてくれます。それはこれまで、どのような学問によっても、一度も学ぶことのできなかったものです。彼らはまた、深い悲しみや暴力、恐れや冷淡さについても、誰も教えてくれなかったことを教えてくれました。特に、私が憂鬱になったり、落胆しそうになったときなど、神の最初の愛を彼らは私にかいま見させてくれます。

（『イエスの御名で——聖書的リーダーシップを求めて』あめんどう、一九九三年）

ナウエンはラルシュ・ホームの人々に強い愛着をもち、彼らに大きく頼るようになり、講演旅行に連れ出すようになった。ほかの著名な講演者は五千ドルや一万ドルの謝礼を得ていただろうが、ナウエンが要求したのはたった五百ドル（デイブレイクに寄付した）と航空運賃だけだった。「ウォール・ストリート・ジャーナル」の記者が記憶しているのは、ノースカロライナ州で行われた講演会に出席したときのことだ。ナウエンが友人のビル――ミサを遮ったあの人物――を招き、マイクで話してくれと言った。ビルでなくヘンリ・ナウエンの話を聞くために、みんな遠路はるばるやって来たのにと記者はいぶかしく思った。

ナウエンはビルを支えるために、壇上でその隣に立った。聴衆を見回したビルは雰囲気に呑まれて言葉が出なくなった。そして、頭をナウエンの肩に載せてすすり泣いた。ノースカロライナの聴衆の記憶からナウエンの言葉の多くは消し飛んだ。だが、司祭の肩に頭を載せているビルの記憶は残った。イエスは言った。

「まことに、あなたがたに言います。子どものように神の国を受け入れる者でなければ、決してそこに入ることはできません。」そしてイエスは子どもたちを抱き、彼らの上に手を置いて祝福された。」

（マルコ一〇・一五～一六）

ナウエンはデイブレイクで、アダムという男性の世話を命じられた（彼らの関係は、『アダム――神の愛する子』〔邦訳・聖公会出版、改訂新版二〇一三年〕というナウエンの著書で知られている）。アダムはラルシュ共同体の中で最も弱く、最も重い障碍をもっていた。二十代だったが、話すことも、服の脱ぎ着も、一人で歩くことも、介助なしに食べることもできなかった。ナウエンは有名大学の学生たちの相談や、忙しいスケジュールの調整に代わる新しい技術を学ばなければならなかった。どのようにアダムに食べさせ、着替えさせ、入浴させるか。飲むときにどう介助すればよいか、でこぼこ道では車いすをどう押せばよいか。ナウエンが助けているのは、指導者でも知識人でもなく、多くの人から植物人間と考えられている若者、生まれてこないほうがよかった、役立たずの人間だとみなされている若者だった。しかし、ナウエンは次第に、アダムでなく自分のほうが、この奇妙な不釣り合いな関係から多くの益を受けていることがわかるようになった。

ナウエンはアダムと共に過ごして心の平安を得た。もっと高潔な仕事が、退屈で表面的なものになった。その黙した子どものような男のそばに座っていたときに、彼は理解した。学問の世界で成功したいという以前の強い思いが、いかに執着的で、ライバル意識と競争心にまみれていたかを。ナウエンはアダムから、「私たちを人間にしているのは、精神でなく心であること、思考力でなく、愛する力であること。アダムのことを植物人間だとか、動物のような生き物だと言う人はみな、アダムが愛を完全に受け取ったり与えたりできるという神聖な神秘を見逃している」ことを学んでいた。

以下が、ヘンリ・ナウエンがアダムから学んだことである。


石をパンに変えること、高い所から飛び降りること、この世の大きな権力で支配すること。それらを拒むお方に目を留めていなさい。「貧しい人々、柔和な人々、嘆き悲しむ人々、義に飢え渇く人々は幸いです。あわれみ深い人々は幸いです。平和を作る人々や高潔さという大義のために迫害される人々は幸いです」というお方に目を留めていなさい。……貧しい人々と共に貧しく、弱い人々と共に弱く、拒絶された人々と共に拒絶されるお方に目を留めていなさい。そのお方があらゆる平和の源です。

(『ワールドビジョン・マガジン』)

＊　＊

ロシアのサンクトペテルブルクにあるエルミタージュ美術館で、レンブラントの傑作を見ながら瞑想していたとき、ナウエンは絵の中の兄にすっと自分を重ねていた。子どものころから立派な司祭になるための教育を受けていた彼には、兄の姿が人生における自然な姿だったからだ。だが、放蕩息子にも自分をすんなり重ね合わせることができた。心の中の混乱によって、真実の自分、助けを強く必要としている自分に直面し、父親のあわれみに飛び込まざるを得なかったからだ。それは、ナウエンが自分を畏縮させていた父の性格になって考えたときだった。彼にとって父親は常に力強くて遠い存在、恐れを呼び起こす人物だった。

ところがレンブラントの絵の父は違っていた。放蕩息子の肩に載せている手は柔らかくて優しい、女性のような手だ。父親は頭を少し横に傾け、前かがみになって息子との距離を縮めている。そのようにすると、父親の暖かそうな赤い上着が子鳥を守る翼のように膨らんでいる。ナウエンはイザヤの女性的な神のイメージを思った。「女が自分の乳飲み子を忘れるだろうか。自分の胎の子をあわれまないだろうか。たとえ女たちが忘れても、このわたしは、あなたを忘れない」(イザヤ四九・一五)。そして、翼の下にひよこを集めるめんどりについてイエスが語った母親の叫びを思った。ナウエンのもつ父なる神のイメージは、かなりの訂正が必要であることがわかった。

さらに瞑想を続けると、イエス自身も私たちのために一種の放蕩息子になったという神秘、あのたとえ話についての新しい洞察を得た。

彼は天の父の家を離れ、外国にやって来て、もっていたものすべてを手離し、十字架を通って父の家に戻った。このすべてを反抗的な息子としてではなく、従順な息子として行った。神の失われた子どもたちをすべて家に連れ帰るために派遣された……イエスは父なる神に委ねられたすべてのものを手離した。放蕩者の父親の放蕩息子である私が彼のようになり、彼といっしょにその父の家に帰ることができるように。

ついにナウエンは、レンブラントの絵の父親に、自分をどう重ね合わせればよいかを知った。人々はいつでも、ナウエンのことを「ファーザー（父親）」と呼んでいた。とりわけ、彼がローブや司祭の襟を身に着けているときに。そのたとえが描いたように、ナウエンはそのタイトル（「放蕩息子たちの帰還」）を受け入れることができた。兄も放蕩者の弟も、家に招いている父親なのだ。私はもはや子どもでいることはできない、とナウエンは思った。神は私を、ご自身のようになれと招いている。神が私に示しているのと同じあわれみを他の人々に示すように。神は私を召しておられる。壊れた人々や助けの必要な人々に手を差し伸べ、彼らを神の家族に歓迎するために。その理解が、ハーバードを離れてデイブレイクに移るという難しい決断に駆り立てたのである。

ナウエンは私が知るかぎり、「下降する道」という言葉を使った最初の人間だった。彼は一九八一年の『寄留者』に、アメリカ文化を特徴づけている名声や権力や野心を求める限りない衝動、つまり上昇への道に批判的な記事を書いた。「聖書が私たちに明らかにしている偉大な逆説は、真の自由は下へ向かう動きを通してのみ発見され得るということだ。神の言葉は私たちのところへ降りて来て、私たちの中に奴隷として住まわれた。神の方法は、本当に下に向かう方法なのだ。」

デイブレイクに転居することで、ナウエンは下降する道という神のやり方を実際にやってみせた。それが、己の本能のすべてに反するものだったことを認めている。終身雇用を保証された有名大学に属する大学の地位を捨て、精神障碍者コミュニティーに腰を落ち着けるなど、いかなる現代の成功の基準を用いても意味が通らなかった。はじめてその知らせを聞いたとき、私は「聖なるおバカさん」として生きようとするナウエンの選択に微笑んだ。しかし、私は間違っていたのだ。ナウエンは自己犠牲の行為としてその決断に至ったのではなかった。自分自身のための選択だったのだ。

実際、人々が彼のキャリアの下降への道と見たものを、ナウエン自身は「内側に向かう道」の形と見ていた。ナウエンは自分自身の心の中を見るために、神をどのように愛するかを学ぶために、そして他者を神の愛に招き入れることができるよう、神に愛されるために前職を辞したのだった。彼はその意図を、ロバート・パーシグの『禅とオートバイ修理技術――価値の探求』（邦訳・めるくまーる、一九九〇年）の一節を引用して描いた。「パーシグは二種類の登山家のことを描いている、と。」

経験のない者には、自我にとらわれた登山も、我を捨て去った献身的な登山も同じように見えるかもしれない。どちらも一歩一歩足を踏みしめ、同じ割合で息を吸っては吐いていく。疲れたら休み、休んではまた歩き出す。だが、そこには実に大きな隔たりがある。自我にとらわれた者は、……木漏れ陽の当たる小道を歩いていても、つい迷ってしまいそうな、そんな歩き方だ。……気まぐれに足を止めては、何度も何度も行く手を見上げ、先々のことを気にかける。……話題はいつも、「いま、ここ」からずれている。「いま、ここ」にいながら、心は「ここ」にない。「ここ」を否定するから、「ここ」にいても楽しくない。ただ上へ上へと気持ちが急く。山頂に辿り着いても、そこは決して「ここ」ではないので、気が晴れない。求めるもの、欲するものがたえず「いま、ここ」にあるのに、「いま、ここ」にあるから、かえってそれを望もうとしない。」

（同書、下巻）

ナウエンは「自我にとらわれた登山家」のような霊的生活を送っていた。読むべき本、学ぶべき技術、与えるべき話、答えるべき手紙——こうしたものが押し寄せ、そばにいる神に気づくことができず、その間、全力で前方に目を凝らそう、道のずっと先を見つめようとしていた。マザー・テレサに助言を求めると、こう言われた。「一日一時間、瞑想の祈りをして、意識的な罪に関わらないように。」ナウエンにとって一日に一時間を作り出すことは困難だったが、デイブレイクではどうにか一日に三十分を捻出した。彼は祈りを違ったふうにとらえ始めた。話すための時間でなく、聞くための時間として、「私について良いことを言う声に耳を傾ける」静かで注意深い時間としてとらえたのである。ナウエンのように不安定で疑いに苦しむ人にとって、それは難しい訓練だった。

デイブレイクに引っ越したとき、ナウエンには引退がマイナスになるのではないかという懸念があった。「蚊帳の外に置かれた」生活につらい思いをしないか心配だった。しかし、トマス・マートンのように、引退したからといって孤立する必要などないことを知る。隠遁者について多くの作品を書いてきたある著述家が、隠遁者を、病気の治療法を追究してひとりで働く科学者になぞらえている。彼らの孤独な研究は、多くの人を助けることになる。ナウエンの多くのファンの目にも、ナウエンの仕事は、デイブレイクにいたあいだにより有意義なものになっていた。

私がヘンリ・ナウエンその人に会ったのは、デイブレイクを訪れた一度きりである。まず彼の事務所で話をした。出版社の話を交換したり、それぞれが書き続けようと計画していたテーマを比べ合ったりした。私はいくぶん当惑しながら、『神に失望したとき』という作品を書き上げようとしていることに触れた。タイトルを聞いてナウエンは眉をひそめることなく、興奮して、ひっきりなしに両手を動かしながら自分自身の失望の経験を語った。やがてぱっと立ち上がると、勢いよく壁のヴァン・ゴッホの絵のプリントを取り外した。「ほら、このことを言っているんだ。この絵がその気持ちをよく表している。きみのものだ。贈り物として受け取ってくれ。」

昼食の時間になると、私は新しく手に入れた芸術作品を脇に挟み、ナウエンの後について木の廊下を通り、コンクリートの建物を越えて、彼の暮らす部屋に入った。シングルベッド、本棚が一つと機能的で簡素な家具が少し置かれていた。壁はもう一枚のヴァン・ゴッホの絵のプリントのほかは、飾りがなかった（ナウエンは『ヴァン・ゴッホと神』という本に寄稿している）。そして、いくつかの宗教的なシンボル。スタッフがシーザー・サラダと瓶に入ったワイン、パンを一斤持って来た。ファックス機も、コンピューターも、壁掛けカレンダーもなかった――少なくともこの部屋には。ナウエンは静謐さを見つけていた。教会〝産業〟は、はるかかなたに思われた。

ソローはこう書いている。

贅沢品のほとんど、そしていわゆる生活を楽にするものは、不可欠でないばかりでなく、人類の向上を大きく妨害する。贅沢品と生活を楽にする物に関して言えば、賢者は貧しい人々より簡素で乏しい生活を送ってきた。……自発的貧困と呼ぶべきものの地点からでなければ、人生の公平な、あるいは賢い観察者にはなり得ない。

ぐるっと見回して、ナウエンのいる環境と、機械や書物や「物質」であふれた自分のオフィスを頭の中で比べ、一抹の羨望を感じた。彼には郵便物の管理をする秘書たち、食事の用意をする修道女がいた。貧困の誓いによって、税金の請求書や印税の明細書にまつわる悩みが消え、従順の誓いによって決断することがより単純化された。だが、それが重要ではなかっただろうか。彼はより高尚なものに身を捧げることにより、こうした煩わしいものを放り出したのである。

そして、そのより高尚なものとは何だったのか。午前中、ナウエンは友人アダムの話ばかりしていた。彼は興奮して言った。「きみはすごく特別な時にここにいる！　今日はアダムの誕生日なんだ！（彼はオランダ語訛りで『バーフデイ』と言った。）　アダムは二十六歳になる。そして両親と兄弟たちが、聖体拝領という格別の祝福を受けるためにやって来るんだ。」

ナウエンはすでにその日、アダムを用意させるのに二時間近くを使ったと言った。私はナウエンがこの毎日のプロセスを、次のように描写するのを読んだことがあった。

アダムを起こし、薬を飲ませ、浴室に連れて行き、体を洗い、髭を剃り、歯を磨き、服を着せ、台所まで歩かせ、朝食を与え、車いすに座らせ、治療体操をして一日のほとんどを過ごす場所に連れて行くには、だいたい一時間半かかる……。

彼は泣くことも笑うこともない。ほんのときたま目が合うだけだ。背中が歪んでいる。腕と脚の動きはねじれている。ひどいてんかんもちで、薬をたくさん服用しても、大きなひきつけを起こさない日は数えるほどだ。突然こわばって、叫ぶようなうめき声をあげることがある。ときたま大きな涙の粒が頬を伝い落ちている。

（『ワールドビジョン・マガジン』）

昼食後、私たちはミサに出るために小さなチャペルに移った。厳粛に、といっても目をキラキラ輝かせながら、ナウエンはアダムの誕生日に敬意を表して典礼を行った。話すことができず知能もはなはだしく遅れているアダムは理解しているように見えないが、家族がこのイベントに出るためにやって来ることはわかっているようだった。彼は儀式のあいだよだれを流し、何度か大声でうなった。

これが忙しい牧者にとって有効な時間の使い方かどうか、一瞬疑問をもったことを認めなければならない。私はヘンリ・ナウエンの講演を聞いたことがあるし、著書もたくさん読み、彼が何に貢献すべきかも理解していた。だれかほかの人がアダムの世話という仕事を引き受けられなかったのだろうか。彼のオフィスに戻って、用心深くナウエン自身にこの話題を切り出すと、彼は、きみは完全に誤解しているよと言い、こう主張した。「私は何もあきらめていないよ。二人の友情から大きな利益を受けているのは、アダムでなく、私のほうなんだ。」

その午後、ナウエンは先の私の質問にくり返し戻ってきた。まるで私がそんなことを尋ねるのが信じられないとでも言うように。アダムとの関係からどれほどさまざまな恵みを受けているかを、事あるごとに語った。確かに彼は新しい種類の心の平和を楽しんでいた。それはイェール大学やハーバード大学の、中庭を囲む壮麗な建物の中ではなく、失禁するアダムのベッドサイドで得た平安だった。その話を聞きながら、私は己の霊の貧しさに罪悪感を覚えた。私は非常に注意深く作家としての人生設計をし、それを効率よく、焦点を絞ったものにしている。

最初は難しかったとナウエンは認めた。体に触れること、愛情、体の不自由な人を世話する大変さは半端なものではなかった。だが、彼はアダムを心から愛するようになっていた。その中で、神が私たちを愛するとは、どのようなものであるかを学んでいた。神は、心にも、知能にも障碍があり、不明瞭なつぶやきやうめき声にしか聞こえないようなもので答えている私たちを愛しておられるのだ。実際、アダムのために働くことで、ナウエンは荒野の修道士たちが多くの犠牲を払った後にはじめて獲得した謙虚さと空虚さを教えられた。アダムの世話をしながら費やした時間は、とても貴重な瞑想の時間になっていた。

ナウエンは生涯で、二つの声が自分の中で争っていたと言った。一つは成功してやりとげろと励ます声だったが、もう一つの声は、ただ自分が神の愛する子であるという慰めに安らぎなさいと呼びかけていた。その二つ目の声に耳を傾けるようになったのは、人生最後の十年間だけだった。最終的にナウエンはこう結論した。「奉仕に備えて行われる教育の目的は、だれと会っても、その人の中に主の声、主の顔、主の御手を認めることです。」そのくだりを読むと、彼が見ず知らずの求道者に、いっしょに一か月暮らそうと呼びかけることを時間の無駄と考えなかった理由がわかる。あるいは、毎日何時間もかけてアダムの世話をすることを、時間の無駄と思わなかった理由が。

最近、ナウエンの本を並べた自分の本棚に、ラルシュ訪問後に送られてきた三冊の本を見つけた。彼はその一冊の中に、「書き続ける勇気をくれてありがとう！」と書いていた。デイブレイクを後にしたとき、自分は忙しい司祭の時間を無駄にした押しつけがましいジャーナリストなのだ、と罪悪感や恥ずかしさを感じていた。だが、ナウエンの記憶は大きく異なり、私を探し求める仲間、神に愛されている人間と思ってくれていた。彼は父親のように、私を神のコミュニティーに歓迎してくれた。ナウエンは他界した今でも、その贈り物を生き生きと私に与えてくれている。

ナウエンが指摘しているように、「神は喜ばれる。世界の諸問題が解決されたからではなく、人間のあらゆる苦痛がなくなったからでもなく、何千人もが改宗して今や神の善良さをほめ讃えているからでもない。そうではなく、神は失われていた子どもたちの一人が見つかったから喜んでいる」。

ヘンリ・ナウエンが今もいてくれたらと思う。ある人々にとって彼の遺産は多くの著作物であるが、カトリックとプロテスタントの橋渡しをしたこと、あるいは有名大学での並外れたキャリアを遺産と考える人々もいる。だが私にとって、ナウエンを最もよくとらえているイメージは一つ、エネルギッシュな司祭だ。ぼさぼさの髪の毛、何もないところから説教を作り出すかのように動かし続ける両手、たいていの親なら中絶していたと思われるほどの障碍をもつ無反応で子どものような男に、誕生日の聖体拝領を雄弁に行う。これほど受肉をよく伝える象徴は、ほかに考えられない。

＊　＊

ヘンリ・ナウエンの遺産は生き続ける。こうした考えを集めるあいだに、彼の人生の「あとがき」となるような二人に出会った。

その一人に会ったのは、ドイツのフランクフルトの国際ブックフェアで、ナウエンについて話していたときだ。話が終わると、ある出版社のオランダ人がこう言った。

「でも、あなたは話の続きをご存じありませんね。あなたはヘンリが家族の中でどれほど疎外感を抱いていたか、そして、家族の霊の空虚さにどれほど深く悲しんだかを語っていました。彼が亡くなった今、状況は変化しています。長年オランダ最大の観光協会会長を務めたヘンリの兄は、外交官、大使、議員や他の高官たちの前で、弟ヘンリの葬儀に参列し、カナダ、合衆国、フランス、ベルギー、オランダなど、各国から集まった人々が、ヘンリが自分たちの人生に与えた影響を聞いたと話しました。そして、言ったのです。『ヘンリと比べると、私には何もないことに気づかされました。葬儀で参列者たちの話を聞きながら、その違いが明らかになったのです。ヘンリには神がいました。それがあらゆさらに自分の妻が癌で他界したこと、それから父親の死について語りました。父親はヘンリの死後まもなく亡くなりました。それから彼は謙虚にも、自身の人生で変えようとしていることを語りました。より良く死に備えようとしていること、ヘンリがあれほどよく知っていた神との関係を回復しようとしていること。だからわかるでしょう、ヘンリはもしかしたら、それほどはみ出しっ子ではなかったのかもしれません。』」

二つ目の思い出は、カリフォルニアの浜辺の町でぶらりと入った教会の礼拝での出来事だ。その教会の礼拝文化を表すには「低教会《ローチャーチ》」という言葉がぴったりだった。ぶかぶかのウェットスーツを着たリーダー（礼拝後にサーフィンをするため）が、ギターを下に置くと、講壇にもたれかかって尋ねる。「さあ、今日何か分かち合いたいことのある人はいるかい？」

その特別な朝、たまたま三人の若い女性がヘンリ・ナウエンにまつわる思い出を語るために訪れていた。彼の『愛されている者の生活――世俗社会に生きる友のために』（邦訳・あめんどう、一九九九年）という本を、彼女たちは小グループで読んだという。

最初に語ったエリザベスは一束の原稿を手に、それに従って話をした。トップの成績を収めようとする強い決意で努力してきたと言った。高校時代、オールAの成績をとるために、州のテニス大会で優勝するために、学生会議の議長になるために、入会可能なあらゆるクラブに入るために、ものすごい努力をした。彼女は高校の「スーパー・シーホーク」賞を受賞した。ナウエンの本を読んだとき、自分の中にもナウエンのうちにあった、トップであろうとする面があることを理解した。ナウエンのように、いままでずっと神の愛に飢え渇いていたこと、そして必死にそれを得ようとしていたことを理解した。彼女はナウエンによって、自分を神の愛する子として見ること、創造の始まりから愛されていたのであって、自分の価値を証明する必要などないことが、少しわかるようになった。

次に語ったケイトは講壇にノートパソコンを置くと、マウスを動かして原稿を捜し始めた。その朝、プリンターが作動しなかったのだ。彼女は言った。「これは私の人生の症状のようなものです。いつだって、すべてがうまくいきません。」エリザベスと異なり、彼女にはトップの業績を誇る履歴書がなかった。実際、学生カウンセラーにこう言われたことがあった。「ケイト、私はメサイア・コンプレックスに陥っている人々に会うことがあるのよ。自分が世界を救えると思っている人たち。あなたが陥っているのは、サタン・コンプレックスね。あなたは自分が世界を破壊していると思っている。」彼女は自分が呪われていて、良いことなどできないと信じ込んでいた。ナウエンのおかげで、はじめて自分を呪われているのでなく、祝福されていると思えるようになった。

ケイトは控えめな意見を少し言うと、みんなが笑っているあいだにパソコンの電源を落とした。それから、三番目のキャシーが立ち上がった。唇を震わせ、目じりに涙がたまっていた。会衆は静まった。「みなさんのほとんどが私の話を知りません。私は子どものころ、性的ないたずらをされました。それから大学で薬を飲まされレイプされました。私は問い続けました。『なぜ、私が？』私は善良であろうとしていました。毎週教会に行ったり、いろいろなことをしましたが、あきらめました。痛みを感じないようにアルコールに頼りました。もちろんそんなことをしても苦痛は増すばかりだったので、アルコールの量を増やしました。解決のない負の連鎖に落ちていました。青春を謳歌する前に、年老いているような気がしました。ある日、昔通っていた古い教会に立ち寄って、会堂内がどう変わったか見ようとしました。空っぽの会堂の中で、そんなつもりはまったくなかったのですが、私は祈り始めました。赤ん坊のように大声でわめき始めました。

もちろん、その日にすべてが解決するようなことはありませんでした。痛みは去りませんでした。その教会で向き合ったのは、自分の壊れた状態であり、癒しではありませんでした。でもヘンリ・ナウエンを通して、私は知りました。苦しみと喜びは共に起こり得ること、神は私たちの人生のすべてを、けっして去らない痛みすらも、用いることができることを。私は自分の壊れた状態を事実だと主張するようになりました。

こうした災いが降りかかったことを、私は喜んでいるでしょうか。いいえ。でも理解しています。それらが、今日の私という人間を創るのに必要だったことを。私はだれかの真の友になることができます。困難なところを通っている人々に、安全な場所を提供することができます。」

キャシーは、ルカの福音書四章の劇的な場面を、自分なりに言い換えて話を終えた。イエスが会堂に入り、こう宣言するのである。「主の霊がわたしに降りた。主は心の壊れた人々を癒すために、わたしを遣わされた。」

彼女が座ってから数分間、ティッシュとハンカチに手を伸ばす以外、だれ一人動かなかった。外を走る車、良い天気、浜辺で過ごす日曜日の予定——もはや、どうでもよいことばかりだった。神がその場におられたのだ。

それから、スピーチをした三人の女性は立ち上がって、お互いに聖餐式のパンと葡萄酒を差し出した。「これはあなたのために裂かれたキリストのからだです。」ケイトが言いながら、エリザベスにパンを手渡した。「あなたのために流されたキリストの血です。」エリザベスが杯をキャシーに差し出しながら言った。そして、私たちは曲がりくねった二つの列を作って真ん中の通路に並び、神の壊れたからだを食べ、飲んだ。

エピローグ

物書きには一つのことに何か月も、時には何年も集中する特権がある。このところ、本書に書いた十三人と、彼らから受けた影響ばかり考えてきた。その作業は、私にとって素晴らしい栄養剤になった。少しだけ時間をとって同じ作業をやってみることを、だれにでも勧めたい。あなたの人生をより良いものに形づくってきた人々のリストを作り、その理由を明らかにしてみるのだ。

私の作ったリストにあらためて目を通すと、見えてくるのは完璧でなく、欠点をもつ人々だ。その何人かは、おそらく精神科医から情緒不安定だと診断を下されるだろう。それぞれに成就しなかった憧れ、実現しなかった夢があった。私は切望を扱う術を彼らに学んでいる。この人たちは私を突き動かし、理想とする人間に、そして追い求めている神に、近づけてくれるだろうか。それとも、私を憂鬱にさせるだろうか。疲れさせ、ひねくれさせるのだろうか。これらの霊的指導者《メンター》から、私は憧れを、より重要なものへの親しみとしてとらえることを学んだ。たとえ成果に乏しくても憧れをもち続ける価値があること、重要性の低いものに甘んじようとする誘惑に抗うことを学んだ。

セーレン・キェルケゴールは言った。「足に刺さったとげのおかげで、私は健康な足をもつだれよりも高く飛ぶのです。」　ここに描かれた十三人の中にも、そのことを証明している人々がいる。私が付け加えるのは、飛ぶべき方向を教えてくれる人の助けも必要だということだ。私にとって、これらの人々がその道を示してくれている。

私は本書で、主に自分の過去を扱った。信仰が形成されつつあった重要な時期に、これらの人々が導き手《ガイド》となって、私を信仰の旅に置いてくれたからだ。現在については――それは別の作品のテーマとしよう……。

訳者あとがき

好きな人のことであれば、読んでいる本も、影響を受けた人のことも知りたくなるものです。フィリップ・ヤンシーの著作を愛読してこられた方々にも同様の思いがあるとするなら、本書は十分な満足を与えてくれることでしょう。彼の作品に、多くは引用という形をとって、しばしば登場する人たちがいます。キング牧師、ロシアの二大文豪、G・K・チェスタトン、ポール・ブランド博士、ジョン・ダン、アニー・ディラード、フレデリック・ビュークナー、ヘンリ・ナウエン、遠藤周作などです。彼らを含めた十三人を、ヤンシー氏は自身に最も影響を与えた人々として本書に取り上げています。

十三人に共通するのは、キリスト教信仰をもっているか、もっていなくてもキリスト教に強い影響を受けて人生を歩んだことです。私生活を詮索すれば、つまずきを与えそうな人たちもいます。それでも彼らは間違いなく、神を見上げながら、あるいは神と格闘しながら生き、新しい地平に置かれた人たちでした。

ヤンシー氏はバイブルベルトとして知られる米国南部に、宣教師の次男として生を受けました。父親を早く亡くし、教会敷地内のトレーラーハウスで貧しい少年時代を送っています。キリスト教信仰が空気のように取り巻く環境で育ったとはいえ、その空気は人をさばきがちな息苦しいものであったことが、多くの著書で語られています。周囲のクリスチャンにも、己の信仰にも疑いをもちながら、霊的につらい時期を長く過ごしました。

崖っぷちにあった信仰をつなぎとめ、さらに成長させてくれたのがこの十三人でした。この人たちのおかげで、ヤンシー氏は神を信じるたましい《ソウル》を失わずに生き延びた人《サバイバー》になりました。そして、私たちがいまヤンシー氏の書き綴ったものから気づきや励ましを受け取ることができています。それにしても、大切なことをじかに教わった人、私淑してきた人たちなどさまざまですが、これほど多くの信仰の導き手に巡り合っていることには羨望の念を禁じ得ません。

幅広い知識と優れた洞察力をもち、文学への造詣も深いヤンシー氏ですが、読者を惹きつけてやまないのは、自身の信仰を正直に語りながら、真摯に神を追求する姿勢です。そこに『アラバマ物語』の弁護士アティカス・フィンチや、映画『十二人の怒れる男』の陪審員八番にも重なるアメリカの良心を見るのは筆者だけでしょうか。多くの著作を通して、氏は信仰者の疑いに市民権を与えたとも言えますが、信仰に背を向けてしまった人々の悲しみを悲しむ、切ない思いがあることも見逃せません。ヤンシー氏の信仰に新しい風を呼び込んだ人々の話を読み進めるとき、悲しむ力という通奏低音の響きも感じられるかと思います。

あとがきを先に読まれた方のために、各章を簡単にご紹介します。本書を書くに至った著者の背景（一章）、著者の人種差別主義を打ち砕いたキング牧師（二章）、C・S・ルイスにとっての霊の父で、苦しみでなく、喜びに目を向けたチェスタトン（三章）、著者が一時期生活を共にしたブランド博士（四章）、子どもたちの声を拾い、逆に信仰を学んだ型破りな精神科医ロバート・コールズ（五章）、高い理想と絶対的な恵みを示したトルストイとドストエフスキー（六章）、ヒンドゥー教徒でありながらイエスの言葉に感銘し、社会を変革したガンジー（七章）、クリスチャンとしての信念を貫き、米国民の家庭医となったエベレット・クープ（八章）、悲しみに満ちた生涯を送りながら神の真実を追求し、詩を書いたジョン・ダン（九章）、著者が作家として熱い視線を送ってきたアニー・ディラード（十章）、親しい友人でもあった悩めるクリスチャン作家フレデリック・ビュークナー（十一章）、最初から相通ずるものを感じたという遠藤周作（十二章）、教授職を辞し、障碍者のケアに身を捧げたヘンリ・ナウエン（十三章）。

人種差別をしていた側の思い、物を書く人間ならではの視点や悩み、興味関心、遠藤周作への深い共感なども知ることができる滋味豊かな作品です。

翻訳作業は長く困難なものとなりました。多くの資料に当たるとともに、原稿の随所にメスを入れて的確な表現に修正してくださった編集者の米本円香さん、苦労をおかけしました。ほんとうにありがとうございました。舞台裏で助けてくださった、いのちのことば社の他のみなさん、そして本書の内容を汲んで素敵な装丁をしてくださった長尾優さんにも、心から感謝申し上げます。

二〇一八年　一月二十三日

山下章子

山下章子（やました・しょうこ）

東京に生まれる。

学習院大学文学部哲学科卒業。

英会話学校講師、翻訳者。

おもな訳書に、『神に失望したとき』『私の知らなかったイエス』『イエスが読んだ聖書』『見えない神を捜し求めて』『いのちが傷つくとき』『「もう一つの世界」からのささやき』『祈り』『この驚くべき恵み』『神を信じて何になるのか』『消え去らない疑問』『隠された恵み』（以上、フィリップ・ヤンシー著）『はい、私は牧師夫人』〔いのちのことば社〕などがある。

ソウル・サバイバー
――私を導いた13人の信仰者

2018年 3月 1日　発行

著　者　フィリップ・ヤンシー
訳　者　山下章子
印刷製本　モリモト印刷株式会社
発　行　いのちのことば社
〒164-0001 東京都中野区中野2-1-5
電話 03-5341-6922（編集）
03-5341-6920（営業）
FAX03-5341-6921
e-mail:support@wlpm.or.jp
http://www.wlpm.or.jp/

ISBN 978-4-264-03891-7